Liebe Leserin, lieber Leser,

wir freuen uns, dass Sie sich für ein Buch der Reihe Galileo Design entschieden haben.

Galileo Design ist die Reihe für professionelle Screen-, Web- und Grafik-Designer und Experten im Prepress-Bereich. Unsere Bücher zeigen, wie man es macht – strikt aufgabenbezogen und mit Beispielmaterial professioneller Designer erschließen sie die Anwendung aller relevanten Tools und Techniken. Sie vermitteln das technische Know-how, und sie sind Ideengeber und überraschen mit originellen und inspirierenden Lösungen. Wissen teilt sich nicht nur sprachlich, sondern auch visuell mit. Satz und Layout tragen dem Rechnung. Und wo immer es dienlich ist, ist ein Buch vierfarbig gestaltet. Unsere Bücher sind eine Augenschule: indem sie gefallen, setzen sie Kreativität frei. Denn Designer lesen anders.

Jedes unserer Bücher will Sie überzeugen. Damit uns das immer wieder neu gelingt, sind wir auf Ihre Rückmeldung angewiesen. Bitte teilen Sie uns Ihre Meinung zu diesem Buch mit. Ihre kritischen und freundlichen Anregungen, Ihre Wünsche und Ideen werden uns weiterhelfen.

Wir freuen uns auf den Dialog mit Ihnen.

Ihre Ruth Wasserscheid
Lektorat Galileo Design

Galileo Press
Gartenstraße 24
53229 Bonn

ruth.wasserscheid@galileo-press.de
www.galileodesign.de

Stefan Wibbe, Isabelle Pollmann,
Dirk Wollschläger

character studio V3

3D-Modeling und Animation
mit 3ds max 4

Galileo Design

Die Deutsche Bibliothek – CIP-Einheitsaufnahme
Ein Titeldatensatz für diese Publikation ist bei der
Deutschen Bibliothek erhältlich

ISBN 3-89842-120-1

© Galileo Press GmbH, Bonn 2002
1. Auflage 2001

Der Name Galileo Press geht auf den italienischen Mathematiker und Philosophen Galileo Galilei (1564–1642) zurück. Er gilt als Gründungsfigur der neuzeitlichen Wissenschaft und wurde berühmt als Verfechter des modernen, heliozentrischen Weltbilds. Legendär ist sein Ausspruch **Eppur se muove** (Und sie bewegt sich doch). Das Emblem von Galileo Press ist der Jupiter, umkreist von den vier Galileischen Monden. Galilei entdeckte die nach ihm benannten Monde 1610.

Lektorat Ruth Wasserscheid, Rudolf Krahm
Korrektorat Alexander Reischert, Christel Metke, Köln
Einbandgestaltung Helmut Kraus, Düsseldorf
Herstellung Iris Warkus
Satz Conrad Neumann, München
Druck Bercker Graphischer Betrieb, Kevelaer

Orientierung

Um Ihnen beim Lesen die Orientierung zu erleichtern und ein besonderes Lesevergnügen zu ermöglichen, haben wir für unsere Reihe Galileo Design ein spezielles Layout entwickelt.

Durch visuelle Hilfen wurde der Text in Funktionseinheiten gegliedert:

Durch das farbige Registersystem ist es Ihnen ein Leichtes, auf die einzelnen Kapitel und Teile des Buchs zuzugreifen.

In Blau gehaltene Texte beinhalten Zusatzinformationen, Denkanstöße oder besondere Hinweise.

Texte mit roten Überschriften kennzeichnen Beispiele bzw. Schritt-für-Schritt-Anleitungen.

Spezielle Symbole in der Marginalspalte machen auf besonders wichtige Textstellen aufmerksam:

Achtung-Icon

Diese Abschnitte sprechen eine **Warnung** aus.

Tipp-Icon

Hier verraten unsere Autoren **Tipps und Tricks** zur Erleichterung Ihrer Arbeit.

Hinweis-Icon

Weiterführende **Hinweise** werden Ihnen so nahe gebracht.

Step-Icon

Step-by-Step können Sie unsere Beispiele nachvollziehen.

Bitte beachten Sie auch die Webseiten des Verlags unter www.galileodesign.de, auf denen Sie als registrierter Käufer dieses Buchs u.a. ein Glossar finden.

Inhalt

Vorwort

Einige Zeilen zum Inhalt des Buches character studio 3 ...

Betrachten Sie das Buch als eine elegante Variante, um die wichtigsten Inhalte und Funktionen des Programms zu entdecken. Erfassen Sie die Systemoberflächen theoretisch und praktisch und realisieren Sie ein 3D-Projekt anhand eines Themas und eines konkreten Storyboards.

HIER IST ES NUN! DAS BUCH ZUM CHARACTER studio 3. Die Autorin Isabelle Pollmann und die Autoren Dirk Wollschläger und Stefan Wibbe arbeiten seit Jahren mit dem Programm – heißt mit den vorherigen Versionen dieses Programms und 3ds max – und werden Sie auf den kommenden Seiten begleiten.

Schenken Sie ihnen in den folgenden Minuten, Stunden oder Tagen ein Stück Aufmerksamkeit. Gehen Sie erste Schritte, um den modularen Aufbau des Programms zu erfassen und erkunden Sie die vielen Schaltflächen und deren Inhalte.

Nach dem Vorwort vermittelt Ihnen das Storyboard einen detaillierten Einblick in die inhaltliche und filmische Umsetzung des 3D-Projekts, anhand dessen Sie die Funktionen von Charakter studio erlernen werden. Lesen Sie bitte diesen Teil zu einem besseren Verständnis der begleitenden Tutorials.

Die Zusammenhänge zwischen dem modellierten Netzobjekt, dem Biped und dem Modifikator Physique und dessen Auswahlebenen folgen im Kapitel »Biped«. Die Biped-Anatomie wird dort erklärt, und die drei Modi Figur-, Schritt- und Bewegungsflussmodus zeigen Ihnen, wie Sie das Biped in einer neutralen Position vorbereiten und im Schritt- oder Bewegungsflussmodus animieren. Weitere Biped-Bewegungen werden anhand der Freiformbearbeitung (Keine Physique), der Schrittbearbeitung, dem Arbeiten mit Layern, dem Motion-Capture und der Non-Linear-Animation besprochen. Erstellen Sie die Helfer Crowd und Delegates (Vertreter) und verbinden Sie die Vertreter mit dem Crowd. Weisen Sie dem Crowd die Verhaltenstypen (Behavior) zu. Fügen Sie Vertreter als Teams zusammen und übertragen Sie die Verhaltenstypen auf die Vertreter oder Teams. Verknüpfen Sie die Vertreter mit den Netzobjekten und das Crowd mit den Bipeds. Drücken Sie im Helfer Crowd auf die Schaltfläche LÖSEN und sehen Sie, welches überzeugende Animationskonzept programmiert wurde.

Grüße an das gesamte Development-Team und alle ProgrammiererInnen! Sie haben ein System entwickelt, wie es vor Jahren noch unvorstellbar gewesen wäre.

Im Kapitel »Modellierung« modellieren Sie die Characters mit den Techniken des Low-Polygon-, des Spline- und Patch-Modelings. Initialisieren Sie die modellierten Characters mit dem jeweiligen Biped und entwickeln Sie die Biped-Animationen.

Im Kapitel »Materialien, Lichter, Kamera« erarbeiten Sie die Materialien, kreieren die Lichtstimmungen und definieren die Kamerafahrten.

Bereiten Sie anschließend das Rendering vor und setzen Sie sich im Dialog SZENE RENDERN mit den diversen Rendering-Methoden und dem Berechnen der Bilddaten auseinander.

Das darauf folgende Kapitel präsentiert Ihnen Informationen zum Projektverlauf und der Abgabe.

Im Kapitel Ausblick ergänzen und optimieren Sie das entstandene 3D-Projekt; es bietet Anregungen, die Sie auf Ihre zukünftigen Projekte übertragen können.

Der Anhang des Buches beinhaltet die Beschreibung ausgewählter und interessanter Plug-Ins sowie einen Überblick über die wichtigsten Tastaturkürzel.

Dem Buch liegt eine CD-ROM bei, auf der die Rohdaten sowie eine 3ds max 4 und

character studio 3-Version in englischer Sprache als 14-Tage-Testversion vorhanden sind. Die filmische Umsetzung des Projekts liegt auf der CD-ROM im Verzeichnis Projektverzeichnis – Animation. Die Datei heißt character studio 3.mov.

Vielen Dank an alle beteiligten Personen, die Eltern, Susanne Reiter, Michael Richter und den engsten Freundeskreis, die mit Fürsorge und Engagement den Autoren in den Phasen des Projekts produktiv und kreativ zur Seite standen.

Ein besonderes Dankeschön an discreet in Unterhaching, Herrn Friebe und Herrn Müller, an Galileo Press in Bonn und die Lektoren Ruth Wasserscheid und Rudolf Krahm.

Wir wünschen Ihnen viel Spaß und Vergnügen beim Lesen dieses Buches.

Atelier 3D – Stefan Wibbe –
Digital Dynamics – Isabelle Pollmann, Dirk Wollschläger –
Königswinter und Düsseldorf, im Oktober 2001

Konzeption

Systemanforderungen
Die Grunddaten im Überblick

Diese Kombination von Hardware und Software entspricht der Mindestanforderung für den Betrieb von character studio 3 und 3D Studio MAX R 3.1:

Standard

Bestandteil	Anforderung	Hinweis
Software: 3D Studio MAX R 3.1	Computer: Pentium II CPU	
	200 Megahertz	
	Multithreading	
Betriebssystem	Microsoft Windows NT 4.0 mit Service Pack 3 oder höher	Windows 95 wird nicht unterstützt.
	Version Workstation oder Server oder Windows 98	
RAM	Es sollten mindestens 128 Megabyte (MB) zur Verfügung stehen.	
	Empfohlen werden 256 Megabyte (MB).	
Freier Festplattenspeicher	Ein 350 MB freier Festplattenspeicher für die Installation wird vorausgesetzt.	
Swap-Datei	Die Windows-Swap-Datei sollte mindestens 300 Megabyte (MB) umfassen.	
	Die empfohlene Größe für die Swap-Datei sollte das Dreifache des Arbeitsspeichers aufweisen.	
Anzeige Grafikkarte	Die Mindestauflösung beträgt 1024 x 768 x High Color.	
	Die empfohlene Auflösung beträgt 1280 x 1024 x True Color.	
	Der Modus »256 Farben« wird nicht unterstützt. Unterstützung von OpenGL und Direct3D-Hardware-Beschleunigung, 24-bit-3D-Grafikbeschleuniger wird empfohlen.	

Optional

Bestandteil	Anforderung	Hinweis
Soundkarte und Lautsprecher	Soundkarte und Lautsprecher werden zum Abhören von Tonspuren benötigt.	
Netzwerk (optional)	Ein Netzwerk mit TCP/IP-Konfiguration wird zur Wiedergabe im Netzwerk benötigt.	
	Eine Netzwerk-Wiedergabe ist nur unter Windows NT verfügbar.	
	Die 3D-Hardware-Grafikbeschleuniger, Videoaufnahme- und -abspielgeräte können optional eingesetzt werden.	
Sonstiges	Zur Nutzung der Online-Hilfe benötigen Sie Internet Explorer® 5.0 oder eine höhere Version.	
	Internet Explorer 5.0 wird auf der 3D Studio MAX R3.1-CD mitgeliefert.	
	Außerdem benötigen Sie ein NT Service Pack 4 oder höher. Das NT Service Pack 4 wird auf der Programm-CD mitgeliefert.	

Neue Funktionen

Was alles besser wurde

Die Auflistung der neuen Funktionen gibt Ihnen einen schnellen und effizienten Einblick in das aktuelle Upgrade des character studio 3.

Non-lineare Animation

▸ Non-lineare Animationen sind so genannte Bewegungsflussskripte.

▸ Die neuen Erweiterungen des Bewegungsflusseditors optimieren und beschleunigen die Feinabstimmung und die gemeinsame Nutzung großer, non-linearer Animationssysteme durch Biped-Figuren.

▸ AUSGEWÄHLTE ÜBERGÄNGE OPTIMIEREN: Diese Funktion ermöglicht die Optimierung der Überblendungspunkte für jeden Übergang im Flussdiagramm.

▸ BEWEGUNGSFLUSSDIAGRAMM SYNTHETISIEREN: Diese Funktion erzeugt verbesserte Übergänge zwischen den Clips im Bewegungsflussmodus. Animationen oder Zufallsbewegungen können zeitlich effizienter erzeugt werden.

▸ CLIPS AUS DATEIEN ERSTELLEN: Mit dieser Funktion können Sie in einem einzigen Schritt mehrere Dateien in den Bewegungsflusseditor einfügen.

▸ ZUFALLSBEWEGUNG ERSTELLEN: Diese Option erzeugt ein Durchlaufen des Bewegungsflussdiagramms auf Grund seiner Wahrscheinlichkeit.

▸ EINHEITLICHE BEWEGUNG ERSTELLEN: Jeder Pfad durch ein non-lineares Bewegungsflussdiagramm (Bewegungsflussskript) lässt sich nun mit einem einzigen Mausklick vereinheitlichen. Das Ergebnis beinhaltet in jeder Überblendungsphase IK-Beschränkungen und Schwerpunkte.

▸ GEMEINSAMER BEWEGUNGSFLUSS: Durch die gemeinsame Nutzung von Bewegungsflussdiagrammen durch mehrere Bipeds können in einer Szene für Hunderte von Figuren aus einem Diagramm mögliche Bewegungen und Wahrscheinlichkeiten entstehen, von denen jede ein einzigartiges Verhalten zeigt.

Spurbearbeitung

Sie können nun komplette Bewegungsspuren zwischen Biped-Körperteilen, zwischen einzelnen Bipeds und zwischen gestapelten Layern von Biped-Bewegungen kopieren und einfügen.

▸ SPUR KOPIEREN/EINFÜGEN: Diese Funktion ermöglicht es Ihnen, die gesamte Bewegung jeder Biped-Spur in einen Puffer zu kopieren und einfach an jedem beliebigen Biped-Teil einzufügen. Nun können Biped-Bewegungen, die in einem Biped-Layer gespeichert sind, getrennt und in anderen Bipeds neu entworfen oder im selben Biped angeordnet werden.

Crowd-Verhaltensanimation

Die neuen Helfer Crowd und Vertreter (Delegates) ermöglichen die Gestaltung von Crowd-Animationen auf der Grundlage von Verhaltenstypen (Behavior).

▸ Crowd-Helferobjekte: Crowd-Objekte sind Hilfsmittel zur Verwaltung des gesamten Crowd-Systems und der ihm zugewiesenen Vertreter, und sie sind die Hauptquelle zur Konfiguration und Lösung von Crowd-Animationen.

▸ Kognitive Controller: Erarbeiten Sie mit dem Editor für kognitive Controller Entscheidungsbäume, um Phasen anzulegen, in denen Sie mit den Verhaltenstypen arbeiten.

▸ Teams: Vertreter können als Teams zusammengefasst werden. Diesen Teams werden Verhaltenstypen zugewiesen.

▸ Verhalten: Die Helfer Vertreter können mit Verhaltenstypen animiert werden. Die Helfer Vertreter können sich gegenseitig ausweichen, oder ein Vertreter kann einen anderen Vertreter oder ein Objekt suchen. Sie können gespeicherte Verhaltenstypen abstimmen und benennen oder mit MAXSkript ganz neue Verhaltenstypen entwickeln. Sie können die Intensität eines bestimmten Verhaltenstyps für einen Vertreter oder ein Team mit der Zeit animieren.

▸ Die Verhaltenstypen (Behavior) befinden sich im Rollout SETUP des Helfers Crowd.

▸ Vertreter-Attribute: Unabhängig vom Verhalten haben Vertreter ihre spezifischen Attribute für Geschwindigkeit, Drehen und Kurvenneigung. Attributwerte können in einer einzigen Auswahl selektiv nach dem Zufallsprinzip über Hunderte von Vertretern verteilt werden.

▸ Vektorfelder: Konstruieren Sie Vektorfeld-Space-Warps zur Verwendung mit Crowds und Verhaltenstypen.

▸ Vertreter-Helferobjekt: Crowd-Vertreter sind leichtgewichtige Platzhalter oder Dummy-Objekte, denen eine beliebige Anzahl von verfügbaren gespeicherten Verhaltenstypen zugeordnet werden kann, wie z.B. Suchen, Abstoßen oder ein spezielles Oberflächenfolgeverhalten.

Schwerpunkte bei der inversen Kinematik

▸ Animation von Vierfüßlern: Eine vereinheitlichte Schwerpunkt-Animation für Hände und Füße eröffnet neue Möglichkeiten für eine komplexere Verwendung der Bipeds bei Vierfüßlern.

▸ Animierte Schwerpunkte für Hände und Füße: Das inverse Kinematik-System des Bipeds beinhaltet eine schnelle, intuitive Methode zur Animation zwischen benutzerdefinierten Schwerpunkten an Händen und Füßen. Die Schwerpunkte lassen sich pro Keyframe festlegen und komplexe Interaktionen zwischen Füßen, Händen und Oberflächen schnell definieren und animieren.

▸ Aufsetz-, Gleit- oder Frei-Keys einrichten: Durch neue Schaltflächen zum Festlegen von Keys im Rollout IK-Key-Info können Sie neue Optionen definieren. Durch das Einrichten eines Aufsetz-Keys ändert sich die IK-Überblendung auf 1; wird MIT VORH. IK-KEY VERBINDEN aktiviert, wird der Objektraum ausgewählt.

▸ Durch Einrichten eines Gleit-Keys wird die IK-Überblendung ebenfalls auf 1 gesetzt. Der Objektraum wird aktiviert, doch die Option MIT VORH. IK-KEY VERBINDEN bleibt inaktiv.

▸ Beim Einrichten eines Frei-Keys wird die IK-Überblendung auf 0 gesetzt und der Körperraum wird aktiviert.

▸ Rollout IK-Key-Info: Ein neues Rollout für einen schnelleren Arbeitsablauf kombiniert die vorhandenen IK-Überblendungs- und Körper/Objektraum-Steuerungen mit neuen Symbolen zur Erstellung von Aufsetz-, Gleit- oder Frei-Keys.

▸ SCHWERPUNKT AUSWÄHLEN: Diese Funktion erlaubt es, im Ansichtsfenster Schwerpunkte auszuwählen und einen Keyframe für sie zu erstellen.

▸ Eine spezielle Funktion sorgt dafür, dass die Zehen im Weltkoordinatenraum bleiben und nicht unter die Bodenebene fallen, wenn die Drehung um den Fußballen erfolgt. Ebenso können Sie Schwerpunkte für Hände und Finger auswählen.

▸ Sobald Sie den Schwerpunkt auswählen, wird die Information zur IK-Überblendung bei diesem Keyframe festgelegt. Wenn Sie den Schwerpunkt bei den Zehen wählen, wird die Ferse beim Anheben der Knie mit angehoben, doch die Zehen bleiben am Boden zurück.

▸ Zahlenauswahlfeld für Knöchelspannung: Definieren Sie, welches Gelenk Vorrang hat – Knöchel oder Knie. Bei einer Knöchelspannung von 1 bleibt der Knöchel so steif,

als würde man in einem »steifen, hohen Stiefel« gehen.

Arbeitsabläufe bei Keyframe-Animation

▸ Bewegungsbahnen: Die Bewegungsbahnen des Bipeds können jetzt direkt im Ansichtsfenster gesehen und bearbeitet werden. Verwenden Sie das Rollout Anzeige (Biped), um sich die Bewegungsbahnen anzusehen.

▸ SPUREN KOPIEREN UND EINFÜGEN: Diese Funktion ermöglicht die einfache und schnelle Übertragung von Biped-Spurbewegungen zwischen Körperteilen, zwischen Bipeds und zwischen Biped-Layern.

▸ Voreinstellungen für benutzerdefinierte Keys: Neue benutzerdefinierte Key-Einstellungen bieten den 3D-Operatoren traditioneller Animationen ein effektives Mittel zur Einrichtung und Feineinstellung der Figuranimationen. Sie präsentieren professionelle Lösungen für die überblendete, inverse und vorwärtsgerichtete Kinematik (IK und FK). Mit MacroKeys können Sie Ihre bevorzugten Keys für traditionelle Animationen bearbeiten, bis zu 13 verschiedene Parameter zum Einrichten von Keys kombinieren und diese unter einem Namen abspeichern.

Verbesserte Schrittanimation

▸ Schritte setzen mit AutoGrid: Durch Aktivieren von AutoGrid können Sie Schritte auf einem zufälligen Terrain setzen. Schritte rasten automatisch in der Mitte einer Fläche ein.

- Veränderungen der Schrittdauer: Durch Einfügen, Löschen oder Ändern des IK-Raums oder der IK-Überblendung können Sie nun die Schrittdauer in Schrittanimationen verändern. Außerdem können Sie Schritte durch Änderung der Schlüsselparameter für IK-Überblendung erstellen oder löschen.
- Verbesserte Konvertierung zwischen Freiform- und Schrittanimation: Das neue System der IK-Beschränkungen ermöglicht Konvertierungen zwischen Freiform- und Schrittanimationen in beide Richtungen, die mehr Konsistenz und Genauigkeit bieten. Sie können jetzt ohne Bewegungsverlust zwischen den beiden Modi arbeiten.

Verbesserungen des Figurmodus

Sie können nun die Figur-Datei (*.fig-Datei) definieren, die Sie verwenden möchten, bevor Sie ein Biped erstellen. Sie können entweder die *.fig-Datei direkt aus dem Rollout Biped erstellen laden oder die letzte *.fig-Datei verwenden.

Bearbeiten von Motion-Capture-Daten

- Bessere Konvertierung und Bearbeitung: Das neue IK-Beschränkungssystem definiert eine genauere und detailliertere Konvertierung von Motion-Capture-Dateien.
- Importieren von Daten: Die Dateitypen *.bvh und *.csm können nun direkt importiert oder geladen werden.
- Stützknochen: Die Importdaten für *.csm-Dateien unterstützen jetzt mehr Knochen für zusätzliche Elemente.

Hautverformung

- Leistung: Alle wichtigen Aspekte der Leistung wurden in Physique zu einem Multithread-Modul optimiert. Ladezeiten, Aktualisierung von Stapeln und allgemeine Interaktivität im Ansichtsfenster wurden mehr als verdreifacht, sogar auf Systemen mit nur einem Prozessor. Darüber hinaus ist Physique durch neue benutzerkonfigurierte Einstellungen zum Aktualisieren von Stapeln jetzt in der Lage, intelligent auf Animationsveränderungen im 3D Studio MAX-Modifikatorstapel zu reagieren. Wenn Sie diese neuen Einstellungen aktivieren, sichern Sie ein einwandfreies Verhalten für den Fall, dass Physique zusätzlich zu animierten Modifikatoren wie Morph oder Mesh Smooth angewandt wird.
- Verformungswerkzeuge: Der Modifikator Physique unterstützt jetzt die Verwendung unverbundener Knochen und Splines zur Animation und Verformung non-hierarchischer Teile einer Figur. Zum Beispiel lassen sich jetzt Gesichtsanimationen, Muskeleffekte und »Atmungsknochen« ganz einfach durch Einfügen eines Knochens oder Splines in die Physique-Knochenliste für eine Figur durchführen. Alle bekannten Verformungshüllen (Modifikator Physique – Auswahlebene Hülle) und Werkzeuge zur Anzeige der Scheitelpunktgewichte (Modifikator Physique – Auswahlebene Scheitelpunkt) können Sie einsetzen, um lokale Einflüsse und Verformungseffekte entlang jedes Knochens oder der Verbindung (Links) zu steuern. Durch Animation der Knochen oder der einzelnen Punkte entlang der Verbindung entsteht eine entsprechende Veränderung des Netzes.

▶ Biped: Diese Version von Biped wurde mit MAXSkript überarbeitet. Dabei wurden umfangreiche Funktionen zum Erstellen, Bearbeiten und Exportieren aller Parameter der Biped-Figurdaten eingerichtet. Neue Bereiche des Programmzugriffs sind die Biped-Erstellung, das Laden und Speichern, das Einrichten und Holen von Keys sowie alle Key-Parameter, Schritte, Motion Capture-Importe und Bewegungsfluss I/O.

▶ Crowds: Das Crowd-System wird mit MAX-Skript überarbeitet. Dieser Zusammenhang bewirkt, dass die Parameter der Vertreter eingerichtet und übertragen werden und so kognitive Controller oder ein Clip-Controller-Verständnis erstellt werden können.

Produktinformation
Informationen über das character studio 3 finden Sie unter http://www.discreet.com/ games.

Planung eines Projekts
Gedanken und Gefühle

»Anstatt dass ich aber während des Aufundab-
gehens an die Studie denke, – soll er zu Wieser
gesagt haben, – zähle er die Schritte und werde
dadurch halb verrückt.« (Zitat aus: »Das Kalkwerk« von Thomas Bernhard)

DIE DURCHFÜHRUNG EINES JEDEN PROJEKTS MUSS sehr gut vorbereitet werden, damit es Ihnen nicht so wie der Person in »Kalkwerk« geht. Bei der Planung des Projekts gibt es verschiedene Phasen: die Ideensammlung, das Konzept und schließlich das Storyboard.

Projektablauf
Zu Projektbeginn werden zunächst Ideen gesammelt, gefiltert, untersucht und nach »In« und »Out« sortiert, dann in eine zeitliche Abfolge gesetzt und somit positioniert. Die Vorstellung, welche Idee der Kunde und Sie selbst haben und welcher Inhalt realisiert wird, muss klar formuliert sein. Gehen Sie diplomatisch auf den Kunden zu.

Dazu muss zunächst das Ausgabemedium festgelegt werden: TV (Betacam Digi), S-VHS- oder VHS-Video, CD-ROM oder Internet.

Sprechtexte und Texttitel werden formuliert und in Relation zu Bild und Ton gestellt. Musik, die im Hintergrund das Bild untermalt, wird eventuell komponiert oder aus Tracks entnommen. Danach werden die Schauplätze, die Personen und somit die gesamten Daten für Bild, Film, Musik und Sprache zusammengestellt.

Das Thema der »Urheberrechte«, sowohl für Bild als auch für Ton, muss rechtlich abgesichert werden.

Der Dateityp, das Dateiformat, die Dateigröße in Bytes, die Sample-Rate und die Anzahl der Bilder pro Sekunde (FPS) werden anschließend festgelegt.

Überlegen Sie sich die Physiognomie der Figuren (Characters). Fragen Sie sich, wie Sie die Characters modellieren werden (Erstellungspalette und Änderungspalette), wie der Bewegungsradius der Figuren aussehen kann (character studio 3, Änderungspalette, Bewegungspalette, Spuransicht), welche Materialbeschaffenheit (Mapping-Koordinaten und Material-Editor) entstehen soll, ob Bones-Strukturen integriert werden, ob Figuren sprechen werden (Morphing) und wie die Biped-Animationen aussehen werden.

Legen Sie fest, welche zeitliche Länge das Projekt umfassen wird.

Erstellen Sie den Zeitplan (Timetable) und das Storyboard. Sammeln Sie alle Daten, bis Sie an einem Ort – z.B. Atelier, Galerie, Studio o.ä. – bearbeitet werden können. Je früher, desto besser. Oft vergeht viel Zeit, bis das Ganze in der Vorbereitung abgeschlossen ist und die Daten und das »Team« zusammengestellt sind.

Jedes Projekt lebt von dem Engagement des Einzelnen und der kreativen, eigenständigen und kooperativen Einstellung jeder Person zum gesamten Projekt.

Storyboard

Das Storyboard umfasst den zeitlichen Ablauf und den Inhalt des Projekts. Anhand kurzer Textpassagen und Bebilderungen wird der Ablauf skizziert. Visuelle Effekte, wie Schnitte und Überblendungen oder Textangaben zum Abspann und zur Musik, werden strukturiert, mit Zeitangaben belegt und für die Realisation des Projekts ausgearbeitet.

Checkliste

Es folgt ein exemplarischer Fragenkatalog, der zu Beginn eines Projekts hilfreich sein kann:

- ▶ Welche Vorstellungen hat der Kunde?
- ▶ Welche Zielsetzungen hat das Projekt?
- ▶ Welche Inhalte sollen umgesetzt werden?
- ▶ In welcher Szenerie spielt das Ganze?
- ▶ Wird Musik im Hintergrund zu hören sein?
- ▶ Welche »Urheberrechte« müssen berücksichtigt werden?
- ▶ Welche zeitliche Länge hat das Projekt?
- ▶ Welches Ausgabemedium wird verlangt?
- ▶ Welche Characters werden benötigt?
- ▶ Welche Physiognomie weisen die Characters auf?

- ▶ Welche Bewegungsradien haben die Knochen?
- ▶ Werden Bones-Strukturen eingesetzt?
- ▶ Werden die Characters sprechen?
- ▶ Wie werden die Characters aufgebaut sein?
- ▶ Wie ist die Materialbeschaffenheit der Characters?
- ▶ Werden alle Characters durch das character studio animiert?
- ▶ Welche Arten der Biped-Animationen werden realisiert?
- ▶ Sollen Atmosphären oder Effekte integriert werden?
- ▶ Welche Lichtstimmungen werden erzeugt?
- ▶ Wie werden die Kamerafahrten aussehen?
- ▶ Welchen Umfang wird die Post Production haben?
- ▶ Wie viele Personen umfasst das Produktionsteam?
- ▶ Werden externe Personen punktuell eingesetzt?
- ▶ Wie hoch sind die täglichen Produktionskosten?
- ▶ In welchen Räumlichkeiten wird produziert?
- ▶ Wie umfangreich ist der technische Aufwand?
- ▶ Welche Kosten wird das Projekt umfassen?
- ▶ Wie teuer wird das Projekt für den Kunden sein?
- ▶ Welche Honorarvorstellungen hat der Kunde?

Unser Projekt
Die Geschichte zum Buch

»Was geschah in den Yellow-Jacket-Silber-bergwerken am 17. Oktober 1874?«

WIR FANDEN DIE IDEE REIZVOLL, IHNEN DIE FUNK-tionen von character studio anhand eines komplexen Beispiels zu erklären. Dieses Projekt wird Sie durch das gesamte Buch begleiten. Bitte schauen Sie sich zunächst den fertigen Film, den wir erstellen werden, an, um ein Bild vom Ziel unserer/Ihrer Arbeit zu erhalten. Sie finden ihn auf der Buch-CD-ROM unter Projektverzeichnis\Animation. Und nun zum Hintergrund dieses Films.

Entstehung der Geschichte
Der durch seine Bewegungsstudien von Menschen und Tieren bekannt gewordene gebürtige Engländer Eadweard Muybridge (1830-1904) erlebte eine persönliche Tragödie, die seine Karriere fast beendet hätte. Aus Briefen, die er bei seiner Frau Flora fand, ging hervor, dass diese ein

Verhältnis mit einem Colonel namens Harry Larkyns hatte. Die Erkenntnis, dass außerdem nicht er der Vater seines vermeintlichen Sohnes war, sondern der Liebhaber, veranlasste Muybridge, sich auf die Suche nach Larkyns zu machen. Am 17. Oktober 1874 traf er ihn schließlich in den Yellow-Jacket-Silberbergwerken in der Nähe von San Francisco. Mit den Worten »Hier haben Sie die Antwort auf den Brief, den Sie meiner Frau schickten« erschoss er ihn. In San Francisco wurde dem zu diesem Zeitpunkt bereits international bekannten Muybridge unter großer Anteilnahme der Öffentlichkeit der Prozess gemacht. Sein Verteidiger Wirt Pendegast erreichte einen Freispruch, der ihn nur knapp vor dem Schicksal, gelyncht zu werden, bewahrte. Einige Jahre später starb seine Frau Flora, und Muybridge zog Larkyns Kind auf.

Eadweard Muybridge
Ausführliche Informationen zur Person des Fotografen Eadweard Muybridge (1830-1904) können Sie auf folgenden Web-Seiten einsehen:

http://www.masters-of-photography.com/M/muybridge/muybridge.html
http://www.arklo.com/st1sem5.htm

Weitere visuelle Informationen zu den Arbeiten von Eadweard Muybridge (1830-1904) finden Sie auf der CD-ROM als *.jpg-Dateien.

»The Photographer«
Weitere Informationen zum musikalischen Theaterstück »The Photographer« finden Sie in der Datei the photographer.doc, zum Komponisten Philip Glass unter http://www.uni-paderborn.de/~pg/glass.html

http://www.kunsthausschuster.de/sal/sal_biografie.html#lebenslauf

sowie unter Philip Glass.doc auf der CD-ROM.

Diese wahre Geschichte ist Grundlage vieler Analysen, Theaterstücke u.ä. Unter anderem existiert ein musikalisches Theaterstück mit dem Titel »The Photographer«, dessen Musik von Philipp Glass stammt (Grundidee: Rob Malasch, Phillip Glass, Aaage Hoygaard, Rein Jansma und Joost Elffers; Erstaufführung in Holland 1982). Die musikalische Untermalung zu unserem Film wurde diesem Theaterstück entnommen.

Wir haben den Tathergang als Thema ausgewählt, um eine filmische Umsetzung zu entwickeln und Ihnen einen Einblick in das character studio 3 zu geben.

Theater, Musik, Fotografie, Licht, Kamera und die Bewegungen menschlicher bzw. tierischer Skelette sind in diesem Film kombiniert.

Inhaltliche Umsetzung

Die inhaltliche Umsetzung des Tathergangs fügt sich im Film wie ein abstraktes Mosaik zusammen. Lassen Sie Ihrer Fantasie freien Lauf und folgen Sie uns:

Die Schauplätze, die im Film erscheinen, sind ein Theaterraum und eine Stadt. Der Theaterraum steht dabei für einen fiktiven Raum, in dem sich der Richter, der Strafverteidiger und die Geschworenen aufhalten. Die beiden leeren Stühle symbolisieren dabei den Richter und den Strafverteidiger.

Die Gedanken und Überlegungen des Richters und des Strafverteidigers werden visualisiert. Das Theater und die gesamte Szenerie stellen eine »gedankliche Miniaturwelt« dar.

Der Tisch und die Characters auf dem Tisch – Mann, Frau, Dinosaurier – stehen für die Situation, die Eadweard Muybridge allein, mit seiner Frau oder dem Major Colonel Larkyns erlebt hat. Im Wechsel werden die Rollen der Figuren, abhängig von der Rolle des Dinosauriers, getauscht.

Die weiße Skulptur (Satyrn), die auf dem Boden steht, versinnbildlicht die mythologischen Fruchtbarkeits- und Walddämonen. Berauscht von Wein und Tanz spielen sie fröhlich die Flöte und stellen den Nymphen nach. Diese Themen spielen übrigens auch im Theaterstück eine große Rolle.

Die Stadt steht für einen Ort in der Nähe der Yellow-Jacket-Silberbergwerke oder für eine fiktive Lokalität, an der sich die beteiligten Personen aufhalten bzw. eine Zuflucht suchen.

Die Nonnen symbolisieren Gewissen, Gefühle und Gedanken der Hauptpersonen. Der Dongle steht für das trügerische Gefühl der Sicherheit, in dem sich die drei glauben wiegen zu können.

Die Patrone steht – sehr nahe liegend – für den Schuss. Die Schildkröte verbildlicht die Situation, sich zurückziehen zu können. Die Käfer, die aus der Kreisform heraus unter dem Tisch aufeinander zukrabbeln, stellen die Geschworenen dar. Die Pflanzen stehen für »Mutter Erde«, Schale und Vase für die Aufmerksamkeit.

Der Kaktus versinnbildlicht die Konstellation der drei Hauptpersonen – also die Muybridges und Major Colonel Larkyns –, die ihren Abstand zueinander bewahren.

Die Musik untermalt das Szenario und interpretiert das historische Geschehen.

Bildhafte Umsetzung

Die Skizzen der Characters und Schauplätze finden Sie in der Datei Bildhafte Umsetzung.doc.

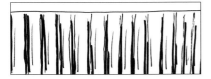

▲ **Abbildung 1**
Aufblende aus Schwarz in das Theater:
Vorhang geschlossen (Theaterszenerie
Part I)

▲ **Abbildung 2**
Vorhang öffnet sich

▲ **Abbildung 3**
Kamerafahrt in den Theaterraum

▲ **Abbildung 4**
Kamerafahrt in den Theaterraum: Bewegungen der Figuren auf dem Tisch – Frau,
Mann, Dinosaurier – zeitlich parallel zur
Kamerafahrt in den Theaterraum. Die Abbildung zeigt die animierten Figuren auf
dem Tisch.

▲ **Abbildung 5**
Kameraeinstellung vor der Überblendung
in die Stadt

▲ **Abbildung 6**
Blende vom Theaterraum in die Stadt-
szenerie: Die Stadtszenerie mit den
Nonnen (Part II)

Storyboard des Projekts

»*Und dies ist künstlicher Mondschein
Ein künstlicher Himmel
Pferde am Himmel
Die Füße am Boden
Dies Bild hab ich nie zuvor gesehn
Und dies ist künstlicher Mondschein
Ein künstlicher Himmel
'Wessen Kind ist es'
Dies Bild hab ich nie zuvor gesehn ...*«
(Auszug aus »The Photographer«.

Nun beginnt Ihre Arbeit: Sammeln Sie die
Ideen und Gedanken, die wir auf den vergan-
genen Seiten formuliert haben, und gestalten
Sie selbstständig Ihr Storyboard.

Es folgt unser Vorschlag für das Storyboard
des Projekts auf den folgenden Seiten. Wir
danken Michael Richter, Köln, für die Skizzen.

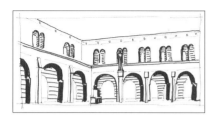

▲ **Abbildung 7**
Der Marktplatz mit Arkaden

▲ **Abbildung 8**
Blick auf die Nonne in den Arkaden

▲ **Abbildung 9**
Nonne in den Arkaden: Hier wurde in die Arkaden überblendet.

▲ **Abbildung 10**
Die Nonne verlässt die Szenerie.

▲ **Abbildung 11**
Überblendung vom Arkadengang zur Animation der Käfer unter dem (Part III)

▲ **Abbildung 12**
Aufsicht auf den Tisch mit den tanzenden Figuren

▲ **Abbildung 13**
Frontansicht des Theaterraums und Kamerafahrt zur Ausgangsposition

▲ **Abbildung 14**
Der Vorhang schließt sich.

▲ **Abbildung 15**
Abblende in ein schwarzes Bild: der Abspann

Character Design

Erstellung und Struktur eines Bipeds

Arbeiten mit dem Skelettsystem Biped

*Über die Funktion, das Erstellen, die Anatomie
und die Animationen eines Bipeds*

Funktion

DAS BIPED IST FÜR DIE MENSCHLICHEN ODER tierischen Bewegungsabläufe zuständig. Es wird wie ein Skelett in einem Ansichtsfenster aufgezogen. Wichtig ist dabei zu realisieren, dass das Biped und der Character zwei verschiedene Dinge sind. Das Biped definiert die Proportion, die Bewegung und das Verhalten eines virtuellen Characters im 3D-Raum. Der virtuelle Character kann ein Netzobjekt sein – z.B. ein Mensch oder ein Tier –, welches dreidimensional modelliert wird.

Der »Zusammenhalt« zwischen dem Character und dem Biped wird über den Modifikator Physique erzeugt. Dem selektierten Character wird in der Änderungspalette der Modifikator Physique zugewiesen.

Über AN KNOTEN BEFESTIGEN wird der Character mit dem Biped »verbunden«. Das Biped wird über den Schrittmodus animiert und der Character folgt dem animierten Biped, d.h., der virtuelle Character bewegt sich auf Grund des Bipeds.

Das Biped und der modellierte Character werden durch den Modifikator Physique und dessen Auswahlebenen in der Bewegung gesteuert. Das Biped wird konstruiert und im Figurmodus an die Proportionen des Characters angeglichen. Es erfolgt die Zuweisung des Modifikators Physique und die Initialisierung mit dem Character. Das Biped wird im Schrittmodus animiert und die einzelnen Biped-Gliedmaßen (Verbindungen) steuern den Character. Jede Biped-Gliedmaße koordiniert die unterschiedlichen Scheitelpunkte des Characters und »fängt« diese ein. Somit werden gezielt die Scheitelpunkte des Characters durch das Biped und den Modifikator Physique definiert und für die Animation eingesetzt (Abbildung 1).

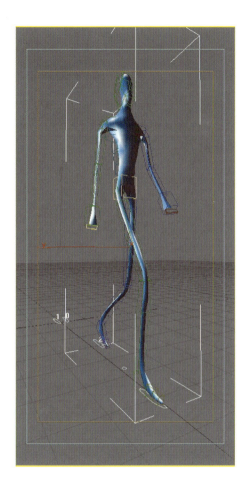

◄ **Abbildung 1**
Biped, Modifikator Physique und der bewegte
Character (Mann)

Der Begriff Biped bezeichnet dabei sowohl das gesamte Skelett als auch dessen Bestandteile. Das in der Biped-Hierarchie höchste Objekt, das Bip01, wird »Massenmittelpunkt« genannt. Es ist das Elternteil aller mit ihm verknüpften Biped-Gliedmaßen (Kinderteile). Wenn Sie in der Erstellungspalette ein Biped konstruiert haben und sich in der Bewegungspalette innerhalb des Figurmodus befinden, können Sie die gesamte Biped-Anatomie im Raum bewegen bzw. ausgewählte Biped-Gliedmaße rotieren oder skalieren.

Die »neutrale« Position des Bipeds wird immer im Figurmodus erstellt und beinhaltet das Angleichen der Proportionen eines Bipeds, also z.B. wie groß der Unter- oder Oberkörper werden soll, wie lang die Beine sind etc.

Erstellung eines Bipeds

Lassen Sie uns ein Biped konstruieren.

Erstellen des Bipeds

1. Erstellungspalette – Systeme
Gehen Sie in die Erstellungspalette und aktivieren Sie SYSTEME ❶*.*

◀ **Abbildung 2**
Erstellungspalette •
Systeme • Biped

2. Erstellungspalette – Rollout Objekttyp – Schaltfläche Biped
Klicken Sie mit der linken Maustaste auf BIPED ❷ *und ziehen Sie mit gedrückter Maustaste im Ansichtsfenster Perspektive oder einem beliebigen anderem Ansichtsfenster ein Biped von unten nach oben auf. Fixieren Sie die Größe des Bipeds mit einem zweiten linken Mausklick.*

3. Objekt auswählen
Klicken Sie in der Hauptsymbolleiste auf OBJEKT AUSWÄHLEN, um den Konstruktionsvorgang des Bipeds abzuschließen.

◀ **Abbildung 3**
Bewegungspalette •
Figurmodus • Rollout
Struktur

4. Bewegungspalette – Aufbau des Bipeds
Aktivieren Sie einen Teil des Bipeds, und gehen Sie in die Bewegungspalette.

Klicken Sie auf FIGURMODUS ❸*. Hier können Sie zum Beispiel ein Biped mit Armen oder ohne Arme erzeugen, die Anzahl der Wirbelsäulenverbindungen oder die Anzahl der Finger- bzw. Zehengelenke verringern oder erhöhen.*

In dem Rollout Struktur ❹ *können Sie – neben weiteren Möglichkeiten – in den Eingabefeldern den Namen und die Werte des Biped-Aufbaus verändern.*

5. Menüleiste – Datei – Speichern unter
Speichern Sie die Szene als *.max-Datei ab.

▲ **Abbildung 4**
Fenster Nach Namen auswählen

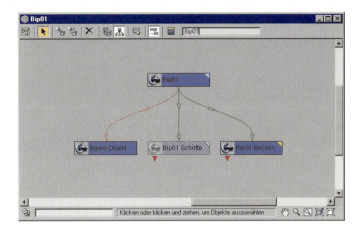

▲ **Abbildung 5**
Fenster Schematische Ansicht

Struktur des Bipeds

Auf den folgenden Seiten werden wir Ihnen die Struktur des Bipeds erklären. Am Anfang steht die Biped-Anatomie mit ihrer Unterstruktur.

Die Biped-Anatomie ist recht komplex (Abbildung 7 und 8). Eine erste Hilfestellung ist die farbige Unterteilung zwischen Blau gleich links und Grün entsprechend rechts. Namen

der Biped-Verbindungen auf der linken Seite beinhalten einen großen Buchstaben »L«, Namen der Biped-Verbindungen auf der rechten Seite entsprechend »R«. Die Farbgebungen der anderen Biped-Teile (z.B. die Objektfarbe des Biped-Kopfes) verändern sich von Biped zu Biped. Somit können mehrere Bipeds in einer Szenerie erstellt werden. Jedes weitere neue

Unterstruktur des Bipeds anzeigen

Informationen zur Unterstruktur des Bipeds erhalten Sie,

1. indem Sie einen Teil des Bipeds im Ansichtsfenster aktivieren und in die Bewegungspalette gehen,
2. indem Sie das Fenster NACH NAMEN AUSWÄHLEN öffnen (Tastatur h) und die Funktion UNTERSTRUKTUR ANZEIGEN aktivieren (Abbildung 4),

3. indem Sie die SCHEMATISCHE ANSICHT öffnen (Abbildung 5),
4. oder indem Sie die SPURANSICHT aufrufen und auf das Plus-Zeichen vor dem Bip01 mit der linken Maus klicken und somit den Aufbau des Bipeds öffnen (Abbildung 6).

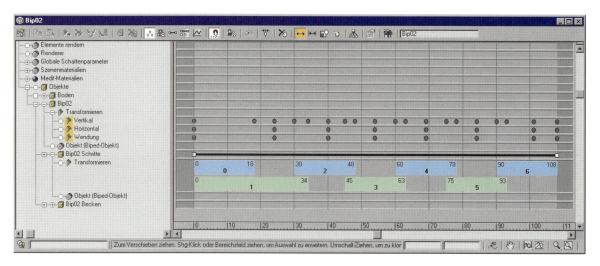

▲ **Abbildung 6**
Fenster Spuransicht

Biped bekommt automatisch den Namen Bipo2, Bipo3, Bipo4, Bipo5, usw.

Die Namensgebung des jeweiligen Bipeds kann durch Aktivieren eines Biped-Teils in der Bewegungspalette • Figurmodus • Rollout Struktur im Eingabefeld des Stammnamens verändert oder direkt während des Erstellens in der Erstellungspalette im Rollout Biped erstellen editiert werden.

Benennen Sie die ersten Buchstaben des Bipeds neu, und alle dem Biped zugehörigen Bestandteile werden in ihrer Benennung interaktiv aktualisiert.

Die Struktur des Bipeds gleicht dem menschlichen Skelettaufbau. Überlegen Sie, was geschieht, wenn jemand Ihre linke Hand greift und zu sich zieht. Finger, Hand, Unterarm, Oberarm, Schulter, Brust, Hals, Kopf und Becken, vielleicht Oberschenkel, Unterschenkel und Füße bewegen sich mit. Alle Bestand-

teile des Skeletts sind miteinander »verbunden« oder »verknüpft« und an den verschiedenen Bewegungs- oder Drehachsen »verschiebbar« und »drehbar« – so auch beim Biped.

Die Finger des Bipeds sind mit der Hand verbunden, die Hand mit dem Unterarm, der Unterarm mit dem Oberarm, der Oberarm mit dem Schlüsselbein, das Becken mit dem Massenmittelpunkt (Bipo1) usw. Somit sind die Finger »Kinder« der Hand, die in dieser Beziehung selbst »Elternteil« ist; die Hand ist wiederum »Kind« des Unterarms usw.

Zusätzlich existieren Dummys, die während des Aufziehens eines Bipeds konstruiert und in der Anzeigepalette verdeckt aufbewahrt werden. Sie sind an den Enden der Extremitäten positioniert und dienen zur Animation der Arme, Hände oder Beine bzw. der jeweiligen Biped-Verknüpfungen.

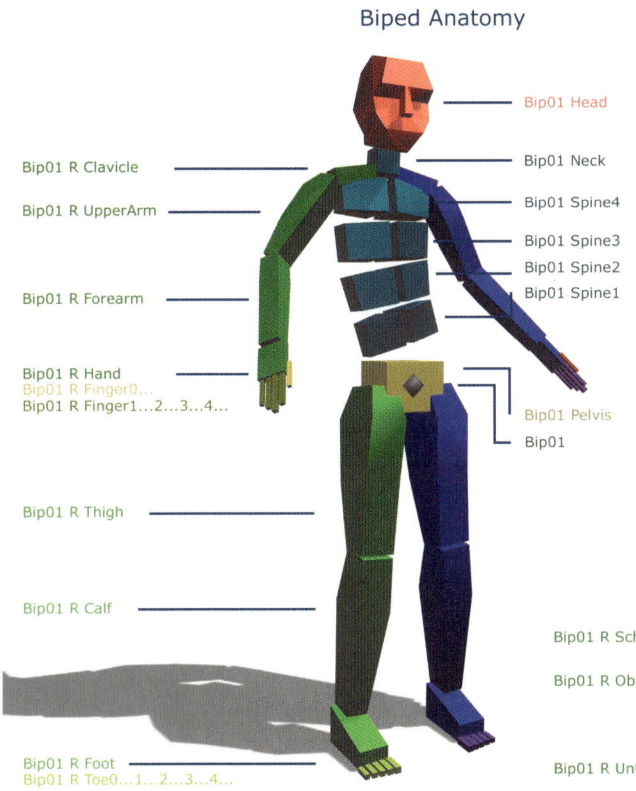

Biped Anatomy

Bip01 R Clavicle

Bip01 R UpperArm

Bip01 R Forearm

Bip01 R Hand
Bip01 R Finger0...
Bip01 R Finger1...2...3...4...

Bip01 R Thigh

Bip01 R Calf

Bip01 R Foot
Bip01 R Toe0...1...2...3...4...

Bip01 Head

Bip01 Neck

Bip01 Spine4

Bip01 Spine3

Bip01 Spine2

Bip01 Spine1

Bip01 Pelvis

Bip01

▲ **Abbildung 7**
Biped-Anatomie Englisch

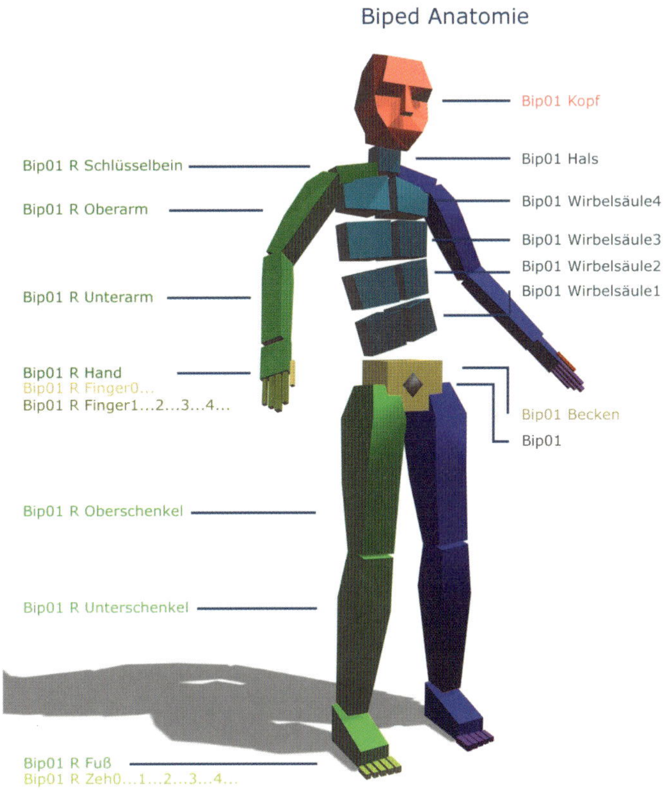

Biped Anatomie

Bip01 R Schlüsselbein

Bip01 R Oberarm

Bip01 R Unterarm

Bip01 R Hand
Bip01 R Finger0...
Bip01 R Finger1...2...3...4...

Bip01 R Oberschenkel

Bip01 R Unterschenkel

Bip01 R Fuß
Bip01 R Zeh0...1...2...3...4...

Bip01 Kopf

Bip01 Hals

Bip01 Wirbelsäule4

Bip01 Wirbelsäule3

Bip01 Wirbelsäule2

Bip01 Wirbelsäule1

Bip01 Becken

Bip01

▲ **Abbildung 8**
Biped-Anatomie Deutsch

Abbildung 9 ▶
Befehlspalette – Biped erstellen

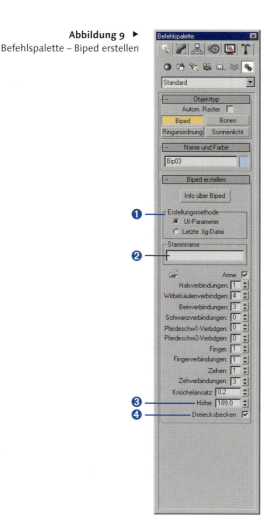

So besteht das Bip01 aus Armen, die erstellt oder nicht erstellt werden können, aus Hals-, Wirbelsäulen- oder Beinverbindungen, aus Schwanz und entsprechenden Schwanzverbindungen, (Pferdeschwanz-1- und Pferdeschwanz-2-Verbindung), Fingern und Fingerverbindungen, Zehen und Zehenverbindungen, den Parameterwerten von Knöchelansatz und -höhe sowie dem Dreiecksbecken, das aktiviert oder deaktiviert werden kann (Abbildung 9).

Vorwärtsgerichtete Kinematik (FK) und Inverse Kinematik (IK)

In 3ds max 4 existieren zwei Arten von Animationen, die für verknüpfte Objekte angewendet werden: die Vorwärtsgerichtete Kinematik (FK), bei der das »Kind« dem »Elternteil« folgt, und die Inverse Kinematik (IK), bei der das »Elternteil« dem »Kind« folgt. Beide Arten von Animationen können nicht zur gleichen Zeit aktiviert werden.

Stellen wir uns eine Situation vor, in der ein Spielball an einer Kette hängt. Der Spielball ist mit der Kette verknüpft. Um den Spielball schwingen zu lassen, können wir die Kette rotieren – dieses ist die »FK« –, oder wir bewegen den Spielball – dieses ist die »IK«.

Wichtig ist es hierbei, dass das »Elternteil« durch die »FK« rotiert wird und durch die »IK« bewegt wird.

Pferdeschwanz-Verbindungen

Mithilfe der Pferdeschwanz-Verbindungen animieren Sie Haare. Pferdeschwänze können mit dem Kopf einer Biped-Figur verbunden und zur Animation anderer Anhängsel verwendet werden. Sie bestimmen die Position von Pferdeschwänzen und können mit ihnen das Kinn, die Ohren oder die Nase einer Figur animieren. Mit Pferdeschwänzen animieren Sie alle Anhängsel, die sich zusammen mit dem Kopf bewegen sollen.

Bestandteile und Wertebereiche

In der Erstellungspalette im Rollout Biped erstellen (Abbildung 9) bzw. in der Bewegungspalette im Figurmodus • Rollout Struktur (Abbildung 3) finden Sie neben den Möglichkeiten, den Namen des Bipeds zu verändern oder die Biped-Anatomie zu organisieren bzw. Informationen über das Biped abzufragen, noch weitere wichtige Einstellungsmöglichkeiten.

Wenn Sie zum Beispiel ein Biped erstellt haben, können Sie diesen Status der Biped-Proportionen, die Sie im Figurmodus erstellt haben, als *.fig-Datei abspeichern.

In der ERSTELLUNGSMETHODE ❶ können Sie zwischen dem UI-PARAMETER und der LETZTE *.FIG-DATEI wählen. Der UI-Parameter verwendet die angezeigten Parameter zur Erstellung des Bipeds. DIE LETZTE *.FIG-DATEI hingegen erstellt ein Biped, basierend auf den Proportionen und der Struktur der zuletzt geladenen Figurdatei (*.fig) in der Szene. Wenn seit dem Start von 3ds max 4 keine Figurdatei geladen wurde, stützt sich die Option auf die Biped.ini-Datei. Diese Datei enthält die Zeile FigureFile=c:\3ds Max\CSTUDIO\default.fig. Sollte auf diese Default-Einstellung nicht zurückgegriffen werden können, wird ein Biped mit der Höhe 100 erstellt.

Im Bereich STAMMNAME ❷ wird stets der Name des Biped angezeigt. Diesen Stammnamen benötigen wir, um ein Biped von einem weiteren in der Szene durch die Namensnennung unterscheiden zu können (z.B. Bip01, Bip02, Bip03 …) und um einem oder mehreren Bipeds eigenständig einen neuen Stammnamen zu geben.

Im Rollout Struktur können Sie nun konkret Ihre Biped-Anatomie zusammenstellen: Wird das Biped Arme haben, benötigt das Biped fünf oder drei Finger (z.B. für Comic-Characters mit Händen, die jeweils drei Finger haben), benötigt das Biped einen oder mehrere Zehen oder Zehenverbindungen usw.

Die Anzahl der Halsverbindungen können z.B. von einer Halsverbindung auf drei Halsverbindungen erhöht werden, um den Hals einer Giraffe vorzubereiten.

Die Wertebereiche der Verbindungen können Sie in der Änderungspalette dem Rollout Struktur entnehmen.

Wichtig ist hier die Festlegung der Verbindungen. Jede Verbindung steht im übertragenen Sinn für eine Biped-Gliedmaße. So besteht eine linkes Biped-Schlüsselbein aus einer linken Biped-Schlüsselbeinverbindung, die im Modifikator Physique als Linie erkennbar wird und stellvertretend für das linke Biped-Schlüsselbein steht. Die Verbindung kann in dem Modifikator Physique als Unterobjekt ausgewählt und die Eigenschaften der Verbindung durch die Parameterwerte definiert werden. Diese Einstellungen und Arbeitstechniken werden Sie später gezielt einsetzen.

Ein Beispiel: Sie haben dem modellierten Character den Modifikator Physique zugewiesen und nach der Initialisierung des Modifikator Physique (Schaltfläche AM KNOTEN BEFESTIGEN und BIPED-TEIL AUSWÄHLEN) den Character mit dem Biped verbunden. Es folgt die Biped-Animation, die die Animation des modellierten Characters definiert. Jetzt kann es sein, dass die Verbindungen des Bipeds die Scheitelpunkte des modellierten Characters nicht genau finden oder zuweisen können und somit Scheitelpunkte des Characters im 3D-Raum stehen bleiben und nicht mitanimiert werden. Um diese Scheitelpunkt-Probleme zu lösen, benötigen Sie den Modifikator Physique und dessen Auswahlebenen und Unterobjekte.

Das heißt also: Die Verbindungen des Bipeds und der Modifikator Physique steuern die Zuweisung der Scheitelpunkte des Characters. Der Modifikator Physique und die Auswahlebenen beziehen sich hierbei jedoch nicht nur auf die Scheitelpunkte des Characters. Sie können auch durch die Auswahlebenen der Hüllen, der Sehnen, der Wölbungen oder durch die Verbindungen selbst gezielt das Animationsverhalten des Characters und dessen Scheitelpunkte steuern.

Erwähnenswert ist der KNÖCHELANSATZ: Er legt fest, wo sich die Ansätze des rechten und linken Knöchels am entsprechenden Fußblock befinden. Die Knöchel können an jeder beliebigen Stelle entlang der Mittellinie des Fußblocks von der Ferse bis zu den Zehen positioniert werden. Bei einem Wert von 0 wird der Knöchelansatz an der Ferse, bei einem Wert von 1 an den Zehen angebracht. Klicken Sie auf den nach oben weisenden Pfeil des Zahlenauswahlfelds, um den Knöchelansatzpunkt zu den Zehen hin zu bewegen (Wertebereich 0 bis 1).

Der Parameter HÖHE ❸ definiert die Höhe des gesamten aktuellen Bipeds.

Mit dem Kontrollkästchen DREIECKSBECKEN ❹ erstellen Sie Verbindungen vom Oberschenkel zum untersten Biped-Wirbelsäulenobjekt, wenn der Modifikator Physique angewendet wird. Normalerweise werden die Beine mit dem Biped-Beckenobjekt verbunden. Durch Dreiecksbecken erstellen Sie einen natürlicheren Spline für die Netzverformung.

Massenmittelpunkt und -schatten

Der Massenmittelpunkt, das Bip01, ist das Stammobjekt der Biped-Anatomie. Dieses Objekt erscheint als Oktaeder und befindet sich in der Nähe der Mitte des Beckens. Wenn das Bip01 animiert wird, bewegen sich alle Bestandteile der Hierarchie mit (Abbildung 10).

Der Massenmittelpunktschatten liegt, wenn der Schrittmodus aktiviert ist, als Kreis zwischen den Füßen des Bipeds auf dem Referenzkoordinatensystem »Welt« und zeigt die relative Position des Massenmittelpunkts des Bipeds in Bezug zu den Füßen (Abbildung 11).

Der Massenmittelpunkt, das Bip01, wird in der Bewegungspalette in einem der drei Modi – des Figur-, des Schritt- oder des Bewegungsflussmodus – das gesamte Biped-Verhalten im 3D-Raum beeinflussen.

Mehr über diese drei Modi und das Biped erfahren Sie nach dem thematischen Unterpunkt »Animation« in diesem Kapitel.

Vereinfachung für Schuhe
Wenn Characters Schuhe tragen, reicht meist ein einziger Zeh mit nur einer Verbindung aus.

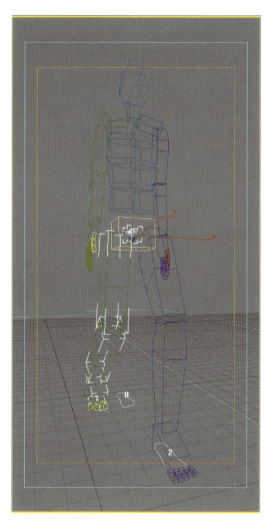

▲ **Abbildung 10**
Nahaufnahme des Massenmittelpunkts oder »Bip01«
(schattiert)

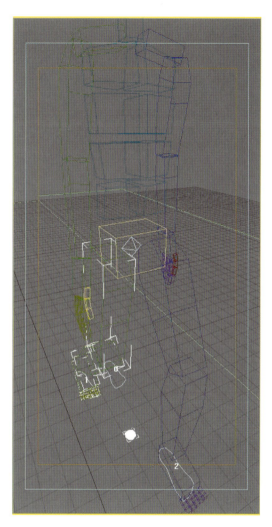

▲ **Abbildung 11**
Nahaufnahme des Massenmittelpunktschattens, der als
weiße Scheibe zwischen den Füßen erscheint.

Animation
Character studio 3 ermöglicht unterschiedliche Umsetzungen der Biped-Animationen

Die Proportionen des Bipeds beeinflussen das Bewegungsverhalten des Bipeds.

Animationstechniken

Im character studio 3 können die Biped-Animationen durch

- ▶ die Schrittbearbeitung (Schrittmodus),
- ▶ die Freiformbearbeitung (Keine Physik),
- ▶ das Einbinden von Motion-Capture-Daten,
- ▶ die Bearbeitung des Motion-Flow (Bewegungsfluss als non-lineare Animation),
- ▶ den detaillierten Einsatz des Modifikator Physique und
- ▶ über die Helfer Crowd und Vertreter (Delegates)
  ausgearbeitet werden.

In der **Schrittbearbeitung** (Schrittmodus) kann das Biped durch Schritte animiert werden. In diesem vorgegebenen Modus werden die Biped-Schritte in ihrer Dauer, den Start- und End-Frames und der Zeit bearbeitet. Berücksichtigen Sie, dass sich die Biped-Schritte entweder auf dem Boden oder in der Luft befinden.

In der **Freiformbearbeitung** (Keine Physik) kann das Biped in einer Freiformphase animiert werden. In diesem Modus können Sie die Körper-Keys des Bipeds für die Frames ändern, in denen sich das Biped in der Luft befindet. Die Freiformphase hebt die auf der Physik basierenden Dynamik auf, durch die die Biped-

Bewegung gesteuert wird (z.B. der Salto eines Bipeds zwischen den Schritten). Beachten Sie, dass sich die Freiformphase zwischen den Schritten befinden kann.

Ebenfalls ist es möglich, nur auf der Freiformbearbeitung (Keine Physik) basierend ein Biped zu animieren. Hier wäre nicht der Wechsel zwischen Schrittbearbeitung und Freiformphase vorhanden.

Die **Motion-Capture-Daten** sind Animationsdaten, die tierische und menschliche Bewegungsabläufe festhalten und als Dateien digitalisiert werden können. Dem »realen Akteur« werden an den Körpergelenken auf der Hautoberfläche Marker angelegt, die die Bewegungen erfassen. Die Marker können mit Kabeln verbunden sein, die wiederum mit einer Schnittstelle im Rechner verbunden sind. Die Bewegungen werden digitalisiert und als *.bip-, *.bvh- oder *.csm-Dateiformate abgespeichert.

Diese unterschiedlichen Dateiformate (*.bip, *.bvh oder *.csm) und somit die Bewegungsdaten lassen sich im character studio 3 auf die Biped-Anatomie übertragen. Das Biped bewegt sich im Raum auf Grund der Zuweisung der Motion-Capture-Daten.

Die **Non-lineare-Animation** kann mehrere einzelne, vordefinierte Bewegungsabläufe (z.B. *.bip-Dateiformate) als **Motion Flow** in den Motion-Flow-Graphen laden und zu einer komplexen Animationsabfolge zusammenstellen. Hierbei werden die Übergänge der Animationen automatisch generiert. Diese Einstellungen und Übergänge lassen sich in dem Motion-Flow-Editor bearbeiten.

Der **Modifikator Physique** steuert die Zuweisung und das Animationsverhalten des modellierten Characters und den des Bipeds.

Das bisherige Animationskonzept des character studio wurde durch die Helfer **Crowd** und **Vertreter** erweitert. Dieses erlaubt es dem/der 3D-OperatorIn, grenzenlose und neue Wege der Biped-Animationen zu beschreiten.

Ab sofort können Sie die Koordination hunderter Bipeds in einer Szenerie durch dieses intelligente Animationskonzept steuern und den Bipeds verschiedene Verhaltenstypen zuweisen.

Figur-, Schritt- und Bewegungs-flussmodus

Die drei Modi

In der Bewegungspalette befinden sich, wenn ein Bestandteil des Bipeds aktiviert ist, die drei Modi. Diese Modi erzeugen die Biped-Proportio-nen und die Biped-Bewegungen durch die Schritte oder das Skript.

Einblick

IN DEN DREI MODI FIGURMODUS ❶, SCHRITT-modus ❷ und Bewegungsflussmodus ❸ wer-den das Biped und alle dem aktuellen Biped zugehörigen Biped-Gliedmaßen bearbeitet und animiert. Jeder Modus besitzt eine bestimmte Aufgabe und definiert die jeweiligen Biped-Proportionen und die Biped-Animationen.

Figurmodus

Der Figurmodus ...

1. stellt einen animationsfreien Bereich dar, der das Verhältnis zwischen modelliertem Character und Biped herstellt. Dieser Mo-dus kann als »neutrale Position« oder »neu-trales Größenverhältnis« des Bipeds zum modellierten Character bezeichnet werden.
2. dient als Referenzposition und zur Ein-passung eines Bipeds in einen Character oder ein Netzobjekt.

In ihm ...

1. wird das Biped in der Position, der Drehung und der Skalierung modifiziert.

2. definieren Sie die Biped-Struktur.
3. kann das Biped umbenannt werden.
4. läuft die lokale x-Achse des Bipeds entlang der Länge der Gliedmaße.
5. werden Characters, deren Arme horizontal in Schulterhöhe vom Körper entfernt posi-tioniert und deren Beinabstand durch die Stellung der Füße bestimmt sind, dazu ver-wendet, die Bipeds als Skelette gezielt in die Characters einzupassen oder hineinzustel-len.

Ein Beispiel:

Stellen Sie sich vor, dass Sie in einem Atelier an einer Werkbank das Skelett einer Marionette aus Rundhölzern und Silberstahlgelenken kon-struieren. Dieses Skelett wird später mit den Fäden, die am Fadenkreuz befestigt sind, ver-bunden und somit das Marionetten-Skelett bewegen. Der eigentliche Körper des Charac-ters – das Material des Körpers und die Klei-dung, die zuvor in der Größe und in den Pro-portionen festgelegt, konstruiert und geschneidert wurden – bestimmen die Propor-tionen des Marionetten-Characters und somit das Marionetten-Skelett.

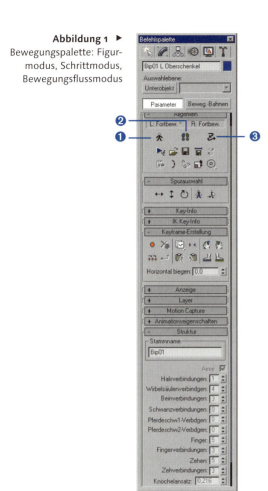

Unser modellierter Character im 3D-Raum ist unser Marionetten-Character und das Mario- netten-Skelett unser Biped. Je präziser Sie den Marionetten-Character bauen – vergleichbar mit dem modellierten Netzobjekt – umso na- türlicher und perfekter kann der Marionetten- Körper und die Kleidung durch das präzise in den Marionetten-Character eingebaute Mario- netten-Skelett – vergleichbar mit dem Biped – zu einem späteren Zeitpunkt animiert werden.

Wenn Sie mit den unterschiedlichen Ske- lettsystemen, also z.B. Bones-Strukturen, oder character studio 3 und dem Biped arbeiten, werden Sie sich vielleicht an diese Marionet- ten-Szenerie zurückerinnern. Der Zusammen- hang zwischen modelliertem Character, dem Biped und der Biped-Animation wird dadurch sehr deutlich.

Zurück zum character studio 3 und den drei Modi. Beschäftigen wir uns nun mit dem Zu- sammenhang zwischen Figurmodus und den Biped-Proportionen.

Gehen wir davon aus, dass ein fiktiver mo- dellierter Character im Raum existiert und die Proportionen des Bipeds an den Character an- geglichen werden müssen.

Das Angleichen der Biped-Proportionen an die Character-Proportionen erfolgt dadurch, dass das Bip01 und somit die gesamte Biped- Anatomie in der Bewegungspalette im Figur- modus zum modellierten Character bewegt

Vogelknie

Im Figurmodus können Characters mit umge- kehrten Knien erstellt werden. Sind die Knie im Character umgekehrt, müssen die Waden oder Unterschenkel des Bipeds im Figurmodus um 180 Grad an der x-Achse gedreht werden.

Character studio 3 geht davon aus, dass die Figur umgekehrte Knie erhalten soll, wenn die Waden oder Unterschenkel um mehr als 90° an der lokalen x-Achse gedreht sind. Wird der Figurmodus deaktiviert, geht, läuft und springt das Biped mit umgekehrten Knien.

wird, wobei sich das Bip01 an dem »Nabel«
des Characters orientiert.

Jetzt werden im Wechsel die Proportionen
des Biped-Oberkörpers und die des Biped-Unterkörpers erarbeitet.

Der »Abstand« zwischen den Biped-Ober-
armen zum Biped-Oberkörper wird durch das
Rotieren der Oberarme in der y-Achse definiert.

Der »Abstand« zwischen beiden Biped-
Oberschenkeln wird durch das Rotieren der
Biped-Oberschenkel in der y-Achse definiert
oder durch das nicht gleichmäßige Skalieren
des Biped-Beckens in der z-Achse.

Die Proportionen des Biped-Oberkörpers
(Wirbel), der Biped-Arme (Ober- und Unter-
arm), und die des Biped-Unterkörpers, die
Biped-Beine (Ober- und Unterschenkel) etc.
werden durch das Verschieben, Drehen und
Skalieren definiert (Abbildung 2).

Die spätere Zuweisung des Modifikator
Physique an den modellierten Character und
die Initialisierung des modellierten Characters
an das Biped sorgt dafür, dass das Biped und
die gesamte Biped-Animation mit dem modellierten Character verbunden wird und alle
Netzobjekt-Scheitelpunkt korrekt zugewiesen
werden.

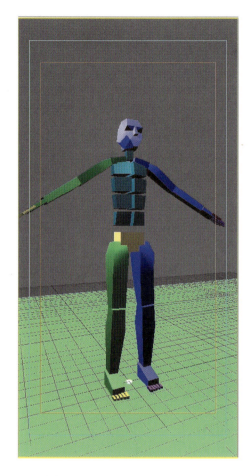

▲ **Abbildung 2**
Figurmodus – Proportion und Grundposition
des Bipeds

Position und Proportionen des Bipeds – Figurmodus

1. Fiktiver Character im Raum

Stellen wir uns einen fiktiven Character im Raum vor.

2. Anzeigepalette – Rollout Einfrieren

Wenn Sie später mit den modellierten Characters (Netzobjekte Frau, Mann, Dinosaurier, etc.) arbeiten, werden Sie sie in der Anzeigepalette ROLLOUT • EINFRIEREN über AUSWAHL EINFRIEREN feststellen, damit die eingefrorenen Netzobjekte passiv im Ansichtsfenster zu sehen sind, nicht ausgewählt werden können und als visuelle Hilfe für die Biped-Proportionen dienen. Wir haben unseren fiktiven Character eingefroren.

3. Erstellungspalette – Systeme

Bauen Sie ein Biped.

4. Bewegungspalette – Figurmodus – Biped – Position

Aktivieren Sie FIGURMODUS und verändern Sie die Position des gesamten Bipeds durch den Massenmittelpunkt, den Bip01 (z.B. Schaltflächen AUSWÄHLEN UND VERSCHIEBEN oder AUSWÄHLEN UND DREHEN).

5. Bewegungspalette – Biped – Ausrichtungsachsen

Denken Sie an alle drei Ausrichtungsachsen der Biped-Verbindungen im 3D-Raum (x-y-z-Achse) und beginnen Sie aus allen Ansichtsfenstern die Position und die Proportionen im Figurmodus zu verändern.

6. Bewegungspalette – Figurmodus – Massenmittelpunkt – Bip01

Verschieben Sie den Massenmittelpunkt des Bipeds an den »Nabel« des modellierten Characters. Von dort aus verändern Sie die Position und die Proportionen der Wirbelsäule mittels SKALIEREN (gleichseitig oder nicht gleichseitig) und VERDREHEN (»Hohlkreuz«), über die Anzahl der Wirbelsäulenverbindungen, über die Halslänge und Halsverbindungen, die Kopfgröße, die Schulterblätter, die Ober und Unterarme, die Hände und die Finger, die Ober- und Unterschenkel, die Füße und Zehen sowie die Anzahl der Zehenverbindungen an dem Biped und gleichen es so an den modellierten Character an.

Arbeiten Sie im Wechsel die Proportionen des Biped-Oberkörpers und des -Unterkörpers aus.

Probieren Sie die einzelnen Einstellungsmöglichkeiten (AUSWÄHLEN UND VERSCHIEBEN, AUSWÄHLEN UND DREHEN, AUSWÄHLEN UND SKALIEREN) einfach einmal aus, um ein sicheres Handling im Umgang mit dem Biped zu erlangen.

Ein Beispiel: Selektieren Sie das Bip01 Becken. Benutzen Sie in der Hauptsymbolleiste AUSWÄHLEN UND SKALIEREN (NICHT GLEICHMÄSSIG) und skalieren Sie das Bip01 Becken in der Z-Achse, um die Schrittbreite des Bipeds neu zu definieren.

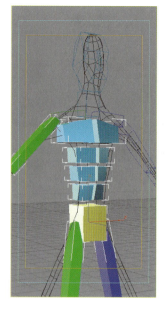

▲ **Abbildung 3**
Proportionen des Bipeds an das Netzobjekt angleichen

7. Ansichtsfenster – Quadmenü

Drücken Sie im Ansichtsfenster mit der rechten Maustaste auf das Bip01 Becken, um in das Quad-Menü zu gelangen. Hier können Sie im Bereich TRANSFORMIEREN das SKALIEREN anklicken und die jeweilige Achse des ausgewählten Biped-Teils bearbeiten.

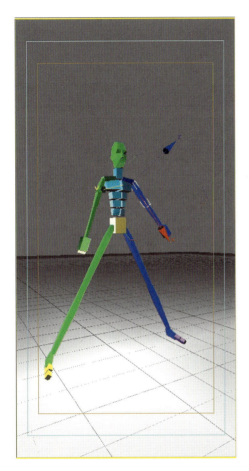

▲ **Abbildung 4**
Haltung kopieren

8. Bewegungspalette – Figurmodus – Biped – Proportionen

In den häufigsten Fällen werden die beiden Körperseiten eines modellierten Characters »identisch« sein. Damit wir die Einstellungen für die Biped-Seiten nicht zweimal definieren müssen, können wir mit folgender Technik arbeiten. Wir erarbeiten die Einstellungen der einen Biped-Seite und übertragen sie auf die gegenüberliegende.

Diese Technik ist vergleichbar mit der Modellierung eines Characters.

9. Bewegungspalette – Rollout Keyframe-Erstellung – Schaltflächen Haltung

Wählen Sie den Bip01 L Oberarm aus. Aktivieren Sie AUSWÄHLEN UND DREHEN und drehen Sie den Bip01 L Oberarm in der y-Achse, um einen »Abstand« zwischen Biped-Arm und Biped-Körper festzulegen.

Arbeiten Sie in der Bewegungspalette • Rollout Keyframe-Erstellung mit den Schaltflächen HALTUNG KOPIEREN, HALTUNG/STELLUNG/SPUR EINFÜGEN oder GEGENÜBERLIEGENDE HALTUNG/ STELLUNG/SPUR EINFÜGEN und übertragen Sie die Einstellungen der linken Seite des Bipeds auf dessen rechte Seite.

Modellierung von Characters (Netzobjekten)

Modellieren Sie die eine Hälfte eines Character-Kopfes und spiegeln Sie diesen auf die gegenüberliegende Seite. Denken Sie nur daran, überflüssige Flächen in der »Mitte« zu löschen und die Scheitelpunkte miteinander zu verschweißen. Ausführliche Informationen zu dieser Technik erhalten Sie im Kapitel Modellierung.

Ein Beispiel: Der Bip01 L Oberarm ist selektiert und vom Biped-Körper weggedreht worden. Drücken Sie im Rollout Keyframe-Erstellung auf HALTUNG KOPIEREN *und dann auf* GEGENÜBERLIEGENDE HALTUNG/STELLUNG/SPUR EINFÜGEN.

Die Haltung des Bip01 L Oberarms und aller weiteren Biped-Gliedmaßen, die an diesem Biped-Objekt verknüpft sind (Bip01 L Unterarm, Bip01 L Hand etc.), werden relativ auf die Haltung des Bip01 R Oberarms und aller verknüpften Unterobjekte übertragen.

Erarbeiten Sie die »neutrale Position« und die »neutrale Proportion« des Biped-Oberkörpers für die linke Biped-Seite und übertragen Sie diese Einstellungen auf die rechte Biped-Seite.

10. Menüleiste – Datei – Speichern unter
Speichern Sie die Szene als *.max-Datei ab.

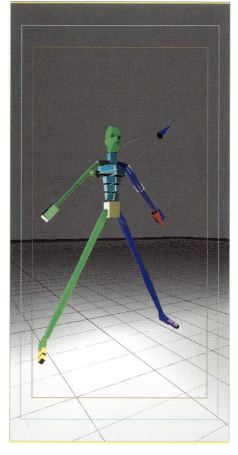

▲ **Abbildung 5**
Gegenüberliegende Haltung/Stellung/Spur einfügen

Bewegungsspuren

In der Bewegungspalette im Rollout Spurauswahl befinden sich die Schaltflächen für die Bewegungsspuren. Diese drei Bewegungsspuren (Abb. 6) heißen:

▶ Körper vertikal ❶
▶ Körper horizontal ❷
▶ Körperdrehung ❸

Mithilfe der Bewegungsspuren ist es möglich, das Bip01 automatisch waagerecht oder senkrecht zu bewegen und in der Drehung zu verändern. Sie müssen sich dafür nicht unbedingt in die Systemoberfläche von 3ds max begeben und in der Hauptsymbolleiste die Schaltflächen des Transformierens aktivieren (AUSWÄHLEN UND VERSCHIEBEN, AUSWÄHLEN UND DREHEN etc.).

Die voreingestellten Bewegungsspuren erleichtern Ihnen die Arbeit ungemein.

Schrittmodus

Im Schrittmodus haben Sie jetzt verschiedene Möglichkeiten, das Biped zu animieren. Im folgenden Workshop zeigen wir Ihnen, wie Sie zum Ziel gelangen.

Sie haben einen Character modelliert, der sich in Ihrer aktuellen Szene befindet und in der Anzeigepalette »eingefroren« wurde. Aufgabe ist es, ein Biped-Skelett zu entwickeln, welches sich in der Netzkontur des Characters befindet und zu einem späteren Zeitpunkt für das Animationsverhalten des Characters verantwortlich sein wird.

Animation des Bipeds – Vorbereitungen im Figurmodus und Schrittmodus (Teil I)

1. Menüleiste – Datei – Öffnen
Wir greifen vor und laden die Mann.max-Datei mit dem Character des Mannes, die erst zu einem späteren Zeitpunkt in einem der folgenden Kapitel modelliert wird. »Frieren« Sie den selektierten Character in der Anzeigepalette ein.

2. Bewegungspalette – Figurmodus
Ziehen Sie ein Biped auf und achten Sie bei der Biped-Größe darauf, wie sich in der Erstellungspalette im Rollout Biped erstellen der Parameterwert für die Höhe interaktiv mitverändert.

3. Figurmodus – Angleichen des Bipeds an den Character (Teil I)
Aktivieren Sie in der Bewegungspalette den Figurmodus. Wählen Sie den Massenmittelpunkt des Bipeds, das Bip01, aus und bewegen Sie ihn und das gesamte Biped zum »Nabel« des modellierten Characters.

Beginnen Sie so Stück für Stück die Positionen und die Proportionen der Biped-Gelenkteile durch Verschieben, Drehen und Skalieren in den unterschiedlichen Ansichtsfenstern an den Character anzugleichen.

Orientieren Sie sich an dem Unter- und dem Oberkörper des modellierten Characters.

Hierbei sollten die Außenkanten der Biped-Gliedmaße denen des Characters entsprechen.

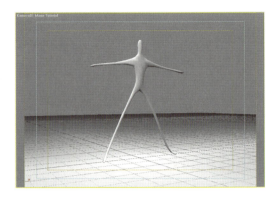

▲ **Abbildung 7**
Character Mann im Raum

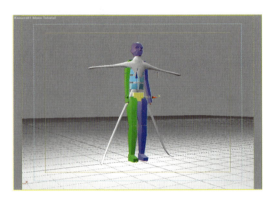

▲ **Abbildung 8**
Character Mann und erstelltes Biped

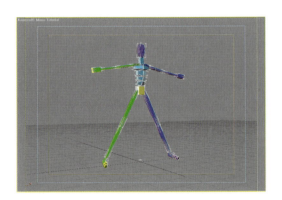

▲ **Abbildung 9**
Angleichen der Biped-Proportionen (Teil I)

4. Figurmodus – Angleichen des Bipeds an den Character (Teil II)

Nun beginnen wir mit dem Angleichen des Biped-Unterkörpers. Greifen Sie das Bip01 Becken und aktivieren Sie AUSWÄHLEN UND SKALIEREN (NICHT GLEICHMÄSSIG), um die Schrittbreite, den Abstand der Beine im Verhältnis zur Beckengröße und die relative Höhe des Biped-Oberkörpers zu bestimmen. Wenn der Abstand der Biped-Beine denen des Characters entspricht, lassen Sie die Maus los.

Anmerkung: Arbeiten Sie im Wechsel die Proportionen des Biped-Unterkörpers und -Oberkörpers aus.

5. Figurmodus – Angleichen des Bipeds an den Character (Teil III)

Lassen Sie uns am Biped-Unterkörper weiterarbeiten. Wählen Sie das Bip01 L Oberschenkel aus und drehen Sie das Objekt in der y-Achse, bis es in Winkel und Position dem des modellierten Character-Beins entspricht.

Klicken Sie im Rollout Keyframe-Erstellung auf HALTUNG KOPIEREN und dann auf GEGENÜBERLIEGENDE HALTUNG/STELLUNG/SPUR EINFÜGEN.

Die gesamte Haltung und der Winkel des linken Biped-Beins werden auf das rechte übertragen.

Somit werden Sie eine Biped-Seite, ob Beine oder Arme, ausarbeiten und auf die gegenüberliegende Seite kopieren.

Übertragen Sie diese Vorgehensweise der Schaltflächen HALTUNG KOPIEREN und dann auf GEGENÜBERLIEGENDE HALTUNG/STELLUNG/SPUR EINFÜGEN auf die gesamte Biped-Anatomie.

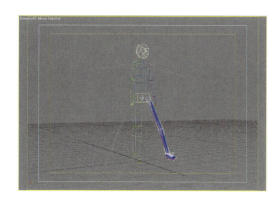

▲ **Abbildung 10**
Angleichen der Biped-Proportionen (Teil IIIa)

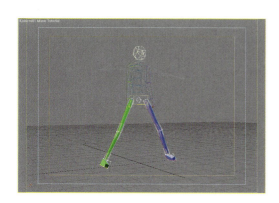

▲ **Abbildung 11**
Angleichen der Biped-Proportionen (Teil IIIb)

Wählen Sie das Bip01 L Unterschenkel aus, gleichen Sie die Biped-Proportionen an den Character an, übertragen Sie die Einstellungen auf das Bip01R Unterschenkel usw., bis Sie unten an den Biped-Zehen angelangt sind und beide Biped-Beine in Proportion und Haltung denen des modellierten Characters entsprechen.

6. Tasten Bild auf oder Bild ab
Die Tasten Bild auf oder Bild ab geben Ihnen die Chance, in der Biped-Hierarchie zum »Elternteil« bzw. zum »Kind« zu gelangen.

7. Bewegungspalette Rollout Spuransicht – Schaltfläche gegenüberliegend
Im Rollout Spuransicht bietet Ihnen GEGENÜBERLIEGEND den Wechsel von einem Biped-Teil zum gegenüberliegenden an.

8. Figurmodus – Angleichen des Bipeds an den Character (Teil IV)
Nachdem der Unterkörper des Bipeds ausgearbeitet wurde, widmen wir uns nun dem Oberkörper. Wählen Sie dasBip01 Wirbelsäule aus und SKALIEREN (GLEICHSEITIG ODER NICHT GLEICHSEITIG) Sie dieses Objekt.

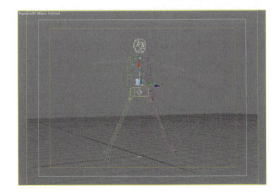

▲ **Abbildung 12**
Angleichen der Biped-Proportionen (Teil IV)

Skalieren Sie das Bip01 Wirbelsäule in der x-Achse, und Sie werden sehen, dass sich der gesamte Biped-Oberkörper mitskaliert und seine Proportionen verändert.

Arbeiten Sie sich Biped-Wirbel für Wirbel hoch, verändern Sie den Hals und den Kopf, gehen Sie zu den Schlüsselbeinen und den Oberarmen, Unterarmen, Händen und Fingern.

Übertragen Sie das Prinzip der Schaltflächen der Haltung, welches Sie beim Biped-Unterkörper kennen gelernt haben, auf den Oberkörper.

Verändern Sie die Anzahl der Finger auf 1 und die der Fingerverbindungen ebenfalls auf 1.

Berücksichtigen Sie bitte, dass Sie die »neutrale Position« und »neutrale Proportion« des Bipeds immer in dem Figurmodus umsetzen.

9. Ansichtsfenster

Arbeiten Sie in den zweidimensionalen Ansichsfenstern (oben, unten, vorn, hinten, links, rechts). Wechseln Sie die Ansichtsfenster und schauen Sie sich die Biped-Anatomie aus den verschiedenen Ansichten an.

10. Ansichtsfenster – Schaltfläche Zoom Grenzen: Alle ausgewählten

Wählen Sie das Bip01L Schlüsselbein aus und optimieren Sie das Ansichtsfenster Perspektive, um das ausgewählten Biped-Schlüsselbein in der Nahaufnahme sehen zu können.

Drücken Sie auf ZOOM GRENZEN: ALLE AUSGEWÄHLTEN (Z).

11. Schaltfläche Bogendrehung: Ausgewählte

Arbeiten Sie mit der Schaltfläche BOGENDREHUNG: AUSGEWÄHLTE (V). Somit können Sie das Ansichtsfenster Perspektive um den Schwerpunkt des selektierten Biped-Schlüsselbeins drehen und nicht um die Weltkoordinaten 0/0/0 (x/y/z).

12. Figurmodus – Angleichen des Bipeds an den Character (Teil V)

Zoomen Sie sich aus dem Ansichtsfenster Perspektive heraus, bis Sie den gesamten linken Biped-Oberarm sehen können.

Arbeiten Sie die Proportionen des linken Biped-Arms aus, indem Sie Bip01 L Schlüsselbein, Bip01 L Oberarm, Bip01 L Unterarm, Bip01 L Hand, Bip01 L Finger01 etc. durch VERSCHIEBEN, DREHEN ODER SKALIEREN (GLEICHMÄSSIG ODER NICHT GLEICHMÄSSIG) bearbeiten, bis sie denen des Characters entsprechen.

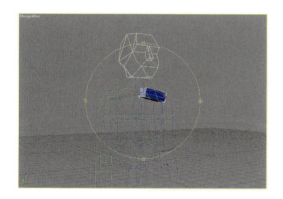

▲ **Abbildung 13**
Angleichen der Biped-Proportionen

Übertragen Sie diese Einstellungen des gesamten linken Biped-Arms auf den gegenüberliegenden rechten Oberarm.

Im Rollout Keyframe-Erstellung finden Sie die Schaltflächen der Haltungen.

Ein Beispiel: Sie haben das Bip01 L Schlüsselbein an den modellierten Character angepasst. Das Objekt Bip01 L Schlüsselbein ist aktiv.

13. Bewegungspalette – Rollout Keyframe-Erstellung – Schaltflächen Haltung

Klicken Sie im Rollout Keyframe-Erstellung auf HALTUNG KOPIEREN und dann auf GEGENÜBERLIEGENDE HALTUNG/STELLUNG/SPUR EINFÜGEN.

Die Haltung des Bip01L Schlüsselbeins wurde relativ auf das Bip01 R Schlüsselbein, den Bip01R Oberarm und Bip01 R Unterarm, die Bip01 R Hand und Bip01 R Finger übertragen.

14. Figurmodus – Angleichen des Bipeds an den Character (Teil VI)

Aktivieren Sie den Bip01 L Oberarm und klicken Sie auf GEGENÜBERLIEGEND. Der Bip01 R Oberarm wird aktiviert.

Klicken Sie wieder auf GEGENÜBERLIEGEND.

Nach einigen Minuten ist der Biped-Oberkörper proportional an die Größe des modellierten Characters angeglichen.

Jetzt entsprechen der Biped-Unterkörper und -Oberkörper denen des modellierten Characters.

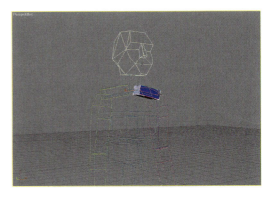

▲ **Abbildung 14**
Angleichen der Biped-Proportionen (Teil V)

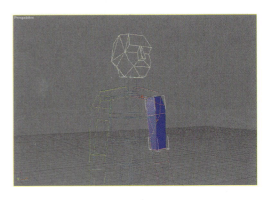

▲ **Abbildung 15**
Angleichen der Biped-Proportionen (Teil VIa)

Arbeitsschritte vor- und zurückgehen
(Schaltflächen UNDO und REDO)

Arbeitsschritte lassen sich in der Hauptsymbolleiste durch die Schaltflächen UNDO und REDO oder durch die Tastaturkürzel (Strg + Z und Strg + A) zurück- oder vorwärtsverfolgen.

Die Anzahl der Schritte lassen sich über die Menüleiste Anpassen • Einstellungen • Allge-

mein in dem Reiter Rückgängig in SZENE, EBENEN FÜR RÜCKGÄNGIG VERÄNDERN. Der Defaultwert liegt bei 20 Schritten.

Klicken Sie in der Hauptsymbolleiste mit der rechten Maustaste auf UNDO oder REDO, um in den Dialog zu kommen. Hier können Sie mehrere Schritte zurück- oder vorwärtsgehen.

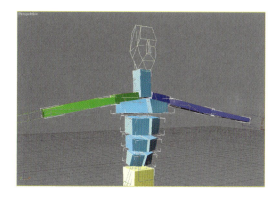

▲ **Abbildung 16**
Übereinstimmung der Proportionen zwischen Character und Biped (Teil VIb)

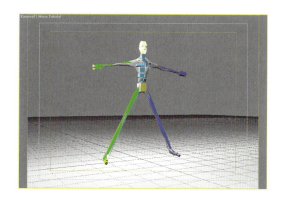

▲ **Abbildung 17**
Übereinstimmung der Proportionen zwischen Character und Biped (Teil VIc)

15. *Figurmodus – Datenspeicherung (*.fig, *.step) des Bipeds*

Speichern Sie den entstandenen Biped-Status in dem Rollout Allgemein durch DATEI SPEICHERN – Diskettenzeichen als *.fig-Datei ab. Dieser Biped-Status kann zu einem späteren Zeitpunkt auf dieses oder ein anderes Biped übertragen werden. Die *.fig-Datei speichert alle Daten des Bipeds, die bis zu diesem Zeitpunkt erarbeitet worden sind, in einem character-studio-3-internen Dateiformat ab. Wenn Sie jetzt die Max-Szenerie, den eingefrorenen Character und das erstellte Biped abspeichern, werden ebenfalls die für das Biped benötigten Daten in der *.max-Datei mit abgespeichert.

Dennoch ist es ist ratsam, die jeweilige *.fig- oder *.stp-Datei abzusichern.

16. Anzeigepalette – Rollout Einfrieren

»Tauen« Sie den eingefrorenen Character wieder auf, indem Sie in der Anzeigepalette im Rollout Einfrieren auf ALLES FREIGEBEN klicken.

17. Menüleiste – Datei – Speichern unter

Speichern Sie die Szene als*.max-Datei ab.

Nachdem Sie in der Bewegungspalette im Figurmodus die Proportionen des Bipeds an die Proportionen des modellierten Characters angeglichen haben, folgt nun die Fortsetzung des Workshops im Schrittmodus, um Schritte zu erstellen und das Biped zu bewegen.

Animation des Bipeds – Vorbereitungen im Figur- und Schrittmodus (Teil II)

1. Menüleiste – Datei – Zurücksetzen
Setzen Sie die Max-Szenerie zurück.

2. Erstellungspalette – Systeme
Konstruieren Sie in der Erstellungspalette ein neues Biped.

3. Bewegungspalette – Figurmodus – Daten-öffnung des Bipeds (*.fig)
Wechseln Sie in die Bewegungspalette.

Öffnen Sie den Figurmodus. Klicken Sie auf DATEI LADEN ❶ und öffnen Sie die *.fig-Datei, indem Sie in das Verzeichnis gehen und die *.fig-Datei aufrufen.

Der Biped-Status, den Sie für das im vorherigen Workshop erstellte Biped festgelegt haben, wird auf dieses neue Biped übertragen.

Es besteht also die Möglichkeit, Biped-Daten zu archivieren und auf andere Bipeds zu übertragen.

4. Mehrere Schritte erstellen: Gehen
Aktivieren Sie in der Bewegungspalette SCHRITT-MODUS ❷. Achten Sie darauf, dass ein Biped-Teil aktiviert ist. Gehen Sie in das Rollout Schritter-stellung und klicken Sie auf MEHRERE SCHRITTE ERSTELLEN.

Der Dialog MEHRERE SCHRITTE ERSTELLEN: GE-HEN öffnet sich.

Sie sehen im Reiter Allgemein den Parameter-wert Schrittanzahl ❸, den Sie auf 7 einstellen. Bestätigen Sie mit ENTER.

Links beginnen ist aktiv, somit beginnt das Biped mit dem linken Fuß zu »gehen«.

Abbildung 18 ▶
Rollout Allgemein –
Datei speichern

▼ **Abbildung 19**
Dialog Mehrere Schritte erstellen: Gehen ❸ ❹

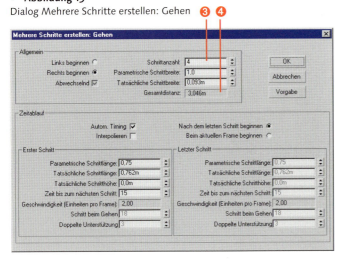

Die Gesamtdistanz ❹ *definiert die Distanz in den aktuellen Max-Einheiten, die das Biped in sieben Schritten gehen wird. Bestätigen Sie mit OK.*

5. Ansichtsfenster – Darstellung der Schritte

In den Ansichtsfenstern werden die Schritte als Fußschritte vor dem Biped sichtbar. Jeder Fußschritt hat eine Nummer, die die zeitliche Abfolge der Schritte wiedergibt. So bewegt sich das Biped in seiner zeitlichen Abfolge von Schrittnummer 0 bis zu Schrittnummer 7.

6. Parameter Biegen und Skalieren

Falls die Schritte nicht aktiv sind, wählen Sie mit der Maus die Schritte aus, indem Sie über alle Schritte ein Auswahlrechteck aufziehen. Verändern Sie im Rollout Schrittoperationen die Parameterwerte für BIEGEN *und* SKALIEREN.

LÄNGE und BREITE lassen sich ebenfalls aktivieren oder deaktivieren und verändern den Abstand der Schritte (d.h. Fußschritte) zueinander.

7. Keys für inaktive Schritte erstellen

Falls Sie zu diesem Zeitpunkt einmal den Zeitschieber in der unteren Statuszeile von 3ds max verschieben, werden Sie sehen, dass sich das Biped noch nicht bewegt. Schieben Sie den Zeitschieber in Einzelbild 0000 zurück.

Klicken Sie im Rollout Schrittoperationen auf KEYS FÜR INAKTIVE SCHRITTE ERSTELLEN.

Optimieren Sie ein Vorn-Ansichtsfenster oder ein perspektivisches Ansichtsfenster, damit Sie die Biped-Animation im gesamten Bewegungsablauf verfolgen und betrachten können.

Klicken Sie in der Systemumgebung von 3ds max 4 auf ANIMATION ABSPIELEN.

Das Biped bewegt sich auf Grund der erstellten Schritte im 3D-Raum.

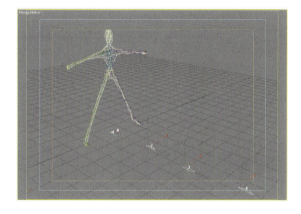

▲ **Abbildung 20**
Ansichtsfenster – Schrittnummern

◀ **Abbildung 21**
Parameter Biegen
und Skalieren

Abbildung 22 ▶
Bewegungspalette – Schrittmodus –
Rollout Allgemein

8. Datenspeicherung des Bipeds (*.bip)

Speichern Sie die Bewegungsdaten des Bipeds im
Rollout Allgemein ab, indem Sie auf DATEI SPEI-
CHERN klicken und einen Namen für die *.bip-
Datei vergeben.

9. Löschen des gesamten Bipeds

Deaktivieren Sie den Schrittmodus. Selektieren
Sie im Ansichtsfenster einen Teil des Bipeds und
drücken Sie auf [Entf].
    Das gesamte Biped wird gelöscht.

10. Erstellungspalette – Systeme

Bauen Sie ein neues Biped.

**11. Bewegungspalette – Figurmodus – Daten-
öffnung des Bipeds (*.fig)**

Weisen Sie die *.fig-Datei dem Biped zu.

**12. Bewegungspalette – Schrittmodus
(deaktiv oder aktiv) – Datenöffnung des
Bipeds (*.bip)**

Deaktivieren Sie den Figurmodus.
    Klicken Sie im Rollout Allgemein auf DATEI LA-
DEN, um die *.bip-Datei dem neu gebauten Biped zuzuweisen.
    Klicken Sie in der Systemumgebung von 3ds
max 4 auf ANIMATION ABSPIELEN. Das Biped bewegt sich auf Grund der Schritte im Raum. Aktivieren Sie den Schrittmodus.
    Im Schrittmodus selektieren Sie einen oder
mehrere Schritte und bewegen oder drehen die
ausgewählten Schritte im 3D-Raum (AUSWÄHLEN
UND VERSCHIEBEN oder AUSWÄHLEN UND DRE-
HEN).
    In der Größe können Schritte nicht über AUS-
WÄHLEN UND SKALIEREN verändert werden.

Puffermodus

Im Rollout Allgemein sehen Sie PUFFERMODUS
aktiv. Klicken Sie jetzt auf diese Schaltfläche.
Die vorherigen, kopierten Schritte erscheinen
im Ansichtsfenster.

13. Ansichtsfenster – Schritte auswählen

Selektieren Sie einige Schritte mit der Zielsetzung, dass der momentan letzte, linke Schritt der Ausgangspunkt für das Einfügen kopierter Schritte sein wird. Das heißt: Sie haben einen linken, letzten Schritt in Ihrer Biped-Animation und kopieren so viele Schritte, wie bei Ihrer Auswahl der erste Schritt einem linken Schritt entspricht. Somit haben Sie die Möglichkeit, den aus Ihrer Kopie ersten linken Schritt mit allen folgenden Schritten an den letzten linken Schritt Ihrer Biped-Animation einzufügen und anzuhängen.

▲ **Abbildung 23**
Selektion der Schritte im Ansichtsfenster

14. Schaltflächen Schritte kopieren, Schritte einfügen

Selektieren Sie die Schritte im Ansichtsfenster und drücken Sie auf SCHRITTE KOPIEREN im Rollout Schrittoperationen. Danach klicken Sie auf SCHRITTE EINFÜGEN. Die Schritte, die Sie vorher selektiert und kopiert haben, erscheinen durch SCHRITTE EINFÜGEN im Ansichtsfenster. Bewegen Sie die Schritte so, dass der erste linke Schritt der kopierten und eingefügten Schritte sich mit dem letzten linken Schritt der Biped-Animation im Ansichtsfenster überschneidet. Der Schritt wird rot und die Schritte fügen sich in die Biped-Animation am Ende ein.

▲ **Abbildung 24**
Roter Schritt durch die Bewegung der kopierten Schritte im Ansichtsfenster

15. Schritte aktivieren und deaktivieren

Aktivieren Sie im Ansichtsfenster die letzten drei Schritte. Klicken Sie im Rollout Schrittoperationen auf SCHRITTE DEAKTIVIEREN. Die Schritte werden deaktiviert. Bewegen Sie einen der deaktiven Schritte im Raum.

Spielen Sie die Biped-Animation ab. Das Biped bewegt sich, jedoch nicht der neuen Position des Schritts entsprechend, sondern auf der alten Zuweisung der Schritte basierend.

▲ **Abbildung 25**
Aktive und deaktive Schritte

Vorteil: Setzen Sie diese Funktion immer dann ein, wenn Sie an ihrer ursprünglichen Animation des Bipeds grundlegende Veränderungen durch das Bewegen der Schritte erreichen möchten bzw. den erarbeiteten Biped-Status regenerieren wollen. Vergleichen Sie die Darstellung der aktiven und deaktiven Schritte in der Spuransicht.

Nachteil: Alle manuell gesetzten Keys am Biped werden durch Schritte DEAKTIVIEREN gelöscht und können dadurch nicht wieder zurückgerufen bzw. aktiviert werden.

Aktivieren Sie die deaktiven Schritte, indem Sie im Schrittmodus im Rollout Schrittoperationen auf KEYS FÜR INAKTIVE KEYS ERSTELLEN klicken.

16. Biped abspielen

Im Schrittmodus können Sie, wenn Sie eine Biped-Animation erstellt haben, im Rollout Allgemein BIPED ABSPIELEN anklicken.

Die Biped-Bewegung wird als »Strichfigur« im Ansichtsfenster angezeigt.

17. Schaltfläche Fixmodus

Anmerkung: Im Rollout Allgemein finden sie den Fixmodus, indem Sie FIXMODUS aktivieren. Hier werden die Bewegungen des Bipeds durch die relative Position des Bip01 am Welt-Koordinatensystem 0/0/0 »festgehalten«. Das Biped bewegt sich auf der Stelle.

Diese Animationstechnik wird für den 3D-Game-Bereich eingesetzt. Der modellierte Character bewegt sich auf Grund der Biped-Animation auf der Stelle.

Wenn jetzt der gesamte 3D-Raum bewegt wird, hat man den Eindruck, als wenn sich der modellierte Character im 3D-Raum bewege. Beachten Sie, dass FIXMODUS ein Fly-Out-Menü beinhaltet und weitere Optionen eingesetzt werden können.

Abbildung 26 ▶
»Strichfigur«

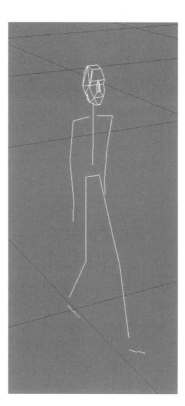

Klicken Sie ein weiteres Mal auf FIXMODUS, damit der Fixmodus abgeschaltet wird.

18. Datenspeicherung der *.fig-, *.bip- und *.max-Datei

*Speichern Sie den Stand der Szene als *.fig-, *bip- und *.max-Datei ab.*

Inaktive und aktive Schritte

Für das professionelle Handling des Bipeds folgt ein kurzer Überblick der wichtigsten Funktionen, die den Unterschied zwischen inaktiven und aktiven Schritten verdeutlichen.

In der Bewegungspalette im Rollout Schrittoperationen können sie mit der Schaltfläche MEHRERE SCHRITTE ERSTELLEN: GEHEN (oder LAUFEN oder SPRINGEN) inaktive Schritte des Bipeds erstellen. Mit der Schaltfläche SCHRITTE ERSTELLEN (ANHÄNGEN) oder SCHRITTE ERSTELLEN (BEIM AKTUELLEN FRAME) werden einzelne Schritte erstellt.

Sie bewegen oder rotieren Schritte, indem Sie die Schritte auswählen und über die Schaltflächen AUSWÄHLEN UND VERSCHIEBEN bzw. AUSWÄHLEN UND DREHEN in der Position oder im Winkel verändern.

In der Bewegungspalette werden inaktive Schritte aktiv, indem Sie im Rollout Schrittoperationen auf KEYS FÜR INAKTIVE SCHRITTE ERSTELLEN klicken und die Schritte aktivieren. Entsprechendes gilt für DEAKTIVIEREN.

Sie löschen die Schritte des Bipeds, indem Sie einige davon im Ansichtsfenster auswählen und im Rollout Schrittoperationen auf SCHRITTE LÖSCHEN klicken. Die Schritte können auch über Entf gelöscht werden.

Dialog Mehrere Schritte erstellen: Gehen (oder Laufen oder Springen)

In der Bewegungspalette im Rollout Schritterstellung ändern Sie zwischen GEHEN, LAUFEN und SPRINGEN, indem Sie zuerst auf die jeweilige Schaltfläche und dann auf MEHRERE SCHRITTE ERSTELLEN klicken (oder nach der ersten Schrittzuweisung einzeln Schritte im Ansichtsfenster positionieren, indem Sie SCHRITTE ERSTELLEN (ANHÄNGEN) bzw. SCHRITTE ERSTELLEN (BEIM AKTUELLEM FRAME) aktivieren).

Sie haben im Rollout Schritterstellung das GEHEN aktiviert. LAUFEN und SPRINGEN kann auf demselben Wege auf die Bewegung des Bipeds übertragen werden. Im Wechsel lassen sich GEHEN, SPRINGEN, LAUFEN auf das Biped übertragen. Die Schrittsequenzen werden an den letzten Schritt der vorherigen Biped-Sequenz angehängt und auf die gesamte Biped-Animation übertragen.

Unter ALLGEMEIN sind die beiden Kontrollfelder LINKS BEGINNEN ❶ und RECHTS BEGINNEN selbsterklärend. Bei der Einstellungsmöglichkeit ABWECHSELND ❷ wird zwischen linken und rechten Schritten abgewechselt, wobei zu beachten ist, dass bei der Aktivierung von GEHEN die Option ABWECHSELND immer aktiviert ist. Sie können ABWECHSELND deaktivieren,

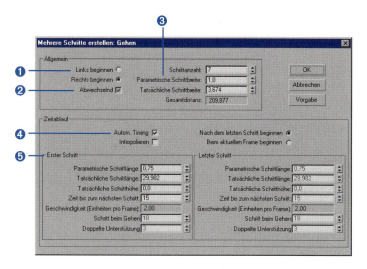

▲ Abbildung 27
Dialog Mehrere Schritte erstellen: Gehen (oder Laufen oder Springen)

Die TATSÄCHLICHE SCHRITTBREITE definiert die Schrittbreite in Modellierungseinheiten. Auch hier können wir wieder die Interaktion feststellen. Werden hier Änderungen vorgenommen, wird der Wert Parametrische Schrittlänge automatisch geändert.

Im Reiter Zeitablauf finden Sie die Option AUTOMATISCHES TIMING (AUTOMATISCHER ZEITABLAUF) ❹. Diese Option stellt die Zeitablaufparameter automatisch ein. Dieses bedeutet, dass die zeitliche Schrittfolge »kontinuierlich und im Tempo gleichmäßig« berechnet wird. Die Option AUTOMATISCHES TIMING wirkt sich beim GEHEN auf folgende Zeitablaufparameter aus:

▶ Schritt beim Gehen, Doppelte Unterstützung

▶ Ist AUTOMATISCHES TIMING aktiviert, werden diese Parameter automatisch auf passende Werte eingestellt. Sie steuern die Schrittfolge, indem Sie die Parameter SCHRITTLÄNGE und ZEIT BIS ZUM NÄCHSTEN SCHRITT ändern.

▶ Ist AUTOMATISCHES TIMING deaktiviert, können Sie die Schrittfolge steuern, indem Sie die Zeitablaufparameter der Gangart ändern; den Parameter ZEIT BIS ZUM NÄCHSTEN SCHRITT können Sie jedoch nicht ändern.

Die Option INTERPOLIEREN beschreibt das Beschleunigen oder Verlangsamen einer Schrittfolge. Dieses bedeutet, dass z.B. das Biped in einem Zeitraum von 20 Schritten vom ersten bis zum letzten Schritt das Tempo beschleunigen oder verlangsamen, also in nicht-kontinuierlichem Tempo bewegt werden kann. Ist dieses Kontrollkästchen aktiviert, ist ein zweiter Satz von Schrittparametern unter LETZTER SCHRITT aktiviert.

wenn LAUFEN oder SPRINGEN ausgewählt wurde (Abbildung 27).

Die PARAMETRISCHE SCHRITTBREITE ❸ ist ein wichtiger Faktor: Sie stellt die Schrittbreite als Prozentsatz der Beckenbreite ein. Das bedeutet, dass bei einem Wert von 1,0 Schritte erzeugt werden, die genauso breit sind wie das Becken. Bei einem Wert von 3,0 wird ein ausladender »watschelnder« Gang erzeugt. Beachten Sie bitte auch, dass Änderungen bei diesem Punkt Auswirkungen auf den Wert von Tatsächliche Schrittbreite haben.

 Parametrische Schrittbreite
Parametrische Schrittbreite beschreibt die Parameterwerte im Zusammenhang zur Biped-Anatomie, und die Tatsächliche Schrittbreite beschreibt den Wert in 3ds max-Einheiten.

Die Option NACH DEM LETZTEN SCHRITT BEGIN-NEN hängt die neu erstellten Schritte an die bestehende Schrittfolge an. Dagegen setzen BEIM AKTUELLEN FRAME BEGINNEN die neu er-stellten Schritte am aktuellen Frame nach der vorhandenen Schrittfolge ein. Dadurch kann eine Pause eingefügt werden, bevor die Schrit-te wieder aufgenommen werden.

Kommen wir nun zu den Einstellungen un-ter ERSTER SCHRITT ❺ und LETZTER SCHRITT. Das Biped wird in Schritten erstellt, indem mit den Parameterwerten unter ERSTER SCHRITT begon-nen und mit den Parameterwerten unter LETZ-TER SCHRITT abgeschlossen wird. Durch die In-terpolation zwischen den beiden Werten wird für das Biped eine Schrittfolge erzeugt, die sich über einen Zeitraum hinweg ändert. Ist INTER-POLIEREN deaktiviert, werden die Parameter im Bereich LETZTER SCHRITT abgeblendet. Die Schritte des Bipeds werden dann nur mit den Parametern unter ERSTER SCHRITT erstellt.

Die PARAMETRISCHE SCHRITTLÄNGE legt die Schrittlänge für die neuen Schritte als Prozent-satz der Beinlänge des Bipeds fest, wobei der Wert für die TATSÄCHLICHE SCHRITTLÄNGE (Schrittlänge in 3ds max-Einheiten) automa-tisch angepasst wird. Bei Verwendung des vor-gegebenen Werts von 0,75 wird eine durch-schnittliche Schrittlänge mit normalen Propor-tionen erzeugt. Stellen Sie den Wert auf 1,0 ein, wird eine Schrittlänge erzeugt, die der Beinlänge entspricht. Dabei muss sich das Bi-ped zum Erreichen des nächsten Schritts etwas strecken. Wie man sich denken kann, geht das Biped bei einem Wert von 0,0 auf der Stelle, während negative Parameter das Biped rück-wärts marschieren lassen.

Geht ein Biped rückwärts, wird dabei nicht einfach die Vorwärtsbewegung umgekehrt, sondern der Fuß setzt auch korrekt zuerst mit dem Zeh und dann mit der Ferse auf dem Bo-den auf.

Die ZEIT BIS ZUM NÄCHSTEN SCHRITT legt die Anzahl der Frames in jedem Fußbewegungs-zyklus fest. Ein Zyklus beginnt mit dem Frame, wo ein Fuß den Boden berührt, fährt mit dem Abheben und Fortbewegen des Fußes fort und endet bei jenem Frame, wo der Fuß wieder auf dem Boden aufkommt. Dieser Parameter ist nur dann verfügbar, wenn AUTOMATISCHER ZEITABLAUF aktiviert ist.

Die GESCHWINDIGKEIT zeigt die Anzahl der Einheiten an, über die sich das Biped in jedem Frame fortbewegt. Dieser Parameter wird an Änderungen, die an anderen Parametern vor-genommen werden, angepasst. Er kann je-doch nicht direkt eingestellt werden.

Die folgenden beiden Parameter sind nur dann verfügbar, wenn AUTOMATISCHER ZEITAB-LAUF deaktiviert ist:

Sie können diese Parameter anstelle von AUTOMATISCHER ZEITABLAUF verwenden, um die Geschwindigkeit der Vorwärtsbewegung in ei-ner Schrittfolge zu steuern.

▶ SCHRITT BEIM GEHEN definiert die Anzahl der Einzelbilder, bei denen sich ein Schritt wäh-rend des Gehens auf dem Boden befindet. Je höher die Zahl, desto länger berührt der Fuß den Boden und desto langsamer ist folglich die Gehbewegung.

▶ DOPPELTE UNTERSTÜTZUNG definiert die An-zahl der Einzelbilder, bei denen sich beide Füße beim Gehen gleichzeitig auf dem Bo-den befinden. Je höher die Zahl, desto län-ger berühren beide Füße während eines Gehzyklus den Boden und desto langsamer ist folglich die Gehbewegung.

Neben den Möglichkeiten, Bipeds zu erstellen, Schritte zu definieren und Biped-Animationen zu gestalten, können Teile der Biped-Anatomie unsichtbar werden. Im Gegensatz zu den Helfer-Objekten in 3ds max 4, die nicht mitgerendert werden, wird die Biped-Anatomie mitberechnet. Da die Biped-Bewegungen als Bewegungsskelett für das modellierte Netzobjekt eingesetzt werden, ist es wichtig, dass das Biped verdeckt werden kann, damit es nicht mitberechnet wird.

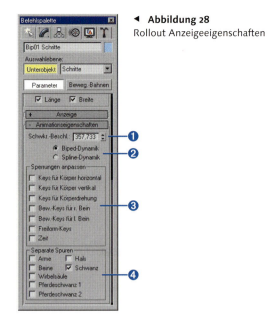

◄ **Abbildung 28**
Rollout Anzeigeeigenschaften

Animationseigenschaften

In der Bewegungspalette können Sie im Rollout Animationseigenschaften die Parameterwerte für die SCHWERKRAFTBESCHLEUNIGUNG (SCHWKR.-BESCHL.) ❶ und die Dynamikeigenschaften für Keys (BIPED- oder SPLINE-DYNAMIK) ❷ einstellen, Sperrungen anpassen und separate Spuren anlegen (Abbildung 28).

Die SCHWERKRAFTBESCHLEUNIGUNG (SCHWKR.-BESCHL.) legt die Stärke der Schwerkraftbeschleunigung fest, die zur Berechnung der Biped-Bewegung benötigt wird. Dieser Parameter ist vorgegeben so eingestellt, dass er die auf der Oberfläche der Erde vorherrschende newtonsche Schwerkraft exakt simuliert. Bei einem Wert von 0 läuft das Biped zwar, die Füße werden jedoch kaum vom Boden abgehoben.

Die Biped- und Spline-Dynamik legt die Parameter fest, wodurch neue Massenmittelpunkte im Biped erstellt werden. Wenn Sie SPLINE-DYNAMIK aktivieren, werden für neu erstellte Schritte Massenmittelpunkt-Keys ohne Berechnung von Schwerkraft und Gleichgewicht errechnet. Bei der Biped-Dynamik werden die Bewegungsbahn des Bipeds in der

Luft, die Beugung der Knie beim Landen und die Positionen des Bipeds berechnet, sodass es beim Drehen der Wirbelsäule im Gleichgewicht bleibt. Wenn sich die Parameter ändern, passt sich das Biped an. Sie können jederzeit von einer Methode zur anderen wechseln, sowohl für einzelne Keys als auch für die gesamte Biped-Animation.

In dem Reiter Sperrungen anpassen ❸ werden die festgelegten Spuren gesperrt, sodass automatische Einstellungen an diesen Spuren verhindert werden, während die Schritte im Raum bewegt oder im Zeitablauf bearbeitet werden.

Der Reiter Separate Spuren ❹ arbeitet nach Vorgabe mit einer optimierten Speichermethode für die Biped-Keys. Es werden zum Beispiel Keys für Biped-Finger, -Hand, -Oberarm und -Unterarm in der Transformationsspur des

Abbildung 29 ▶
Bewegungspalette – Rollout
Allgemein – Bewegungs-
flussmodus

den Bewegungsablauf eines Bipeds definiert und abgespeichert (*.bip-Daten). Im Bewegungsflussmodus • Dialog BEWEGUNGSFLUSS-DIAGRAMM werden die unterschiedlichen *.bip-Daten in ihrer zeitlichen Abfolge zusammengestellt und aneinander gereiht. Dieser gemeinsame Bewegungsablauf des Bipeds, der durch mehrere *.bip-Daten erstellt wird, lässt sich als Bewegungsfluss-Skript (*.mfe-Datei) abspeichern. Die *.mfe-Datei speichert die Reihenfolge der *.bip-Daten und deren Übergänge ab.

Beispiel 2: Die Erstellung eines gemeinsamen Bewegungsfluss-Skripts (Shared MoFlow), das die intelligente Steuerung mehrerer Bipeds in einer Szene definiert und nach einem Zufallsprinzip animiert.

Der Unterschied zum einzelnen Bewegungsfluss-Skript besteht darin, dass das gemeinsame Bewegungsfluss-Skript die zentrale Steuerung mehrerer Bipeds anhand eines Skripts in einer Szene auf mehr als ein Biped überträgt.

Somit können im Bewegungsflussmodus einzelne und gemeinsame Bewegungsfluss-Skripte erstellt, bearbeitet, abgespeichert, geladen, angezeigt und angehängt werden.

jeweiligen Biped-Schlüsselbeins gespeichert. Wenn Sie für jeden Biped-Arm eine eigene Transformationsspur definieren möchten, aktivieren Sie in dem Reiter seperate Spuren die Arme. Somit können sie explizit in der Transformationsspur eigene Keys für die Biped-Arme definieren.

Bewegungsflussmodus

In der Bewegungspalette finden Sie im Rollout Allgemein den Bewegungsflussmodus. Dieser ermöglicht das Aneinanderreihen von abgespeicherten *.bip-Dateien als Bewegungsfluss-Skript.

Auf den folgenden Seiten werden Sie neue Animationstechniken kennen lernen, um Biped-Animationen umzusetzen.

Beispiel 1: In der Bewegungspalette • Schrittmodus werden einzelne bip-Daten für

Dialog Bewegungsflussdiagramm

In der Befehlspalette Bewegungsflussmodus • Rollout Bewegungsfluss • Schaltfläche DIA-GRAMM ZEIGEN öffnen Sie den Dialog BEWEGUNGSFLUSSDIAGRAMM (Abbildung 30).

Das BEWEGUNGSFLUSSDIAGRAMM dient dazu, die Skripte vorzubereiten, die *.bip-Daten als Clips zu erstellen oder gleich mehrere Clips in einem Schwung zu öffnen und zuzuweisen, sie zu bearbeiten und durch die Zuweisung und Abspeicherung als Bewegungsfluss-Skripte zu definieren.

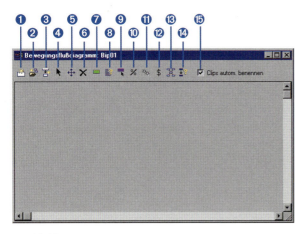

▲ Abbildung 30
Bewegungsflussdiagramm

Das Abstimmen der Übergänge zwischen den einzelnen *.bip-Daten können Sie im Bewegungsflusseditor einstellen. Diesen öffnen Sie, indem Sie vorher im Dialog BEWEGUNGSFLUSS-DIAGRAMM die *.bip-Daten als Clips zugewiesen und das Skript definiert haben. Im Rollout Bewegungsfluss-Skript klicken Sie auf ÜBERGANG BEARBEITEN und der Übergangs-Editor öffnet sich. Hier können Sie die Übergänge zwischen den *.bip-Daten gezielt bearbeiten.

Zurück zum Dialog BEWEGUNGSFLUSSDIA-GRAMM. Wir möchten Ihnen nun die einzelnen Schaltflächen dieses Dialogs kurz erklären:

- ❶ CLIP ERSTELLEN
- ❷ MEHRERE CLIPS ERSTELLEN
- ❸ ÜBERGANG ERSTELLEN
- ❹ CLIP/ÜBERGANG AUSWÄHLEN
- ❺ CLIP VERSCHIEBEN
- ❻ CLIP/ÜBERGANG LÖSCHEN

- ❼ CLIP-MODUS: Im Clip-Modus bearbeiten Sie die Schritte und die Gliedmaßen des Bipeds für den selektierten Clip.
- ❽ SKRIPTABHÄNGIGKEITEN ZEIGEN: Hiermit werden die Skripts aufgelistet, in denen der ausgewählte Clip verwendet wird. Wenn Sie bei einem gemeinsamen Bewegungs-flussdiagramm auf diese Schaltfläche klicken, werden alle Bipeds, die diesen Bewegungsfluss verwenden, überprüft. Dabei wird festgelegt, ob sie Skripts enthalten, die von den ausgewählten Clips und Übergängen abhängig sind.
- ❾ ZUFÄLLIGE ANFANGSCLIPS AUSWÄHLEN: Aktivieren Sie diese Option und wählen Sie im Dialog Bewegungsflussdiagramm die gewünschten Clips aus.
  Halten Sie [STRG] gedrückt und klicken Sie hier, um Clips hinzuzufügen. Die ausgewählten Clips werden von der Option ZU-FALLSBEWEGUNG ERSTELLEN im Rollout Bewegungsfluss-Skript verwendet, um den Bewegungsfluss auf Grundlage des Prozentwerts bei einem der ausgewählten Clips zu beginnen. Wenn drei Clips ausgewählt werden, die jeweils die Standardgewichtung von 100 haben, ist es völlig dem Zufall überlassen, bei welchem Clip die Bewegung beginnt.
- ❿ ZUFALLSPROZENTWERTE ZEIGEN: Prozentwerte für Clips und Übergänge werden im Fenster BEWEGUNGSFLUSSDIAGRAMM angezeigt.
  Zufällige Anfangsclips werden in Lila angezeigt. Dabei wird auch angegeben, mit welcher Wahrscheinlichkeit sie für den Beginn eines Zufallsskripts herangezogen werden. Weiterhin wird gezeigt, mit welcher Wahrscheinlichkeit (0 bis 100) die einzelnen Übergänge gewählt werden. Die Option

ZUFALLSBEWEGUNG ERSTELLEN im Rollout
Bewegungsfluss-Skript verwendet Prozentwerte für Clips und Übergänge, um Zufallsskripts zu erstellen.

► ⑪ AUSGEWÄHLTE ÜBERGÄNGE OPTIMIEREN:
Wählen Sie einen oder mehrere Übergänge
aus und klicken Sie auf AUSGEWÄHLTE ÜBER-
GÄNGE OPTIMIEREN. der Dialog ÜBERGANGS-
OPTIMIERUNG wird angezeigt, in dem Sie den
Ort des Übergangs festlegen können.
Die Berechnung optimierter Übergänge
kann einige Zeit in Anspruch nehmen.
Wenn Sie diese Funktion verwenden, wird
eine Fortschrittsleiste angezeigt. Für die Berechnung eines optimierten Übergangs wird
die Methode des minimalen Fußschleifens
herangezogen.

► ⑫ OPTIMALE ÜBERGANGSWERTE ZEIGEN: Ein
Klick zeigt die Werte im Fenster Bewe-
gungsflussdiagramm an. Je niedriger der
Wert, umso besser der Übergang.

► ⑬ BEWEGUNGSFLUSSDIAGRAMM SYNTHETISIE-
REN: Hier können Übergänge zwischen den
einzelnen Clips erstellt werden. Die Übergänge werden nicht optimiert; wenn das
gewünscht ist, verwenden Sie bitte die Option AUSGEWÄHLTE ÜBERGÄNGE OPTIMIEREN.
Das erfordert zwar mehr Zeit, weist jedoch
eine sehr hohe Qualität auf.

► ⑭ ALLE ÜBERGÄNGE PRÜFEN: Das Diagramm
wird auf überlappende Übergänge bzw. auf
Übergänge überprüft, die für den Clip zu
lang sind. Sie werden auf Probleme hinge-
wiesen bzw. darauf aufmerksam gemacht,
dass keine Probleme aufgetreten sind.

► ⑮ CLIP AUTOM. BENENNEN: Der Clip erhält
automatisch einen Namen, der vom Namen
der Bewegungsdatei abgeleitet wird. Benennen Sie hier selbst den Clip.

◄ **Abbildung 31**
Dialog Biped Bewegungsfluss-Skript

Dialog Biped Bewegungsfluss-Skript
Sie haben in der Bewegungspalette • Bewegungsflussmodus ein Skript erstellt und möchten dieses nachträglich bearbeiten oder weitere neue Skripts erstellen (vergleichbar mit
einem Layer-Prinzip). Klicken Sie in der Befehlspalette Bewegungsflussmodus • Rollout
Bewegungsfluss auf SKRIPT DEFINIEREN, und der
Dialog BIPED-BEWEGUNGSFLUSS-SKRIPT öffnet
sich.

Hier können Sie Bewegungsfluss-Skripte
(z.B. Skript1 bis Skript6) erstellen, definieren,
einfügen, anhängen und somit

► das zuvor im Bewegungsflussmodus erstellte und zugewiesene Bewegungsfluss-Skript
(Skript1) aus Ihrer aktuellen Bearbeitung
herausnehmen und ein neues Bewegungsfluss-Skript (Skript2) erstellen,

► auf das aktuelle Bewegungsfluss-Skript
(Skript1) aufbauen und neu definieren,

► bei mehreren neuen Bewegungsfluss-Skrip-
ten (Skript4 und Skript5 und Skript6) über
oder unter dem ausgewählten Skriptelem-
ent einfügen,

► auf das aktuelle Bewegungsfluss-Skript
(Skript1) aufbauen und ein zu einem späteren Zeitpunkt neu erstelltes Bewegungsfluss-Skript (Skript3) an dieses Skript
(Skript1) am Ende einfügen.

Im Dialog Bewegungsfluss-Skript stehen Ihnen einige Einstellungsmöglichkeiten zur Verfügung, von denen wir hier zwei Funktionen herausnehmen und erklären:

▶ Neues Skript erstellen: Benennen Sie ein neues Skript. Wählen Sie im Bewegungsflussdiagramm Clips aus, um die Clip-Liste für das neue Skript zu erstellen.

▶ Skript neu definieren: Der Skriptname wird beibehalten, während die Clips aus der Liste gelöscht werden. Wählen Sie im Bewegungsflussdiagramm Clips aus, um eine neue Clip-Liste anzulegen.

Starten wir nun praktisch in den Bewegungsflussmodus und sehen wir uns folgenden Step-by-Step-Workshop einmal an.

Animation des Bipeds – Bewegungsflussmodus

1. Erstellungspalette – Systeme
Konstruieren Sie ein Biped.

2. Dialog Bewegungsflussdiagramm
Gehen Sie in der Bewegungspalette • Bewegungsflussmodus in das Rollout Bewegungsfluss und klicken Sie auf Diagramm zeigen.

Klicken Sie auf Clip erstellen ❶ und erstellen Sie durch drei Mausklicks in dem Dialog Bewegungsflussdiagramm die Clips. Die Lage der Clips können Sie sich selbst aussuchen (Abbildung 32).

Fügen Sie die *.bip-Dateien der Clips in die Darstellungen Clip01–03 ein, indem Sie Clip/Übergang auswählen aktivieren ❷.

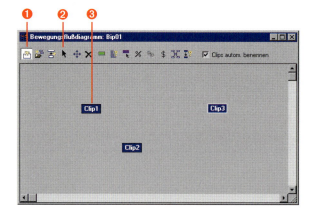

▲ Abbildung 32
Dialog Bewegungsflussdiagramm_Bip01

Abbildung 33 ▶
Dialog Öffnen

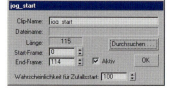

3. *.bip-Dateien einfügen
Klicken Sie mit der rechten Maus auf das jeweilige kleine Diagramm ❸ und fügen Sie die *.bip-Dateien ein. Wählen Sie Durchsuchen aus und weisen Sie dem Clip im jeweiligen, kleinen Clip-Diagramm die *.bip-Dateien zu. Bestätigen Sie mit Öffnen und OK.

Die Clips wurden eingesetzt und somit für den Dialog BEWEGUNGSFLUSSDIAGRAMM definiert.

Anmerkung: Falls Sie *.bip-Dateien zum Ausprobieren suchen sollten, gehen Sie in das Verzeichnis der Tutorials A-Z – CStudio – *.bip-Dateien.

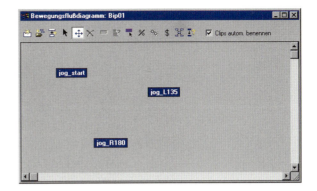

▲ **Abbildung 34**
Clips eingefügt

4. *.bip-Dateien verbinden

Jetzt fügen Sie die *.bip-Dateien aneinander, indem Sie in das Rollout Bewegungsfluss-Skript wechseln.

Aktivieren Sie SKRIPT DEFINIEREN.

Der Dialog BEWEGUNGSFLUSSDIAGRAMM öffnet sich (»identischer« Dialog wie zuvor).

Klicken Sie nacheinander auf die Clips von links nach rechts – diese werden rot eingefärbt – und fügen Sie so die Clips aneinander.

Jetzt können Sie die Animation abspielen!

Somit kann eine Biped-Animation durch das Aneinanderreihen verschiedener *.bip-Dateien entstehen.

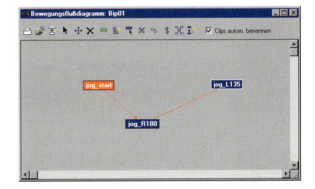

▲ **Abbildung 35**
Clips in der zeitlichen Abfolge aneinander gefügt

Abbildung 36 ▶
Übergänge der *.bip-Dateien

Die Phasen der Übergänge zwischen den *.bip-Dateien sind im Rollout Bewegungsfluss-Skript zu erkennen ❹.

5. Zwischenspeicherung

Speichern Sie die Animation durch Drücken von `Alt` + `STRG` + `H`.

6. Datenspeicherung des Bipeds (*.mfe-Datei)

Speichern Sie das Skript als *.mfe-Datei ab, indem Sie im Rollout Bewegungsfluss auf DATEI SPEICHERN klicken. Vergeben Sie einen Namen und schließen Sie den Dialog mit SPEICHERN.

7. Menüleiste – Datei – Speichern unter

Speichern Sie die Szene als *.max-Datei ab.

Schaltfläche Segment speichern

Sie können dieses Bewegungsfluss-Skript (die Biped-Animation) ebenfalls als *.bip-Datei abspeichern, indem Sie in der Bewegungspalette – vorausgesetzt Sie haben ein Skript erstellt – im Rollout Allgemein auf SEGMENT SPEICHERN klicken. Vergeben Sie einen Namen und bestätigen Sie mit SPEICHERN. Der Dialog schließt sich.

Dialog Bewegungsflussdiagramm – Clips oder Übergänge löschen

Clips oder Übergänge lassen sich im Dialog Bewegungsflussdiagramm ganz einfach löschen, indem Sie den jeweiligen Clip mit einem Mausklick aktivieren und die `Entf` drücken oder auf CLIP/ÜBERGANG LÖSCHEN klicken.

Skript-Nachbearbeitung

Überarbeiten der Biped-Animation und der Skriptdaten

Die weitere Bearbeitung eines Skripts erfolgt in der Bewegungspalette • Rollout Bewegungs-fluss-Skript.

Diese Nachbearbeitung eines Skripts kann eingesetzt werden, wenn Sie

▶ aus den erstellten Clips (*.bip-Daten) bestehende Bewegungsfluss-Skripte verändern möchten und den erstellten Clips neue, andere *.bip-Daten zuweisen möchten,

▶ die Übergänge der erstellten Clips definieren möchten (Übergangs-Editor),

▶ Skripte über den Dialog BIPED Bewegungs-fluss-Skript neu erstellen, definieren, einfügen oder anhängen möchten,

▶ über das Rollout Bewegungsfluss-Skript editieren möchten.

Erstellen Sie eine neue Biped-Animation, basierend auf einem Bewegungsfluss-Skript.

Abbildung 37 ▶
Skript-Nachbearbeitung

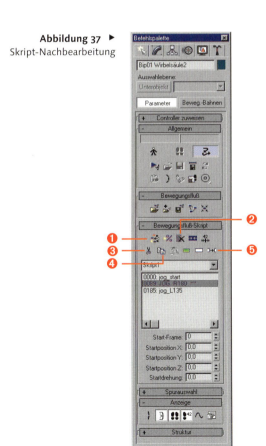

Animation des Bipeds – Skript-Nach-bearbeitung

1. Bewegungsfluss-Skript

*Öffnen Sie das Rollout Bewegungsfluss-Skript und selektieren Sie mit einem Mausklick eine *.bip-Datei.*

Die hier verfügbaren Schaltflächen kennen Sie bereits. Sie können ein Skript definieren ❶*, löschen* ❷*, ausschneiden* ❸*, kopieren* ❹ *oder einfügen* ❺*, um nachträglich die als BEWE-GUNGSFLUSS-SKRIPT zugewiesene *.bip-Daten zu bearbeiten oder vielleicht auszutauschen oder im Übergang zu bearbeiten. Ebenfalls können Sie auf diesem erstellten Skript aufbauend ein weiteres Skript erstellen und somit Skripte unter-schiedlich einsetzen.*

2. Menüleiste – Datei – Speichern unter

*Speichern Sie die Szene als *.max-Datei ab.*

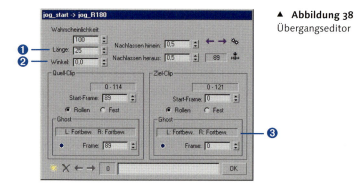

▲ **Abbildung 38**
Übergangseditor

Übergangs-Editor

In der Befehlspalette • Bewegungsflussmodus • Rollout Bewegungsfluss-Skript wählen sie im Skrip1-Fenster einen Clip aus (z.B. 0000: WALK – wird grau unterlegt) und drücken dann auf ÜBERGANG BEARBEITEN. Der Übergangs-Editor öffnet sich von links nach rechts.

Der Übergangs-Editor bietet, wie sein Name schon sagt, die Möglichkeit, individuelle Einstellungen für die Clip-Übergänge vorzunehmen. Hier können Sie den zeitlichen Übergang, die Länge in Frames, den Winkel, die Quell-Clips, die Ziel-Clips und das Nachlassen hinein und Nachlassen heraus (zum Vergleich: TCB-Controller – Parameter Nachlassen zu und Nachlassen von) definieren.

Ebenfalls können Sie zum vorherigen oder nächsten Übergang springen und die Übergänge optimieren.

Es folgt ein Überblick über die diversen Funktionen (Übergangs-Editor):

▶ LÄNGE (Dauer des Übergangs) ❶: Die Dauer des Übergangs wird im Feld LÄNGE festgelegt. Bei einem Wert von 10 zum Beispiel wird ein Übergang von 10 Frames zwischen dem Ausgangs- und dem Ziel-Clip erstellt. Während der Übergangsphase wird die Geschwindigkeit des Quell-Clips mit der des Ziel-Clips interpoliert. Wenn der Übergang zwischen dem letzten Frame des Quell-Clips und dem ersten des Ziel-Clips stattfindet und für LÄNGE der Wert 10 gesetzt ist, wird das letzte Frame des Ausgangs-Clips mit den ersten zehn Frames des Ziel-Clips interpoliert.

▶ Im Feld WINKEL ❷ können Sie die Richtung (Winkel in Grad) des Ziel-Clips ändern.

▶ Individuelles erarbeiten von Übergängen (Ghosts) ❸: Die manuelle Einstellung des Start-Frames am Ausgangs- und am Ziel-Clip bietet Ihnen die Möglichkeit, unerwünschte Übergangsbewegungen der beiden Clips zu vermeiden und die Start-Frames selbst zu bestimmen.

In den Zahlenauswahlfeldern im Bereich Ghost können Sie den Quell-Clip und den Ziel-Clip einsehen und weiterspulen, indem Sie Strichmännchen (Ghosts) im Ansichtsfenster anzeigen lassen. Das gelbe Strichmännchen stellt den Quell-Clip dar, das rote den Ziel-Clip. Wurde für beide Clips ein geeignetes Start-Frame gefunden, kopieren Sie die Frame-Werte mit der Option Start-Frame aus den Bereichen für Ghost in die Felder für Start-Frame unter Quell-Clip und Ziel-Clip.

Wenn Sie den Zeitschieber über die Übergangsphase ziehen, können Sie den Biped-Übergang vom gelben (Quell-Clip) zum roten Strichmännchen (Ziel-Clip) sehen.

▶ Mit Rollen und Fest bestimmen Sie, ob sich ein Clip am Übergang in Bewegung befindet (Rollen) oder ob von ihm nur ein Einzel-Frame angezeigt wird (Fest).

Der Übergangs-Editor enthält außerdem Parameter, mit denen Sie neue Übergänge erstellen und benennen können, gespeicherte Übergänge durchgehen, zum Start-Frame des Übergangs wechseln, die Parameter für den automatischen Übergang einstellen oder den nächsten Übergang im Skript aktivieren.

Alle Übergänge werden zusammen mit den Parametern der *.mfe-Datei abgespeichert.

Layer

Überarbeiten der Biped-Animation mit Layern

In der Bewegungspalette finden Sie, wenn keiner der drei Modi – Figurmodus, Schrittmodus oder Bewegungsflussmodus – aktiviert ist, das Rollout Layer (Abbildung 39).

Sie haben in character studio 3 die Möglichkeit, gezielt mit Layern (Ebenen) zu arbeiten, um Biped-Animationen im Nachhinein zu bearbeiten. Sie können eine Anzahl an Ebenen erstellen und somit das Animationsverhalten des Bipeds in dem jeweiligen Layer bearbeiten und steuern.

Zuvor haben wir Techniken der Nachbearbeitung für die Bewegungsfluss-Skripte erlernt, jetzt können wir eine Biped-Animation anhand der Ebenen-Techniken auf vielen Layern erarbeiten und somit unterschiedliche Ergebnisse der Biped-Animationen miteinander vergleichen. Am Ende werden wir uns für eine Variante – einen von vielen Layern – entscheiden und dadurch alle anderen Biped-Animationen, die in den übrigen Layern erarbeitet wurden, löschen.

Animation des Bipeds – Layer

1. Bewegungspalette –Schrittmodus – Biped-Animation

Gehen Sie in die Bewegungspalette, nachdem Sie eine Biped-Animation im Schrittmodus erstellt haben.

2. Schrittmodus verlassen

Klicken Sie mit der Maus einmal auf SCHRITT-MODUS, um diesen Modus zu verlassen.

3. Rollout Layer

Öffnen Sie das Rollout Layer und erstellen Sie drei Layer, indem Sie dreimal auf LAYER ERSTEL-LEN klicken.

4. Layer benennen

Benennen Sie Ihre Layer, indem Sie im Textein-gabefeld Namen vergeben.

5. Keys festlegen

Arbeiten Sie verschiedene Biped-Animationen im Animationsmodus der Systemoberfläche von 3ds max aus, indem Sie in den jeweiligen Einzel-bildern Biped-Gliedmaßen selektieren und im Rollout Key-Info bzw. Keyframe-Erstellung auf KEY FESTLEGEN klicken.

Animieren Sie die unterschiedlichen Biped-Gliedmaßen (Abbildungen 40).

Denken Sie daran, im Einzelbild 0000 einen Key für das jeweils ausgewählte Biped-Teil fest-zulegen, gehen Sie dann z.B. in Einzelbild 0030 und setzen Sie einen neuen Key.

Achten Sie später darauf, dass character studio 3 eigenständig Keys für das Biped setzt, und springen Sie von dem vorherigen zum näch-sten Key oder umgekehrt (Key-Modus). Arbeiten Sie Ihre ersten eigenständigen Biped-Animatio-nen aus.

◀ **Abbildung 39**
Rollout Layer – Layer erstellen

Abbildung 40 ▶
Systemoberfläche 3ds
max – ANIM-Button

Beachten Sie dabei, dass ANIM nicht aktiv sein
muss.

6. Quadmenü

Denken Sie an das Quadmenü (ausgewähltes
Biped-Teil – rechter Mausklick im Ansichtsfenster).

Hier können Sie direkt auf die wichtigsten
Funktionen, die Sie sonst an anderer Stelle in der
Systemoberfläche von 3ds max aktivieren müss-
ten (z.B. Hauptsymbolleiste), zugreifen und für
Ihre Arbeit gezielt und effizient einsetzen.

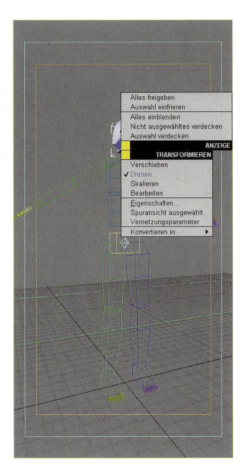

▲ Abbildung 41
Ansichtsfenster – Quadmenü

Systemoberfläche 3ds max

Arbeiten Sie mit der Schaltfläche Key-Modus
in der Systemoberfläche von 3ds max, und
klicken Sie abwechselnd auf die Schaltflächen
VORHERIGER KEY und NÄCHSTER KEY (Abb. 40).

7. Rollout Key-Info

Erstellen Sie mithilfe des Rollouts Key-Info einzelne Keys der Biped-Gliedmaßen und versuchen
Sie spielerisch den TCB-Controller einzusetzen,
den wir zu einem späteren Zeitpunkt genauer erklären und definieren werden.

8. Rollout Spurauswahl

Arbeiten Sie im Rollout Spurauswahl mit der
Schaltfläche GEGENÜBERLIEGEND ❶, um auf die
gegenüberliegende Seite des ausgewählten
Biped-Teils zu gelangen, und kreieren Sie weitere
Bewegungsabläufe (siehe auch Seite 162).

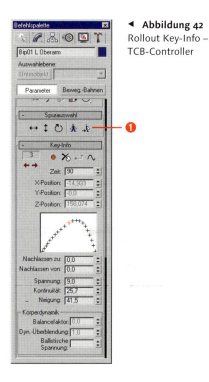

◄ **Abbildung 42**
Rollout Key-Info –
TCB-Controller

9. Bewegungspalette – Rollout Layer – Biped-Animationen in den drei Layern

Verfolgen Sie die verschiedenen Biped-Animationen in den drei Layern und entscheiden Sie sich
am Ende für einen Bewegungsablauf.

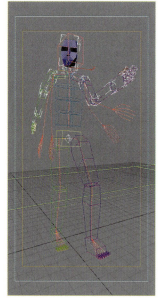

◄ **Abbildung 43**
Rollout Layer:
Darstellung der
Layer im Ansichts-
fenster (Beispiel I)

10. Rollout Layer – Schaltflächen

Sie können die Schaltflächen LAYER LÖSCHEN, AUSBLENDEN, KEY EINRASTEN, NUR DIESES AKTIVIEREN oder ALLE AKTIVIEREN einsetzen, die Parameter SICHTBAR VOR und SICHTBAR NACH sowie die Key-Markierung und Layer aktiv oder Layer inaktiv definieren (siehe auch Seite 162 für weitere Erklärungen).

11. Rollout Layer – Schaltfläche ausblenden

Verschiedene Biped-Animationen sind entstanden. Gehen Sie in den Layer, für den Sie sich entschieden haben, indem Sie auf die Schaltflächen NÄCHSTER LAYER oder VORHERIGER LAYER klicken (Pfeile in Schwarz – oben – unten) und drücken Sie dann AUSBLENDEN.

Nun haben Sie mithilfe der Layer-Techniken aus drei Layern einen einzigen neuen Layer erstellt. Ab sofort ist dieser der neue Layer Original.

12. Menüleiste – Datei – Speichern unter

Speichern Sie die Szene als *.max-Datei ab.

Layer Original
Denken Sie daran, dass Sie wieder in das vorhandene Original zurückkehren können, indem Sie den Layer Original aktivieren (Schaltfläche VORHERIGER LAYER (Rollout Layer)).

Abbildung 45 ▶
Rollout Key-Info – TCB-Controller

TCB-Controller

Sie haben in der Erstellungspalette ein Biped konstruiert und in der Bewegungspalette eine Biped-Animation im Schrittmodus realisiert. Öffnen Sie in der Bewegungspalette das Rollout Key-Info. Hier erhalten Sie einen Einblick in die Eigenschaften des ausgewählten Biped-Keys.

Anmerkung: Denken Sie an die Alternative, dass Sie in der Spuransicht ebenfalls die Eigenschaften der Biped-Keys einsehen können, indem Sie die animierten Spuren extrahieren und einen Biped-Key auswählen. Mit der rechten Maustaste klicken Sie auf den ausgewählten weißen Biped-Key in der Spur und gelangen somit zu den Eigenschaften des Biped-Keys.

Ob Sie über die Bewegungspalette oder die Spuransicht die Eigenschaften des Biped-Keys betrachten, ist natürlich Ihnen überlassen. Beide Wege führen an das gleiche Ziel – zum TCB-Controller und der Möglichkeit, das Biped in seiner Animation zu beeinflussen.

Der TCB-Controller steuert das Animationsverhalten des Bipeds und somit die einzelnen Keys der Biped-Gliedmaßen. Jede Key-Transformation hat einen Spline, der auf sie angewendet wird. Dieser Spline beeinflusst die Gleichmäßigkeit und die Geschwindigkeit der Transformation.

Setzen Sie den TCB-Controller ein und arbeiten Sie zum Beispiel mit den Werten SPANNUNG, KONTINUITÄT und NEIGUNG (Abb. 45).

Im Rollout Key-Info wird der Spline als Bogen aus »Häkchen« in einem Fenster dargestellt. Das rote »Häkchen« an der höchsten Stelle des Bogens ist der aktuelle Key. Die Häkchen auf der rechten und der linken Seite des Bogens sind entsprechend der zeitliche Übergang zum vorherigen (linke Seite unten) und nächsten Key (rechte Seite unten).

Animationen jedweder Art werden durch den Zeitraum – Einzelbilder pro Sekunde (FPS) –, in dem sie stattfinden, durch die Animations-Controller und die Keys bestimmt. Hinzu kommt die überzeugende Technik, zwischen den Keys ebenfalls Animationsverhalten zu definieren. Sie können z.B. aus einem Key langsam »herausgehen« oder in ein Key »schnell hineingehen« und dadurch das Tempo der Bewegung zwischen den Keys manipulieren.

▶ Der Parameter NACHLASSEN ZU verlangsamt die Animationskurve mit sinkendem Abstand zum Key. Durch einen hohen Wert wird die Animationskurve mit sinkendem Abstand zum Key langsamer.

▶ Der Parameter NACHLASSEN VON verlangsamt die Animationskurve beim Verlassen des Keys. Durch einen hohen Wert beginnt die Animation beim Verlassen des Keys erst langsam und wird dann immer schneller.

▶ Sie können die SPANNUNG der Transformation beeinflussen, indem sie eine lineare, eher technische Bewegung oder eine homogene runde Bewegung erzeugen. Die lineare Bewegung wird grafisch als geradlinige Parabel wie ein Dreieck dargestellt. Die homogene Bewegung wird als eine Bogenparabel dargestellt.

▶ Die KONTINUITÄT definiert die Tangentenwirkung der Parabel am Key. Durch einen hohen Wert wird die Parabel an beiden Seiten des Keys übermäßig gekrümmt. Bei einem niedrigen Wert für die KONTINUITÄT entsteht eine lineare Transformation. Bei niedriger KONTINUITÄT entsteht ebenso wie bei hoher SPANNUNG eine lineare Parabel.

▶ Die NEIGUNG bestimmt, wo die Parabel im Verhältnis zum Key erscheint. Durch einen hohen Neigungswert wird die Parabel über den Key hinaus gedrückt. Dadurch verläuft die Parabel bis zum Key linear und erhält hinter dem Key eine übermäßige Krümmung.
Durch einen niedrigen Neigungswert wird die Parabel vor den Key gezogen. Dadurch wird die Parabel vor dem Key übermäßig gekrümmt und verläuft hinter dem Key linear.

Motion Capture

Eine weitere Animationsart

> *Die Motion-Capture-Daten (*.bip-, *.csm- und
> *.bvh-Dateien) animieren das Biped.*

Übertragung der Motion-Capture-Daten auf das Biped

WIE BEREITS IM KAPITEL »ANIMATIONSTECH-niken« erläutert sind Motion-Capture-Daten Animationsdaten, die tierische und menschliche Bewegungsabläufe festhalten und als Dateien digitalisiert werden können. Dem »realen Akteur« werden an den Körpergelenken auf der Hautoberfläche Marker angelegt, die die Bewegungen erfassen. Die Marker können mit Kabeln verbunden sein, die wiederum mit einer Schnittstelle im Rechner verbunden sind. Die Bewegungen werden digitalisiert und als *.bip-, *.bvh- oder *.csm-Dateiformate abgespeichert.

Diese abgespeicherten Dateiformate (*.bip, *.bvh oder *.csm) und somit die Bewegungsdaten lassen sich im character studio 3 auf die Biped-Anatomie übertragen. Das Biped bewegt sich im Raum auf Grund der Zuweisung der Motion-Capture-Daten.

Wie Sie die Motion-Capture-Daten für die Biped-Animationen einsetzen, erklären wir Ihnen auf den folgenden Seiten.

Konvertierungsparameter
Der Dialog KONVERTIERUNGSPARAMETER FÜR MOTION CAPTURE öffnet sich ebenfalls, wenn sich im Motion-Capture-Pufferspeicher Daten befinden und die Option AUS PUFFER UMWAN-DELN ausgewählt wird.

Animation des Bipeds – Motion-Capture-Daten

1. Erstellungspalette – Systeme

Erstellen Sie ein Biped.

2. Rollout Motion Capture

Wählen Sie einen Biped-Teil aus und gehen Sie in die Bewegungspalette.

Öffnen Sie das Rollout Motion Capture.

3. Schaltfläche Datei laden

Klicken Sie auf MOTION CAPTURE DATEI LADEN **❶**. Ein Dialog öffnet sich, in dem Sie den jeweiligen Dateityp (*.bip-, *.bvh- oder *.csm-Datei) im Installationsverzeichnis Max 4/cstudio/Mocap auswählen können. Entscheiden Sie sich für einen Dateityp und bestätigen Sie mit OK.

4. Dialog Konvertierungsmöglichkeiten Motion Capture

Ein weiterer Dialog öffnet sich, in dem Sie auf die Grunddaten der geöffneten Motion-Capture-Datei Einfluss nehmen können.

Sehen Sie sich die Funktionen SCHRITTEXTRAKTION und UMWANDLUNG an. Wenn Sie das Pulldown-Menü der Funktion Umwandlung öffnen, sehen Sie die Option KEY-REDUZIERUNG VERWENDEN. Aktivieren Sie diese Funktion und Sie können gezielt die Parameterwerte der Key-Reduzierungseinstellungen beeinflusssen.

Bestätigen Sie mit OK.

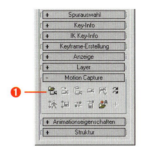

◄ **Abbildung 1**
Rollout Motion Capture

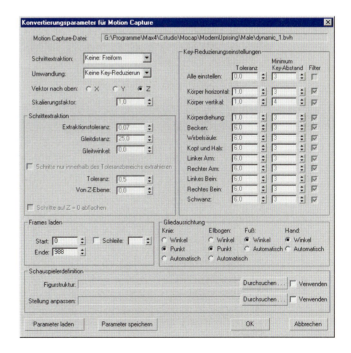

▲ **Abbildung 2**
Dialog Konvertierungsparameter für Motion Capture

▲ Abbildung 3
Untere Statuszeile 3ds max: der graue Balken

5. Untere Statuszeile – Grauer Balken

An unteren Rand der 3ds max-Statuszeile durchläuft ein grauer Balken die Werte von 0% bis 100%. Die Motion-Capture-Daten werden auf das Biped übertragen.

Diesen grauen Balken kennen Sie, da er bei dem Import von Mesh-Daten ebenfalls erscheint.

6. Bewegungspalette – Motion-Capture-Daten zugewiesen

Wenn die 100% erreicht sind, erscheint das Biped in neuem Glanz und mit den Motion-Capture-Daten der Datei.

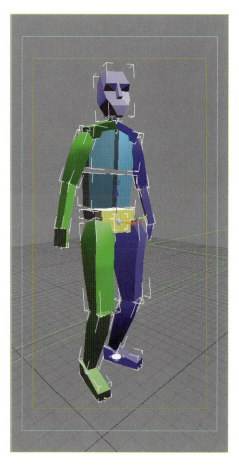

▲ Abbildung 4
Übertragung der Motion-Capture-Daten auf das Biped

7. Rollout Motion Capture

Gehen Sie in das Rollout Motion Capture. Jetzt sind die gesamten Schaltflächen aktiv.

8. Menüleiste – Datei – Speichern unter

Speichern Sie die Szene als *.max-Datei ab.

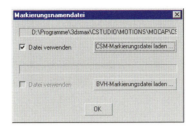

▲ **Abbildung 5**
Markierungsnamendatei laden-Dialog

Marker-Dateien

Falls Sie Marker-Dateien laden müssen, gehen Sie zuerst auf MARKIERUNGSNAMEN-DATEI LADEN. Es öffnet sich ein Dialog, in dem Sie die Markierungsdatei für *.bvh- oder *.csm-Daten (*.mnm-Datei) im Verzeichnis auswählen. Wählen Sie im folgenden Dialog die *.mnm-Datei aus. Klicken Sie auf ÖFFNEN. Der Dialog schließt sich. Bestätigen Sie jetzt mit OK.

Laden Sie die Motion-Capture-Datei, indem Sie auf MOTION CAPTURE DATEI LADEN klicken.

Spuransicht

Animationen des Bipeds in der Spuransicht

Weitere Biped-Bewegungen werden durch zwei Bearbeitungsmöglichkeiten in der Spuransicht realisiert.

BIPED-ANIMATIONEN KÖNNEN IN ZWEI VERschiedenen Arten bearbeitet werden:

▶ Schrittbearbeitung
▶ Freiformbearbeitung (Keine Physik)

Bearbeitungsmöglichkeiten

Die Spuransicht ist neben der Bewegungspalette und der eigentlichen Systemoberfläche von 3ds max ein weiteres Werkzeug, mit dem Sie die Biped-Animationen steuern können.

Stellen Sie sich vor, Sie würden ein Biped an dem Beckenrand eines Swimming-Pools entlang gehen lassen. Sie erstellen für den gesamten Zeitraum eine Biped-Animation im Modus der Schrittbearbeitung. Zu dem Zeitpunkt, wenn das Biped in den Swimming-Pool springt, bewegt es sich durch die Freiformbearbeitung (Keine Physik) und schwimmt. Hier wäre ein gelber Rahmen in der Spuransicht sichtbar. Sie würden manuell Keys setzen und die Bewegung des Bipeds erarbeiten. Wenn sich das Biped dem Beckenrand nähert, würde es, wenn es den Rand und den Boden erreicht hat, wieder in der Schrittbearbeitung sein und am Beckenrand des Swimming-Pools auf und ab gehen, bis es ein nächstes Mal ins Wasser springt, taucht und schwimmt.

Werfen Sie einen Blick in die Spuransicht und betrachten Sie die Biped-Animation, die Keys, die Schritte, die Schrittblöcke und die Bearbeitungsmöglichkeiten, die wir nun im Einzelnen besprechen werden.

Der blaue Schrittblock stellt den zeitlichen Ablauf der linken, der grüne Schrittblock den der rechten Schritte dar. Der Zeitraum, in dem der jeweilige Fuß Halt auf dem »Boden« hat, wird durch die Länge der blauen und grünen Schrittblöcke gekennzeichnet. Die weißen Lücken zwischen den Schrittblöcken der jeweiligen Schritte signalisieren, dass sich der Fuß zu

Schrittblöcke und Keys

Wenn Sie einen Key am Anfang oder am Ende eines jeweiligen Schrittblocks aktivieren und ihn nach links oder rechts ziehen, erhalten Sie die Möglichkeit, auf das zeitliche Gehverhalten des Bipeds Einfluss zu nehmen. Punktierungen der Bewegungen können erzeugt werden, Schrittabläufe auf dem Boden verlängert, die

Zeiträume des Fußes in der Luft verkürzt werden, ein höheres Springen des Bipeds durch eine längere, zeitliche weiße Lücke (Füße nicht am Boden) zwischen linkem und rechtem Schrittblock erstellt werden, etc.

Achten Sie nur später darauf, dass Sie im Rollout Animationseigenschaften den Wert SCHWERKRAFT-BESCHLEUNIGUNG angleichen.

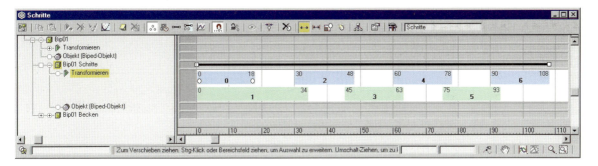

▲ **Abbildung 1**
Spuransicht – Bipo1 – Bipo1 Schritte – Transformieren

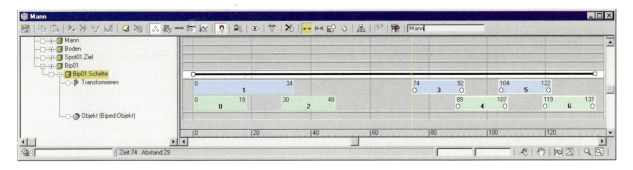

▲ **Abbildung 2**
Spuransicht – Zeitliches Verschieben mehrerer Schrittblöcke

diesem Zeitpunkt in der Luft befindet (Abbildung 1).

Wenn Sie auf den ersten Schrittblock klicken, wird er weiß umrandet dargestellt und ist somit aktiv. Zwei Keys sind zu sehen, links und rechts am Anfang und am Ende. Wenn Sie die Maus auf dem jeweiligen Schrittblock gedrückt halten und den Schritt in der Spuransicht bewegen, wird die zeitliche Position des Schritts verändert.

Sie können auch mehrere Schrittblöcke selektieren, indem Sie mit der Maus ein Rechteck um die zu selektierenden Schrittblöcke ziehen. Nun können Sie die Blöcke in der Zeit nach vorne (links) oder nach hinten (rechts) bewegen (Abbildung 2).

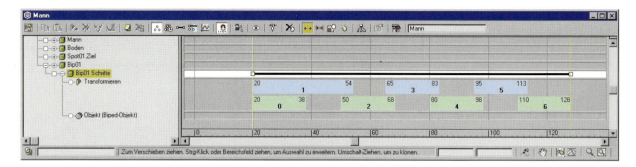

▲ **Abbildung 3**
Spuransicht – Schrittblöcke mit dem »schwarzen Bereichsbalken« verschieben

Mithilfe des schwarzen Bereichsbalkens – oberhalb der gesamten Schrittblockfolge – können Sie alle Schrittblöcke gleichzeitig nach links oder nach rechts ziehen (Abbildung 3).

Wenn Sie in der Spuransicht mit der rechten Maustaste auf einen der Schrittblöcke klicken, aktivieren Sie den Dialog BIP01 SCHRITTMODUS (Abbildung 4).

Spuransicht

In diesem Dialog können Sie folgende Funktionen durchführen:

▶ Einstellen der Zeitdaueranzeige
▶ Erstellen einer Freiformsequenz zwischen Schritten
▶ Auswahl des linken oder rechten Schrittblockrands oder des gesamten Blocks

Sie können zwischen den Modi Schrittbearbeitung und Freiformbearbeitung (keine

 Spuransicht – Bereiche bearbeiten
Sie können auch BEREICHE BEARBEITEN aktivieren und die Schrittblockfolge bewegen.

Physik) entscheiden und die Schrittnummernanzeigen einstellen.

Im Schrittbearbeitungsmodus können Sie die Biped-Schritte hinsichtlich ihrer DAUER, START- UND END-FRAMES und der Zeit, während der sie sich in der Luft befinden, bearbeiten. im Freiformbearbeitungsmodus (Keine Physik) hingegen können Sie, wie bereits erwähnt, die Körper-Keys des Bipeds für die Einzelbilder ändern, in denen sich das Biped in der Luft befindet. Freiform hebt die auf der Physik basierende Dynamik auf, durch die die Biped-Bewegung normalerweise gesteuert wird. Dies ist dann wichtig, wenn Sie möchten, dass das Biped fliegt, sich setzt oder hinfällt. Achten Sie darauf, dass sich die Freiformphase zwischen Schritten befinden muss!

Den Schrittblöcken kann jede der vier zeitlichen Einstellungen, die für die Schrittblöcke angezeigt werden, zugewiesen werden. Sie können nur jeweils eine Einstellung anzeigen. Die Schrittnummer wird immer auf den Schrittblöcken angezeigt.

Einige ergänzende Erklärungen zum Dialog Schrittmodus in der Spuransicht:

Abbildung 4 ▶
Spuransicht – Dialog
Schrittmodus

▶ START- UND END-FRAME definiert das Start-
und das End-Frame des Schritts (vom Berühren bis zum Abheben). Wenn der
Schrittblock zu klein ist, um beide Frames
anzuzeigen, wird im Biped nur das Start-
Frame angezeigt. Beim Zoomen können Sie
sowohl Start- als auch Endnummer sehen.

▶ START-FRAME zeigt nur die Nummer des
Start-Frames (Berühren) an.

▶ DAUER zeigt die Anzahl der Frames an, bei
denen der Fuß den Boden berührt (vom Berühren bis zum Abheben).

▶ DOPPELTE UNTERSTÜTZUNG definiert die Anzahl der sich überlappenden Einzelbilder,
bei denen beide Füße den Boden berühren.
Sie können für die Zeit zwischen den Schritten auch die folgenden beiden Zahlen aktivieren. Durch Aktivieren der Kontrollkästchen können Sie beide Zahlen gleichzeitig
anzeigen lassen.

▶ KEINE UNTERSTÜTZUNG definiert die Zahl der
Einzelbilder, bei denen sich das ganze Biped
in der Luft befindet, d.h. jener Einzelbilder,
bei denen keiner der Füße den Boden berührt.

▶ FUSS IN DER LUFT (DAUER) definiert die Zeit-
dauer, während der keiner der Füße den
Boden berührt.

Freiformbearbeitung (Keine Physik)

Bisher haben Sie den Bewegungsablauf des
Bipeds über das einzelne Setzen von Schritten
durch …

▶ SCHRITTE ERSTELLEN (ANHÄNGEN),

▶ SCHRITTE ERSTELLEN (BEIM AKTUELLEN FRAME),

▶ den Dialog MEHRERE SCHRITTE ERSTELLEN
GEHEN/LAUFEN/SPRINGEN,

▶ AUSWÄHLEN UND VERSCHIEBEN oder AUS-
WÄHLEN ODER DREHEN in der Hauptsymbolleiste oder durch das Kontextmenü im Ansichtsfenster,

▶ KEYS FÜR INAKTIVE SCHRITTE ERSTELLEN
erzeugt.

Die Biped-Bewegungen können ebenfalls in
einer so genannten Freiformbearbeitung (Keine Physik) – ohne oder im Wechsel mit der
Schrittbearbeitung – erzeugt werden.

Eine Freiformphase kann zum Beispiel be-
nutzt werden, um in der Einzelbildphase ein
Stolpern oder eine Fallbewegung zwischen
Schritten einzufügen.

Spuransicht – Biped – Schrittbearbeitung und Freiformbearbeitung (Keine Physik)

1. Erstellungspalette – Systeme
Erstellen Sie ein Biped.

2. Bewegungspalette – Biped – Animation
Gehen Sie in die Bewegungspalette und erstellen Sie im Schrittmodus inaktive Schritte. Definieren Sie die inaktiven Schritte des Bipeds als aktive Schritte (SCHRITTERSTELLUNG • KEYS FÜR INAKTIVE SCHRITTE ERSTELLEN).

3. Spuransicht – Dialog Schrittmodus
Rufen Sie in der Spuransicht den Dialog SCHRITT-MODUS auf, indem Sie mit der rechten Maustaste auf den Schrittblock klicken.
Der Dialog SCHRITTMODUS öffnet sich.

4. Freiformbearbeitung (Keine Physique)
Wählen Sie die Freiformbearbeitung (Keine Physik) aus. In der Schrittspur werden die Schritte schmaler, und der Großteil der nummerischen Daten für die Schritte ist nicht sichtbar.
Die zu einem späteren Zeitpunkt zu definierenden Freiformbereiche sind durch gelbe Rahmen zwischen den Schritten in den Phasen ohne Bodenberührung gekennzeichnet.

5. Spuransicht – Freiformphase – Bearbeitung des gelben Rahmens
Klicken Sie in einen gelben Rahmen. Das vom Rahmen eingeschlossene Feld wird durchgängig gelb dargestellt. Dieses bedeutet, dass in dem Bereich die Freiformbearbeitung (Keine Physik) aktiv ist. Wenn Sie noch einmal auf das Feld klicken, wird wieder der leere Rahmen angezeigt.

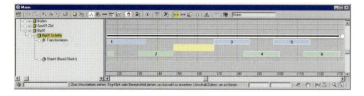

▲ **Abbildung 5**
Spuransicht – Freiformbearbeitung (Keine Physik) – Gelber Rahmen

6. Ansichtsfenster – Freiformbearbeitung (Keine Physik) – Biped-Animation

Setzen Sie in der Freiformphase gezielt einzelne Keys für die Biped-Gliedmaßen, indem Sie in den Ansichtsfenstern Biped-Gliedmaßen auswählen und über einen Zeitraum animieren.

7. Wert Schwrk.-Beschl.

Verändern Sie, wenn nötig, im Rollout Animationseigenschaften den Wert für SCHWRK.-BESCHL.

8. Biped-Animation

Erstellen Sie neue Keys für die Schritte des Bipeds, indem Sie in den Ansichtsfenstern die Schritte verschieben oder drehen (oder in der Spuransicht gezielt manipulieren).

Wechseln Sie zwischen der Freiformbearbeitung (Keine Physik) und der Schrittbearbeitung und erarbeiten Sie eine Biped-Animation.

9. Menüleiste – Datei – Speichern unter

Speichern Sie die Szene als *.max-Datei ab.

Schaltfläche Umwandeln

Sie können in die erstellte, reine Freiform-Animation keine Schritte im Schrittmodus mehr aufnehmen. Allerdings können Sie die reine Freiform-Animation im Rollout Allgemein mit dem Befehl UMWANDELN in eine Schrittanimation konvertieren.

Animation des Bipeds – Freiformbearbeitung (Keine Physik)

Im vorherigen Workshop haben Sie im Wechsel die Techniken der Schrittbearbeitung und der Freiformbearbeitung (Keine Physik) kennen gelernt. Arbeiten Sie im folgenden Workshop ausschließlich mit der Freiformbearbeitung (Keine Physik).

1. Erstellungspalette – Systeme
Erstellen Sie ein Biped.

2. Bewegungspalette – Biped – Animation
Selektieren Sie ein Biped-Glied und setzen Sie in der Bewegungspalette mit aktivem ANIM-BUTTON im Einzelbild 0000 einen Key für das Biped-Glied (KEY SETZEN). Gehen Sie in ein Einzelbild höher als 0000. Bewegen Sie ein Biped-Glied und setzen Sie im Rollout Key-Info einen Key für das Biped-Glied (KEY SETZEN).

Das Biped-Glied bewegt sich im Modus Freiformbearbeitung (Keine Physik).

3. Menüleiste – Datei – Speichern unter
Speichern Sie die Szene als *.max-Datei ab.

Abbildung 6 ▶
Bewegungspalette –
Schrittmodus – Rollout
Anzeige

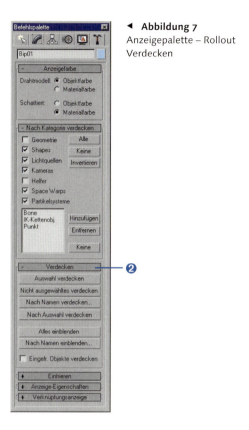

Verdecken

Nachdem wir die Bearbeitungsmöglichkeiten des Bipeds in der Spuransicht vorgestellt haben, wechseln wir nun das Thema und beschäftigen uns mit den Anzeigeeigenschaften des Bipeds, d.h. mit den Möglichkeiten, das Biped zu verdecken und somit nicht mitberechen zu lassen bzw. einzelne Biped-Teile zu verdecken, um Arbeitsbereiche besser eingrenzen zu können.

Anzeigeeigenschaften

In der Bewegungspalette • Rollout Anzeige können Sie die unterschiedlichen Anzeigeeigenschaften des Bipeds einsetzen, um Bestandteile (Knochen, Objekte, Schritte, Schrittnummern etc.) zu verdecken oder wieder sichtbar einzublenden ❶.

Eine andere Möglichkeit des Verdeckens existiert in der Systemoberfläche von 3ds max. Hier können Sie in der Anzeigepalette im Rollout Verdecken die Objekttypen verdecken ❷.

Modifikator Physique

Verbindung zwischen Biped und Character

Der Modifikator Physique beinhaltet die Auswahlebenen Hülle, Verbindung, Wölbung, Sehnen und Scheitelpunkt. Durch die Schaltfläche Am Knoten befestigen verbinden Sie das modellierte Netz mit dem Biped und der Biped-Animation.

Grundlagen

DER MODIFIKATOR PHYSIQUE VERBINDET DIE Proportionen und die Animationen des Bipeds mit dem modellierten Character, dem Netzobjekt. Wie Sie diesen Zusammenhang erstellen können, wird auf den folgenden Seiten erläutert.

Negative Frames

Falls Sie in einem negativen Frame arbeiten (z.B. -200:0), taucht ein Dialog auf, in dem Sie darüber informiert werden, dass dieses nicht möglich ist. Bestätigen Sie mit OK und ABBRECHEN und positionieren Sie den Zeitschieber auf der Systemoberfläche 3ds max an die Position 0:0. Jetzt können Sie die Schritte zuweisen.

Abbildung 1 ▶
Netzobjekt Frau

Modellierter Character Frau, Biped und Modifikator Physique

1. Menüleiste – Datei – Öffnen
Öffnen Sie die Frau.max-Datei mit dem Character der Frau. Die Datei finden Sie in dem CD-ROM-Verzeichnis Scenes.

2. Ansichtsfenster – Vorbereitung
Richten Sie die Szenerie so ein, dass die Frau alleine sichtbar ist.

Abbildung 2 ▶
Biped und
Netzobjekt Frau

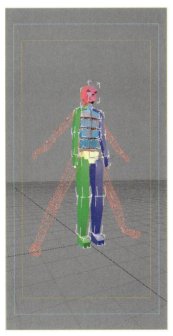

3. Erstellungspalette – Systeme
Erstellen Sie ein Biped.

4. Ansichtsfenster – Biped auswählen
Wählen Sie ein Biped-Teil der Frau aus und gehen Sie in die Bewegungspalette.

5. Bewegungspalette – Figurmodus – *.fig-Datei laden
Aktivieren Sie den Figurmodus. Benennen Sie, wenn nötig, das Biped um, indem Sie das Rollout Struktur öffnen und im Texteingabefeld einen neuen Namen vergeben.
Öffnen Sie im Rollout Allgemein die Datei Frau.fig, indem Sie auf die Schaltfläche DATEI LADEN klicken. Die Datei finden Sie im CD-ROM-Verzeichnis *.fig-Dateien.

Durch das Laden der Datei Frau.fig haben sich die Größe des Bipeds und die Proportionen des Bipeds verändert. Sie entsprechen nun denen der Frau.

6. Biped animieren

Erstellen Sie eine Biped-Animation, indem Sie in den Schrittmodus wechseln und im Rollout Schritterstellung auf die Schaltfläche Mehrere Schritte erstellen drücken. Im Dialog Mehrere Schritte erstellen gehen definieren Sie eine Anzahl an Schritten und bestätigen mit OK.

Im Rollout aktivieren Sie die Schaltfläche Keys für inaktive Schritte erstellen.

Das Biped bewegt sich im 3D-Raum. Beachten Sie in diesem Zusammenhang auch die Info über Negative Frames auf S. 90.

7. Bewegungspalette – Figurmodus

Wechseln Sie wieder in den Figurmodus.

8. Zwischenspeicherung

Drücken Sie die Tastaturkombination Alt+ Strg+H, um eine Zwischenspeicherung vorzunehmen.

9. Ansichtsfenster – Frau auswählen

Wählen Sie im Ansichtsfenster die Frau aus.

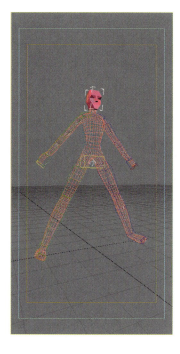

◀ **Abbildung 3**
Proportionen des Bipeds

▲ **Abbildung 4**
Bewegungspalette – Figurmodus

▲ **Abbildung 5**
Änderungspalette – Modifikator Physique

10. Änderungspalette – Modifikator Physique

Öffnen Sie die Änderungspalette und weisen Sie dem Netzobjekt der Frau den Modifikator Physique zu.

11. Rollout Physique – Schaltfläche Am Knoten befestigen

Drücken Sie im Rollout Physique auf die Schaltfläche Am Knoten befestigen ❶. Die Schaltfläche wird aktiv und gelb untermalt.

▲ **Abbildung 6**
Schaltfläche Am Knoten befestigen

Drücken Sie auf der Tastatur [h]. *Der Dialog*
OBJEKTE AUSWÄHLEN *öffnet sich.*

12. (Frau)Bip01 Becken auswählen

*Wählen Sie (Frau)Bip01 Becken aus. Bestätigen
Sie mit* AUSWÄHLEN. *Der Dialog schließt sich.*

Wenn Sie das Netzobjekt am BIP01 *(Massenmittelpunkt) initialisieren, verändert character
studio 3 die Initialisierung und verlegt sie auf das*
BIP01 BECKEN.

▲ **Abbildung 7**
Dialog Objekte auswählen

13. Dialog Physique-Initialisierung

Der Dialog PHYSIQUE-INITIALISIERUNG *öffnet sich.
Bestätigen Sie mit* INITIALISIEREN.

14. Physique-Initialisierung berechnen lassen

*Jetzt kann es – abhängig von der Komplexität
des Netzobjekts – einige Zeit dauern, bis der Vorgang berechnet wird. Eine »Tee- bzw. Kaffeetas-
se« erscheint im Ansichtsfenster und signalisiert
den Arbeitszustand.*

*Die Initialisierung ist abgeschlossen, wenn die
»Tasse« nicht mehr sichtbar ist und die Verbindungen im Netzobjekt zu erkennen sind.*

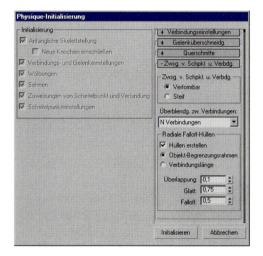

▲ **Abbildung 8**
Dialog Physique-Initialisierung

Abbildung 9 ▶
Darstellung der
orangefarbenen
Linien

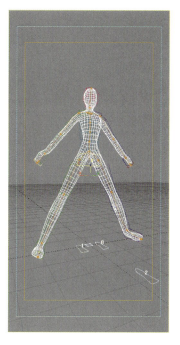

15. Darstellung der Verbindungen im Ansichtsfenster

Im Ansichtsfenster sehen Sie nun orangefarbene Linien. Diese Linien stehen stellvertretend für die Verbindungen (Links) der jeweiligen Biped-Gliedmaße.

16. Bewegungspalette – Schrittmodus

Wählen Sie ein Biped-Teil aus. Gehen Sie in die Bewegungspalette und wechseln Sie den Modus. Aktivieren Sie den Schrittmodus.

17. Ansichtsfenster – Verknüpfungen

Selektieren Sie die Kamera02 Frau. Verknüpfen Sie Kamera02 Frau (»Kind«) mit dem Objekt (FRAU)BIP01 SCHRITTE (»Elternteil«).

Die Verknüpfung erfolgt auf der Systemoberfläche 3ds max in der Hauptsymbolleiste mittels der Schaltfläche AUSWÄHLEN UND VERKNÜPFEN.

Abbildung 10 ▶
Bewegung der
Frau und Biped-
Animation

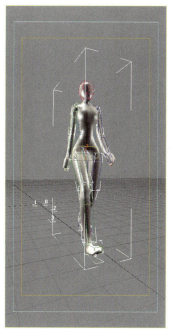

18. Untere Statuszeile – Schaltfläche Animation abspielen

Drücken Sie auf die Schaltfläche ANIMATION ABSPIELEN. Das Netzobjekt der Frau bewegt sich auf Grund der Biped-Animation und des Modifikator Physique.

Die Kamera02 Frau folgt auf Grund der Verknüpfung dem Objekt (Frau) Bip01 Schritte.

19. Biped-Teile verdecken

Sie haben ein Biped-Teil ausgewählt. Gehen Sie in die Bewegungspalette • Rollout Anzeige und verdecken Sie jene Biped-Bestandteile, die nicht im Ansichtsfenster angezeigt werden sollen.

Denken Sie daran, dass die verdeckten Biped-Bestandteile nicht in der Spuransicht erscheinen.

20. Menüleiste – Datei – Speichern unter

Speichern Sie die Szene als *.max-Datei ab.

Modifikator Physique – Auswahlebenen

Nachdem Sie den Zusammenhang zwischen dem Netzobjekt der Frau, dem Biped und der Biped-Animation erarbeitet haben, wenden wir uns nun den Auswahlebenen des Modifikator Physique zu.

In 3ds max 4 werden die Modifikatoren in der Änderungspalette den Objekttypen (z.B. Shape und Geometrie) zugewiesen. Fast alle Modifikatoren verfügen über Auswahlebenen und Unterobjekte, die manipuliert werden können. So besitzt auch der Modifikator Physique Auswahlebenen, um Änderungen an dem Modifikator, dem Objekt und dem Modeling vorzunehmen.

Betrachten wir den Modifikator Physique ab sofort als das Werkzeug, um den Zusammenhang zwischen dem Netzobjekt und dem Biped zu koordinieren.

Sie befinden sich in der Bewegungspalette und haben den Figurmodus ausgewählt. Das Netzobjekt ist eingefroren. Das Biped wird in Größe und Proportion dem Netzobjekt angepasst. In der Anzeigepalette drücken Sie im Rollout Einfrieren auf die Schaltfläche ALLES FREIGEBEN. Sie weisen den Modifikator Physique dem Netzobjekt zu (Schaltfläche AM KNOTEN BEFESTIGEN). Jetzt folgt die Biped-Animation über den Schrittmodus.

Modifikator Physique (*.phy-Dateien)
In der Änderungspalette Rollout Physique können Sie die Grunddaten des Modifikator Physique als *.phy-Datei abspeichern.

Klicken Sie auf die Schaltfläche PHYSIQUE-(*.PHY) DATEI SPEICHERN und sichern Sie die Datei in einem Verzeichnis.

Untere Statuszeile – Zeitschieber
Verschieben Sie einfach den Zeitschieber (Timeslider), um zu sehen, ob alle Scheitelpunkte zugewiesen wurden.

Modifikator Physique – Auswahlebene Hülle

1. Ausgangspunkt

Wir gehen in diesem Beispiel davon aus, dass nicht alle Scheitelpunkte zugewiesen wurden, d.h., Sie müssen die Zuweisung der Scheitelpunkte eines Netzobjekts verändern.

2. Ansichtsfenster – Geometrie auswählen

Wählen Sie das Netzobjekt aus.

3. Modifikator Physique – Auswahlebene Hülle öffnen

Gehen Sie in die Änderungspalette. Klicken Sie auf das Plus-Symbol links neben dem Wort Physique. Die Auswahlebenen werden aufgeklappt. Öffnen Sie die Auswahlebene Hülle, indem Sie einmal auf das Wort Hülle klicken. Das Wort wird gelb unterstrichen. Die Auswahlebene Hülle ist damit aktiv.

4. Ansichtsfenster – Verbindung auswählen

Gehen Sie in ein Ansichtsfenster und wählen Sie eine orangefarbene Linie, also eine Verbindung mit der Maus, aus. Klicken Sie auf die Verbindung, die für das Biped-Teil steht, bei dem nicht alle Scheitelpunkte korrekt zugewiesen wurden.

Abbildung 11 ▶
Auswahlebene Hülle

Die Darstellung der Hülle wird im Ansichtsfenster sichtbar.

5. Rollout Überblendungshüllen
Gehen Sie in das Rollout Überblendungshüllen.
Hier können Sie zwischen der Verbindung, dem
Querschnitt und dem Steuerpunkt wechseln und
zur (VERBINDUNG) VORHERIGE oder (VERBINDUNG)
NÄCHSTE gehen.

6. Ansichtsfenster – Verbindungen, Quer-
   schnitte, Steuerpunkt
Selektieren Sie im Ansichtsfenster mit der Maus
die Verbindungen, die Querschnitte oder die
Steuerpunkte, um sie bearbeiten zu können.

7. Parameter Stärke und Falloff
Arbeiten Sie im Rollout Überblendungshüllen im
Reiter Hüllenparameter mit den Parametern
STÄRKE und FALLOFF, um den eigentlichen
Einfluss der Hülle zu definieren.

8. Hüllenparameter (Teil I)
Die Hülle selbst besteht aus einer inneren und
einer äußeren Hülle. Sie können selektiv entweder auf die Schaltflächen INNEN, AUSSEN oder
BEIDE klicken und so die gewünschte Änderung
vornehmen.

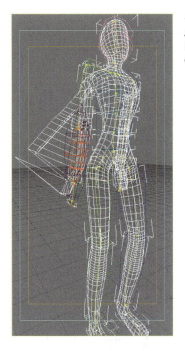

◄ **Abbildung 12**
Auswahlebene
Hülle – Verbin-
dung

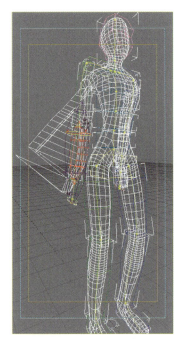

◄ **Abbildung 13**
Auswahlebene
Hülle – Quer-
schnitt – Gelber
Kreis

Abbildung 14 ▶
Steuerpunkte –
Gelbe Rechtecke

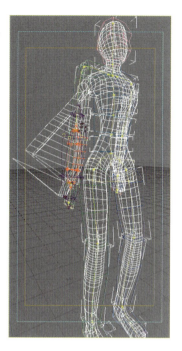

9. Hüllenparameter (Teil II)

Verändern Sie die Werte RADIALE SKALIERUNG, *ÜBERGEORDNETE ÜBERLAPPUNG und* UNTERGEORD- *NETE ÜBERLAPPUNG. Die Werte der Überlappun- gen beziehen sich auf das Elternteil oder das Kind des jeweiligen ausgewählten Biped-Teils und verlagern die Hülle entsprechend zur über- geordneten oder untergeordneten Verbindung.*

Erarbeiten Sie die Parameter, bis alle Scheitel- punkte des Netzobjekts eingefangen und durch die Biped-Animation mitbewegt werden.

10. Menüleiste – Datei – Speichern unter

Speichern Sie die Szene als *.max-Datei ab.

Einstellungen übertragen

Sie haben in der Änderungspalette den Modi- fikator Physique und die Auswahlebene Hülle aktiv.

Verändern Sie den Wert der Stärke für HÜLLE • BEIDE und gehen Sie in die Bearbeitungs- befehle. Dort klicken Sie auf die Schaltfläche KOPIEREN.

Selektieren Sie das gegenüberliegende Biped-Teil und drücken Sie auf die Schaltfläche HINZUFÜGEN. Die Einstellungen werden auf das Biped-Teil übertragen.

Neuen Status aktualisieren

Sie haben im Modifikator Physique Verände- rungen an den Parametern der Auswahlebene Hülle erarbeitet.

Keine Auswahlebene ist aktiviert. Beachten Sie im Rollout Physique die Schaltfläche NEU INITIALISIEREN. Dadurch aktualisieren Sie einen neuen Status des Modifikator Physique.

Inkrement

Wenn Sie die Unterarme und Hände des Biped-Skeletts betrachten, sehen Sie, dass Sie während der Bewegung durch das Becken des Netzobjekts hindurchgehen.

Diesen Bewegungsablauf können Sie im Rollout Keyframe-Erstellung mit der Schaltfläche MEHRERE KEYS EINSTELLEN • INKREMENT ANWENDEN verändern und optimieren.

Denken Sie an das Selektieren der Keys in der Spuransicht. Die übergeordneten Keys sind ausschlaggebend und müssen selektiert werden.

Modifikator Physique – Inkrement anwenden

1. Ausgangspunkt

Sie stehen vor folgender Situation: Die Unterarme und Hände des Bipeds gehen während der Biped-Bewegung durch das Becken des Netzobjekts hindurch. Wir verändern den Bewegungsablauf, damit während der gesamten Biped-Animation die Unterarme und Hände des Bipeds nicht durch das Netzobjekt im Beckenbereich hindurchgehen.

Abbildung 15 ▶
Biped-Unterarme durchstreifen das Becken des Netzobjekts während der Biped-Animation.

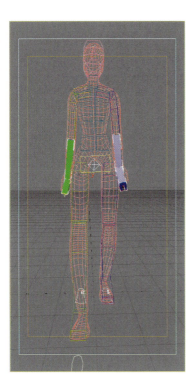

2. Oberarm auswählen

Wählen Sie das Objekt BIP01 L OBERARM aus.

3. Bip01 L Oberarm drehen

Rotieren Sie das Objekt BIP01 L OBERARM durch AUSWÄHLEN UND DREHEN, damit es genügend Abstand zum Körper des Netzobjekts hat. Somit durchstreifen der linke Unterarm, die linke Hand und die Finger des Bipeds nicht das Becken des Netzobjekts.

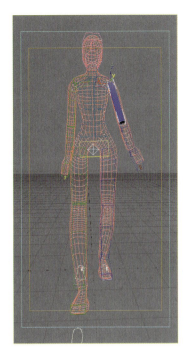

◄ **Abbildung 16**
Bip01 L Oberarm ausgewählt

4. Spuransicht – Spuren – Keys auswählen

Öffnen Sie die Spuransicht und wählen Sie alle Keys des BIP01 L SCHLÜSSELBEIN aus.

▲ **Abbildung 17**
Spuransicht – Bip01 L Schlüsselbein

5. Bewegungspalette – Rollout Keyframe-Erstellung – Schaltfläche Mehrere Keys einstellen

Gehen Sie in der Bewegungspalette in das Rollout Keyframe-Erstellung. Klicken Sie auf die Schaltfläche MEHRERE KEYS EINSTELLEN ❶.

◄ **Abbildung 18**
Rollout Keyframe-Erstellung – Schaltfläche Mehrere Keys einstellen

6. Dialog Mehrere Biped-Keys

Der Dialog MEHRERE BIPED-KEYS öffnet sich.

Drücken Sie auf die Schaltfläche INKREMENT ANWENDEN ❷. Schließen Sie den Dialog.

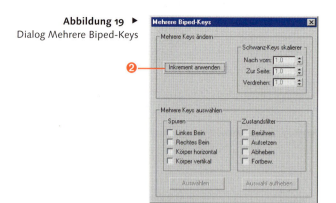

Abbildung 19 ▶
Dialog Mehrere Biped-Keys

7. Darstellungsprobleme

Falls ein »grafisches Darstellungsproblem« im Ansichtsfenster auftaucht, sollten Sie nicht beunruhigt sein. Schieben Sie einfach in der unteren Statuszeile den Zeitschieber hin und her. Das Phänomen beruhigt sich.

8. Ansichtsfenster – Bip01 R Oberarm drehen

Übertragen Sie diese Optionskette auf den rechten Biped-Oberarm.

Rotieren Sie das OBJEKT BIP01 R OBERARM. Gehen Sie in die Spuransicht, selektieren Sie die KEYS für das BIP01 R SCHLÜSSELBEIN, weisen Sie die Befehle MEHRERE KEYS EINSTELLEN und INKREMENT ANWENDEN zu und verschieben Sie den ZEITSCHIEBER.

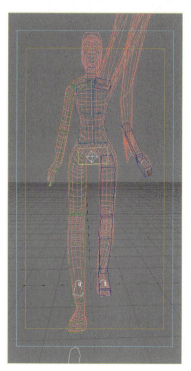

Abbildung 20 ▶
Darstellungsproblem des Netzobjekts nach der Option Inkrement anwenden

Jetzt durchstreifen auch nicht mehr der rechte
Unterarm, die rechte Hand und die Finger das
Becken und den Oberschenkel des Netzobjekts.

9. Menüleiste – Datei – Speichern unter
Speichern Sie die Szene als *.max-Datei ab.

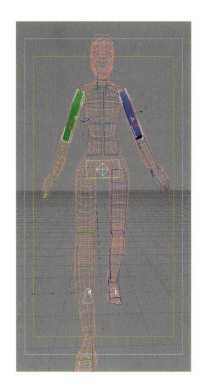

◀ **Abbildung 21**
Ansichtsfenster – Netzobjekt

Modifikator Physique – Auswahlebene Verbindung

In der Auswahlebene Verbindung können Sie gezielt auf jede einzelne Verbindung zugreifen und die Parameter für BIEGEN, VERDREHEN, GLEITEN und die RADIALE SKALIERUNG verändern.

1. Auswahlebene Verbindung

Wählen Sie die Änderungspalette aus. Im Modifikator Physique aktivieren Sie die Auswahlebene Verbindung.

2. Auswahlebene Verbindung – Parameter

Setzen Sie gezielt die Parameter für die jeweilige einzelne Verbindung ein.

◄ **Abbildung 22**
Auswahlebene Verbindung

Verbindungen neu initialisieren

Denken Sie an die Schaltfläche AUSGEWÄHLTE VERBINDUNGEN NEU INITIALISIEREN, um die Veränderungen der Parameter den Verbindungen neu zuzuweisen.

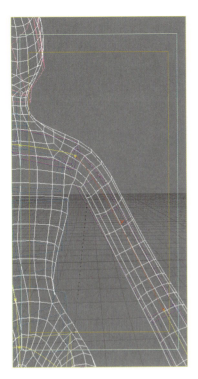

▲ Abbildung 23
Darstellung der aktiven Verbindung
im Ansichtsfenster

3. Ansichtsfenster – Verbindung aktivieren

Aktivieren Sie eine Verbindung im Ansichtsfenster, indem Sie einmal mit der Maus auf eine gelbe Linie klicken. Die aktive Verbindung wird rot dargestellt.

4. Parameter ausarbeiten

Arbeiten Sie mit den Parametern, bis Sie das gewünschte Ergebnis erzielt haben.

5. Verbindungen aktivieren und deaktivieren

Deaktivieren Sie die Verbindung im Ansichtsfenster, indem Sie eine neue Verbindung aktivieren oder einfach ins Ansichtsfenster klicken, um keine Verbindung auszuwählen.

6. Auswahlebene Verbindung schließen

Schließen Sie in der Änderungspalette im Modifikator Physique die Auswahlebene Verbindung, indem Sie einmal auf das gelb unterlegte Wort »Verbindung« klicken.

7. Änderungspalette – Modifikator Physique schließen

Schließen Sie in der Änderungspalette den Modifikator Physique, indem Sie einmal auf das Minus-Symbol neben dem Wort Physique klicken.

8. Menüleiste – Datei – Speichern unter

Speichern Sie die Szene als *.max-Datei ab.

Abbildung 24 ▶
Darstellung des aktiven, grünen
Wölbungswinkels im Ansichts-
fenster

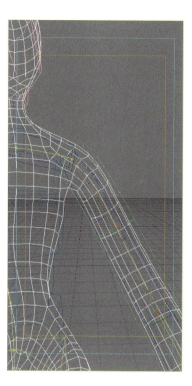

Modifikator Physique – Auswahlebene Wölbung

Die Auswahlebene Wölbung (Wölbng) bietet Ihnen die Möglichkeit, den Wölbungs-Editor einzusetzen, Wölbungswinkel zu definieren, Querschnitte selbst zu positionieren und die Anzahl
der Abschnitte und Unterteilungen zu bestimmen.

1. Auswahlebene Wölbung
Öffnen Sie die Änderungspalette. Im Modifikator
Physique aktivieren Sie die Auswahlebene Wöl-
bung.

2. Verbindung oder Wölbungswinkel auswählen
Wählen Sie eine Verbindung im Ansichtsfenster
aus. Die aktive Verbindung wird rot, der aktive
Wölbungswinkel grün dargestellt.

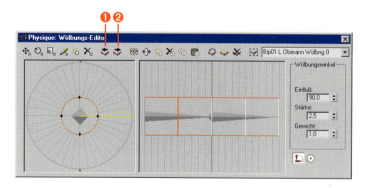

3. Wölbungs-Editor
Klicken Sie im Rollout Physique auf die Schaltfläche Wölbungs-Editor. Dieser öffnet sich.

4. Wölbungs-Editor – Wölbungswinkel
Klicken Sie auf die Schaltflächen NÄCHSTE ❷
oder VORHERIGE ❶, um zu den jeweiligen Wöl-
bungswinkeln zu gelangen.

▲ Abbildung 25
Wölbungs-Editor – Wölbungswinkel

5. Steuerpunkte

Arbeiten Sie mit der Schaltfläche STEUERPUNKTE AUSWÄHLEN ❸ der Schaltfläche STEUERPUNKT AUSWÄHLEN UND DREHEN ❹, der Schaltfläche STEUERPUNKT AUSWÄHLEN UND SKALIEREN ❺ und fügen Sie Steuerpunkte oder Querschnitte ein bzw. bewegen und löschen Sie Steuerpunkte oder Querschnitte.

6. Modus Wölbungswinkel und Querschnitte

Wechseln Sie in die Querschnitte, indem Sie auf die Schaltfläche QUERSCHNITTE ❻ drücken (unten rechts). Die Parameter für die Querschnitte werden auf der rechten Seite sichtbar. Verändern Sie die Parameter, um das gewünschte Ergebnis zu erzielen.

7. Ansichtsfenster – Veränderung des linken Oberarms

Somit verändern Sie aktiv das Erscheinungsbild des Netzobjekts, des linken Oberarms.
    Schließen Sie den Wölbungs-Editor.

8. Menüleiste – Datei – Speichern unter

Speichern Sie die Szene als *.max-Datei.

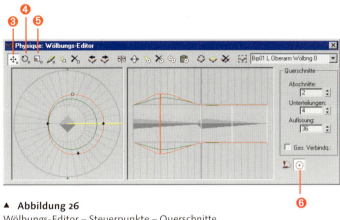

▲ **Abbildung 26**
Wölbungs-Editor – Steuerpunkte – Querschnitte

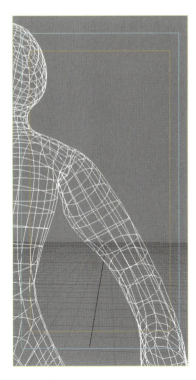

◄ **Abbildung 27**
Auswahlebene Wölbung – Ansichtsfenster

Auswahlebene Sehnen

Mit Sehnen werden Verbindungen miteinander verbunden. Dadurch wird das Netzobjekt (Haut) während der Bewegung einer Verbindung zu einer anderen an der Basis der SEHNE beeinflusst.

Vergleichen Sie diese Situation mit den Sehnen im Körper eines Menschen. Durch die Bewegung der Knochen (Verbindungen) werden die Sehnen (Sehnen) mitbewegt und die Hautoberfläche verändert.

Zum Beispiel wird bei dem Heben eines Arms die Haut des Körpers auf der Seite des Arms mitbewegt. Befestigen Sie einfach eine Sehne an der Wirbelsäule, anschließend an den Schlüsselbeinen und an den Oberarmen, um diesen Effekt zu erreichen.

Modifikator Physique – Auswahlebene Sehnen

Abbildung 28 ▶
Auswahlebene Sehnen

1. *Auswahlebene Sehnen*
Öffnen Sie die Änderungspalette. Im Modifikator Physique aktivieren Sie die Auswahlebene Sehnen.

2. *Verbindung auswählen*
Wählen Sie eine Verbindung mit einem Mausklick im Ansichtsfenster aus. Die Verbindung wird rot.

3. *Rollout Sehnen – Einstellungen einfügen*
Drücken Sie im Rollout SEHNEN • EINSTELLUNGEN EINFÜGEN die Schaltfläche EINFÜGEN ❶. Die Schaltfläche wird gelb untermalt und ist aktiv.

4. *Ansichtsfenster – Sehne positionieren*
Gehen Sie ins Ansichtsfenster und positionieren Sie eine Sehne, indem Sie mit der Maus über die Verbindung gehen. Ein violetter Kreis mit einem kleinen weißen Quadrat taucht auf. Klicken Sie einmal, um die Position der Sehne festzulegen. Deaktivieren Sie die Schaltfläche EINFÜGEN.

5. Änderungspalette – Ansichtsfenster

Drücken Sie im Rollout Sehnen im Reiter Auswahlebene auf die Schaltfläche STEUERPUNKT und
aktivieren Sie einen Steuerpunkt im Ansichtsfenster.

6. Schaltfläche Befestigen

In dem Rollout Sehnen – Bearbeitungsbefehle
aktivieren Sie die Schaltfläche BEFESTIGEN.

7. Sehne befestigen – Bip01 R Schlüsselbein

Selektieren Sie im Ansichtsfenster die Verbindung BIP01 R SCHLÜSSELBEIN. Eine Linie baut sich
zwischen dem Steuerpunkt und der Verbindung
des Schlüsselbeins auf.

Sie haben die Sehne am BIP01 R SCHLÜSSEL-
BEIN befestigt.

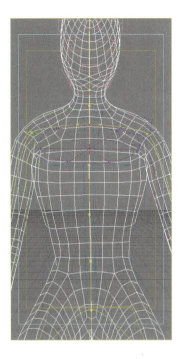

◀ **Abbildung 29**
Einfügen der violetten Sehne

Wiederholen Sie diese Funktionen für die linke Seite des Bipeds.

Somit können Sie gezielt die Bewegung des
Netzobjekts beeinflussen.

8. Sehnen und der Oberarm

Fügen Sie die Sehnen an den beiden Oberarmen
ein und befestigen Sie sie.

9. Änderungspalette – Modifikator Physique

Schließen Sie die Auswahlebene Sehnen.

10. Bewegungspalette – Ansichtsfenster

Animieren Sie das Biped.

11. Menüleiste – Datei – Speichern unter

Speichern Sie die Szene als *.max.Datei ab.

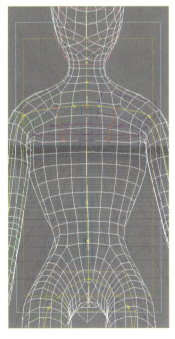

◀ **Abbildung 30**
Auswahlebene Sehnen –
Befestigen der Sehne

Auswahlebene Scheitelpunkt

Die Auswahlebene Scheitelpunkt ist das Pendant zur Auswahlebene Hülle. Hier können Sie einzelne Scheitelpunkte selektieren und gezielt der Verbindung zuweisen oder Sie aus einer Verbindung lösen. Das Sperren von Scheitelpunkten ist ebenfalls möglich.

Modifikator Physique – Auswahlebene Scheitelpunkt

1. Ausgangspunkt

In diesem Beispiel gehen wir davon aus, dass nicht alle Scheitelpunkte zugewiesen wurden, d.h., Sie müssen die Zuweisung der Scheitelpunkte eines Netzobjekts verändern.

Arbeiten Sie jetzt mit der Auswahlebene Scheitelpunkt und nicht mit der Auswahlebene Hülle, um die Zuweisung der Scheitelpunkte zu verändern.

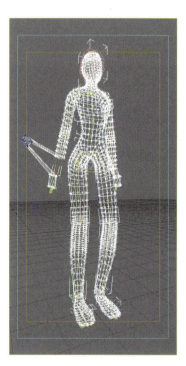

Abbildung 31 ▶
Auswahlebene Scheitelpunkt:
Ansichtsfenster

2. Auswahlebene Scheitelpunkt

Öffnen Sie die Änderungspalette im Modifikator Physique. Aktivieren Sie die Auswahlebene Scheitelpunkt ❶.

3. Scheitelpunkt-Arten (rot – grün – blau)

Es existieren drei Arten von Scheitelpunkten ❷.

Rote Scheitelpunkte sind Scheitelpunkte, die verformbar sind.

Grüne Scheitelpunkte sind Scheitelpunkte, die als steife Scheitelpunkte eingesetzt werden.

Blaue Scheitelpunkte sind Stammscheitelpunkte.

4. Scheitelpunkte auswählen

Aktivieren Sie die Schaltfläche AUSWÄHLEN ❸.

Wählen Sie im Ansichtsfenster jene Scheitelpunkte aus, die Sie einer Verbindung neu zuweisen möchten.

5. Scheitelpunkt-Arten bestimmen

Achten Sie darauf, dass alle drei Arten von Scheitelpunkten aktiv sind, oder wählen Sie nur die Art des Scheitelpunkts durch den jeweiligen Scheitelpunkttyp (farbige Kreuze) aus.

6. Schaltfläche Der Verbindung zuweisen

Drücken Sie auf die Schaltfläche DER VERBINDUNG ZUWEISEN ❹. Die Schaltfläche wird aktiv.

▲ **Abbildung 32**
Auswahlebene Scheitelpunkt

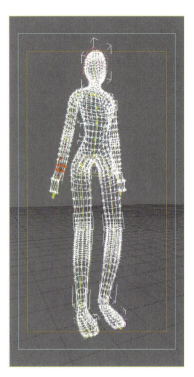

▲ **Abbildung 33**
Scheitelpunkte wurden der Verbindung
zugewiesen

7. Scheitelpunkt-Art definieren

*Überlegen Sie, welche Art der Scheitelpunkt-Zu-
weisung Sie vornehmen möchten, indem Sie die
Farbe des Scheitelpunkttyps auswählen.*

In unserem Beispiel: rot – verformbar

*Klicken Sie dann im Ansichtsfenster auf die
Verbindung, um die ausgewählten Scheitelpunkte
zuzuweisen.*

8. Scheitelpunkte bearbeiten

*Sie können Scheitelpunkte AUS VERBINDUNG ENT-
FERNEN ❺ oder ZUWEISUNGEN SPERREN ❻ und
Scheitelpunkte AUSBLENDEN ❼.*

9. Auswahlebene Scheitelpunkte schließen

*Schließen Sie im Modifikator Physique die Aus-
wahlebene Scheitelpunkt.*

10. Schaltfläche Neu initialisieren

*Drücken Sie im Rollout Physique die Schaltfläche
NEU INITIALISIEREN.*

11. Datenspeicherung als *.phy-Datei

*Speichern Sie die Einstellungen als *.phy-Datei,
indem Sie im Rollout Physique auf die Schaltfläche PHYSIQUE-DATEI (*.PHY) SPEICHERN klicken.
Die *.phy-Datei speichert die für den Modifikator Physique erstellten Parameter der Auswahlebenen als internes max-Dateiformat ab.
Diese Daten lassen Sie auf andere Modifikatoren
Physique übertragen, indem sie im Rollout
Physique geöffnet werden.*

12. Menüleiste – Datei – Speichern unter

*Speichern Sie die Szene als *.max-Datei.*

Helfer Crowd und Vertreter

Ein revolutionäres Animationskonzept

Gehen Sie neue Wege mit den Helfern Crowd und Vertreter.

Intelligente Steuerung

CHARACTER STUDIO 3 ERMÖGLICHT UNTERSCHIED-liche Umsetzungen der Biped-Animationen und der Netzobjekte.

Seit der Version character studio 3 gibt es eine neue, professionelle Möglichkeit für die Animation der Bipeds und der Netzobjekte. Diese Umsetzung erleichtert die umfangreiche Animation und Steuerung intelligenter Objekte im 3D-Raum. Hierzu verwenden wir das Crowd-Modul mit seinen Vertretern. Das Crowd-Modul besteht aus

1. den Helfern Crowd und Delegate(s) (Vertreter/n) und
2. unterschiedlichen Behaviors (Verhaltenstypen).

Der Begriff Crowd bedeutet übersetzt »(Menschen-)Menge«, in der Umgangssprache »Gesellschaft« oder »Gedränge«. Delegate heißt übersetzt »Abgeordneter«, »Delegierter« oder »Vertreter«.

Crowd steht für die gesamte Menge und steuert die verschiedenen Verhaltenstypen und die Bewegungen der Helfer-Vertreter.

Verhaltenstypen (Behavior)

Die Verhaltenstypen werden in dem Abschnitt Rollout ab Seite 165 thematisiert.

Sie übertragen die Verhaltenstypen auf die Helfer-Vertreter, indem Sie in den Helfer Crowd gehen, die verschiedenen Verhaltenstypen (Behaviors) zuweisen, die Vertreter an den Objekten bzw. Bipeds ausrichten oder verknüpfen, die Vertreter als Teams definieren und den Teams die Verhaltenstypen zuweisen.

Es gibt folgende Verhaltenstypen:

► Abstoßverhalten (Repel Behavior)
► Ausrichtungsverhalten (Orientation Behavior)
► Ausweichverhalten (Avoid Behavior)
► Landeverhalten (Surface Arrive Behavior)
► Oberflächenfolgeverhalten (Surface Follow Behavior)
► Pfadfolgeverhalten (Path Follow Behavior)
► Skriptverhalten (Scripted Behavior)
► Space-Warp-Verhalten (Space Warp Behavior)
► Suchverhalten (Seek Behavior)
► Umhergehendes Verhalten (Wander Behavior)
► Verhalten bei Geschwindigkeitsänderung (Speed Vary Behavior)
► Wandabstoßverhalten (Wall Repel Behavior)
► Wandsuchverhalten (Wall Seek Behavior)

Es können mehrere Verhaltenstypen einem Team zugewiesen werden. Ein Team besteht aus Vertretern. Es ist möglich, mehrere Teams zu erstellen und auch mehrere Verhaltenstypen mehreren Teams zuzuweisen.

Wichtig ist es, den Zusammenhang zwischen den Biped-Animationen, den animierten Netzobjekten, den Crowds und Vertretern zu erkennen.

Das Hilfsobjekt Crowd steuert den gesamten Bewegungsablauf der Menge, die verschiedenen Verhaltenstypen und die Vertreter als Teams. Der Helfer Crowd leitet die gesamte Umsetzung der Verhaltenstypen und der Animation.

Die Helfer Vertreter steuern die Bipeds und Netzobjekte, indem Sie an den Vertretern ausgerichtet und mit Ihnen verknüpft werden.

Nun aber genug der Theorie. Gehen wir über zu einem Praxisbeispiel, das uns den Einsatz von Crowds und Delegates (Vertretern) näher bringen wird.

Helfer Crowd und Vertreter

Kommen wir zurück auf unser großes Projekt: Wir erstellen mit Hilfe der Crowds und Vertreter die Geschworenen, die ja in unserem Film durch die Käfer symbolisiert werden.

1. Menüleiste – Datei – Öffnen
Öffnen Sie die Datei 23CROWD DELEGATE_ KAEFER00.MAX, die Sie im Verzeichnis »Tutorials A-Z« finden.

2. Erstellungspalette – Helfer – Crowd
Gehen Sie in die Erstellungspalette Helfer. Klicken Sie auf die Schaltfläche CROWD. Die Schaltfläche wird aktiv und gelb unterlegt.

Abbildung 1 ▶
Erstellungspalette – Helfer – Crowd

Berechnung der Helfer
Die Helfer Crowd und Vertreter werden, wie alle Helfer in der Systemoberfläche von 3ds max, nicht mitberechnet.

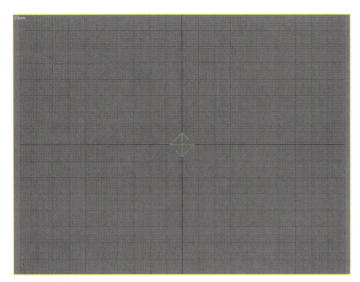

▲ **Abbildung 2**
Ansichtsfenster Oben: Helfer Crowd

3. Ansichtsfenster – Helfer Crowd erstellen

Positionieren Sie den Helfer Crowd01 im Ansichtsfenster Oben in Welt x/y/z 0/0/0.

4. Erstellungspalette – Helfer – Vertreter

In der Erstellungspalette unter Helfer klicken Sie auf die Schaltfläche VERTRETER und erstellen einen Helfer Vertreter01 im Ansichtsfenster Oben.

5. Rollout Geometrieparameter

In der Änderungspalette verändern Sie im Rollout Geometrieparameter die Werte des Vertreter01 wie folgt:

> *Breite: 11.0*
> *Tiefe: 12.0*
> *Höhe: 4.5*

6. Position des Helfers Vertreter01

Positionieren Sie den Helfer Vertreter01 in Welt x/y/z an 0/-100/0.

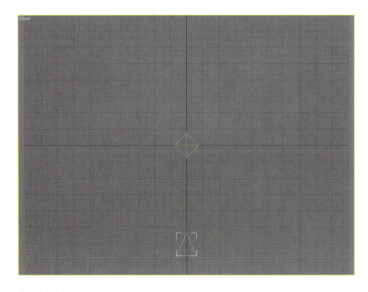

▲ **Abbildung 3**
Helfer Crowd (grün) und Vertreter (hellbraun)

7. Hierarchiepalette – Vertreter01-Schwerpunkt verlagern (Teil I)

Klicken Sie im Rollout Schwerpunkt anpassen ganz oben auf Nur Schwerp. beeinflussen. Danach aktivieren Sie Auswählen und verschieben (Hauptsymbolleiste) und drücken die F12-Taste. Im Dialog Transformieren eingeben: Verschieben geben Sie bei Absolut:Welt die Werte x:0, y:0 und z:0 ein. Bestätigen Sie jeweils mit der Taste ⇥ und schließen Sie den Dialog.

Deaktivieren Sie im Rollout Schwerpunkt anpassen Nur Schwerp. beeinflussen.

8. Klonoption – Vertreter01 kopieren

Der Helfer Vertreter01 ist ausgewählt. Aktivieren Sie die Snap-Funktionen für den Objektfang und den Winkelfang und rotieren Sie mit ⇧ den Vertreter01 in Welt 0/0/0 in der z-Achse mit einem Winkel von -15 Grad im Ansichtsfenster Oben. Im Dialog Klonoptionen geben Sie bei Anzahl der Kopien 23 an und bestätigen mit OK.

Denken Sie daran, dass der Schwerpunkt des jeweiligen Helfers Vertreter in dem physikalischen Schwerpunkt desselben liegen sollte.

Überlegen Sie ebenfalls, welche Position in z (Welt) das Objekt im Bezug zum Boden, auf dem es sich bewegen wird, haben soll.

9. Hierarchiepalette – Vertreter01-Schwerpunkt verlagern (Teil II)

Aktivieren Sie die Vertreter01-24 und drücken Sie in der Hierarchiepalette im Rollout Schwerpunkt anpassen auf Schwerpunkt zurücksetzen, um die Schwerpunkte der ausgewählten Vertreter01-24 an ihren physikalischen Schwerpunkt zurückzusetzen.

▲ **Abbildung 4**
Anordnung der Helfer Crowd (grün) und Vertreter (hellbraun)

Selektieren Sie einen Helfer Vertreter und gehen Sie in die Änderungspalette.

Abbildung 5 ▶
Helfer Vertreter (Delegate) –
Rollouts

◀ **Abbildung 6**
Helfer Crowd – Rollouts

Selektieren Sie dann den Helfer Crowd01 und gehen Sie in die Änderungspalette.

11. Änderungspalette – Helfer Crowd – Schaltfläche Neu

Drücken Sie im Rollout Setup auf Neu. Der Dialog VERHALTENSTYP AUSWÄHLEN öffnet sich.

12. Verhaltenstyp auswählen

Wählen Sie den Verhaltenstyp Ausweichverhalten aus. Schließen Sie den Dialog mit OK.

◄ **Abbildung 7**
Dialog Verhaltenstyp auswählen

13. Änderungspalette – Verteter auswählen – Schaltfläche Mehrere auswählen

Drücken Sie im Rollout Ausweichverhalten auf MEHRERE AUSWÄHLEN – den Button mit dem kleinen weißen Pfeil rechts neben KEINE. Der Dialog SELECT öffnet sich.

Wählen Sie alle Vertretero-24 (Delegate) aus und bestätigen Sie mit SELECT.

◄ **Abbildung 8**
Dialog Select

14. Änderungspalette – Darstellung des Ausweichverhaltens

Aktivieren Sie im Rollout Ausweichverhalten ENGEN RADIUS ANZEIGEN und ABSTOSSUNGSRADIUS ANZEIGEN.

Verändern Sie die Werte wie in der nebenstehenden Abbildung vorgegeben.

◄ **Abbildung 9**
Parameterwerte

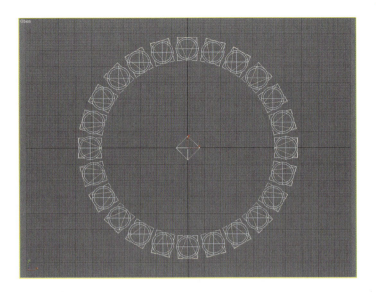

▲ Abbildung 10
Engen Radius anzeigen und Abstoßungsradius anzeigen

15. Ansichtsfenster – Darstellung

Sehen Sie sich die Darstellung im Ansichtsfenster an. Die Radien werden um die Helfer Vertreter gelegt und zeigen das Ausweichverhalten an.

Abbildung 11 ▶
Schaltfläche Verhaltens-
zuordnungen

❶

16. Änderungspalette – Schaltfläche Verhaltenszuordnungen

Der Helfer Crowd01 ist aktiv. Sie befinden sich in der Änderungspalette. Im Rollout Setup klicken Sie auf die Schaltfläche VERHALTENSZU-ORDNUNGEN ❶.

17. Änderungspalette – Dialog Verhaltenszuordnungen

Der Dialog Verhaltenszuordnungen und Teams öffnet sich.

❷

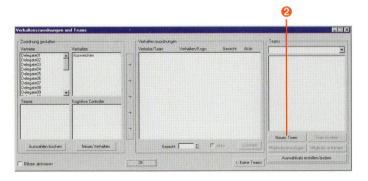

▲ Abbildung 12
Dialog Verhaltenszuordnungen und Teams

18. Team erstellen

Gehen Sie auf die rechte Seite des Dialogs. Klicken Sie auf NEUES TEAM ❷. Ein weiteres Dialogfeld öffnet sich. Wählen Sie die Vertreter01-24 aus, die ein Team0 werden sollen, und bestätigen Sie mit OK.

Die Vertreter erscheinen als Team0 im Dialog Verhaltenstypen und Teams.

◄ **Abbildung 13**
Dialog Vertreter auswählen

19. Team-Namen verändern

Wenn Sie ein Team umbenennen möchten, können Sie das im Reiter Teams im Eingabefeld des Wortes Team0 tun. Wir bleiben bei dem Namen Team0.

20. Team den Verhaltenstyp zuweisen

Klicken Sie auf der linken Seite auf das Wort Team1 und Ausweichen.

Drücken Sie auf einen der schwarzen Pfeile ❸, die nach rechts zeigen. Dem Team wird der Verhaltenstyp Ausweichen zugeordnet.

Bestätigen Sie mit OK ❹.

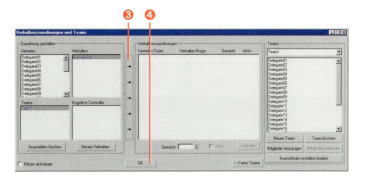

▲ **Abbildung 14**
Dialogfenster Verhaltenszuordnungen und Teams –
Team1 und Ausweichen ausgewählt

21. Änderungspalette – Helfer Crowd – Rollout Lösen

Gehen Sie in das Rollout Lösen.

Definieren Sie den Simulationsbereich wie folgt:

Simulationsbeginn: 0
Lösen ab: 0
Lösen bis: 30

◄ **Abbildung 15**
Änderungspalette – Helfer Crowd –
Rollout Lösen

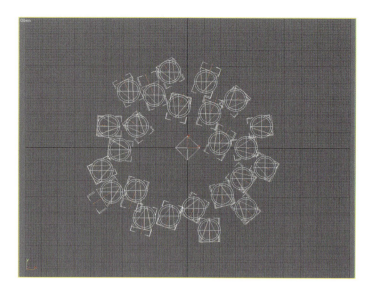

▲ **Abbildung 16**
Die Vertreter in Bewegung

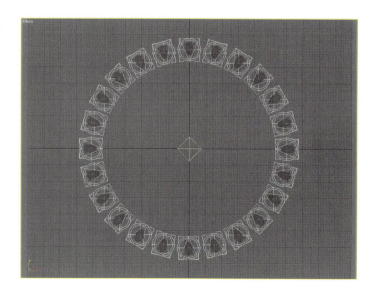

▲ **Abbildung 17**
Ansichtsfenster Oben – Helfer Crowd, Verteter und die Geometrien Kaefer

Drücken Sie im Rollout Lösen auf LÖSEN. Die Verteter01-24 beginnen sich zu bewegen.

22. Berechnung der Verhaltenstypzuordnung

Der Verhaltenstyp Ausweichen wird über den Zeitraum von Einzelbild 0 bis Einzelbild 30 für die Vertreter berechnet. Warten Sie einen Moment, bis der Zeitschieber das Einzelbild 30 erreicht.

Klicken Sie auf ANIMATION ABSPIELEN in der unteren Statuszeile.

23. Zwischenspeicherung

Speichern Sie den Status, indem Sie die Tastaturkombination [Alt]+[Strg]+[H] drücken.

24. Menüleiste – Datei – Speichern unter

Speichern Sie die Szene als *.max-Datei ab.

25. Anzeigepalette – Rollout Verdecken

Gehen Sie in die Anzeigepalette Rollout Verdecken und drücken Sie auf die Schaltfläche NACH NAMEN EINBLENDEN. Wählen Sie die Geometrien Kaefer01–24 aus und blenden Sie sie ein. Bestätigen Sie mit EINBLENDEN.

26. Schaltfläche Objekt-/Vertreter-verbindungen

Der Helfer Crowd01 ist aktiv. Sie befinden sich in der Änderungspalette. Gehen Sie in das Rollout Setup. Drücken Sie die Schaltfläche OBJEKT-/VERTRETERVERBINDUNGEN.

Der Dialog Objekt-/Vertreterverbindungen öffnet sich. Wählen Sie auf der linken Seite die Objekte aus, indem Sie auf HINZUFÜGEN (OBJEKTE) klicken. Selektieren Sie die Geometrien Kaefer01 bis 24. Bestätigen Sie mit SELECT.

◀ **Abbildung 18**
Dialog Select

27. Änderungspalette – Vertreter auswählen

Wählen Sie auf der rechten Seite die Vertreter aus, indem Sie auf HINZUFÜGEN (VERTRETER) klicken. Selektieren Sie die Vertreter01 bis 24. Bestätigen Sie mit SELECT.

Sie sehen auf beiden Seiten die Zuordnungen der Objekte und Vertreter. Drücken Sie nun auf die Schaltflächen OBJEKTE AN VERTRETER AUSRICHTEN ❶ und OBJEKTE MIT VERTRETER VERKNÜPFEN ❷. Bestätigen Sie mit OK ❸.

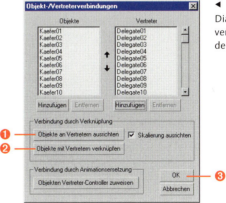

◀ **Abbildung 19**
Dialog Objekt-/Vertreter-verbindung – Zuordnung der Objekte und Vertreter

Rendering

Detaillierte Informationen zum Thema Rendering erhalten Sie im gleichnamigen Kapitel ab Seite 272.

Abbildung 20 ▶
Anzeigepalette – Rollout
Nach Kategorie verdecken – Helfer

28. Rollout Nach Kategorie verdecken

Gehen Sie in die Anzeigepalette ins Rollout Nach Kategorien verdecken und verdecken Sie die Helfer.

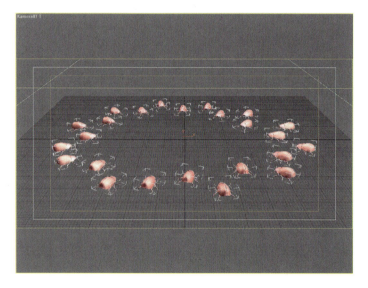

▲ **Abbildung 21**
Ansichtsfenster Kamera

29. Ansichtsfenster Kamera

Aktivieren Sie die Kamera-Ansicht.

30. Zwischenspeicherung

Speichern Sie den Status, indem Sie die Tastatur-kombination Alt + Strg + H *drücken.*

31. Menüleiste – Datei – Speichern unter

Speichern Sie die Szene als *.max-Datei ab.

32. Menüleiste – Rendern – Rendern …

Berechnen Sie die Animation, indem Sie im Dialog SZENE RENDERN die Einstellungen für das Rendering vornehmen.

Tutorials A – Z

Biped-Filmdaten und Konstruktionsdaten

Dieses Kapitel ergänzt die vielen Step-by-Step-Workshops dieses Buches mit einem kompakten Kapitel, das – beginnend mit einfachen Animationen – eine Checkliste beinhaltet, mit deren Hilfe Sie professionell Biped-Animationen durch das gemeinsame Bewegungsfluss-Skript vorbereiten und umsetzen können.

WIR HABEN FÜR SIE AUF DER CD-ROM EINIGE Tutorials erarbeitet, die Ihnen die verschiedenen Möglichkeiten, mit Bipeds zu arbeiten, exemplarisch aufzeigen sollen. Sie finden die Tutorials auf der CD-ROM unter Teil02_Character Design unter dem Namen Tutorials A-Z.

Die folgende tabellarische Auflistung der Tutorials A – Z ist gleichzeitig auch ein Querschnitt durch die unterschiedlichen Funktionen des character studio 3.

Zu jedem Tutorial existiert eine *.avi- und eine *.max-Datei mit identischem Namen. Die Bezeichnungen sind manchmal ein wenig lang, dafür geben sie Ihnen aber alle Informationen, die Sie benötigen, um das spezifische Thema gezielt einzugrenzen.

Legen Sie, wenn Sie möchten, das Buch einen Augenblick zur Seite und schauen Sie sich die Momentaufnahmen der Filmdaten und Max-Szenen an.

Studieren Sie die Daten und versuchen Sie selbst herauszufinden, wie die Animationen realisiert worden sind, indem Sie sich erst den Film ansehen und dann die dazugehörigen *.max-Datei öffnen. Sie werden überrascht sein: Es ist wirklich nicht schwer. Versuchen Sie spielerisch die Informationen zu erarbeiten.

Tutorials A – Z

Ausgewählte Tutorials

Drei ausgewählte Tutorials wollen wir exemplarisch für Sie näher erläutern. Sie bauen auf den bisher erarbeiteten Workshops auf, die in diesem Buch besprochen wurden, und zeigen Ihnen weitere neue Funktionen des character studio 3.

20Biped_Rollout IK Key-Info

1. Ausgangspunkt

Stellen Sie sich vor, ein Biped steht mit den Füßen auf dem Boden und einen halben Meter von einer Wand entfernt. Das Biped schaut in die Richtung zur Wand. Die Hände werden mit den Handinnenseiten die Wand berühren. Wenn Sie jetzt das Bip01 nach »unten« (in den Boden) oder nach »vorne« (zur Wand hin) bewegen, werden die Füße durch den Boden gehen und die Hände die Wand durchqueren.

Aufgabe ist es, dass die Füße am Boden und die Hände an der Wand »haften« bleiben.

2. Datei – Öffnen

Öffnen Sie die Datei 20Biped_Rollout IK Key Info.max, die Sie im Verzeichnis Scenes des CD-ROM-Kapitels »Tutorials A-Z« finden.

Sehen Sie sich die Biped-Animation an, indem Sie auf ANIMATION ABSPIELEN klicken.

3. Datei – Neu

Abbildung 1 ▶
Menüleiste Datei – Neu –
Dialog Szene neu

Sie befinden sich im Einzelbild 0000.

Gehen Sie in die Menüleiste DATEI • NEU. Der Dialog SZENE NEU öffnet sich. Aktivieren Sie die Option OBJEKTE UND HIERARCHIE BEIBEHALTEN und bestätigen Sie mit OK.

Alle vorhandenen Keys der aktuellen Max-Szene werden gelöscht, die Objekte und Hierarchien werden beibehalten.

4. Schaltfläche Körper Vertikal

Wählen Sie das Bip01 aus und gehen Sie in die Bewegungspalette. Im Rollout Spurauswahl klicken Sie auf KÖRPER VERTIKAL. Verschieben Sie den Massenmittelpunkt (Bip01) im Ansichtsfenster Vorn nach unten (z-Achse – negativer Wert). Die gesamte Biped-Anatomie bewegt sich in den Boden hinein.

5. Schaltfläche Undo

Drücken Sie die Tastaturkombination ⌷STRG⌷ +⌷Z⌷, um einen Arbeitsschritt zurückzugehen.

Zum Zwischenspeichern drücken Sie die Tastaturkombination ⌷Alt⌷+⌷Strg⌷+⌷H⌷.

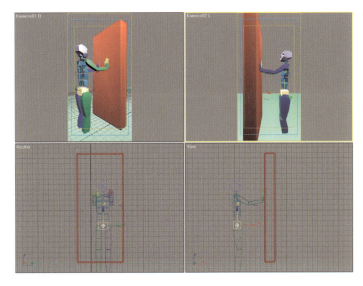

▲ **Abbildung 2**
Ansichtsfenster (Teil I)

6. Bewegungspalette – Bip01 L Fuß – Rollout IK Key-Info

Selektieren Sie das Objekt Bip01 L Fuß.

In der Bewegungspalette öffnen Sie das Rollout IK Key-Info. Klicken Sie auf AUFSETZ-KEY EINRICHTEN ❶.

Das Gleiche führen Sie nun für das Objekt Bip01 R Fuß durch.

◀ **Abbildung 3**
Bewegungspalette – Rollout IK Key-Info

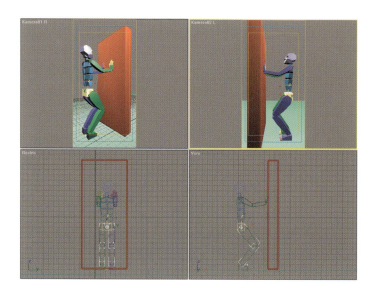

▲ **Abbildung 4**
Ansichtsfenster (Teil II)

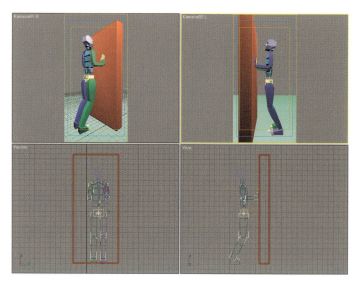

▲ **Abbildung 5**
Ansichtsfenster (Teil III)

7. Bewegungspalette – Rollout Spurauswahl – Körper Vertikal

Klicken Sie auf KÖRPER VERTIKAL. Das Bip01 wird ausgewählt. Bewegen Sie das Bip01 im Ansichtsfenster der Kamera02 in der z-Achse nach unten (negativer Wert). Die Füße der Biped-Anatomie bleiben auf dem Boden »haften«.

8. Schaltfläche Undo

Drücken Sie die Tastaturkombination STRG + Z , um einen Arbeitsschritt zurückzugehen.

Somit besitzt das Biped wieder seine Ausgangsposition. Die Aufsetz-Keys der Biped-Füße wurden dadurch nicht gelöscht.

9. Bewegungspalette – Bip01 L Hand – Rollout IK Key-Info

Wählen Sie das Objekt Bip01 L Hand aus. Im Rollout IK Key-Info klicken Sie auf AUFSETZ-KEY EINRICHTEN. Das Gleiche führen Sie auch für das Objekt Bip01R Hand durch.

10. Bewegungspalette – Rollout Spurauswahl – Körper Vertikal

Klicken Sie auf KÖRPER VERTIKAL. Das Bip01 wird ausgewählt. Bewegen Sie das Bip01 im Ansichtsfenster der Kamera02 L in der z-Achse nach oben und in der x-Achse nach links (positive Werte). Die Hände der Biped-Anatomie bleiben an der Wand, die Füße am Boden »haften«.

11. Schaltfläche Undo

Drücken Sie die Tastaturkombination [STRG] + [Z], um Arbeitsschritte rückgängig zu machen. Die Biped-Anatomie befindet sich in ihrer Ausgangsposition. Die Aufsetz-Keys für die Biped-Füße und -Hände wurden nicht gelöscht.

12. Bewegungspalette – Bip01 auswählen – Schaltfläche Körper Vertikal

Sie befinden sich im Einzelbild 0000. Wählen Sie das Bip01 aus und gehen Sie in die Bewegungspalette. Im Rollout Spurauswahl klicken Sie auf KÖRPER VERTIKAL.

13. Bewegungspalette – Bip01 – Rollout IK Key-Info

Erarbeiten Sie eine Auf- und Abwärtsbewegung der Biped-Anatomie über einen Zeitraum von 91 Einzelbildern.

In den Einzelbildern 0 –12 – 37 –50 – 62 – 75 – 90 setzen Sie Keys für das Bip01 durch AUFSETZ-KEY EINRICHTEN.

Bewegen Sie das Bip01 horizontal oder vertikal und erarbeiten Sie eine Biped-Bewegung über den Zeitraum von 91 Einzelbildern.

14. Bewegungspalette – Rollout Keyframe-Erstellung

Arbeiten Sie im Rollout Keyframe-Erstellung mit den Schaltflächen HALTUNG KOPIEREN und HALTUNG/STELLUNG/SPUR EINFÜGEN.

15. Untere Statuszeile – Schaltfläche Animation abspielen

Sehen Sie sich die Biped-Animation an, indem Sie auf ANIMATION ABSPIELEN drücken.

◄ **Abbildung 6**
Bewegungspalette – Rollout IK Key-Info

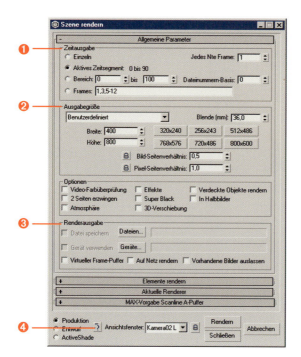

16. Menüleiste – Rendern – Rendern ...

Öffnen Sie den Dialog SZENE RENDERN. Definieren Sie die ZEITAUSGABE ❶, die AUSGABEGRÖSSE ❷, die RENDERAUSGABE ❸, das ANSICHTSFENSTER ❹ und bestätigen Sie mit SCHLIESSEN.

17. Zwischenspeicherung

Drücken Sie die Tastaturkombination ⎡Alt⎤ + ⎡Strg⎤ + ⎡H⎤.

18. Menüleiste – Datei – Speichern unter

Speichern Sie die Szene als *.max-Datei ab.

19. Hauptsymbolleiste – Schaltfläche Schnell rendern (Produktion)

Drücken Sie auf SCHNELL RENDERN (PRODUKTION) und lassen Sie die Bilddaten berechnen.

▲ **Abbildung 7**
Dialog Szene rendern

Tutorial 22Biped_Shared Moflow Jogger Drei

Die Aufgabenstellung des nächsten Tutorials lautet, Bipeds in einer Szene durch ein gemeinsames Bewegungsfluss-Skript zu koordinieren (»Shared-Moflow«) und das gemeinsame Bewegungsfluss-Skript zu definieren.

Tutorial A – Z – 22Biped_Shared Moflow Jogger Drei

1. Ausgangspunkt

In dieser Szene befinden sich drei Bipeds, die über das GEMEINSAME BEWEGUNGSFLUSS-SKRIPT *animiert werden. Eine *.mfe-Datei wird die Biped-Animationen steuern. Somit wird es möglich sein, dass sich jedes Biped auf Grund der Skript-Daten unterschiedlich im Raum bewegt.*

2. Menüleiste – Datei – Öffnen

Öffnen Sie die Datei 22Biped_Shared Moflow Jogger Drei.max, die Sie im CD-ROM-Verzeichnis »Tutorials A-Z – Scenes« finden.

3. Warnmeldungen

*Falls diverse Warnmeldungen erscheinen sollten, erarbeiten Sie die folgenden Schritte bis Schritt 6. Für alle anderen geht es sofort bei Schritt 6 weiter. Bestätigen Sie die Warnmeldungen, bis die *.max-Datei geöffnet ist.*

4. Ansichtsfenster – Biped-Teil auswählen

Wählen Sie in einem Ansichtsfenster ein Biped-Teil aus, egal von welchem Biped.

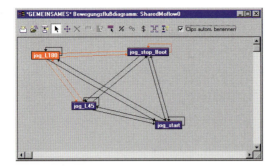

▲ **Abbildung 8**
Dialog »GEMEINSAMES« Bewegungsflussdiagramm:
SharedMoflowo

5. Rollout Bewegungsfluss

Gehen Sie in der Bewegungspalette in das Rollout Bewegungsfluss. Drücken Sie auf DIAGRAMM ZEIGEN. Der Dialog »GEMEINSAMES« BEWEGUNGSFLUSSDIAGRAMM: SHAREDMOFLOWO öffnet sich.

Weisen Sie die *.bip-Dateien in den jeweiligen Clips nochmals zu, indem Sie auf die Clips mit der rechten Maus klicken und den jeweiligen *.bip-File manuell laden und neu zuweisen. Diese *.bip-Dateien finden Sie in dem CD-ROM-Verzeichnis »Tutorials A-Z – CStudio – Moflow«.

Schließen Sie danach den Dialog.

6. Ansichtsfenster

Die drei Bipeds sollten sich nun im Raum bewegen.

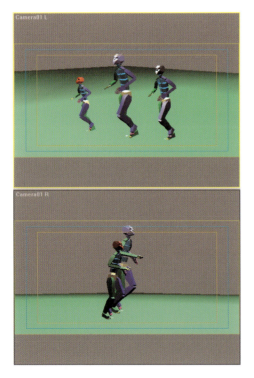

▲ **Abbildung 9**
Ansichtsfenster: Drei Biped-Jogger

7. Schaltfläche Gemeinsamer Bewegungsfluss

Wählen Sie das Bip01 aus und gehen Sie in die Bewegungspalette. Im Rollout Bewegungsfluss-Skript drücken Sie auf GEMEINSAMER BEWE-GUNGSFLUSS.

Der Dialog GEMEINSAMER BEWEGUNGSFLUSS-SKRIPT öffnet sich.

Definieren Sie ein neues gemeinsames Bewegungsfluss-Skript. Drücken Sie zuerst auf LÖSCHEN, dann auf NEU.

◀ **Abbildung 10**
Dialog Gemeinsamer Bewegungsfluss

8. Schaltfläche *.mfe-Datei laden

*Drücken Sie auf *.MFE-DATEI LADEN und öffnen Sie die *.mfe-Datei, die Sie im Verzeichnis CStudio – Moflow finden. Bestätigen Sie mit OK.*

◀ **Abbildung 11**
Dialog Öffnen

Im Dialog GEMEINSAMER BEWEGUNGSFLUSS klicken Sie auf HINZUFÜGEN. Der Dialog AUS-WÄHLEN öffnet sich. Wählen Sie auf der linken Seite die Objekte Bip01, Bip02 und Bip03 aus. Bestätigen Sie mit AUSWÄHLEN.

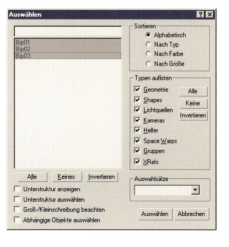

◀ **Abbildung 12**
Dialog Auswählen

▲ **Abbildung 13**
Dialog Biped

9. Warnmeldung – Dialog Biped

Den Dialog BIPED, in dem Sie auf die Skalie-
rungswerte des Bip02 und Bip03 angesprochen
werden, bestätigen Sie mit OK.

10. Mehrere Bipeds in Bewegungsfluss einfügen

Drücken Sie auf MEHRERE BIPEDS IN BEWE-
GUNGSFLUSS EINFÜGEN (Schaltfläche mit dem
grünen Pfeil).

11. Bewegungspalette – Schaltfläche Falsche Skalierung zurücksetzen: Nur Beine

Klicken Sie auf FALSCHE SKALIERUNG ZURÜCKSET-
ZEN: NUR BEINE. Bestätigen Sie mit OK. Die fal-
schen Skalierungswerte für das Bip02 und Bip03
werden korrigiert. Bestätigen Sie mit OK. Der
Dialog GEMEINSAMER BEWEGUNGSFLUSS schließt
sich. Bitte wiederholen Sie jetzt den Arbeits-
schritt 5 im Rollout Bewegungsfluss.

12. Zwischenspeicherung

Drücken Sie die Tastaturkombination ⸢Alt⸥+
⸢Strg⸥+⸢H⸥ *für die Zwischenspeicherung der*
Szene.

Abbildung 14 ▶
Dialog Zufallsbewegung
erstellen

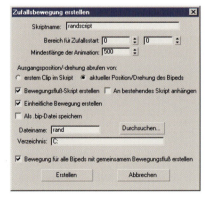

13. Zufallsbewegung erstellen

Im Rollout Bewegungsfluss-Skript drücken Sie
auf ZUFALLSBEWEGUNG ERSTELLEN (violettes
Prozentzeichen).

Der Dialog ZUFALLSBEWEGUNG ERSTELLEN öff-
net sich. Aktivieren Sie die Option BEWEGUNG
FÜR ALLE BIPEDS MIT GEMEINSAMEM BEWEGUNGS-
FLUSS ERSTELLEN. Bestätigen Sie mit ERSTELLEN.

Warten Sie einen Moment, bis das Ergebnis
berechnet ist.

14. Bewegungspalette – Bip02 und Bip03 – Startposition Z (Wert)

Verändern Sie für das Bip02 und Bip03 die Werte der STARTPOSITION Z, damit die Füße nicht im Boden versinken.

◄ **Abbildung 15**
Bip02 – Startposition Z (Wert)

15. Untere Statuszeile – Schaltfläche Animation abspielen

Sehen Sie sich die Biped-Animation an, indem Sie auf ANIMATION ABSPIELEN drücken.

◄ **Abbildung 16**
Bip03 – Startposition Z (Wert)

16. Menüleiste – Rendern – Rendern …

Öffnen Sie den Dialog SZENE RENDERN. Definieren Sie die ZEITAUSGABE, die AUSGABEGRÖSSE, die RENDERAUSGABE, das ANSICHTSFENSTER und bestätigen Sie mit SCHLIESSEN.

17. Zwischenspeicherung

Drücken Sie die Tastaturkombination ⌨Alt⌨ + ⌨Strg⌨ + ⌨H⌨.

18. Menüleiste – Datei – Speichern unter

Speichern Sie die Szene als *.max-Datei ab.

19. Hauptsymbolleiste – Schaltfläche Schnell rendern (Produktion)

Drücken Sie auf SCHNELL RENDERN (PRODUKTION) und lassen Sie die Bilddaten berechnen.

Checkliste Gemeinsamer Bewegungsfluss

Die folgende Checkliste gibt Ihnen eine schnellen Überblick für das Erstellen eines gemeinsamen Bewegungsfluss-Skripts für mehrere Bipeds.

Check-Nummer	Aktion
Check 01	Biped/s erstellen
Check 02	Bewegungsflussmodus
Check 03	Schaltfläche Diagramm zeigen
Check 04	Editor Bewegungsfluss-Skript
Check 05	Clips erstellen
Check 06	Schaltfläche Bewegungsflussdiagramm synthetisieren
Check 07	Clips auswählen
Check 08	Schaltfläche Ausgewählte Übergänge optimieren
Check 09	Clip auswählen (violett)
Check 10	Rollout Bewegungsfluss-Skript öffnen
Check 11	Schaltfläche Skript definieren
Check 12	Clip auswählen (violett – roter Rahmen)
Check 13	Schaltfläche Datei speichern (*.mfe)
Check 14	Schaltfläche Gemeinsamer Bewegungsfluss-Skript
Check 15	Schaltfläche Neu
Check 16	Schaltfläche *.mfe-Datei laden
Check 17	Schaltfläche Öffnen
Check 18	Schaltfläche Hinzufügen
Check 19	Schaltfläche Auswählen
Check 20	Schaltfläche Mehrere Bipeds in Bewegungsfluss einfügen
Check 21	Schaltfläche OK
Check 22	Schaltfläche Zufallsbewegung erstellen
Check 23	Schaltfläche Bewegung für alle Bipeds mit gemeinsamem Bewegungsfluss erstellen
Check 24	Schaltfläche Erstellen

Biped klonen

Wählen Sie das Bip01 aus. Die Bewegungspalette und der Figurmodus sind aktiv. Aktivieren Sie AUSWÄHLEN UND VERSCHIEBEN. Drücken Sie auf der Tastatur ⇧. Halten Sie ⇧ ge- drückt und verschieben Sie das Bip01. Der Dialog KLONOPTIONEN öffnet sich. Geben Sie die ANZAHL DER KOPIEN ein und bestätigen Sie mit OK.

23Crowd Delegate_Bipeds Sieben

Das folgende Tutorial »Delegate_Bipeds Sieben« zeigt Ihnen, wie Sie den Zusammenhang zwischen den Helfern Crowd, Vertretern (Delegates) und den Bipeds definieren können.

Tutorial A – Z – 23Crowd Delegate_Bipeds
Sieben

1. Ausgangspunkt
In der Szene befinden sich sieben Bipeds. Diese Bipeds werden mithilfe der Helfer Crowd und Vertreter, den Teams und Verhaltenstypen (Behaviours) im Raum bewegt.

Betrachten Sie dieses Tutorial als ein Beispiel, um das Prinzip der »Massenszenen« mit hunderten von Characters und Bipeds zu begreifen und nachzuvollziehen.

2. Datei – Zurücksetzen
Setzen Sie die Max-Szene zurück, um Platz zu schaffen.

3. Datei – Öffnen
Öffnen Sie die Datei 23Crowd Delegate_Bipeds Sieben.max, die Sie im CD-ROM-Verzeichnis »Tutorials A-Z – Scenes« finden.

4. Warnmeldungen
*Falls diverse Warnmeldungen erscheinen sollten, erarbeiten Sie die folgenden Schritte bis Schritt 9. Für alle anderen geht es bei Schritt 9 weiter. Bestätigen Sie die Warnmeldungen, bis die *.max-Datei geöffnet ist (vgl. vorheriges Tutorial).*

5. Ansichtsfenster – Biped-Teil auswählen
Wählen Sie in einem Ansichtsfenster ein Biped-Teil aus.

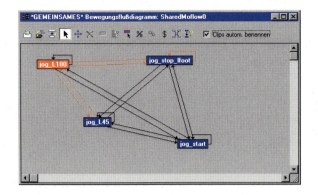

▲ **Abbildung 17**
Dialog GEMEINSAMES Bewegungsflussdiagramm:
SharedMoflow0

6. Rollout Bewegungsfluss

Gehen Sie in der Bewegungspalette in das
Rollout Bewegungsfluss. Drücken Sie auf DIA-
GRAMM ZEIGEN. Der Dialog GEMEINSAMES
BEWEGUNGSFLUSSDIAGRAMM: SHAREDMOFLOW0
öffnet sich.

Weisen Sie die *.bip-Dateien in den jeweiligen Clips nochmals zu, indem Sie auf die Clips
mit der rechten Maus klicken und den jeweiligen
*.bip-File manuell laden und neu zuweisen. Die-
se *.bip-Dateien finden Sie in dem CD-ROM-
Verzeichnis »Tutorials A-Z – CStudio – Moflow«.
Schließen Sie danach den Dialog.

7. Helfer Crowd auswählen

Drücken Sie auf der Tastatur ⎡h⎤ und wählen Sie
das 00_Crowd aus. Bestätigen Sie mit OK.

8. Änderungspalette – Rollout Lösen

Gehen Sie in der Änderungspalette in den
Rollout Lösen und lassen Sie die Simulation in
einem Zeitraum von Einzelbild 0000 – 300 berechnen, indem Sie auf LÖSEN klicken.

9. Untere Statuszeile – Schaltfläche
   Animation abspielen

Sehen Sie sich die Biped-Animation an, indem
Sie auf ANIMATION ABSPIELEN drücken.

10. Änderungspalette – Schaltfläche Verhaltenszuordnungen

Der Helfer 00_Crowd ist ausgewählt. Die Änderungspalette ist aktiv. Drücken Sie im Rollout Setup auf VERHALTENSZUORDNUNGEN. Der Editor VERHALTENSZUORDNUNGEN UND TEAMS öffnet sich.

Sehen Sie sich die Vertreter, die Teams, das Verhalten und die Verhaltenstypen an. Klicken Sie auf OK, um den Editor VERHALTENSZUORD-NUNGEN UND TEAMS zu schließen.

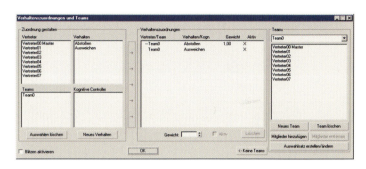

▲ **Abbildung 18**
Editor Verhaltenszuordnungen

11. Änderungspalette – Helfer Crowd – Rollout Setup – Verhaltenstypen

Der Helfer 00_Crowd ist ausgewählt. Die Änderungspalette ist aktiv. Im Rollout Setup sehen Sie die Verhaltenstypen ABSTOSSEN und AUSWEI-CHEN.

Nehmen Sie sich einen Moment Zeit und experimentieren Sie mit den Parametern der beiden Verhaltenstypen.

◄ **Abbildung 19**
Verhaltenstyp Abstoßen

12. Mehrere Auswählen

Im Rollout Abstoßverhalten oder auch im Rollout Ausweichverhalten klicken Sie auf MEHRERE AUS-WÄHLEN und sehen, dass die Vertreter zugewiesen wurden.

13. Schaltfläche Biped-/Vertreter-verbindungen

Im Rollout Setup klicken Sie auf BIPED-/VERTRETERVERBINDUNGEN (Schaltfläche mit der Figur). Der Dialog BIPED-/VERTRETERVERBINDUN-GEN öffnet sich. Hier haben Sie gezielt die Möglichkeit, die Bipeds mit den Vertretern zu verbinden.

Schließen Sie den Dialog BIPED-/VERTRETER-VERBINDUNGEN, indem Sie auf SCHLIESSEN klicken.

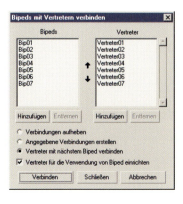

◄ **Abbildung 20**
Dialog Biped-/Vertreter-verbindungen

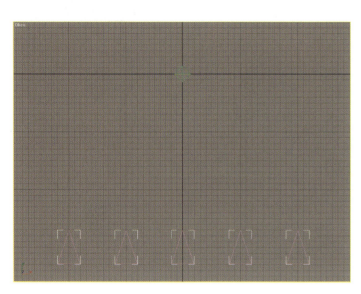

▲ Abbildung 21
Ansichtsfenster Helfer Crowd01 und Vertreter01-05

14. Menüleiste – Datei – Zurücksetzen
Setzen Sie die aktuelle Max-Szene zurück, indem Sie in der Menüleiste DATEI • ZURÜCKSETZEN aus-wählen.

15. Erstellungspalette – Helfer – Crowd erstellen
Erstellen Sie ein CROWD01 sowie VERTRETER01-05 (Ansichtsfenster Oben).

16. Erstellungspalette – Systeme – Biped
Erstellen Sie ein Biped (Ansichtsfenster Vorne). Klonen Sie dieses Bip01 im Figurmodus viermal (»identische Positionen«).

17. Ansichtsfenster – Bip01 auswählen
Wählen Sie das Bip01 aus.

18. Schaltfläche Gemeinsamer Bewegungsfluss
In der Bewegungspalette deaktivieren Sie den Figurmodus, gehen in den Bewegungsflussmodus und drücken im Rollout Bewegungsfluss-Skript auf GEMEINSAMER BEWEGUNGSFLUSS. Drücken Sie auf NEU, dann auf *.MFE-DATEI LADEN und laden Sie die 23Crowd Delegate_Bipeds Sieben.mfe-Datei, die im Verzeichnis »Helfer Crowd und Delegate – CStudio – Moflow« liegt. Bestätigen Sie mit ÖFFNEN. Drücken Sie HINZUFÜGEN, wäh-len Sie die Bip01-05 aus und bestätigen mit AUS-WÄHLEN. Mit OK schließen Sie diesen Schritt ab.

19. Warnmeldung – Dialog Biped (Teil I)
Falls der Dialog BIPED erscheint, in dem Sie nach dem Bewegungsflussmodus der anderen Bipeds gefragt werden, bestätigen Sie mit JA.

20. Schaltfläche Zufallsbewegung erstellen

Im Rollout Bewegungsfluss-Skript drücken Sie auf ZUFALLSBEWEGUNG ERSTELLEN (violettes Prozentzeichen). Im folgenden Dialog aktivieren Sie die Option BEWEGUNG FÜR ALLE BIPEDS MIT GEMEINSAMEM BEWEGUNGSFLUSS ERSTELLEN. Bestätigen Sie mit ERSTELLEN.

21. Änderungspalette – Crowd auswählen

Wählen Sie den Helfer CROWD01 aus und gehen Sie in die Änderungspalette.

22. Schaltfläche Neu

Im Rollout Setup drücken Sie auf NEU. Wählen Sie den Verhaltenstyp AUSWEICHVERHALTEN aus. Bestätigen Sie mit OK.

23. Schaltfläche Mehrere auswählen

Im Rollout Setup drücken Sie auf MEHRERE AUS-WÄHLEN und wählen die VERTRETER01–05 aus. Bestätigen Sie mit SELECT.

24. Schaltfläche Verhaltenszuordnungen

Im Rollout Setup klicken Sie auf VERHALTENS-ZUORDNUNGEN. Im Editor VERHALTENSZUORD-NUNGEN UND TEAMS definieren Sie das TEAM0, indem Sie auf NEUES TEAM drücken und die VER-TRETER01–05 auswählen. Weisen Sie dem TEAM0 das Verhalten AUSWEICHEN zu. Bestätigen Sie mit OK. Der Editor schließt sich.

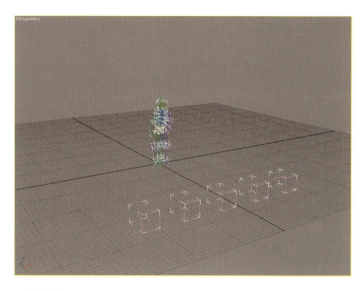

▲ **Abbildung 22**
Ansichtsfenster Perspektive – Bipeds01–05, Crowd01 und Vertreter01–05

25. Schaltfläche Biped-/Vertreter-verbindungen

Der Helfer CROWD01 ist ausgewählt. Die Änderungspalette ist aktiv. Im Rollout Setup klicken Sie auf BIPED-/VERTRETERVERBINDUNGEN. Der Dialog BIPEDS MIT VERTRETERN VERBINDEN öffnet sich. Drücken Sie auf der linken Seite auf HINZUFÜGEN, und wählen Sie die Geometrien Bip01-05 aus. Bestätigen Sie mit SELECT.

Bestätigen Sie nun auch rechts HINZUFÜGEN und wählen Sie die HELFER VERTRETER01-05 aus. Bestätigen Sie auch hier wieder mit SELECT. Schließen Sie den Dialog über VERBINDEN.

26. Änderungspalette – Rollout Setup – Schaltfläche Lösen

Der Helfer Crowd01 ist ausgewählt. Die Änderungspalette ist aktiv.

Im Rollout Lösen definieren Sie die Simulation (LÖSEN AB – LÖSEN BIS). Drücken Sie auf LÖSEN.

Warten Sie, bis die Berechnung der Simulation beendet ist.

27. Warnmeldung – Dialog (Teil II)

Die zuvor vermerkte Warnmeldung, die vier Bipeds wären noch im Figurmodus und müssten nun in den Bewegungsflussmodus wechseln, wurde zwar beachtet. Das Problem ist allerdings, dass sowohl Figurmodus als auch Bewegungsflussmodus aktiv sind.

Gehen Sie also in die vier anderen Bipeds und deaktivieren Sie den Figurmodus des jeweiligen Bipeds. Somit sind nun alle Figurmodi deaktiv.

28. Untere Statuszeile – Schaltfläche Animation abspielen

Sehen Sie sich die Biped-Animationen an, indem Sie auf Animation abspielen klicken.

29. Menüleiste – Rendern – Rendern ...

Öffnen Sie den Dialog SZENE RENDERN. Definieren Sie die Zeitausgabe, die Ausgabegröße, die Renderausgabe, das Ansichtsfenster und bestätigen Sie mit SCHLIESSEN.

30. Zwischenspeicherung

Drücken Sie die Tastaturkombination $\boxed{\text{Alt}}$ + $\boxed{\text{Strg}}$ + $\boxed{\text{H}}$.

31. Menüleiste – Datei – Speichern unter

Speichern Sie die Szene als *.max-Datei ab.

32. Hauptsymbolleiste – Schaltfläche Schnell rendern (Produktion)

Drücken Sie auf SCHNELL RENDERN (PRODUKTION) und lassen Sie die Bilddaten berechnen.

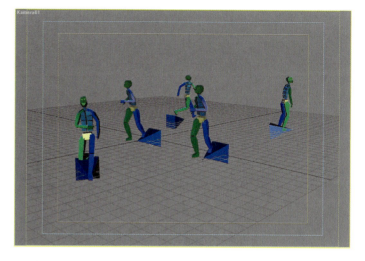

▲ **Abbildung 23**
Ansichtsfenster Perspektive – Bipeds01-05, Crowd01 und Vertreter01-05

Rollouts und Schaltflächen

Ein visuelles Nachschlagewerk

Auf den folgenden Seiten dieses Buches finden Sie ein Kapitel vor, das eine Auswahl der wichtigsten Rollouts, Dialoge und Funktionen des character studio 3 präsentiert.

MIT DER ERSTEN IDEE FÜR DIESES BUCHES STAND von Anfang an ein spezieller Aspekt im Mittelpunkt: ein Buch zu konzipieren, in dem ein Kapitel alle Rollouts, Dialoge und Funktionen visuell mit einem Maximum an Informationen möglichst prägnant zusammenfasst. Seit dem ersten Entwurf sind einige Tage vergangen. Alle Rollouts zu präsentieren würde den Rahmen eines jeden Buches sprengen – hier finden Sie nun aber alle wichtigen Rollouts zum Nachschlagen.

Biped

Rollout Allgemein

Mit den Steuerelementen in der Bewegungspalette – Rollout Allgemein versetzen Sie das Biped in den Figurmodus ❶, Schrittmodus ❷ oder Bewegungsflussmodus ❸.

Zum Beispiel enthält das Rollout Allgemein Steuerelemente für die Umwandlung von Schritten in eine Freiformanimation bzw. umgekehrt und zur Aktivierung des Fixmodus.

Figurmodus

Im Figurmodus passen Sie ein Biped in ein Netz oder in ein Netzobjekt ein, das Ihre Figur repräsentiert. Wenn Sie das Netz mit Physique am Biped befestigen, sollten Sie den Figurmodus aktiviert lassen. Der Figurmodus wird benötigt, wenn Sie ein Biped mit einem befestigten Netz skalieren, um seine Einpassung nach der Anwendung von Physique zu bearbeiten und die Stellung in Bewegungsdateien zu korrigieren, bei denen die Stellung allgemein geändert werden muss.

Im Rollout Allgemein im Figurmodus finden Sie folgende Optionen:

▶ ANZEIGE DES FUSSSTATUS: Hierdurch wird der Status des linken und des rechten Biped-Fußes im aktuellen Frame einer Schrittanimation angezeigt. Der Fußstatus wird jeweils geändert, wenn der Fuß des Bipeds sich vom Boden in die Luft bewegt. Ein Stern hinter dem Fußstatus weist darauf hin, dass der Fuß ausgewählt ist. Der Fuß eines Bipeds kann sich in jedem Frame in einem von vier Zuständen befinden:

▶ AUFSETZEN: Status, bei dem der Biped-Fuß in vollständigem Kontakt mit dem Schritt steht.

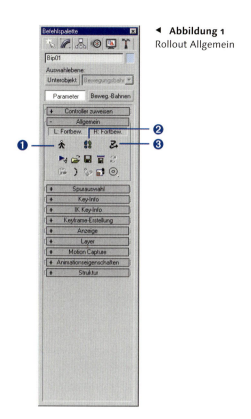

◄ **Abbildung 1**
Rollout Allgemein

① **②** **③**

▶ ABHEBEN: Status, bei dem sich der Biped-Fuß kurz vor dem Abheben von einem Schritt befindet.

▶ FORTBEWEGEN: Status des Biped-Fußes zwischen den Schritten; der Fuß befindet sich in der Luft.

▶ BERÜHREN: Status, bei dem der Biped-Fuß den Schritt zum ersten Mal berührt.

Wenn der Figurmodus aktiviert ist, springt das Biped aus seiner Animationsposition in die Figurmodus-Stellung. Die Animation bleibt erhalten, wenn Sie den Figurmodus beenden.

Alle Parameter im Rollout Struktur sind im Figurmodus aktiv.

Schrittmodus

Im Schrittmodus erstellen und bearbeiten Sie Schritte, generieren ein Schrittmuster für Gehen, Laufen oder Springen, bearbeiten ausgewählte Schritte im Raum und hängen Schritte mit den Parametern an, die im Schrittmodus verfügbar sind.

Die BEWEGUNGSPALETTE enthält zwei zusätzliche Rollouts, wenn der SCHRITTMODUS aktiv ist: Diese sind das Rollout Schritterstellung und das Rollout Schrittoperationen.

Bewegungsflussmodus

Im Bewegungsflussmodus können Sie Skripts erstellen und *.bip-Dateien durch bearbeitbare Übergänge zusammenfügen. Nach der Erstellung eines Skripts und der Bearbeitung der Übergänge können Sie ein Skript mit der Option SEGMENT SPEICHERN im Rollout Allgemein als eine einzige große *.bip-Datei speichern. Wenn Sie auch eine *.mfe-Datei speichern, können Sie fortlaufende Arbeiten am Bewegungsfluss fortsetzen.

Wenn der Bewegungsflussmodus aktiv ist, werden zwei zusätzliche Rollouts angezeigt: Bewegungsfluss sowie Bewegungsfluss-Skript.

BIPED ABSPIELEN: Hierdurch wird die Animation für alle Bipeds abgespielt; ausgelassen werden nur Bipeds, die im Dialog Anzeigeeinstellungen ausgeschlossen wurden. Dieser Abspielmodus ist normalerweise ein Echtzeit-Abspielmodus, den Sie oft nicht erhalten, wenn Sie ANIMATI.

Bewegungsflussmodus

Wenn der Bewegungsflussmodus aktiv ist, sind bestimmte Optionen von character studio 3 deaktiviert.

Rollouts und Schaltflächen **147**

Im Biped-Abspielmodus wird das Biped nur als Skelett oder Strichmännchen dargestellt, und es werden keine anderen Objekte in der Szene angezeigt.

DATEI LADEN: Hierdurch wird ein Standard-Dialogfeld zum Öffnen von *.bip-Dateien, *.fig-, und *.stp-Dateien geöffnet.

▶ Biped-Datei (*.bip): Laden Sie eine Biped-Bewegungsdatei. Bewegungsdateien enthalten Schritte, Keyframe-Einstellungen, die Biped-Skalierung und den aktiven Wert für die Schwerkraft (Schwerkr.-Beschl.). IK-Überblendungswerte für die Keys und Informationen zum Objektraumobjekt werden geladen.

▶ Figurdatei (*.fig): Hierdurch laden Sie eine Figurdatei. Aktivieren Sie den Figur-Modus. Mit Hilfe der Figurdateien können Sie die Struktur eines Bipeds auf ein anderes Biped anwenden. Wenn die Figurmodusstellung des Bipeds verloren geht, müssen Sie die Figurdatei erneut laden. Diese Stellung besteht aus dem im Netz eingepassten Biped.

▶ Schrittdatei (*.stp): Hierdurch laden Sie Schritte ohne die Keyframes für den Körper. Durch dieses ASCII-Dateiformat haben Entwickler die Möglichkeit, bequem Programme zum Generieren von Schrittdateien für Biped-Bewegungen zu schreiben. Biped generiert die Körper-Keys für die geladenen Schritte.

DATEI SPEICHERN: Sichern Sie die Biped-Dateien. Sie können Biped-Dateien (*.bip), Figur-Dateien (*.fig) und Schritt-Dateien (*.stp) speichern.

▶ Biped-Datei (*.bip): Sichern Sie eine Biped-Bewegungsdatei. Die *.bip-Dateien enthalten Daten für SCHRITTE und für Keyframes. In Biped-Dateien wird der gesamte Bewegungsablauf gespeichert. Mit Hilfe dieser Dateien können Sie eine Bibliothek mit gespeicherten Bewegungen anlegen. Sie erstellen Ihre eigene *.bip-Bibliothek, indem Sie das Biped animieren und eine *.bip-Datei speichern.

▶ Figurdatei (.fig): Sichern Sie die Struktur und die Position eines Bipeds im Figurmodus. Speichern Sie eine Figurdatei, nachdem Sie das Biped im FIGURMODUS in das Netz eingepasst haben. Wenn das Biped im FIGURMODUS versehentlich verschoben wird, können Sie diese Datei erneut laden.

▶ SCHRITTDATEI (.stp): Sichern Sie den Zeitablauf der SCHRITTE und die Positionsdaten. Schrittdateien enthalten keine Körper-Keys.

▶ SEGMENT SPEICHERN: Sichern Sie ein Segment Ihrer Animation oder ein Skript aus dem Bewegungsflussmodus als *.bip-Datei ab.

UMWANDELN: Wandeln Sie eine Schritt- in eine Freiformanimation um. Die Umwandlung funktioniert in beiden Richtungen. Hierbei wird IN FREIFORM UMWANDELN bzw. der Dialog IN SCHRITTE UMWANDELN aufgerufen, je nach Richtung der Umwandlung.

PUFFERMODUS: Im PUFFERMODUS erarbeiten Sie Segmente einer Animation. Sie kopieren Schritte und die zugehörigen Biped-Keys mit der Option SCHRITTE KOPIEREN im Rollout Schrittoperationen in den Puffer; dann aktivieren Sie den PUFFERMODUS, in dem Sie die kopierten Segmente der Animation einsehen und bearbeiten können.

VERBINDUNGEN BIEGEN: Biegen Sie alle Wirbelsäulen-Objekte des Bipeds auf natürliche Weise, indem ein Wirbelsäulen-Objekt des Bipeds gedreht wird.

GUMMIBANDMODUS: Im GUMMIBANDMODUS verändern Sie die Position der Ellbogen und der Knie des Bipeds, ohne dass die Hände und

Füße des Bipeds im FIGURMODUS bewegt werden. Indem Sie den Massenmittelpunkt des Bipeds verlagern, können Sie die physikalischen Effekte von Wind oder von einer Gewichtskraft simulieren, die gegen das Biped drückt. Der FIGURMODUS muss aktiv sein, damit der GUMMIBANDMODUS aktiviert werden kann.

FIXMODUS: Im FIXMODUS bleibt das Biped in den Ansichtsfenstern sichtbar, während die Animation abgespielt wird. Nutzen Sie den Fixmodus zur Bearbeitung der Biped-Keys oder zur Anpassung der Hüllen mit Physique. Im Fixmodus wird die x-y-Verschiebung des Biped-Massenschwerpunkts beim Abspielen verhindert, während die Bewegung entlang der z-Achse beibehalten wird. Dies ist ein Fly-Out-Menü mit drei Schaltflächen. Der FIXMODUS wird in der 3ds-max-Datei gespeichert.

X-FIXMODUS: Sperren Sie die x-Achsenbewegung des Massenmittelpunkts. Dieser Modus eignet sich für den Export von Spielen, bei denen zwar die Figur an Ort und Stelle bleiben, aber die Schwingbewegung der Hüften und des Oberkörpers entlang der y-Achse aufrechterhalten werden soll.

Y-FIXMODUS: Sperren Sie die y-Achsenbewegung des Massenmittelpunkts. Dieser Modus eignet sich für den Export von Spielen, bei denen zwar die Figur an Ort und Stelle bleiben, aber die Schwingbewegung der Hüften und der Oberkörpers entlang der x-Achse aufrechterhalten werden soll.

Rollout Spurauswahl

Mit den Steuerelementen im Rollout Spurauswahl wählen Sie eine von drei Massenmittelpunkt-Spuren für Bearbeitung und Auswahl von Biped-Gliedmaßen aus.

◀ **Abbildung 2**
Rollout Spurauswahl

Der Biped-Massenmittelpunkt bildet den Stamm der Biped-Hierarchie und verfügt über drei Animationsspuren, mit denen das Biped positioniert und gedreht wird: KÖRPER HORIZONTAL ❶ , KÖRPER VERTIKAL ❷ und DREHUNG ❸.

In den Spuren KÖRPER HORIZONTAL und KÖRPER VERTIKAL sind auch Parameter für die BIPED-DYNAMIK enthalten.

▶ KÖRPER HORIZONTAL: Wählen Sie den Massenmittelpunkt für die Bearbeitung der horizontalen Biped-Bewegung aus.

▶ KÖRPERVERTIKAL: Wählen Sie den Massenmittelpunkt für die Bearbeitung der vertikalen Biped-Bewegung aus.

▶ KÖRPERDREHUNG: Wählen Sie den Massenmittelpunkt für die Bearbeitung der Biped-Drehbewegung aus.

SYMMETRISCH ❹: wählt das entsprechende Objekt auf der anderen Seite des Bipeds aus. Ist zum Beispiel der rechte Oberschenkel ausgewählt, wird durch Klicken auf SYMMETRISCH der linke Oberschenkel ebenfalls ausgewählt. Nun können Sie an beiden Körperseiten gleichzeitig Änderungen vornehmen. Die Option SYMMETRISCH kann bei einem und bei mehreren Biped-Objekten eingesetzt werden.

GEGENÜBERLIEGEND ❺: wählt das entsprechende Objekt auf der anderen Seite des Bipeds aus und hebt die Auswahl des aktuellen Objekts auf. Ist zum Beispiel der rechte Oberarm ausgewählt, wird durch Klicken auf GEGENÜBERLIEGEND der linke Oberarm ausgewählt. Diese Schaltfläche kann für einzelne oder für mehrere Objekte eingesetzt werden.

Rollout Key-Info

Mit den Hilfsmitteln im Rollout Key-Info können Sie folgende Funktionen ausführen:

▶ den nächsten oder vorherigen Key für den ausgewählten Körperteil des Bipeds suchen,

▶ das Zahlenauswahlfeld ZEIT verwenden, um einen Key in der Zeit zu verschieben,

▶ SPANNUNG, KONTINUITÄT und NEIGUNG für einen Key ändern,

▶ Bewegungsbahnen für den ausgewählten Körperteil des Bipeds anzeigen,

▶ Parameter für Balance-Faktor, Dynamiküberblendung und ballistische Spannung ändern.

Rollout Key-Info – TCB-Controller

Der TCB-Controller steht für TENSION, CONTINUITY und BIAS (TCB). Die deutschen Begriffe lauten: Spannung, Kontinuität und Neigung.

Statt zusätzliche Keys zu erstellen, um die Bewegung von Biped-Gliedmaßen zu optimieren, können Sie mit den TCB-Parametern existierende Keys einstellen und das Bewegungsverhalten der Gliedmaße zwischen den Keys definieren.

Option Mit vorheriger IK-Key verbinden

In einer Freiform- oder Schrittanimation ist für alle Schritte, die nicht gleiten, die Option MIT VORHERIGEM IK-KEY VERBINDEN ❺ aktiviert.

◀ **Abbildung 3**
Rollout Key-Info – TCB-Controller

Rollout IK-Key-Info

Das Rollout IK-Key-Info bildet das Kernstück des IK-Systems. Mit den Optionen können Sie IK-Beschränkungen und Schwerpunkte für die Hände und Füße des Bipeds einstellen. Es gibt drei vordefinierte Schaltflächen zur Key-Einrichtung, die sich auf die gebräuchlichsten IK-Beschränkungen beziehen. Eine Biped-Gliedmaße kann in den Koordinatenraum der Welt oder eines Objekts in der Szene sowie in den Körperraum gesetzt werden.

NÄCHSTER KEY ❶: Mit dieser Funktion gehen Sie zum nächsten bzw. vorherigen Keyframe für die ausgewählte Biped-Gliedmaße. Im Feld wird die Nummer des Keys angezeigt.

VORHERIGER KEY ❷: Mit dieser Funktion gehen Sie zum nächsten bzw. vorherigen Keyfra-

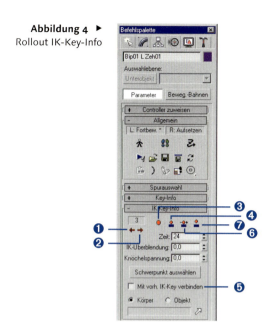

Abbildung 4 ▶
Rollout IK-Key-Info

GLEIT-KEY EINRICHTEN ❻: legt einen Biped-Key fest, für den die IK-Überblendung auf 1 eingestellt, MIT VORHERIGEM IK-KEY VERBINDEN deaktiviert und OBJEKT ausgewählt ist. Dadurch wird ein Gleitschritt erstellt. Gleitschritte sind in den Ansichtsfenstern mit einer Linie durch die Mitte der Schritte dargestellt. Gleitschritte werden als Schritte mit beweglichen IK-Beschränkungen angesehen.

FREIEN KEY EINRICHTEN ❼: richtet einen Biped-Key ein, für den die IK-Überblendung auf 0 eingestellt, MIT VORHERIGEM IK-KEY VERBINDEN deaktiviert und KÖRPER ausgewählt ist.

ZEIT: Geben Sie einen Wert ein, um den Key im Zeitablauf zu positionieren. Mit dieser Methode passen Sie den Keyframe-Zeitablauf für eine Figur an, indem Sie den Key in der Zeit vor- oder zurückversetzen.

IK-ÜBERBLENDUNG: definiert, wie vorwärts gerichtete und inverse Kinematik für die Interpolation einer Zwischenposition miteinander verbunden werden. Ein Beispiel für vorwärts gerichtete Kinematik (FK) ist es, zum Bewegen der Hand den Arm zu verwenden. Ein Beispiel für inverse Kinematik (IK) wäre, zum Bewegen des Arms die Hand zu verwenden. Die Option wird aktiviert, wenn der Key eines Arms oder Beins des Bipeds (bzw. der Hand oder des Fußes) der aktuelle Key ist.

▶ Wenn Sie den Null-Wert verwenden und die Option KÖRPER aktivieren, erhalten Sie einen normalen Biped-Raum (vorwärts gerichtete Kinematik (FK)).

me für die ausgewählte Biped-Gliedmaße. Im Feld wird die Nummer des Keys angezeigt.

KEY FESTLEGEN ❸: Zum Erstellen von Keys beim Verschieben von Biped-Objekten können Sie entweder KEY FESTLEGEN oder in der Systemoberfläche von 3ds max 4 die Schaltfläche ANIMATION einsetzen.

AUFSETZ-KEY EINRICHTEN ❹: legt einen Biped-Key fest, für den die IK-Überblendung auf 1 eingestellt, MIT VORHERIGEM IK-KEY VERBINDEN ❺ aktiviert und OBJEKT ausgewählt ist.

Option Gleit-Key einrichten

In einer Freiform- oder Schrittanimation setzen Sie, wenn der Fuß nicht auf dem Boden aufsetzen, sondern gleiten soll, GLEIT-KEY EINRICHTEN ein.

Biped-Bein und freier Key

In einer Freiform- oder Schritt-Animation verfügt ein Biped-Bein in einem Bewegungszustand über einen freien Key.

▶ Wenn Sie den Wert 1 verwenden und die Option KÖRPER aktivieren, erhalten Sie inverse Kinematik (IK). Die Bewegung zwischen den Biped-Keys verläuft damit gerader.

KNÖCHELSPANNUNG: stellt die Priorität des Knöchelgelenks gegenüber dem Kniegelenk ein. Wenn diese Option auf 0 eingestellt ist, hat das Knie Priorität. Wenn diese Option auf 1 eingestellt ist, hat der Knöchel Priorität. Dieser Effekt ist nur zwischen Keyframes sichtbar.

SCHWERPUNKT AUSWÄHLEN: Aktivieren Sie diese Option, um Schwerpunkte auszuwählen, um die sich die Hände und Füße des Bipeds drehen sollen. Wählen Sie einen Schwerpunkt in den Ansichtsfenstern aus, deaktivieren Sie dann SCHWERPUNKT AUSWÄHLEN und drehen Sie die Hand oder den Fuß.

MIT VORHERIGEM IK-KEY VERBINDEN: Aktivieren Sie diese Option, um den Fuß des Bipeds in den Koordinatenraum des vorherigen Keys zu setzen. Deaktivieren Sie sie, um den Fuß des Bipeds an eine neue Referenzposition zu setzen.

KÖRPER: Das Biped-Glied existiert im Biped-Koordinaten-Raum.

OBJEKT: Das Biped-Glied befindet sich entweder im Weltkoordinatenraum oder im Koordinatenraum des ausgewählten Objekts. Der Koordinatenraum kann zwischen Keys überblendet werden.

Raumobjekt – Option Objekt

Wenn Sie den Wert 1 verwenden, die Option OBJEKT aktivieren und ein Raumobjekt festlegen, wird das Biped-Glied in das Koordinatensystem des ausgewählten Objekts versetzt, sodass es diesem folgt.

Rollout Keyframe-Erstellung

Mit den Steuerelementen im Rollout Keyframe-Erstellung können Sie Keyframes festlegen oder löschen, die Biped-Stellung kopieren und einfügen, eine Biped-Animation spiegeln und Keys über MEHRERE KEYS EINSTELLEN auswählen oder verändern.

KEY FESTLEGEN: Zum Erstellen von Keys beim Verschieben von Biped-Objekten können Sie KEY FESTLEGEN oder die Schaltfläche ANIMATION von 3ds max verwenden. Bei manchen Vorgängen, wie zum Beispiel beim Verankern von Armen und Beinen oder bei der Festlegung einer IK-Überblendung, müssen Sie KEY FESTLEGEN verwenden. 0 ist der Tastaturbefehl zum Festlegen von Keys.

KEY LÖSCHEN: löscht Keys für die ausgewählten Biped-Objekte im aktuellen Frame.

RECHTEN ARM/LINKEN ARM/RECHTES BEIN/ LINKES BEIN VERANKERN: Hiermit können Sie die Position und Ausrichtung von Händen und Füßen übergangsweise fixieren. Verwenden Sie Anker, wenn Sie eine Animation mit inverser Kinematik im Objektraum erstellen, bei der der Arm oder das Bein einem Objekt in der Szene folgt. Die Anker stellen sicher, dass der Arm oder das Bein seine Ausrichtung solange beibehält, bis Sie den zweiten Key setzen, der die Objektraum-Sequenz erstellt.

HALTUNG/STELLUNG/SPUR EINFÜGEN: fügt die Position und Ausrichtung aus dem Haltungs-Pufferspeicher in das ausgewählte Biped ein.

GEGENÜBERLIEGENDE HALTUNG/STELLUNG/ SPUR EINFÜGEN: fügt die Position und die Ausrichtung aus dem Haltungs-Pufferspeicher in die Biped-Objekte auf der gegenüberliegenden Seite im ausgewählten Biped ein.

SPIEGELN: Hierdurch spiegeln Sie die gesamte Biped-Animation.

Abbildung 5 ▶
Rollout Keyframe-Erstellung

◀ Abbildung 6
Rollout Anzeige

ÜBERGEORDNETE OBJEKTE EINSTELLEN: Wenn die Option ÜBERGEORDNETE OBJEKTE EINSTELLEN beim Erstellen von Gliedmaßen-Keys aktiviert ist, werden auch für die übergeordneten Objekte Keys erstellt. Wenn Sie ÜBERGEORDNETE OBJEKTE EINSTELLEN verwenden, sollte auch die Option SEPARATE SPUREN im Rollout Animationseigenschaften aktiviert sein.

Rollout Anzeige

Mit den Steuerelementen im Rollout Anzeige in der Bewegungspalette legen Sie fest, ob das Biped, die Knochen, die Schritte, die Schrittnummern und die Bewegungsbahnen angezeigt oder verdeckt werden sollen. Sie können auch die Schrittfarben ändern und festlegen, wie viele Bipeds beim Abspielen angezeigt werden sollen. Von links nach rechts bedeuten die Icons:

KNOCHEN: stellt das Skelett des Bipeds dar. Das Skelett wird durch gelbe Linien gekennzeichnet. Diese Linien sind beim Rendern nicht sichtbar. Wenn Sie Knochen auswählen, sehen Sie, wo die Gelenke im Verhältnis zu den Biped-Objekten stehen.

OBJEKTE: stellt die Biped-Körperobjekte dar. Diese Objekte sind beim Rendern sichtbar, sofern Sie nicht vor dem Rendern des Bipeds diese Schaltfläche deaktivieren. Verdecken Sie daher die Biped-Objekte, bevor Sie die Szene rendern.

SCHRITTE: stellt die Biped-Schritte im Ansichtsfenster dar. Die Schritte werden vorgabemäßig als grüne und blaue Fußumrisse gezeigt, die auch in einer gerenderten Vorschau sichtbar sind. Wenn Schritte deaktiviert ist, werden auch die Schrittnummern und der Schatten des Massenmittelpunkts deaktiviert.

Schwerpunkte des Bipeds

Schwerpunkte sind nur bearbeitbar, wenn die Hand bzw. der Fuß des Bipeds im Welt- oder Objekt-Koordinatenraum liegt.

Gleitschritt erzeugen

Deaktivieren Sie die Option MIT VORHERIGEM IK-KEY VERBINDEN und verschieben Sie den Biped-Fuß, um einen Gleitschritt zu erzeugen.

◄ **Abbildung 7**
Rollout Animations-
eigenschaften

◄ **Abbildung 8**
Rollout Struktur

SCHRITTNUMMERN: zeigt die Biped-Schritt-nummern an. Die Schrittnummern geben an, wie sich das Biped entlang des von den Schritten erzeugten Pfades bewegt. Schrittnummern werden weiß dargestellt und nicht gerendert (in einer gerenderten Vorschau sind sie jedoch sichtbar).

BEWEGUNGSBAHNEN: zeigt die Bewegungs-bahnen für die ausgewählten Biped-Gliedma-ßen an. Bewegungsbahnen sind nützlich, wenn Sie Keyframe-Parameter bearbeiten, um deren Einfluss sichtbar zu machen, und wenn Sie rohe und gefilterte Motion-Capture-Daten miteinander vergleichen.

Raumobjekt – Option Objekt auswählen – Bip01 L/R Hand oder Bip L/R Fuß
Aktivieren Sie die Option OBJEKT AUSWÄHLEN – RAUMOBJEKT. Verbinden Sie die Bip01-L Hand oder den Bip01 L/R Fuß mit einem Objekt in der Szene.

ANZEIGEEINSTELLUNGEN: ruft das Dialogfeld Anzeigeeinstellungen auf, in dem Sie Schritt-farben und Bewegungsbahnen ändern und die Anzahl der Bipeds festlegen, die mit der Option Biped abspielen im Rollout Allgemein wiedergegeben werden. Durch verschiedene Farbeinstellungen können Sie die Schritte mehrerer Bipeds in einer Szene leicht voneinander unterscheiden.

Rollout Animationseigenschaften
Mit diesen Steuerelementen definieren Sie, wie die Biped-Animation erarbeitet wird. Mit den Werten können Sie die Schwerkraft, die Dynamikeigenschaften oder die Anzahl der Transformationsspuren für das Biped verändern. Außerdem können Sie verhindern, dass Keys angepasst werden.

Durch BIPED-DYNAMIK und SPLINE-DYNAMIK definieren Sie, auf welche Art neue Massen-mittelpunkte im Biped erzeugt werden. Sie legen fest, wie Sie mit dem Biped arbeiten.

Wenn Sie die FUNKTION SPLINE-Dynamik auswählen, werden für neu erstellte Schritte
Massenmittelpunkt-Keys ohne Berechnung
von Schwerkraft und Gleichgewicht erstellt.

Rollout Struktur

Aktivieren Sie den Figurmodus. Im Rollout
Struktur finden Sie die Parameter, mit denen
Sie die Skelettstruktur der Bipeds entsprechend einstellen können (Mensch, Fabelwe-
sen usw.), sowie ein Namensfeld, in dem Sie
das Massenmittelpunktobjekt des Bipeds umbenennen können. Der gewählte Name wird
auf alle anderen Biped-Gliedmaßen übertragen.

Modifikator Physique

Die Rollouts des Modifikator Physique definieren das »Zusammenspiel« zwischen dem modellierten Netz (Characters Frau, Nonne,
Mann, Dinosaurier) und den Biped-Animationen.

Rollout Gleitendes Skelett ❶

Gleitende Skelette sind Skelette, die nicht miteinander verbunden und daher unabhängig
sind. Falls Sie in dem Modifikator Physique
GLEITENDE SKELETTE hinzufügen, können Sie
durch Animationen der Skelette das modellierte Netz verändern.

Rollout Physique ❷

Im Rollout Physique können Sie ein Netz mit
einem Biped oder einer 3ds max 4-Bones-
Struktur verbinden, Physique-Dateien laden
und speichern und die Physique-Werte eines
Netzes initialisieren. Außerdem können Sie
den Wölbungs-Editor öffnen, um WÖLBUNGS-

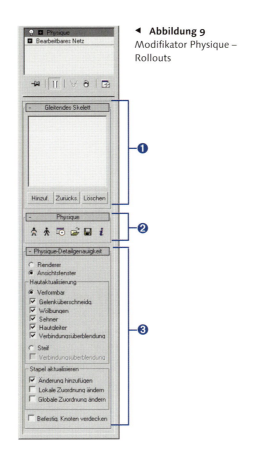

◀ **Abbildung 9**
Modifikator Physique –
Rollouts

WINKEL und SEHNEN zu erstellen und zu bearbeiten.

Rollout Physique-Detailgenauigkeit ❸

Im Rollout Physique-Detailgenauigkeit optimieren Sie nicht nur die Ansichtsfenster, sondern beeinflussen auch die Ausgabe des Renderings. Versuchen Sie hier konkret Fehler
durch das Verändern der aktiven oder deaktiven Schaltflächen zu vermeiden.

Nachdem Sie WÖLBUNGSWINKEL und SEH-
NEN erarbeitet haben, können Sie deren Einfluss im Rollout Physique-Detailgenauigkeit
deaktivieren.

Abbildung 10 ▶

Modifikator Physique – Auswahlstatus (Auswahlebenen)

Modifikator Physique – Auswahlstatus

Der Modifikator Physique gibt Ihnen die Möglichkeit, in den unterschiedlichen Auswahlebenen zu arbeiten, um gezielt Parameter einzustellen.

Rollout Überblendungsmöglichkeiten

Im Rollout Überblendungsmöglichkeiten definieren Sie die Parameter für die HÜLLEN ❶ oder aktivieren die QUERSCHNITTE ❷ oder STEUERPUNKTE ❸, indem Sie mit der Maus im Ansichtsfenster von 3ds max 4 eine VERBINDUNG – gelbe Linien, die durch »Knoten« unterteilt sind und die für die jeweilige Biped-Gliedmaße stehen – anklicken und bearbeiten.

Modifikator Physique – Auswahlebene Hülle

In dem Modifikator Physique Auswahlebene HÜLLE definieren Sie die Parametereinstellungen für die HÜLLE INNEN – AUSSEN – BEIDE ❹, deren Stärke und Fall-Off sowie die Art der aktiven Überblendung (VERFORMBAR – STEIF – TEILÜBERBLENDUNG) ❺.

Modifikator Physique – Auswahlebene Verbindung

In dem Modifikator Physique Auswahlebene VERBINDUNG definieren Sie die Parameter für das BIEGEN, DREHEN, GLEITEN und die RADIALE SKALIERUNG durch die Werte der SPANNUNG, NEIGUNG, INNEN, AUSSEN UND FALLOFF.

Modifikator Physique – Auswahlebene Wölbung

In dem Modifikator Physique Auswahlebene WÖLBUNG definieren Sie die Parameter für die erstellten Querschnitte und die Wölbungswinkel. Arbeiten Sie mit den Werten WÖLBUNGSWINKEL, EINFLUSS, STÄRKE, GEWICHT und den QUERSCHNITTPARAMETERN. Lassen Sie sich von der falschen Schreibung im Rollout nicht irritieren!

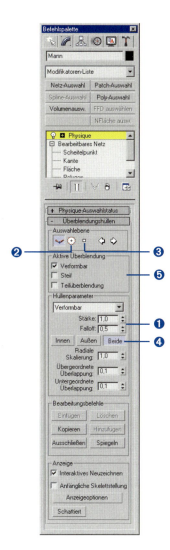

▲ **Abbildung 11**
Rollout Überblendungs-
möglichkeiten

▲ **Abbildung 12**
Modifikator Physique –
Auswahlebene Verbindung

▲ **Abbildung 13**
Modifikator Physique –
Auswahlebene Wölbung

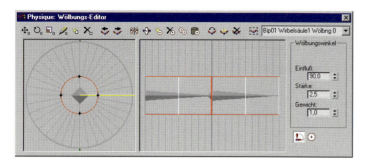

▲ **Abbildung 14**
Wölbungs-Editor

Wölbungs-Editor

Im WÖLBUNGS-EDITOR haben Sie die Möglichkeit, auf die Wölbungswinkel und die Querschnitte einzuwirken, sie zu bearbeiten und
neue Querschnitte zu erstellen.

Die wichtigsten Informationen zum WÖL-
BUNGS-EDITOR:

Der Wölbungs-Editor und die Profilansicht
dienen dazu, die Querschnitte der ausgewählten Verbindungen zu bearbeiten. Wenn Sie einen Querschnitt in der Profilansicht auswählen, können Sie ihn in der Querschnittansicht
verschieben und kopieren. Mit gedrückter
STRG-Taste können Sie per Mausklick mehrere Querschnitte auswählen. Es kann zwar nur
ein Querschnitt aktiv sein, aber durch die Auswahl mehrerer Querschnitte haben Sie die
Möglichkeit, Ihre Parameter gleichzeitig zu bearbeiten. Einen zusätzlichen Querschnitt fügen
Sie ein, indem Sie auf QS-SCHEIBE EINFÜGEN
und anschließend in die Profilansicht klicken.
Dort können Sie den Querschnitt dann positionieren.

Die Profilansicht zeigt ein schematisches
Profil von jeweils zwei Verbindungen. Dabei

befindet sich die momentan ausgewählte auf
der linken und die dazugehörige untergeord-
nete Verbindung auf der rechten Seite. Der
Umriss der rechten Seite wird grau dargestellt,
wenn es sich bei der ausgewählten Verbindung
um eine Endverbindung handelt.

Querschnitte werden als vertikale Balken
über dem Profil angezeigt. Der aktive Querschnitt wird rot dargestellt. Nicht ausgewählte
Querschnitte werden weiß dargestellt. Querschnitte, die ausgewählt, aber nicht aktiv sind,
werden dunkelrot eingefärbt.

**Modifikator Physique – Auswahlebene
Sehnen**

In dem Modifikator Physique Auswahlebene
Sehnen definieren Sie die Parameter für die
Hautdehnungen.

Nachdem Sie die Hüllenparameter für eine
gute Verformung des Netzes erarbeitet haben,
steuern Sie mit den Sehnen den Betrag der
Hautdehnung über mehrere Verbindungen.
Während Hüllen für eine gleichmäßige Haut-
verformung sorgen, bieten Sehnen eine zusätzliche Dehnung in der gleichen Weise, wie
Sehnen beim Menschen beispielsweise das
Fußgelenk beeinflussen, wenn die Zehen nach
oben oder unten bewegt werden.

**Modifikator Physique – Auswahlebene
Scheitelpunkt**

In dem Modifikator Physique in der Auswahlebene Scheitelpunkt definieren Sie als Alternative zur Auswahlebene Hülle, welche Scheitelpunkte einer Verbindung – dargestellt als
orange Linien im Ansichtsfenster – zugewiesen
werden. Es existieren drei Arten von Scheitelpunkten: Rot steht für verformbare, Grün für
steife Scheitelpunkte und Blau steht für
Stammscheitelpunkte.

◀ **Abbildung 15**
Modifikator Physique –
Auswahlebene Sehnen

◀ **Abbildung 16**
Modifikator Physique Aus-
wahlebene Scheitelpunkt –
Überblendungen zwischen
Verbindungen

▶ Verformbare Scheitelpunkte (rot): Die roten, verformbaren Scheitelpunkte folgen
dem Verformungs-Spline.

▶ Steife Scheitelpunkte (grün): Die grünen,
steifen Scheitelpunkte sind nicht verformbar. Diese Scheitelpunkte werden oft für
den Kopf eingesetzt.

▶ Stammscheitelpunkte (blau): Die blauen
Scheitelpunkte sind am Stammknoten
befestigt. In Physique wird diese Farbe verwendet, wenn nicht bekannt ist, welcher
Verbindung die Scheitelpunkte zugeordnet
sind. Diese Scheitelpunkte werden nicht
verformt, sondern folgen dem Massenmittelpunktobjekt.

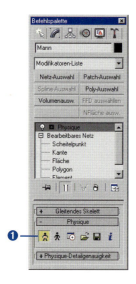

◀ **Abbildung 17**
Rollout Physique – Schaltfläche Am Knoten befestigen

▲ **Abbildung 18**
Dialog Objekt auswählen

▶ N VERBINDUNGEN: Sie beeinflussen die
Scheitelpunkte innerhalb aller überlappenden Hüllen. Obwohl diese Option in der
Auswahlebene Scheitelpunkt ausgewählt
wird, können Scheitelpunkte nur den Hüllen zugewiesen werden, in die sie fallen. In
diesem Fall werden Hüllen von dem Modifikator Physique verwendet, um das überblendete Gewicht für die einzelnen Scheitelpunkte zu definieren.

▶ KEINE ÜBERBLENDUNG: KEINE ÜBERBLEN-
DUNG beeinflusst die Scheitelpunkte nur
von einer Verbindung.

▶ 2, 3, 4 VERBINDUNGEN: Mit der Schaltfläche
2, 3, 4 VERBINDUNGEN definieren Sie, wie
viele Verbindungen die Scheitelpunkte beeinflussen. Es werden immer die nächstlie-
genden Verbindungen eingesetzt.

Blaue Scheitelpunkte

Blaue Scheitelpunkte sollten Sie als steife oder
verformbare Scheitelpunkte neu zuweisen.

Modifikator Physique – Auswahlebene Scheitelpunkt – Überblendungen zwischen Verbindungen

In dem Modifikator Physique – Auswahlebene
Scheitelpunkt – Überblendungen zwischen
Verbindungen definieren Sie die Parameter für
unterschiedliche Verbindungsüberblendungen.

Rollout Physique – Schaltfläche Am Knoten befestigen

Drücken Sie auf AM KNOTEN BEFESTIGEN ❶, um
das modellierte Netz, dem der Modifikator
Physique zugewiesen wurde, mit einer Biped-
Hierarchie zu verbinden und zu initialisieren.

Erstellen Sie den »Zusammenhalt« zwischen
dem modellierten Netz, also dem Modifikator
Physique und der Biped-Animation.

Der Dialog OBJEKT AUSWÄHLEN erscheint,
nachdem Sie auf AM KNOTEN BEFESTIGEN geklickt und eine Biped-Gliedmaße ausgewählt
haben. Danach bestätigen Sie mit AUSWÄHLEN.
Die Physique-Initialisierung folgt.

▲ **Abbildung 19**
Dialog Physique-Initialisierung

Abbildung 20 ▶
Rollout Bewegungsfluss-
Skript

Physique-Initialisierung

Im Dialog Physique-Initialisierung können Sie durch das Aufklappen der unterschiedlichen Rollouts aktiv Einfluss auf die eigentliche Initialisierung nehmen. Diese Rollouts stehen Ihnen zu einem späteren Zeitpunkt ebenfalls im Modifikator Physique zur Verfügung.

Skript

Rollout Bewegungsfluss

Im Rollout Bewegungsfluss-Skript werden Bewegungsfluss-Skripte geladen angehängt, abgespeichert sowie der Übergang zum Dialog BEWEGUNGSFLUSSDIAGRAMM und zum Dialog GEMEINSAMER BEWEGUNGSFLUSS definiert.

Rollout Bewegungsfluss-Skript

Es folgen die Erklärungen für die Schaltflächen im Rollout Bewegungsfluss-Skript (von oben links nach unten rechts):

▶ SKRIPT DEFINIEREN ❶: Diese Schaltfläche öffnet das Dialogfeld BIPED-BEWEGUNGSFLUSS-SKRIPT.

▶ ZUFALLSBEWEGUNG ERSTELLEN: Erstellen Sie auf der Grundlage des Zufalls eine Abfolge an Bewegungen.

▶ SKRIPT LÖSCHEN: Entfernen Sie das aktuelle Skript; das vorherige Skript wird wieder angezeigt.

▶ EINHEITLICHE BEWEGUNG ERSTELLEN: Erstellen Sie einen homogenen Bewegungsübergang zwischen den einzelnen *.bip-Dateien.

▶ GEHE ZU FRAME ❷: Hiermit definieren Sie das erste Frame im ausgewählten Clip als aktuelles Frame.

▶ AUSSCHNEIDEN ❸: entfernt den ausgewählten Clip aus der Liste des Skripts und erstellt
einen Vorgabeübergang zum nächsten Clip
auf der Liste.

▶ KOPIEREN: Hiermit kopieren Sie den ausgewählten Clip in die Zwischenablage.

▶ EINFÜGEN: fügt einen Clip über dem ausgewählten Clip in die Liste ein.

▶ CLIP-MODUS: Bearbeiten Sie die Schritte
und die Gliedmaße des Bipeds für den ausgewählten Clip. Mit der Option KEY FESTLE-
GEN aus dem Rollout Keyframe-Erstellung
legen Sie die Keys für die Biped-Gliedmaße
fest.

▶ CLIP BEARBEITEN: Öffnen Sie das Dialogfeld
für die Datei-Eigenschaften. Ändern Sie das
Start- und das End-Frame für den aktuellen
Clip oder ersetzen Sie den aktuellen Clip
durch einen anderen.

▶ ÜBERGANG BEARBEITEN ❹: Öffnen Sie den
ÜBERGANGS-EDITOR für den ausgewählten
Clip.

Layer

Rollout Layer

In dem Rollout Layer können Sie, aufbauend
auf Ihrer ursprünglichen Biped-Animation,
weitere Layer anlegen und somit umfassende
Änderungen vornehmen sowie am Ende alle
Veränderungen der Biped-Animation in einen
Layer zusammenfügen.

Es folgen die Erklärungen der Schaltflächen
für das Rollout Layer:

▶ Die STRICHFIGUR im jeweiligen Ansichtsfenster gibt Ihnen Aufschluss über den Bewegungsablauf des Bipeds in einem anderen Layer.

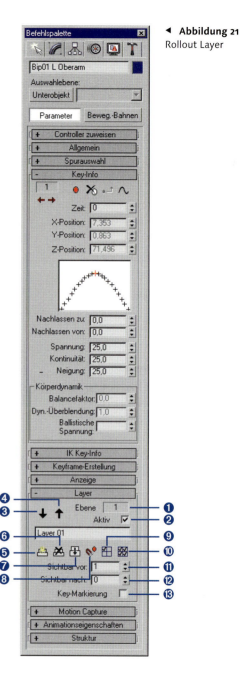

◀ **Abbildung 21**
Rollout Layer

- EBENE ❷: Der Wert Ebene zeigt die aktuelle Ebene an.
- AKTIV ❸: Die Schaltfläche AKTIV kann für den jeweiligen LAYER eingesetzt werden. Layer können deaktiv sein.
- VORHERIGER LAYER ❹: Klicken Sie auf diese Schaltfläche, um zum vorherigen Layer zu gelangen.
- NÄCHSTER LAYER ❺: Hier gelangen Sie zum nächsten Layer.
- LAYER ERSTELLEN ❻ und LAYER LÖSCHEN ❼ sind selbsterklärend.
- AUSBLENDEN ❽: Alle LAYER außer LAYER 0 werden ausgeblendet.
- KEY EINRASTEN FESTLEGEN ❾: Klicken Sie auf diese Schaltfläche, damit der ausgewählte Biped-Körperteil in der ursprünglichen Position in Layer 0 eingerastet wird. Ein Key wird automatisch erstellt.
- NUR DIESES AKTIVIEREN ❿: Hiermit können Sie nur die Biped-Animation im ausgewählten Layer sehen. Selektieren Sie erst NUR DIESES AKTIVIEREN und dann ABSPIELEN, um sich die Biped-Animation in einem Layer anzusehen.
- ALLE AKTIVIEREN ⓫: Klicken Sie auf diese Schaltfläche, um alle Layer zu aktivieren.
- SICHTBAR VOR ⓬: Definieren Sie einen Wert, um die Anzahl der vorherigen LAYER festzulegen, die als Strichfiguren angezeigt werden. SICHTBAR NACH ⓭: legt dementsprechend die Anzahl der folgenden LAYER fest.
- KEY-MARKIERUNG ⓮: Die Keys werden durch markierte Strichfiguren dargestellt.

◀ **Abbildung 22**
Rollout Motion Capture

Motion Capture

Rollout Motion Capture

In character studio 3 können Sie Motion-Capture-Dateien für die Position und das Dreh-Verhalten importieren. Key-Reduzierung, Spurauswahl, Schrittextraktion und Clip-Schleifen sind einige Funktionen, die für den Motion-Importfilter eingesetzt werden können.

▲ **Abbildung 23**
Rollout Motion Capture – Dialog
Markierungsnamendatei

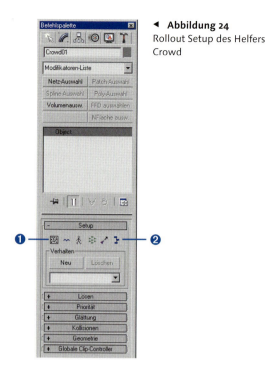

◄ **Abbildung 24**
Rollout Setup des Helfers
Crowd

Rollout Motion Capture – Dialog Markierungsnamendatei

Die *.mnn-Dateien dienen als Markierungsnamendateien für die *.bip-, *.csm- und *.bvh-Dateien, damit die Motion-Capture-Daten korrekt anhand der Namen, der Marker und der Positionen der Marker auf das Biped übertragen werden können.

▶ *.bip-Dateien: filtert die Rohversion der Motion-Capture-Daten, die in character studio 3 bereits enthalten sind. Diese Daten besitzen das Bip-Format. Durch Filtern von Standard-Bip-Dateien wandeln Sie Schrittanimationen in Freiformanimationen um, extrahieren Schritte aus einer Freiformanimation oder erstellen Schleifen aus einer *.bip-Datei.

▶ *.bvh-Dateien: Diese Biovision-Motion-Capture-Datendateien enthalten die Skelett- und Bewegungsdaten des "Schauspielers". Nach dem Filtern und Anpassen der Motion-Capture-Daten speichern Sie sie in einer *.bip-Datei.

▶ *.cal-Dateien: Schauspielerstellungsdateien

▶ *.csm-Dateien (Import einer characterstudio-3-Markierungsdatei im ASCII-Format): Sie können eine Markierungsnamendatei (.mnm), eine Schauspielerstrukturdatei (.fig) und eine Schauspielerstellungsdatei (.cal) laden, bevor Sie die *.csm-Datei öffnen. Markierungsdateien müssen ohne Key-Reduktion und ohne Schrittextraktion geladen werden, damit die Kalibrierungsfunktionen zur Verfügung stehen.

Abbildung 25 ▶
Rollout Lösen

Abbildung 26 ▶
Rollout Priorität

▶ *.mnn-Dateien: Dabei handelt es sich um Marker-Dateien für die Motion-Capture-Dateien.

Crowd

Rollout Setup

Das Rollout Setup des Helfers Crowd enthält Werkzeuge zum Einrichten diverser Crowd-Funktionen wie: Streuung ❶, Objekt-/Vertreterverbindungen, Biped-/Vertreterverbindungen, Mehrere Vertreter bearbeiten, Verhaltenszuordnungen, Kognitive Controller ❷ (Abbildung 24).

Rollout Lösen

Nachdem Sie die Crowd-Simulation eingerichtet haben, stellen Sie in diesem Rollout die Lösungsparameter ein und lösen die Simula-

tion. Sie können sie vollständig oder Frame für Frame lösen, wobei Sie bei einem beliebigen Frame beginnen können.

Um eine möglichst schnelle Generierung der Simulation zu ermöglichen, werden Vertreter-Keys gespeichert, nachdem die Lösung durchgeführt wurde; deshalb kann sich eine Pause zwischen dem Ende der Lösung und der Rückgabe der Software-Steuerung an den Benutzer ergeben. Außerdem werden alle mit Vertretern verknüpften Objekte während der Simulation verdeckt.

Rollout Priorität

Das Crowd-System verwendet die Einstellungen im Rollout Priorität bei der Lösung einer Simulation mit Bipeds, die mit Vertretern verknüpft sind. Der Parameter PRIORITÄT ist eine positive Ganzzahl, die der Benutzer einem Vertreter zuweist. Wenn Prioritäten verwendet

◀ **Abbildung 27**
Rollout Glättung

◀ **Abbildung 28**
Rollout Kollisionen

werden, berechnet die Crowd-Simulation einen Biped nach dem anderen, wobei mit der niedrigsten Prioritätseinstellung begonnen wird; ein niedrigerer Zahlenwert bedeutet also eine höhere Priorität! Wenn die Prioritäten zweier Bipeds/Vertreter gleich sind, wird die Berechnungsreihenfolge willkürlich festgelegt.

Rollout Glättung

Im Rollout Glättung stellt man die Glättung auf vorhandene Animations-Keys ein, um eine natürlichere Animation zu erzielen. Mit den Steuerelementen in diesem Rollout können Sie abrupte Positions- oder Drehungsänderungen bei animierten Objekten in einer Crowd-Simulation ausgleichen. Als Vorgabe wird die Glättung durch Key-Reduktion erzielt. Sie können auch vorhandene Animations-Keys filtern, um Änderungen zu erwirken, die eine natürlichere Bewegung erzeugen.

Rollout Kollisionen

Während der Simulation können Sie mit diesem Rollout Kollisionen nachverfolgen, die durch das Ausweich-Verhalten definiert werden. Für den Fall eines Vertreters, dessen vom Ausweich-Verhalten definierter enger Radius sich mit dem Radius eines anderen Objekts schneidet, wird an dem betreffenden Frame eine Kollision markiert. Um die Simulation gegebenenfalls zu verändern, richten Sie hier die Parameter neu ein.

Abbildung 29 ▶
Rollout Geometrie

Abbildung 30 ▶
Rollout Globale Clip-
Controller

Rollout Geometrie

In dem Rollout Geometrie verändern Sie die
Größe des Crowd-Objekts.

Rollout Globale Clip-Controller

Mit globalen Clip-Controllern weisen Sie animierte Objekte, bei denen es sich nicht um
Bipeds handelt, Vertretern in einer Crowd-Simulation zu. Mit dieser Funktion können Sie
Animationsaktivitäten, basierend auf einer Reihe von Kriterien wie Objektgeschwindigkeit,
Beschleunigung und Neigung, erarbeiten.

Dialog Verhaltenstyp auswählen

Es folgen die wichtigsten Informationen zu den
VERHALTENSTYPEN (BEHAVIOR):

▶ ABSTOSS-VERHALTEN (REPEL BEHAVIOR): Das
Abstoß-Verhalten ist das Gegenteil des
Such-Verhaltens. In einer Szene können Sie
Objekte bestimmen, welche die VERTRETER
dazu veranlassen, davor zurückzuweichen.

▶ AUSRICHTUNGS-VERHALTEN (ORIENTATION
BEHAVIOR): Das Ausrichtungs-Verhalten

dient dazu, VERTRETERN Grenzwerte für die
Drehung vorzugeben, ohne dabei deren
Pfad zu beeinflussen. Damit lassen Sie einen
Vertreter in eine Richtung schauen, wäh-
rend er sich in eine ganz andere Richtung
fortbewegt.

▶ AUSWEICH-VERHALTEN (AVOID BEHAVIOR):
Vertreter können sich von bestimmten Objekten fernhalten. Über das Ausweich-Verhalten definieren Sie diese Objekte. Kommt
ein Vertreter in einer Crowd-Simulation
einem dieser vorher definierten Objekte
näher, wird er umdrehen, bremsen oder er
weicht dem Objekt aus. Diese drei Methoden werden als ABSTOSSEN, STEUERN ZUM
AUSWEICHEN und VEKTORFELD bezeichnet.

▶ LANDE-VERHALTEN (SURFACE ARRIVE BEHA-
VIOR): Nehmen wir das Beispiel des Bienen-
schwarms. Stellen Sie sich vor, die Bienen
fliegen über eine Reihe von Blumen, um
dann auf jeweils unterschiedlichen Blüten
zu landen. Diese Situation lösen Sie am besten mit dem Lande-Verhalten. Es ähnelt

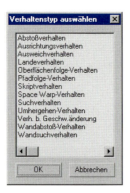

▶ SPACE-WARP-VERHALTEN (SPACE WARP BEHAVIOR): Alle Space Warps, die mit Dynamik arbeiten, können mit dem Space-Warp-Verhalten verwendet werden. Somit lassen sich Wind und Schwerkraft in die Crowd-Simulation einbinden.

▶ SUCH-VERHALTEN (SEEK BEHAVIOR): Angenommen, der oben erwähnte Bienenschwarm soll einen 3D-Character verfolgen, so eignet sich dafür am besten das Such-Verhalten, denn Sie können hierbei beliebige Objekte als stillstehendes oder bewegliches Ziel angeben.

▶ UMHERGEHEN-VERHALTEN (WANDER BEHAVIOR): Dieser Typ erlaubt es, VERTRETERN eine zufällige Bewegung zuzuweisen. Nach dem Zufallsprinzip werden Richtungs- und Geschwindigkeitswechsel bestimmt.

▶ VERHALTEN BEI GESCHWINDIGKEITSÄNDERUNG (SPEED VARY BEHAVIOR): Bei Objekten, deren Geschwindigkeit sich während der Bewegung ändert, ist dieses Verhalten wichtig: das gilt z.B. für Personen beim Einkaufsbummel. Die Parameter dieses Verhaltens ermöglichen es Ihnen, festzulegen, wie oft ein VERTRETER die Geschwindigkeit ändert, in welchem Bereich diese Geschwindigkeit liegen soll und welche Dauer die Beschleunigung haben soll, um die neue Geschwindigkeit zu erreichen.

▶ WANDABSTOSS-VERHALTEN (WALL REPEL BEHAVIOR): Für Crowd-Simulationen in geschlossenen Räumen mit geraden Wänden eignet sich das Wandabstoß-Verhalten. VERTRETER werden unter Zuhilfenahme von Rasterobjekten abgestoßen. Optional können Sie einstellen, ob die Abstoßung von einer oder von beiden Seiten ausgeht. Eine Höchstentfernung für die Abstoßkraft lässt sich ebenfalls einstellen.

dem Such-Verhalten; der Unterschied besteht allerdings darin, dass die Option ANNÄHERUNG die Angabe eines Zwischenziels erlaubt.

▶ OBERFLÄCHENFOLGE-VERHALTEN (SURFACE FOLLOW BEHAVIOR): Um beispielsweise eine Gruppe Möwen, die auf einer Wasseroberfläche mit Wellengang schwimmt, zu simulieren, wenden Sie das Oberflächenfolge-Verhalten an. Die Möwen werden somit der animierten Wasseroberfläche folgen.

▶ PFADFOLGE-VERHALTEN (PATH FOLLOW BEHAVIOR): Dieses Verhalten ermöglicht es, einen Pfad zu definieren, auf dem sich die VERTRETER während einer Crowd-Simulation bewegen. Dabei sind Vorwärts- und Rückwärtsbewegungen ebenso möglich wie Wenden oder das Gehen in umgekehrter Richtung.

▶ SKRIPT-VERHALTEN (SCRIPTED BEHAVIOR): Sie können für dieses Verhalten ein Skript erstellen, das die drei VERHALTENSTYPEN Beschränkung, Kraft oder Ausrichtung beinhaltet. Das gibt Ihnen die Möglichkeit, die Crowd-Simulation an Ihre speziellen Bedürfnisse anzupassen. Detaillierte Infos entnehmen Sie bitte der MAXScript-Referenz.

Abbildung 32 ▶
Dialog Objekt-/Vertreterverbindungen

▶ WANDSUCH-VERHALTEN (WALL SEEK BEHA-VIOR): Dieses Verhalten stellt das Gegenteil zum Wandabstoß-Verhalten dar und ermöglicht es VERTRETERN, sich in Richtung eines rechteckigen Bereichs zu bewegen. Dabei lässt sich wiederum ein ein- oder zweiseitiger Wirkungsbereich einstellen. Hiermit können Sie VERTRETER durch eine Tür hindurch bewegen.

▶ STEUERN ZUM AUSWEICHEN: Diese Methode eignet sich am besten für Tiere, die sich nah aneinander vorbeibewegen. Dabei kann die Steuerungsbewegung abrupt erfolgen, da sie nur für relativ kurze Zeiträume aktiv wird.

▶ STEUERN ZUM ABSTOSSEN: bildet das Gegenteil zu STEUERN ZUM AUSWEICHEN und eignet sich z.B. besonders für Insektenschwärme. Dabei sollten Sie nach Möglichkeit mit großen Abstoßfeldern arbeiten, um bei plötzlichen Bewegungen genügend Sicherheitsabstand zum Ausweichen zu gewährleisten.

Das Abstoß-Verhalten ist dabei immer gleichmäßig von einer Kugel nach außen gerichtet, die Kräfte verhindern das Eindringen auf allen Seiten unabhängig von der Bewegungsrichtung.

▶ VEKTORFELD: Dieses Verhalten dient dazu, beliebige Objekte in einer Szene als Abstoßobjekte zu definieren. Dabei ist die Form des Objekts für die Abstoßung ausschlaggebend. Angenommen, Sie habe es sich zur Aufgabe gemacht, einen Bienenschwarm, der um seinen Bienenstock kreist, zu animieren: Sie müssten hierfür ein Vektorfeld erstellen, das die Form des Bienenstocks in den umgebenden Raum hinein erweitert. Dabei werden per Scan-Konvertierung die Oberflächennormalen des 3D-Objekts Bienenstock in ein 3D-Gitter umgewandelt, das den Bienen exakt vorschreibt, in welche Richtung sie auszuweichen haben. Sie werden somit präzise in Richtung der Ausweichkraft abgestoßen.

Abbildung 33 ▶
Rollout Geometrieparameter –
Helfer Vertreter

Dialog Objekt-/Vertreterverbindungen

Im Dialog OBJEKT-/VERTRETERVERBINDUNGEN
haben Sie die Möglichkeit, die Objekte (Netzobjekte) mit den VERTRETERN zu verbinden.
Dasselbe geschieht im Dialog BIPEDS MIT VER-
TRETER VERBINDEN mit Bipeds.

Vertreter

In den Rollouts des Helfers Crowd – Änderungspalette – werden alle Parameter für die
CROWD-Simulationen definiert.

**Rollout Geometrieparameter – Helfer
Vertreter**

Mit diesen Optionen im Rollout Geometrieparameter – Änderungspalette verändern Sie
die Größe der VERTRETER.

**Rollout Bewegungsparameter – Helfer
Vertreter**

Im Rollout geometrieparameter definieren Sie
die Eigenschaften eines Helfer Vertreter, wie
z.B. das Tempo oder andere Verhaltensarten.
Hier werden die Vertreter mit den Bipeds verbunden.

Modellierung des Characters

Modeling

character studio beherrscht mehrere Modellierungsmöglichkeiten. Wir erläutern sie hier und zeigen Ihnen, welche davon für Ihre Bedürfnisse die richtige ist.

Box-Modeling

Zu den Hauptmodellierungtechniken zählt das Box-Modeling. Es eignet sich hervorragend für den Einstieg in die Objekt- und Charaktermodellierung.

Gerade Anfänger sollten bei ihrem Einstieg in die Welt der dreidimensionalen Körper mit dem Box-Modeling beginnen. Das Box-Modeling, auch Polygon-Modeling genannt, enthält viele wichtige Funktionen, die für das Verständnis und den Umgang mit dem jeweiligen Softwarepaket wichtig sind.

Somit lassen sich viele Funktionen und Befehle auch auf andere Techniken der Modellierung übertragen. Da 3ds max 4 auf die Erstellung von Computerspielen, die ja bekanntlich mit hochoptimierten Figuren und Objekten arbeiten, ausgerichtet wurde, sind viele neue Funktionen zum Bearbeiten von polygonalen Flächen hinzugekommen.

In diesem Tutorial wollen wir Ihnen die grundlegenden Befehle und Funktionen anhand der Modellierung einer einfachen Giacometti-Figur näher bringen. Dabei kommen zwei Modifikatoren zum Einsatz: Netz bearbeiten und Meshsmooth.

Modeling einer Giacometti-Figur

Wir modellieren die Figur in einer Grundstellung, mit seitlich ausgestreckten Armen und gespreizten Beinen, um später eventuell noch ein Biped komfortabel einbinden zu können. Als Ausgangsobjekt verwenden wir, wie der Name schon sagt, eine einfache Box. Über die Erstellungspalette erzeugen Sie einen Quader mit drei Längensegmenten, zwei Breitensegmenten und einem Höhensegment. Er stellt das Grundgerüst des Oberkörpers dar. Aus ihm werden Arme, Beine und der Kopf per Extrudierung herausmodelliert.

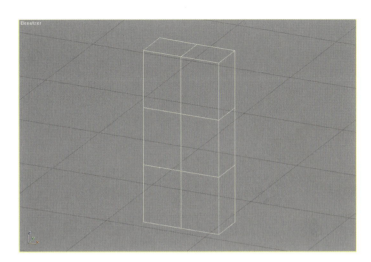

▲ **Abbildung 1**
Ein Quader als Ausgangsobjekt

1. Eine Hälfte als Grundmodell

Zum Modellieren der Figur benötigen wir nur eine Hälfte, die später gespiegelt wird. Dazu wenden wir an dieser Stelle den Netz bearbeiten-Modifikator an, gehen in die Unterobjektebene Polygon und löschen die linke Hälfte.

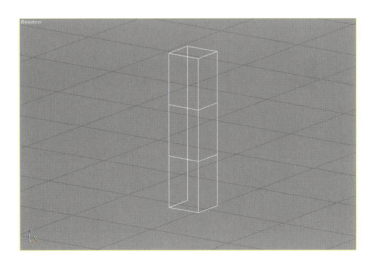

▲ **Abbildung 2**
Löschen der linken Hälfte

2. Die Form des Oberkörpers

Wenn Sie in der Unterobjekthierarchie auf SCHEI-TELPUNKT wechseln, können Sie durch TRANSFOR-MIEREN VERSCHIEBEN, SKALIEREN und ROTIEREN die Form des Oberkörpers anpassen. Wählen Sie dazu die gewünschten Scheitelpunkte aus, und bringen Sie sie in die richtige Postition.

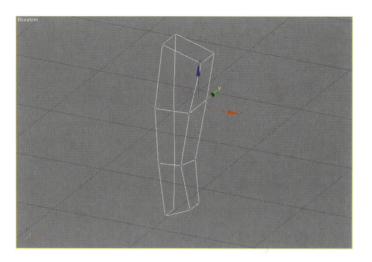

▲ **Abbildung 3**
Verschieben der Scheitelpunkte

3. Erstellen des Beins

Das Bein erstellen Sie, indem Sie das untere Po-lygon selektieren und über den Befehl EXTRUDIE-REN mit mehreren Segmenten nach unten hin verlängern.

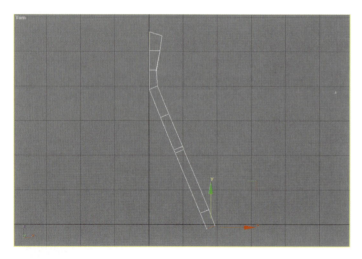

▲ **Abbildung 4**
Extrudieren der Fläche

4. Anpassen der Scheitelpunkte des Beins

Auch hier müssen die Scheitelpunkte wieder in Form gebracht werden. Gehen Sie dabei vor wie beim Oberkörper.

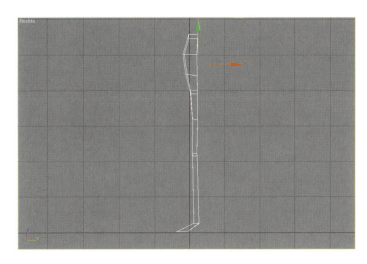

▲ **Abbildung 5**
Das Bein in der Seitenansicht

5. Erstellen des Arms

Den Arm erzeugen Sie auf die gleiche Art und Weise wie das Bein. Wählen Sie dazu das obere, seitliche Polygon aus und rufen den Befehl EX-TRUDIEREN auf, um den Arm mit mehreren Segmenten zu erstellen.

Danach können Sie wieder die Scheitelpunkte anpassen, um die Form des Arms herauszuarbeiten.

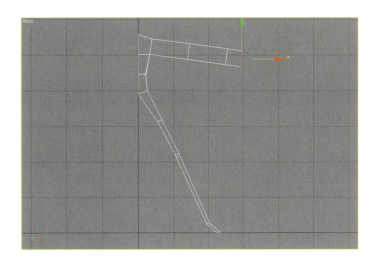

▲ **Abbildung 6**
Extrudieren des Arms

6. Erstellen des Halses

Als Nächstes muss nun der Hals erstellt werden. Die Schrittfolge ist die gleiche wie bei den vorherigen Steps.

Diesmal müssen Sie das oberste Polygon auswählen. Extrudieren Sie es mit drei Segmenten. Dadurch, dass die Schulterpartie abgewinkelt ist, werden auch die neuen Segmente schräg nach oben zeigen. Die in Abbildung 7 markierten Scheitelpunkte müssen dafür auf der X-Achse auf Null liegen.

Damit gehen Sie sicher, dass beim späteren Spiegeln der Figur keine Lücken beim Zusammenfügen der beiden Hälften entstehen. Dazu sollten Sie in der Frontansicht alle sechs Scheitelpunkte separat auswählen und über das Eingabefenster TRANFORMATION EINGEBEN: VERSCHIEBEN (Abb. 8) aus der X-Achse auf Null positionieren (Abb. 9).

Das Fenster öffnet sich, indem Sie mit der rechten Maustaste auf das Transformationssymbol VERSCHIEBEN in der Menüleiste klicken.

7. Positionieren der Scheitelpunkte

Richten Sie auch an dieser Stelle wieder die Scheitelpunkte des Halses per Transformation aus.

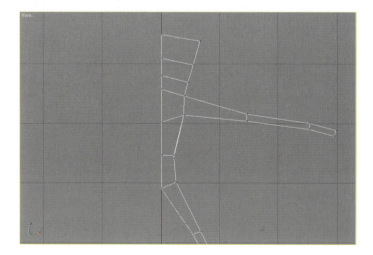

8. Erstellen des Kopfes

Das oberste Polygon dürfte von den vorherigen Schritten noch selektiert sein. Wenn nicht, wählen Sie es aus, und benutzen Sie wieder den Befehl EXTRUDIEREN, um den Hals nach oben hin mit drei Segmenten zu verlängern.

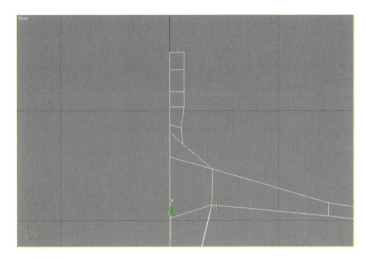

▲ **Abbildung 10**
Extrusion für den Kopf

9. Positionieren der Scheitelpunkte

Auch hier müssen Sie die erzeugten Scheitelpunkte wieder in Form bringen.

Die Modellierung des Grundmodells (der ersten Hälfte) ist hiermit soweit abgeschlossen, weitere Details können Sie auch später noch hinzufügen.

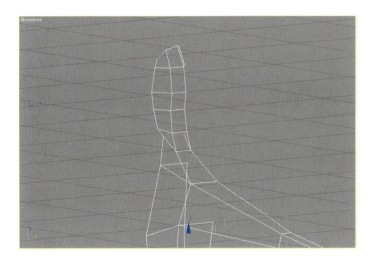

▲ **Abbildung 11**
Anpassen der Scheitelpunkte für den Kopf

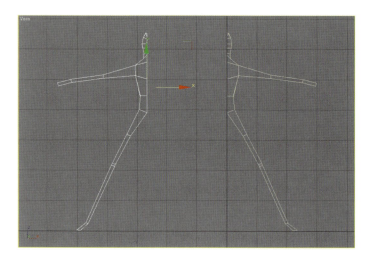

▲ **Abbildung 12**
Die gespiegelte zweite Hälfte

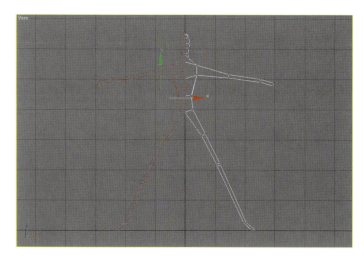

▲ **Abbildung 13**
Zusammenfügen der beiden Hälften

10. Kopieren und Spiegeln

Um die zweite Hälfte zu erzeugen, verschieben Sie Ihr Modell mit gedrückter ⇧ *-Taste um einige Einheiten nach links, bestätigen Sie dann das Dialogfeld* KLONOPTIONEN *mit OK. Achten Sie dabei darauf, dass die Option* OBJEKT KOPIEREN *aktiviert ist. Danach gehen Sie in der Menüleiste unter* EXTRAS *auf* SPIEGELN *und wählen die X-Achse für die Spiegelachse aus. Voilà, die zweite Hälfte ist erzeugt (Abb. 12).*

11. Anhängen der zweiten Hälfte

Wählen Sie nun wieder die erste Hälfte der Figur aus, und gehen Sie in der Änderungspalette in den Unterobjektmodus POLYGON.

Wenn Sie die Schaltfläche ANHÄNGEN *auswählen und auf die zweite Hälfte klicken, erhalten Sie ein einzelnes Objekt. Schalten Sie nun die Snapfunktion ein und vergewissern Sie sich im Fenster* RASTER UND OBJEKTFANG EINRICHTEN, *dass die Option* SCHEITELPUNKT *eingeschaltet ist. (Dies erreichen Sie, indem Sie mit der rechten Maustaste auf den 3D-Objektfang-Button links neben dem Animationsknopf klicken.)*

Selektieren Sie nun alle Polygone der zweiten Hälfte der Figur. In der Anzeigepalette schalten Sie für das Modell die Scheitelpunktmarkierungen ein. Alle Eckpunkte werden jetzt blau markiert.

Nun fahren Sie mit dem Mauszeiger über die Scheitelpunkte. Sie werden feststellen, dass der Mauszeiger über jedem Scheitelpunkt einrastet. Suchen Sie sich einen der Scheitelpunkte auf der offenen Seite der Figur aus, und ziehen Sie ihn auf den dazugehörigen Scheitelpunkt der ersten Hälfte. Dort sollte er dann einrasten (Abb. 13).

12. Verschweißen der Scheitelpunkte

Als Nächstes müssen noch die Scheitelpunkte, die die Naht zwischen den beiden Hälften darstellen, verschweißt werden. Wechseln Sie in der Unterobjekthierarchie auf SCHEITELPUNKT, und wählen Sie der Reihe nach alle übereinander liegenden Punkte entlang der Naht aus. In der Änderungspalette – Modifikator – Netz bearbeiten – Scheitelpunkt wählen Sie im Untermenü VERSCHWEISSEN den Befehl AUSGEWÄHLT. Damit vereinen Sie die doppelten Kanten an der Nahtstelle.

13. Modifikator Meshsmooth

Wir haben jetzt eine Figur, die nur aus wenigen Polygonen besteht und damit noch sehr eckig und kantig ausschaut. Um den Kanten den Garaus zu machen, wenden wir nun den Modifikator Meshsmooth an. Er dient dazu, zwischen vorhandenen Flächen und Scheitelpunkten parametrisch zusätzliche Flächen und Scheitelpunkte einzufügen, um Kanten und Ecken zu glätten. Gehen Sie in die Änderungspalette, und wählen Sie unter der verschiedenen Modifikatoren Meshsmooth aus. Anschließend geben Sie im Rollout Betrag der Unterteilung bei WIEDERHOLUNGEN den Wert »1« ein.

Ihre Giacometti-Figur sollte nun aussehen wie in Abbildung 14. Zugegeben, viele Details hat sie noch nicht. Diese können jedoch noch aus dem verfeinerten Mesh herausgearbeitet werden. Mit Meshsmooth haben Sie unter anderem die Möglichkeit, einzelne Flächen und Scheitelpunkte auszuwählen, um diese Stellen selektiv zu verfeinern. Spielen Sie ein wenig mit den Parametern und dieser Technik und Sie werden sehen, dass Sie damit ein mächtiges Tool zur Objektmodellierung zur Verfügung haben.

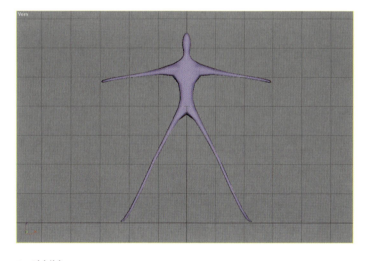

▲ **Abbildung 14**
Anwenden des Modifikators Meshsmooth

Spline-Modeling

Zu den herausragenden Modeling-Techniken zählt unumstritten das Spline-Modeling. Es eignet sich hervorragend zur Erstellung von organischen Körpern und Figuren. Dabei wird die Oberfläche eines Objekts immer durch vier miteinander verbundene Spline-Segmente definiert, welche dann durch den Oberflächen-Modifikator mit einem Patch-Raster überzogen werden. Zeitweilig ist dafür bei komplexen Modellen ein gutes Vorstellungsvermögen erforderlich. Dabei ist es speziell für das Character-Modeling von Vorteil, dass diese Geometrie auflösungsunabhängig ist. Sie können eine Figur mit wenigen Polygonen/Segmenten versehen, um eine größere Performance bei der Animation zu erreichen. Ist dieser Arbeitsabschnitt abgeschlossen, erhöhen Sie einfach die Zahl der Segmente und Sie erhalten für das finale Rendering ein höher aufgelöstes Modell.

Tutorial 1: Einführung in das Spline-Modeling

In diesem Abschnitt werden wir Ihnen die Grundlagen des Spline-Modelings näher bringen, um diese bei der Modellierung einer Schildkröte und eines Frauenkopfes umzusetzen. Hierbei muss allerdings erwähnt werden, dass diese Technik eine gewisse Grundkenntnis der meisten Funktionen von 3ds max voraussetzt und dem eher fortgeschrittenen Anwender zu empfehlen ist. Da die Erklärung aller Grundkenntnisse den Rahmen dieses Abschnitts sprengen würde, gehen wir an dieser Stelle lediglich auf die reine Umsetzung ein.

Die Box

1. Modifikator Oberfläche

Um die Funktionsweise des so genannten Oberflächen-Modifikators zu verstehen, erstellen Sie als allererstes eine Box per Spline-Modeling.

2. Erstellen der Grundform

Setzen Sie dazu 3ds max zurück, gehen Sie in die Registerpalette ERSTELLEN • SHAPES und wählen Sie den Objekttyp RECHTECK aus.

Schalten Sie die Snap-Funktion mit der Taste S ein, und ziehen Sie in der Frontansicht einen quadratischen Spline auf.

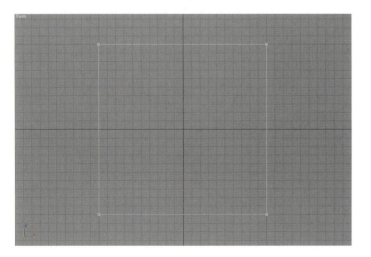

▲ **Abbildung 15**
Erstellen eines quadratischen Splines

3. In bearbeitbaren Spline konvertieren

Wenn Sie nun mit der rechten Maustaste auf das Quadrat klicken, öffnet sich das Quad-Menü. Im Transformieren-Quadranten finden Sie ganz unten die Funktion KONVERTIEREN IN. Wählen Sie hier den Befehl IN BEARBEITBAREN SPLINE UMWANDELN aus. Sie haben jetzt Ihrem Spline den Modifikator Spline bearbeiten zugewiesen und den Modifikator-Stapel gleichzeitig collapsed.

4. Arbeiten auf Unterobjektebene

Sie wechseln automatisch in die Änderungspalette und aktivieren hier in der Objekthierarchie die Option SPLINE ❶.

Wenn Sie nun in der Oben-Ansicht auf Ihr Quadrat klicken, färbt es sich rot, das heißt, Sie haben jetzt in der Unterobjektebene den kompletten Spline selektiert.

Drücken Sie ⓢ, um die Snap-Funktion auszuschalten.

5. Erstellen einer Spline-Kopie auf Unterobjektebene

Über den Rechtsklick auf den markierten Spline gelangen Sie wieder in das Quad-Menü. Wählen Sie hier den Befehl TRANSFORMIEREN • VERSCHIEBEN aus, und verschieben Sie den Spline mit gedrückter ⇧-Taste um einige Einheiten nach oben. Sie haben damit eine Kopie Ihres Quadrates auf der Unterebene erstellt.

Über den Tastaturbefehl ⓥ können Sie Ihre Ansicht drehen und wechseln somit in die Benutzeransicht. Der Tastaturbefehl ⓩ dient dazu, sich aus der Ansicht auszuzoomen. Benutzen Sie die beiden Tastaturbefehle, um sich Ihre beiden erstellten Splines so zurechtzurücken, dass Sie alle acht Eckpunkte der Splines erkennen können.

◀ **Abbildung 16**
In der Änderungspalette die Option Spline aktivieren

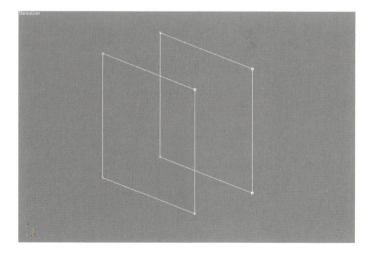

▲ **Abbildung 17**
Kopie auf Spline-Ebene

Sie haben jetzt durch Verschieben des zweidimensionalen rechteckigen Splines auf der Y-Achse das Grundgerüst für Ihre dreidimensionale Box erstellt. Allerdings werden Sie beim genauen Betrachten feststellen, dass die Verbindungen zwischen den Eckpunkten fehlen. Aber auch diese sind leicht erstellt. Dafür müssen Sie lediglich zwei weitere Einstellungen vornehmen.

6. Anpassen der Einstellungen

Wechseln Sie in die Anzeigepalette, und aktivieren Sie im Rollout-Menü Anzeigeeigenschaften die Option SCHEITELPUNKT-MARKIERUNGEN ANZEIGEN. An Ihrem Spline werden nun die Eckpunkte angezeigt, und Sie werden es leichter haben, diese mittels weiterer Splines und der Snap-Funktion zu verbinden.

Für ein vernünftiges Arbeiten mit Splines sollten Sie diesen Befehl auf eine Taste Ihrer Tastatur legen; Sie werden ihn immer wieder brauchen. Gehen Sie dazu in die Menüleiste auf ANPASSEN • BENUTZEROBERFLÄCHE ANPASSEN. Auf der Registerkarte TASTATUR können Sie die Option SCHEITELPUNKTE EINBLENDEN ❶ auswählen und ihr einen Tastaturbefehl zuweisen.

In diesem Beispiel wurde die Taste ⌨m gewählt, die zwar der Funktion MATERIALEDITOR ANZEIGEN zugewiesen ist, aber diese werden wir in diesem Tutorial nicht so häufig benötigen. Wenn Sie Ihre Änderungen vorgenommen haben, speichern Sie sie ab und schließen das Fenster wieder.

Sie müssen nun nur noch eine kleine Einstellung vornehmen. Dazu gehen Sie wieder in die Menüleiste auf ANPASSEN und wählen RASTER UND OBJEKTFANG EINRICHTEN. Aktivieren Sie hier die Option SCHEITELPUNKT ❷, und schließen Sie das Fenster wieder.

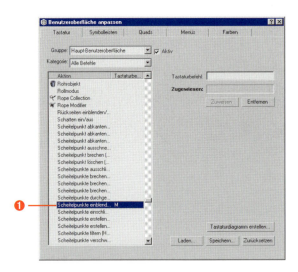

▲ **Abbildung 18**
Das Dialogfeld Benutzeroberfläche anpassen

Abbildung 19 ▶
Das Dialogfeld Raster und Objektfang einrichten

Sie haben nun die Snap-Funktion so konfiguriert, dass sie beim Zeichnen von weiteren Splines auf bereits vorhandenen Eckpunkten einrastet.

7. Erstellen der Verbindungslinien

Wir können uns nun wieder unserer Box widmen. Wie bereits erwähnt, müssen Sie nun noch die gegenüberliegenden Scheitelpunkte miteinander verbinden. Dazu schalten Sie mit der Taste ⟦s⟧ wieder die Snap-Funktion ein, gehen in die Registerpalette ERSTELLEN • SHAPES und wählen LINIE aus. Wenn Sie nun den Mauszeiger über den Scheitelpunkten bewegen, werden Sie feststellen, dass er dort einrastet. Verbinden Sie nun alle vier Scheitelpunktpaare mit Linien, sodass Sie einen dreidimensionalen Quader erhalten. Sie haben nun fünf Spline-Objekte in Ihrer Szene.

8. Anhängen der Verbindungslinien

Abschließend müssen Sie nur noch die vier neu erstellten Splines an Ihre beiden Quadrate anhängen. Wechseln Sie dazu in die Änderungspalette. Wählen Sie ein Rechteck aus, und rufen Sie mit einem Rechtsklick das Quad-Menü auf.

Unter HILFSMITTEL 2 wählen Sie den Befehl ANHÄNGEN aus und klicken der Reihe nach auf alle vier Verbindungslinien. Damit haben Sie nun die Verbindungslinien auf der Unterobjektebene angehängt. Die Definition Ihres dreidimensionalen Quaders durch Splines ist damit abgeschlossen. Wenn Sie Ihren Ansichtsmodus auf GESHADET umstellen, werden Sie allerdings feststellen, dass die Flächen fehlen.

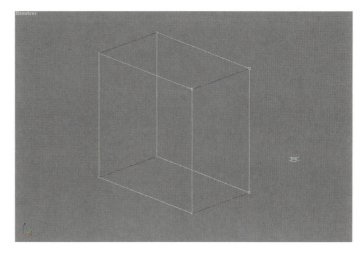

▲ **Abbildung 20**
Verbundene Eckpunkte

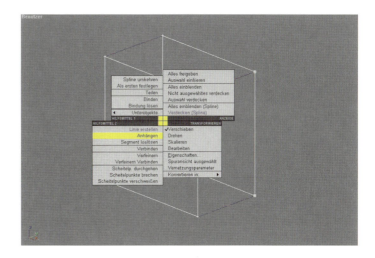

▲ **Abbildung 21**
Anhängen der Verbindungslinien per Quad-Menü

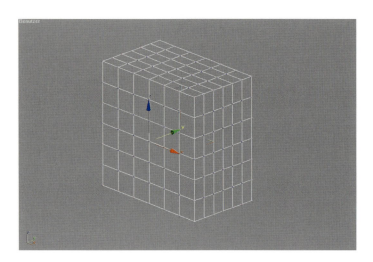

▲ **Abbildung 22**
Zuweisen des Modifikators Oberfläche

9. Zuweisen des Modifikators Oberfläche

Nun müssen Sie nur noch den Oberflächen-Modifikator auf das Spline-Modell anwenden. Öffnen Sie dazu die Modifikatoren-Liste in der Änderungspalette. Unter PATCH/SPLINE BEARBEITEN finden Sie den Modifikator Oberfläche. Weisen Sie diesen Ihrem Objekt zu.

Für den Fall, dass die nun entstandene Box noch offen ist, müssen Sie die Option NORMALEN WENDEN aktivieren. Sie haben jetzt mit einfachem Spline-Modeling eine geschlossene Box erzeugt. Gleichzeitig haben Sie die wichtigsten Funktionen und Befehle für diese Technik erlernt.

10. Verfeinerungen und Änderungen

Gehen wir nun aber einmal davon aus, Sie wollten aus dem einfachen Quader eine Art Pfeil mit einer Spitze erzeugen. Dazu ist es nötig, das Spline-Gerüst an einer Seite zu verfeinern, um es anschließend in die gewünschte Pfeil-Form zu bringen.

Wechseln Sie dazu in der Hierarchie der Änderungspalette auf das Unterobjekt SCHEITELPUNKT zurück. Wenn Sie nun mit einem Rechtsklick auf das Objekt das Quad-Menü öffnen, finden Sie unter HILFSMITTEL 2 den Befehl VERFEINERN.

Damit können sie weitere Scheitelpunkte in ein Segment einfügen. Da wir aber die Scheitelpunkte auf der gleichen Höhe einsetzen wollen, müssen Sie unter RASTER- UND OBJEKTFANG ANPASSEN noch die Option MITTELPUNKT aktivieren. Wenn die Snap-Funktion eingeschaltet ist und Sie mit dem Mauszeiger über ein Segment Ihres Quaders fahren, rastet er genau über dem Mittelpunkt des Segments ein. An genau dieser Stelle verfeinern Sie jetzt das Segment, zudem fügen Sie auf dem gegenüberliegenden Segment ebenfalls einen Scheitelpunkt ein.

Wählen Sie anschließend alle Scheitelpunkte aus und stellen Sie diese im Quad-Menü unter HILFSMITTEL 1 auf ECKE um. Schalten Sie nun die Snap-Funktion aus, und selektieren Sie die beiden neu erstellten Scheitelpunkte. Um die gewünschte Pfeilform zu erzielen, müssen Sie die Scheitelpunkte um einige Einheiten nach außen ziehen.

11. Erstellen von Verbindungslinien

Vorder- und Rückseite des Objekts haben jetzt fünf Scheitelpunkte beziehungsweise Segmente. Da dies gegen die Grundvoraussetzung verstößt, dass eine Patch-Fläche nur zwischen vier Segmenten entstehen kann, müssen Sie auch an dieser Stelle Verbindungs-Splines zwischen den freien gegenüberliegenden Scheitelpunkten erstellen.

Dies können Sie auch in der Unterobjektebene erreichen, indem sie das Quad-Menü aufrufen und den Befehl Linie erstellen auswählen. Bei eingeschaltetem Snap müssen Sie nur noch die Linien von Scheitelpunkt zu Scheitelpunkt ziehen.

12. Innen-Patches entfernen

Gehen Sie in der Objekthierachie wieder auf den Oberflächen-Modifikator. Wenn Sie nun in die geshadete Ansicht wechseln, werden Sie erkennen, dass auch im Inneren des Pfeils eine Patch-Fläche entstanden ist und dass alle Flächen nach innen verdreht sind.

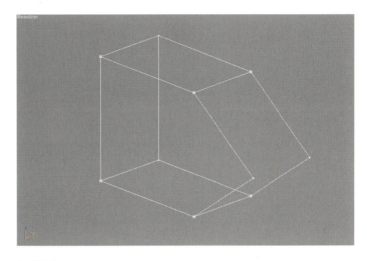

▲ **Abbildung 23**
Durch Herausziehen der Scheitelpunkte entsteht eine Spitze.

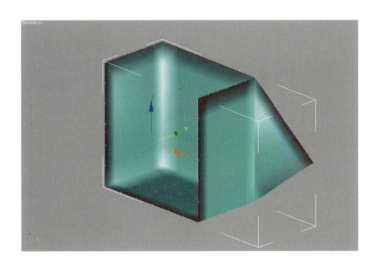

▲ **Abbildung 24**
Verdrehte Normalen und Innenpatches

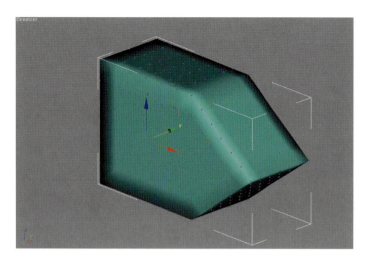

▲ **Abbildung 25**
Das Endergebnis

Um dies zu umgehen, können Sie unter den Parametern des Oberflächen-Modifikators die Option INNEN-PATCHES ENTFERNEN und die Schaltfläche NORMALEN WENDEN aktivieren. Das fertige Ergebnis Ihres Pfeils sollte dann aussehen wie in Abbildung 25.

Wie Sie sehen, ist es gar nicht so schwer, mit Spline-Modeling zu arbeiten. Allerdings bedarf es einer gewissen Übung, um alle Funktionen zu beherrschen und so mit dem Modeling zügig voranzukommen. Im nächsten Abschnitt werden wir das erlernte Wissen noch weiter vertiefen.

Tutorial 2: Eine Schildkröte entsteht

Versuchen wir nun, die erlernte Technik auf das Modeling einer Schildkröte zu übertragen. 3ds max erlaubt es, verschiedene Hilfsmittel zur Modellierung einzusetzen. Sie haben die Wahl, sich zum Beispiel eingescannte Vorlagenbilder in den Ansichtsfensterhintergrund zu legen, um daran die Proportionen Ihrer Figur abzumessen, oder Sie können einfache Boxen in Ihrer Szene positionieren, die mit einer Bildvorlage texturiert sind. Das hat natürlich den Nachteil, dass die Vorlage lediglich im geshadeten Ansichtsfenster sichtbar ist. Da es in diesem Fall nicht um die exakte Darstellung einer Bildvorgabe geht, haben wir auf diese Vorlagen verzichtet und uns mit verschiedenen Schildkrötenbildern aus dem Internet begnügt, die wir uns ausgedruckt und an den Monitor geheftet haben. Mit ein wenig Gefühl für Ana-

tomie und Proportionen kann man auf diese Art sehr gute Ergebnisse erzielen.

Wichtig bei der Modellierung eines 3D-Characters – ob es sich nun um eine Schildkröte oder eine menschliche Figur handelt – ist, dass man sich schon im Voraus Gedanken über dessen späteren Einsatz macht. Will ich die Figur später noch in einer Animation einsetzen oder will ich lediglich ein einzelnes Bild erstellen?

In der Regel sollten Sie die Figur derart anlegen, dass Sie später immer noch die Möglichkeit haben, sie möglichst problemlos mit einem Skelett und einer verformbaren Oberfläche zu versehen, um dann noch in der Lage zu sein, sie vernünftig und anatomisch korrekt zu animieren. Dazu wählt man meist eine unkomplizierte Grundstellung mit ausgestreckten Armen und Beinen. Dabei sollten Sie sich auch genau überlegen, welche Teile der Figur ge-

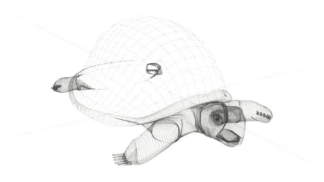

▲ **Abbildung 26**
Schildkröte gerendert als Drahtgittermodell

▲ **Abbildung 27**
Gerenderte Schildkröte ohne Texturen

trennt zu modellieren sind. Welche Elemente sollen sich später bewegen und welche nicht?

Bei unserer Schildkröte fällt die Wahl nicht schwer, und wir beginnen mit dem Panzer. Er ist in diesem Fall am einfachsten zu modellieren, zudem bleibt er bei einer späteren Animation natürlich steif. Danach kümmern wir uns um den Kopf mit den vorderen Beinen, und abschließend erstellen wir die Hinterbeine. Zu diesem Abschnitt existiert auf der zum Buch dazugehörigen CD eine max-Datei, die die komplett modellierte Schildkröte enthält. Sie sollten aber erst einmal den Schritten dieses Step-by-Step-Workshops folgen, um noch weitere Möglichkeiten und Funktionen des Spline-Modelings kennen zu lernen. Anmerkend sei an dieser Stelle noch erwähnt, dass es keine exakte Anleitung zur Modellierung eines 3D-Characters gibt. Dieser Workshop soll ihnen nur die verschiedenen Techniken zur Spline-Modellierung aufzeigen und Ihnen ein wenig Routine im Umgang mit den erlernten Techniken bringen. Vergessen Sie nicht, das uralte Sprichwort: »Es ist noch kein Meister vom Himmel gefallen!« Und verzweifeln Sie nicht, wenn nicht alles direkt klappt. Also viel Spaß!

Nur die halbe Arbeit

Da Sie mit einer 3D-Software arbeiten, ist es ausreichend, nur eine Seite eines Objekts zu erstellen, da sich eine Kopie der Seite in den meisten Fällen spiegeln und an das Ursprungsobjekt anhängen lässt. Sie können sich dadurch viel Modellierarbeit sparen.

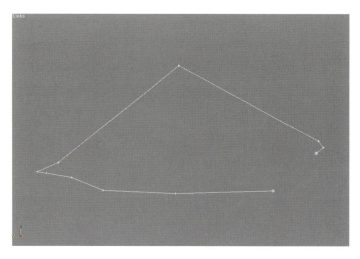

▲ **Abbildung 28**
Erstellen des Längsquerschnitts

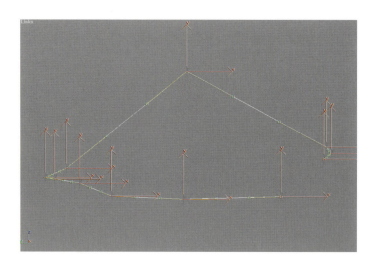

▲ **Abbildung 29**
Umwandeln der Scheitelpunkte in Béziereecken

1. Erstellen des Längsquerschnitts

Beim Modellieren des Panzers beginnen Sie am besten mit einem Querschnitt durch die Längsachse. Dazu zeichnen Sie mittels des Linien-Tools die Silhouette des Schilkrötenpanzers in einer Seitenansicht nach. Achten Sie darauf, dass Sie nicht zu viele Scheitelpunkte dabei verwenden, denn je mehr Scheitelpunkte Ihr so genannter Spline-Cage besitzt, desto mehr Verbindungslinien müssen Sie erstellen. Das führt dazu, dass Sie leicht den Überblick verlieren, denn somit wird es auch immer schwieriger, die Grundvoraussetzung eines Patches (vier verbundene Segmente pro Patch-Fläche) einzuhalten.

Sie sollten sich beim Zeichnen auch angewöhnen, mit eckigen Scheitelpunkten zu arbeiten. Diese können später immer noch abgerundet oder geglättet werden. Zeichnen Sie vorerst ein kantiges Gerüst wie in Abbildung 28.

2. Abrunden des Längsquerschnitts

Wechseln Sie nun in die Änderungspalette auf die Scheitelpunktebene und selektieren Sie alle Eckpunkte. Mit einem Rechtsklick können Sie über das Quad-Menü alle Punkte in Béziereecken konvertieren. Durch diesen Befehl haben jetzt alle Scheitelpunkte Bézieranfasser bekommen (Abbildung 29), die Sie über Transformieren • Verschieben, Rotieren und Skalieren in die gewünschte Form bringen können.

Die Lücke rechts stellt die spätere Öffnung für den Kopf dar. Im vorderen und hinteren Bereich sollte eine kleine Krempe entstehen, die den Panzer später leicht abrundet. Editieren Sie die Anfasser so, dass sich eine Linie ergibt, die der in der Abbildung 30 nahe kommt.

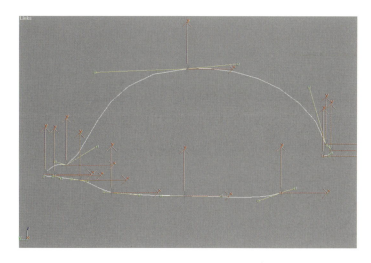

▲ **Abbildung 30**
Abgerundeter Längsquerschnitt

3. Erstellen des Vorderprofils

Wechseln Sie nun in die Vorderansicht, um das Vorderprofil zu erstellen. Zeichnen Sie auch hier den Spline erst mit eckigen Scheitelpunkten, die Sie danach in Bézierecken konvertieren.

Mit der Snap-Funktion können Sie den Spline-Anfang exakt auf dem höchsten Scheitelpunkt des Längsquerschnitts positionieren. Dazu müssen Sie natürlich die Scheitelpunkt-Markierungen einschalten. Jetzt runden Sie die Scheitelpunkt-Ecken über die Bézieranfasser ab. Die kleine Krempe, die Sie schon für den Längsquerschnitt ausgearbeitet haben, sollte sich in diesem Teilstück wie in Abbildung 31 fortführen.

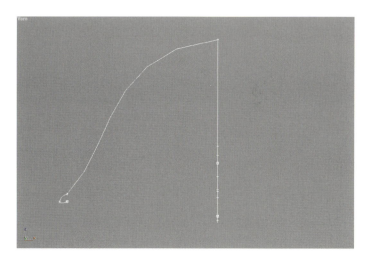

▲ **Abbildung 31**
Das fertige Vorderprofil mit Längsquerschnitt

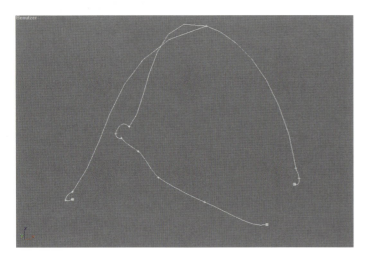

▲ **Abbildung 32**
Der Spline-Cage in der Benutzeransicht

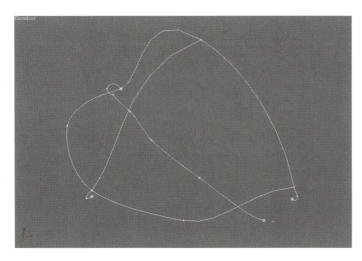

▲ **Abbildung 33**
Verbindungslinien für die Seitenränder

4. Verbindungslinien zwischen Längs-
querschnitt und Vorderprofil

Sie haben jetzt bereits die grobe Form des Schildkrötenpanzers auf Spline-Ebene definiert. Nun sollten Sie mit ⓥ Ihre Ansicht so zurecht-drehen, dass Sie einen besseren Überblick über Ihren Spline-Cage haben.

Jetzt können Sie die Scheitelpunkte des obe-ren Randes der Krempe mit einem weiteren Spline verbinden. Beachten Sie, dass wir die bei-den Segmente jeweils noch einmal mit einem Scheitelpunkt ❶ verfeinert haben. Auf der Scheitelpunktebene können Sie nun die Eck-punkte wiederum in die gewünschte Form brin-gen. Richten Sie sich dabei am besten nach Ab-bildung 33.

Wenn Sie jetzt in der Hierarchie des Spline-Cages auf SEGMENT wechseln und den gerade er-stellten Spline komplett auswählen, können Sie ihn mit gedrückter ⓦ-Taste auf der Z-Achse ein wenig nach unten verschieben. Sie haben nun eine Kopie erstellt. Vergewissern Sie sich, dass der Snap eingeschaltet ist, und fahren Sie mit der Maus über einen der äußeren Scheitelpunkte, sodass sie dort einrastet. Ziehen Sie nun den Scheitelpunkt mit dem kompletten Spline auf den darunter liegenden Scheitelpunkt. (Sollte nun ein Fenster erscheinen, in dem Sie gefragt werden, ob Sie die übereinanderliegenden End-punkte verschweißen wollen, so bestätigen Sie mit NEIN.) Dieser Scheitelpunkt ist jetzt bereits perfekt positioniert.

Wenn Sie nun die weiteren Scheitelpunkte auf die dazugehörigen Punkte »snappen«, wer-den Ihre jeweiligen Bézieranfasser die gleiche Ausrichtung haben. Sie können sich so einige Arbeit sparen. Verfahren Sie derart auch für den nächsten Scheitelpunkt auf der Krempe.

5. Weitere Verbindungslinien

Wenn Sie jetzt die miteinander verbundenen Segmente durchzählen, werden Sie feststellen, dass auf Grund der Patch-Grundregel (vier verbundene Segmente pro Patch-Fläche) noch nicht überall Flächen zwischen den Segmenten entstehen können. Dies gilt besonders für den Rand- oder Krempenbereich. Sie müssen also noch einige Verbindungslinien erstellen.

In Abbildung 34 können Sie die noch fehlenden Linien – sie sind rot markiert – sehen. Passen Sie auch hier die Ausrichtung der Bézieranfasser im dreidimensionalen Raum an.

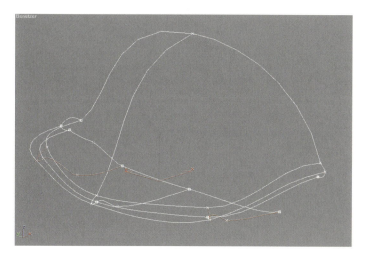

▲ **Abbildung 34**
Verbindungslinien für Krempe und Bauch

6. Erster Test mit dem Modifikator Oberfläche

Zwischendurch sollten Sie testweise den Modifikator Oberfläche auf den Spline-Cage legen. Das hat den Vorteil, dass Sie nicht alle Segmente durchzählen müssen, und verschafft Ihnen einen Überblick, wo noch Patch-Flächen beziehungsweise Segmente fehlen.

In unserem Beispiel sehen Sie, dass der obere Teil des Panzers schon eine geschlossene organische Form hat.

▲ **Abbildung 35**
Geshadetes Ergebnis mit dem Modifikator Oberfläche

Lediglich die untere, die »Bauchseite«, ist noch offen.

▲ **Abbildung 36**
Der Bauch fehlt noch.

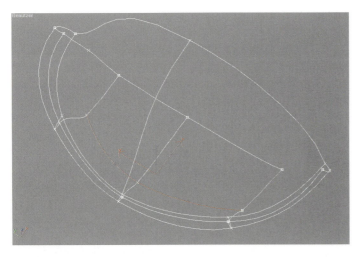

Wir haben irgendwo also noch Segmente bzw. Verbindungslinien am Spline-Cage vergessen. Wenn Sie wie in Abbildung 37 ein letztes Segment einfügen, sollte auch der Bauch geschlossen sein.

Sie haben jetzt die fertig modellierte Hälfte des Schildkrötenpanzers vor sich. So weit, so gut. Da ein Schildkrötenpanzer jedoch natürlich nicht nur aus einer Hälfte besteht, erstellen wir nun den zweiten Teil.

▲ **Abbildung 37**
Ein letztes Verbindungssegment

7. Spiegeln der zweiten Hälfte

Löschen sie als Erstes den Modifikator Oberfläche aus der Liste, und wechseln Sie in die OBEN-Ansicht. Dann rücken Sie mit PAN und ZOOM den Spline-Cage so zurecht, dass Sie ihn ganz im Bild haben. Im Unterobjekt-Modus SEGMENT selektieren Sie alle Segmente außer die des Längsquerschnitts. Achten Sie darauf, dass Sie kein Segment vergessen. Mit gedrückter ⇧-Taste verschieben Sie nun alle ausgewählten Segmente entlang der X-Achse und erstellen somit eine Kopie, die Sie für die fehlende Hälfte benötigen.

Mit einem Rechtsklick öffnen Sie das Quad-Menü und wählen unter HILFSMITTEL 2 den Befehl SEGMENT LOSLÖSEN. Um die neue Hälfte des Panzers auszuwählen, müssen Sie in die oberste Hierarchie-Ebene des alten Spline-Cages gehen. Ist die Kopie des Schildkrötenpanzers selektiert, rufen Sie in der Menüleiste den Punkt EXTRAS aus, und wählen Sie SPIEGELN. Sollte im Fenster SPIEGELN: BILDSCHIRM-KOORDINATEN nicht die Option X-ACHSE aktiviert sein, holen Sie dies jetzt nach, und bestätigen Sie mit OK. Sie haben nun eine gespiegelte Kopie, passend zur modellierten ersten Hälfte, erstellt (Abbildung 38).

8. Anhängen der zweiten Hälfte

Vergewissern Sie sich, dass die Snap-Funktion eingeschaltet ist. Dann suchen Sie sich auf der gespiegelten Kopie einen Scheitelpunkt aus, den Sie auf den gegenüberliegenden Scheitelpunkt des Original-Spline-Cages snappen.

Wählen Sie nun Ihr Original-Spline-Modell wieder aus. Im Änderungs-Modus öffnen Sie das Quad-Menü. Unter HILFSMITTEL 2 wählen Sie die Option ANHÄNGEN. Sie müssen jetzt nur noch auf Ihre Spline-Kopie klicken, und Sie erhalten das komplette Spline-Gitter für Ihren Schildkrötenpanzer (Abbildung 39).

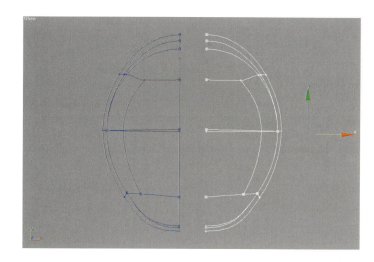

▲ **Abbildung 38**
Gespiegelte Kopie des Panzers ohne Längsquerschnitt

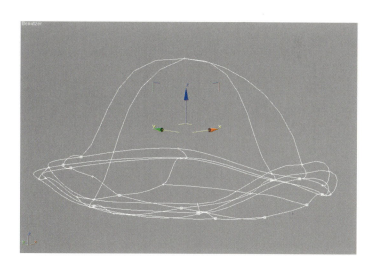

▲ **Abbildung 39**
Das endgültige Spline-Gitter

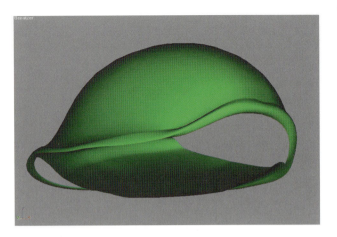

9. Fertigstellung des Panzers

Der Spline-Cage des Panzers ist jetzt soweit fertig gestellt. Sie brauchen nur noch den Modifikator Oberfläche darauf anzuwenden und können den Schildkrötenpanzer in der geshadeten Benutzeransicht bewundern (Abbildung 40).

▲ **Abbildung 40**
Der Spline-Cage mit dem Modifikator Oberfläche

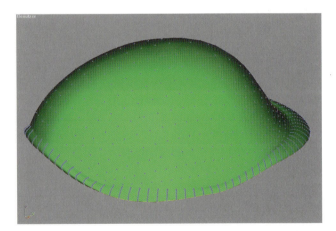

Sie sollten den Wert der Schritte nun noch auf einen Wert von 10-12 setzen, damit der Panzer auch richtig rund wird.

▲ **Abbildung 41**
Ergebnis nach Erhöhen der Patch-Segemente

 Segmente erhöhen

Die Option SCHRITTE unter PATCH-TOPOLOGIE ist beim Modifikator Oberfläche standardmäßig auf den Wert »5« eingestellt. Wenn Sie diesen Wert erhöhen, vergrößern Sie automatisch die Anzahl der Segmente des Modells.

Die Hinterbeine

Als Nächstes erstellen wir die Hinterbeine. Sie sind der Form der Vorderbeine sehr ähnlich und können später weiter verwendet werden.

1. Der Panzer als Vorlage

Um mit der Modellierung der Hinterbeine fortzufahren, benötigen Sie wiederum den Spline-Cage des Panzers. Erstens, um die Beine korrekt auszurichten, und zweitens, um aus ihm den Ansatz-Spline zu extrahieren. Dieser Ansatz-Spline dient dazu, einen passgenauen Übergang zwischen Panzer und Hinterbeinen zu gewährleisten.

Wählen Sie den Panzer aus, gehen Sie in die Änderungspalette, und deaktivieren Sie den Modifikator Oberfläche, indem Sie auf die kleine Glühbirne vor dem Modifikator klicken .

Im nächsten Schritt sollten Sie die rechte Segmenthälfte des Spline-Cages des Panzers über das Quad-Menü verdecken (Abbildung 43)

Da wir auch bei den Hinterbeinen nur eine Hälfte modellieren, die später gespiegelt wird, benötigen wir auch nur eine Hälfte des Panzers.

Diese Vorgehensweise sollten Sie sich angewöhnen, denn je mehr Linien Sie im Ansichtsfenster haben, umso unübersichtlicher wird Ihre Modellierarbeit. Demzufolge sollten Sie alles, was an Elementen, Objekten und Linien nicht gebraucht wird, ausblenden!

Als Nächstes drehen Sie sich ihre Ansicht so zurecht, dass Sie einen guten Blick auf das Hinterteil des Schildkrötenpanzers haben.

Wählen Sie die Segmente aus, die die hintere Öffnung des Panzers beschreiben (Abbildung 44).

◄ **Abbildung 42**
Deaktivierter Modifikator

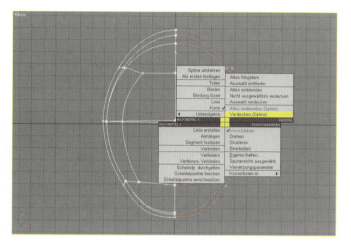

▲ **Abbildung 43**
Verdecken der rechten Segmenthälfte mittels Quad-Menü

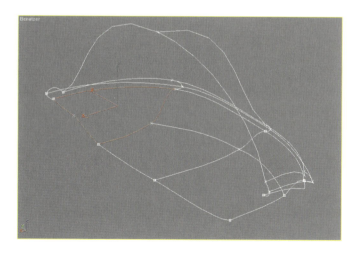

▲ **Abbildung 44**
Die Segmente der hinteren Öffnung

Mit gedrückter ⬆-Taste erstellen Sie einen Klon dieser Segmente, den Sie über das Quad-Menü loslösen. Nennen Sie den losgelösten Spline »Hinterbeine«. Sie haben jetzt die Grundlage für die Hinterbeine erstellt und können den Panzer über die Anzeigepalette komplett ausblenden.

2. Anpassen des Längsquerschnitts

Eigentlich ist der Längsquerschnitt bereits in dem losgelösten Spline enthalten (Abbildung 45).

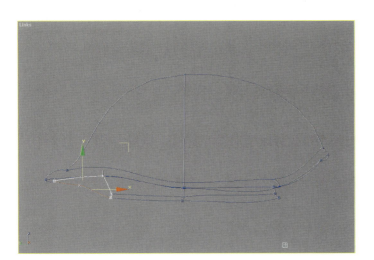

▲ **Abbildung 45**
Der Längsquerschnitt

Sie müssen ihn nur noch ein wenig anpassen. Dazu ziehen Sie den ausgewählten Scheitelpunkt ein wenig nach unten und bringen ihn über die Bézieranfasser in die gewünschte Form.

3. Der Beinansatz

Für den Beinansatz müssen Sie den Grund-Spline an drei Stellen mit den Scheitelpunkten verfeinern.

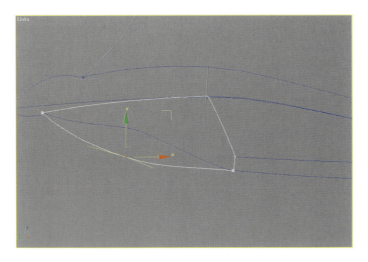

▲ **Abbildung 46**
Anpassen des Längsquerschnitts

4. Erste Querschnitte für das Bein

Wenn Sie sich nun Abbildung 47 anschauen, werden Sie feststellen, dass dort bereits der erste Querschnitt für das Bein erstellt ist. Zeichnen Sie diese Linie nach, und richten Sie die Scheitelpunkte über die Bézieranfasser so aus, dass sich diese Form ergibt. Schalten Sie dabei die Snap-Funktion ein.

Dadurch, dass Schildkröten naturgemäß Kopf und Beine ins Innere ihres Panzers ziehen können, entsteht am Beinansatz eine Falte. Da dies beim Modeling berücksichtigen werden soll, müssen Sie einen zweiten Spline erstellen. Dies können Sie erreichen, indem Sie eine Kopie des vorangegangenen Splines erstellen.

Auch hier müssen Sie die Scheitelpunkte wieder ausrichten (Abbildung 48).

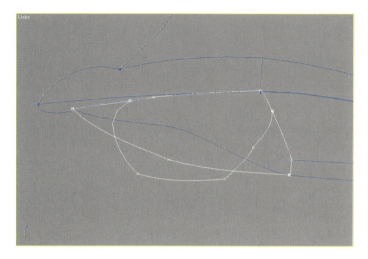

▲ **Abbildung 47**
Das erste Profil des Beins

5. Ein weiterer Querschnitt für den Abschluss der Falte

Hinter der Falte sollte das Bein natürlich wieder etwas schmaler zulaufen, deshalb müssen Sie diesen Querschnitt wieder durch einen Spline definieren und wiederum eine Kopie des inneren Querschnitts, den Sie zuvor gezeichnet haben, erstellen. Dabei runden Sie die Scheitelpunkte so ab wie in Abbildung 48.

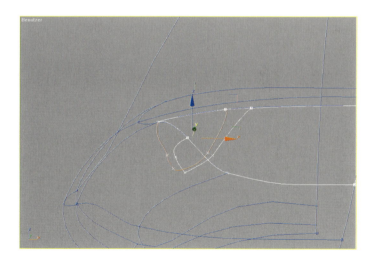

▲ **Abbildung 48**
Ausrichten weiterer Scheitelpunkte

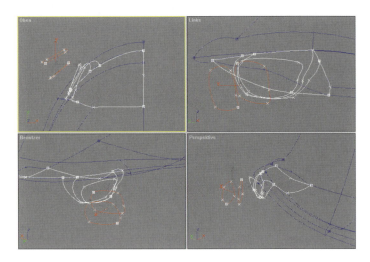

▲ **Abbildung 49**
Das Kniegelenk

6. Weitere Profile für das Kniegelenk

Die Form der Falte haben Sie nun über Splines definiert, jetzt müssen Sie sich um die Definition des Kniegelenks kümmern.

Auch hier können Sie auf den vorher erstellten Spline zurückgreifen. Sehen Sie sich Abbildung 49 an, und erstellen Sie zwei weitere Spline-Klone per ⌐⇧⌐-Taste und den Befehl TRANSFORMATION VERSCHIEBEN. Über TRANSFORMIEREN • ROTIEREN bringen Sie die Splines in die richtige Position.

In der OBEN-Ansicht können Sie erkennen, dass die Anordnung der Profile einen deutlichen Knick macht; dies ist die Stelle, an der später das Kniegelenk sitzen soll. Wenn Sie sich die Profile genauer anschauen, werden Sie feststellen, dass sie jeweils fünf Scheitelpunkte besitzen.

Sie werden nun noch ein letztes Profil erstellen, das den Abschluss des Hinterbeins bilden soll. Dieses Profil hat allerdings lediglich vier Scheitelpunkte. Warum, das werden Sie später noch sehen. Orientieren Sie sich an Abbildung 50, und erstellen Sie eine Kopie des zuletzt erstellten Splines.

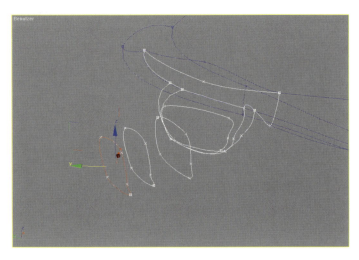

▲ **Abbildung 50**
Das Abschlussprofil

Löschen Sie den markierten Scheitelpunkt und bringen den Spline über die Bézieranfasser in Form wie in Abbildung 51.

Der vorläufige Spline-Cage sollte nun ähnlich aussehen wie in Abbildung 51. Wenn Sie sich dabei völlig verzettelt haben, können Sie sich auch die Datei auf der CD noch einmal genauer anschauen und anhand der Daten die bis zu dieser Stelle erklärten Schritte nachbauen.

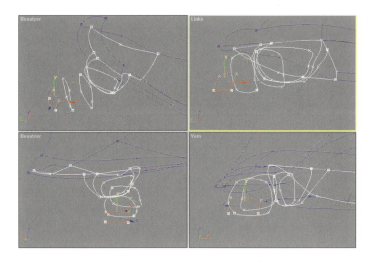

▲ **Abbildung 51**
Anpassen der übrigen Scheitelpunkte

7. Verbindungslinien

Da Sie nun alle Profile erstellt haben, können Sie sich nun an die Verbindungslinien machen. Es sind genau fünf an der Zahl, da die Profile (bis auf das letzte) ja auch fünf Scheitelpunkte aufweisen.

Über den Befehl ERSTELLEN • SHAPES beginnen Sie am besten mit einer der oberen Linien. Sind alle Scheitelpunkte ungefähr wie in Abbildung 52 ausgerichtet, hängen Sie die Linie an den Spline-Cage an.

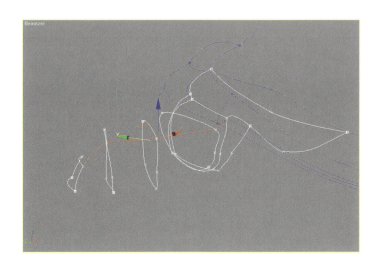

▲ **Abbildung 52**
Die erste Verbindungslinie

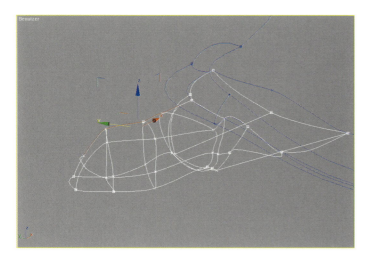

▲ **Abbildung 53**
Die letzte Verbindungslinie

So verfahren Sie auch mit den weiteren Verbindungslinien. Richten Sie sich dabei nach Abbildung 53.

Beachten Sie dabei, dass einige Vebindungslinien am gleichen Scheitelpunkt angesetzt werden.

Allzu exakt müssen Sie dabei nicht vorgehen, denn Sie können die Bézieranfasser auch später noch durch Zupfen in die richtige Position bringen.

Wichtig ist es zunächst, einen groben Spline-Cage zu erstellen, um eine bessere Vorstellung von den richtigen Proportionen zu erhalten.

8. Modifikator Oberfläche

An dieser Stelle sollten Sie testweise einmal den Modifikator Oberfläche auf Ihren Spline-Cage anwenden, um zu sehen, ob auch alle Flächen geschlossen sind.

Wenn Sie sich an die Vorgaben gehalten haben, sollte dies der Fall sein. Falls nicht, kann es sein, dass einige Scheitelpunkte noch nicht exakt übereinander liegen.

Betrachten Sie den Spline-Cage aus allen Richtungen und »snappen« Sie gegebenenfalls nicht passgenaue Scheitelpunkte zusammen.

Die erste Hälfte der Hinterbeine sollte jetzt im Großen und Ganzen so aussehen wie in Abbildung 54.

Seien Sie nicht zu enttäuscht, wenn der ganze Ablauf nicht beim ersten Versuch klappt. Auch Profis haben einige Zeit gebraucht, um eine Routine im Spline-Modeling zu bekommen.

Außerdem bedarf es einer gewissen räumlichen Vorstellungskraft, Linien und Scheitelpunkte im dreidimensionalen Raum zu positionieren, die man nur durch regelmäßiges Üben erlernen kann.

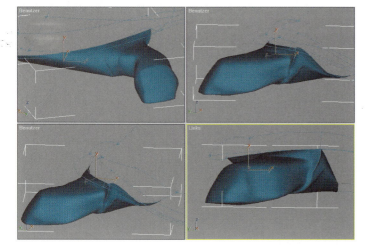

▲ **Abbildung 54**
Der Spline-Cage mit dem Modifikator Oberfläche

9. Spiegeln der zweiten Hälfte

Die erste Hälfte der Schildkrötenhinterbeine ist nun erstellt. Um die zweite Hälfte zu erstellen, verfahren Sie wie beim Schildkrötenpanzer. Selektieren Sie alle Segmente, außer der Längsquerachse, verschieben Sie sie in der OBEN-Ansicht mit gedrückter ⇧-Taste um einige Einheiten nach rechts und lösen Sie sie vom Spline-Cage los.

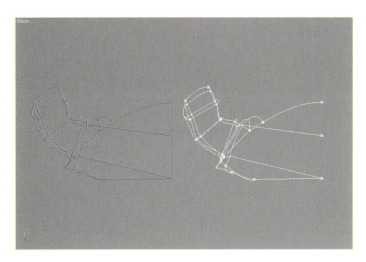

▲ **Abbildung 55**
Ein Klon des Spline-Cages

Mit EXTRAS • SPIEGELN spiegeln Sie sie auf der X-Achse. Mit eingeschalteter Snap-Funktion können Sie sie passgenau an die erste Hälfte snappen.

Wählen Sie nun wieder die erste Hälfte aus. Über die Funktion ANHÄNGEN im Quad-Menü erhalten Sie den kompletten Spline-Cage für die Hinterbeine.

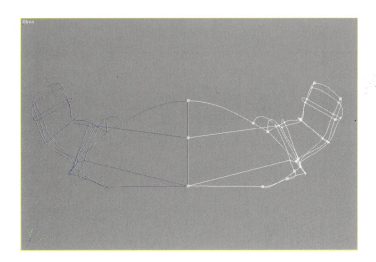

▲ **Abbildung 56**
Spiegeln des Klons

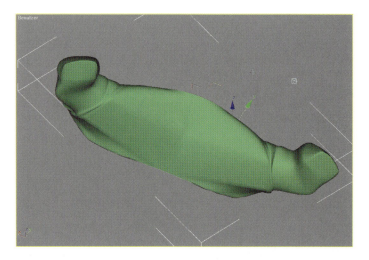

Nun fehlt nur noch der Modifikator Oberfläche, um sich die Schildkrötenhinterbeine in der geshadeten Ansicht anzuschauen (Abbildungen 57 und 58).

▲ **Abbildung 57**
Die kompletten Hinterbeine

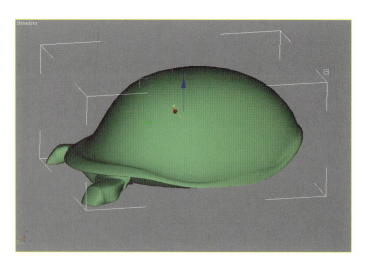

▲ **Abbildung 58**
Eingeblendeter Panzer

Der Kopf

1. Der Panzer als Vorlage

Um den Kopf der Schildkröte zu modellieren, benötigen wir wieder den Panzer als Vorlage. Damit der Kopf versatzlos aus dem Panzer wächst, müssen Sie wieder die Segmente, die die vordere Öffnung beschreiben, aus dem Spline-Cage des Panzers extrahieren.

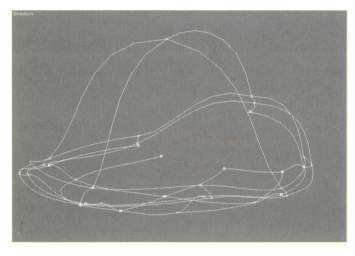

▲ **Abbildung 59**
Die vordere Öffnung

Sie sollten auch an dieser Stelle als Modeling-Grundlage dienen. Erstellen Sie also eine Kopie dieser Segmente und lösen Sie sie wie in Abbildung 60 los. Alle weiteren Elemente in Ihrer Szene sollten Sie der Übersichtlichkeit halber ausblenden.

▲ **Abbildung 60**
Loslösen der Kopie

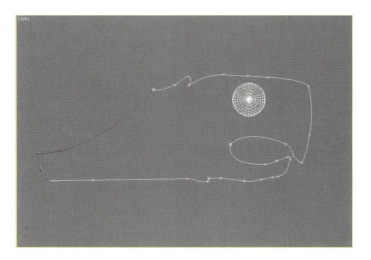

▲ **Abbildung 61**
Längsquerschnitt mit Kugel als Platzhalter

2. Der Längsquerschnitt

Wenn Sie sich nun der Modellierung des Kopfes widmen, müssen Sie wieder einen Längsquerschnitt erstellen. Dabei sollten Sie sich eine Kugel als Platzhalter für das Auge in der Szene platzieren.

Das hat den Vorteil, dass Sie beim Modellieren ein besseres Maß für die Proportionen bekommen. Außerdem sitzt das Auge am Ende auch an der richtigen Stelle.

Abbildung 61 zeigt den Spline im Längsquerschnitt. Sie können relativ deutlich den Schnabel mit der »Mundhöhle« erkennen.

Die kleinen Auswölbungen links neben der Kugel sollen später wieder zu einer Falte am Hals ausmodelliert werden.

3. Integration des Auges

Die Kugel für das Auge haben Sie bereits im vorherigen Step eingefügt. Sie sollte natürlich nicht auf der gleichen Achse wie der Längsquerschnitt sitzen, sondern ein kleines Stück daneben.

▲ **Abbildung 62**
Positionieren der Kugel

Zeichnen Sie nun über den Menübefehl ERSTEL-
LEN • SHAPES einen Kreis direkt auf dem Auge,
hängen Sie ihn an das Modell des Längsquerschnitts an und verfeinern den Kreis durch Einfügen von zwei Scheitelpunkten in der oberen
Hälfte. Dann passen Sie die neuen Scheitelpunkte an wie in Abbildung 63.

Da der von außen sichtbare Bereich des Auges
kleiner ist als das Auge selbst, müssen Sie diesen
Schnitt mit einem Spline definieren.

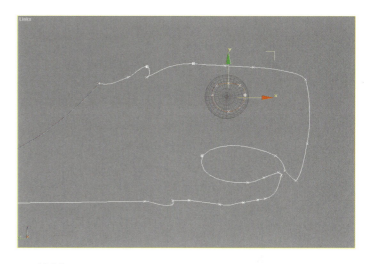

▲ **Abbildung 63**
Erstellen des ersten Splines für das Auge

Erstellen Sie mit gedrückter ⇧-Taste eine
Kopie des Splines durch TRANSFORMIEREN •
SKALIEREN. Auch hier müssen die Scheitelpunkte
noch ein wenig angepasst werden.

In Abbildung 64 können Sie erkennen, dass
die Scheitelpunkte und Segmente der Form der
Kugel folgen.

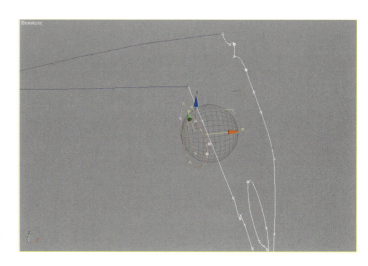

▲ **Abbildung 64**
Anpassen der Profile

Anlegen der Augenhöhlen

Wenn Sie Figuren mit Augen per Spline modellieren, sollten Sie immer darauf achten, dass
die Geometrie für die Augenhöhle von Anfang
an mitangelegt wird, das erspart Ihnen später
viel umständliche Frickelarbeit.

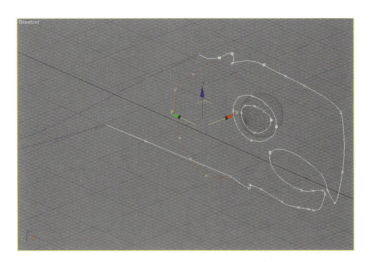

4. Das erste Halsprofil

Wir kommen nun zum ersten Halsprofil und beginnen mit der Falte am Hals.

Zeichnen Sie vom oberen Scheitelpunkt (der, der den Ansatz der Halsfalte bildet) zum Pendant auf der unteren Seite eine Linie, und verfeinern Sie sie mit fünf weiteren Scheitelpunkten.

Diese sollten so ausgerichtet werden, wie in Abbildung 65 gezeigt.

▲ **Abbildung 65**
Ausrichten der Scheitelpunkte

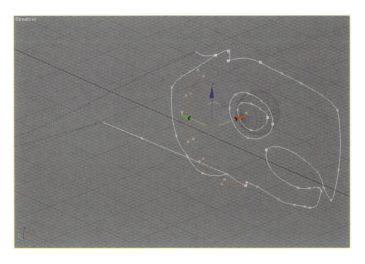

5. Die nächsten Halsprofile

Durch Kopieren erstellen Sie nun zwei weitere Profile. Diese müssen jeweils noch ein wenig skaliert werden, damit sie auf die folgenden Scheitelpunkte passen.

▲ **Abbildung 66**
Anpassen der Scheitelpunkte für die Falte am Hals

6. Der Übergang zum Kopf

Auch diesen Spline erzeugen Sie durch eine Kopie des zuletzt erstellten Halsprofils (Abbildung 67).

7. Die Wölbung über dem Auge

Die Wölbung über dem Auge, die beim Menschen normalerweise die Augenbraue darstellt, zeichnen Sie mit drei kurzen Splines.

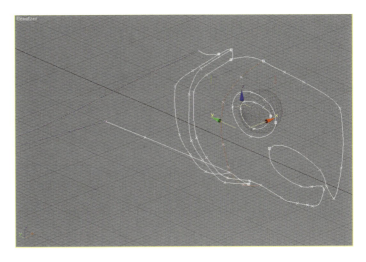

▲ **Abbildung 67**
Ein weiteres Profil für den Kopf

8. Ausmodellieren des Schnabels

Den oberen Teil des Schnabels definieren Sie nun mit zwei weiteren Splines.

Abbildung 68 zeigt den Schildkrötenkopf noch einmal aus verschiedenen Perspektiven.

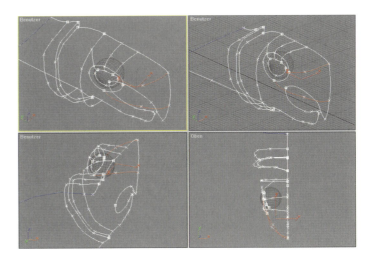

▲ **Abbildung 68**
Verschiedene Ansichten

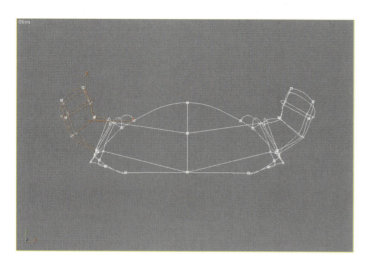

▲ **Abbildung 69**
Auswahl der Beinsegmente

9. Anlegen der Vorderbeine

Nun wird es langsam Zeit, die Vorderbeine zu erstellen, damit Sie die endgültigen Proportionen besser einschätzen können. Die Hinterbeine können hier weiter verwendet werden, da Sie sich im Wesentlichen nicht von den Vorderbeinen unterscheiden.

Wechseln Sie in die OBEN-Ansicht, und wählen Sie in der Unterobjekthierarchie SEGMENT der Hinterbeine die Linien aus, die hinter der Falte beginnen. Abbildung 69 sollte dies verdeutlichen.

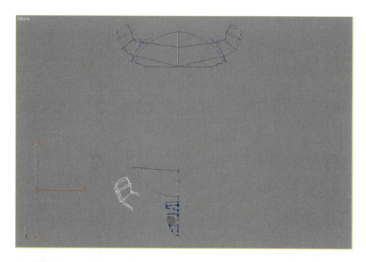

▲ **Abbildung 70**
Klonen der Beinsegmente

Erzeugen Sie nun mit gedrückter ⬦-Taste eine Kopie des Beins, und positionieren Sie sie auf der Höhe, wo später ungefähr der Vorderfuß sitzen sollte (Abbildung 70).

Wie Sie erkennen können, sitzt der Schwerpunkt dieser Kopie nicht exakt im Zentrum des Splinegerüsts.

Passen Sie ihn über die Hierarchiepalette
SCHWERPUNKT ANPASSEN • NUR SCHWERPUNKT
BEEINFLUSSEN • AN OBJEKT ZENTRIEREN an. (Ab-
bildung 71).

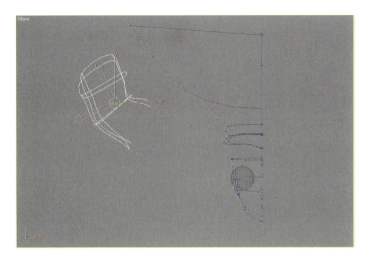

▲ **Abbildung 71**
Anpassen des Schwerpunkts

10. Ausrichten des Vorderbeins

Wenn Sie nun das kopierte Bein um cirka 45°
drehen, ergibt sich später eine neutrale Bein-
stellung.

Hängen Sie nun das Bein an den Spline-Cage
des Kopfes an, und wählen Sie die Scheitelpunkte des letzten Profils des Beins aus, um sie ein
wenig höher zu schieben.

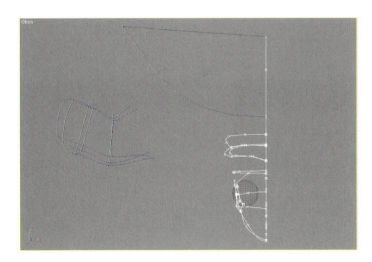

▲ **Abbildung 72**
Ausgerichtetes Vorderbein

11. Übergang zum Kopf

Auch am Ansatz der Vorderbeine sollte eine Falte entstehen. Durch das mehrfache Kopieren und Skalieren des letzten Querschnittprofils und Verlängern der Verbindungslinien sollte Ihr Spline-Cage ungefähr wie in Abbildung 73 aussehen.

Wie Sie sehen, kommen Sie der Grundform der Schildkröte schon näher.

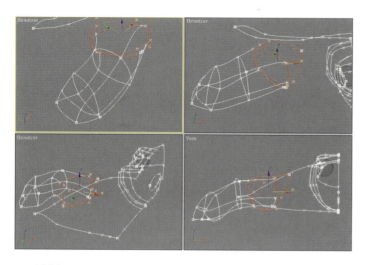

▲ **Abbildung 73**
Der Übergang zum Kopf

12. Anhängen und Verfeinern des Panzerprofils

Da wir nun langsam mit der Erstellung der Verbindungslinien beginnen wollen, wird es Zeit, das Profil, das Sie aus dem vorderen Panzerstück extrahiert haben, an den Spline-Cage anzuhängen.

Um dann mit den Verbindungslinien fortzufahren, muss dieses Profil jedoch noch an bestimmten Stellen verfeinert werden. Sehen Sie sich Abbildung 74 genau an, und verfeinern Sie Ihren Spline an sechs Stellen.

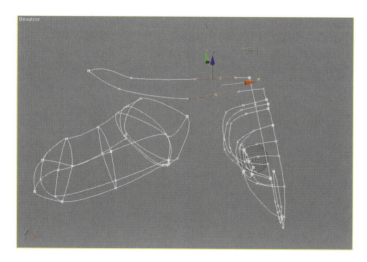

▲ **Abbildung 74**
Verfeinern des Panzerprofils

13. Erste Verbindungslinien

Im unteren Bereich müssen Sie jetzt zwei Verbindungslinien zeichnen, die das Bein mit dem Kopf verbinden.

Vorab können Sie sich in der Abbildung schon das Endergebnis mit den beiden Linien und den eingefügten Scheitelpunkten ansehen.

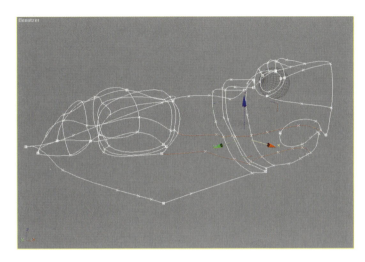

▲ **Abbildung 75**
Zwei neue Verbindungslinien mit je sieben Scheitelpunkten

Abbildung 76 zeigt Ihnen, wie Sie dabei vorgehen sollten:

Zeichnen Sie zuerst die obere Linie, wobei Sie den ersten Scheitelpunkt auswählen und ihn auf die Spitze des oberen Teils des Schildkrötenschnabels snappen.

Fügen Sie nun über die Funktion VERFEINERN weitere sieben Scheitelpunkte ein.

Anschließend snappen Sie die Scheitelpunkte auf die dazugehörigen Profilscheitelpunkte und richten die Bézieranfasser aus.

Prinzipiell können Sie, um sich Arbeit zu sparen, die gerade erstellte Linie kopieren und auf den darunter liegenden Scheitelpunkt snappen. Die anderer Variante wäre, sie genauso zu »zeichnen«, wie im letzten Absatz beschrieben.

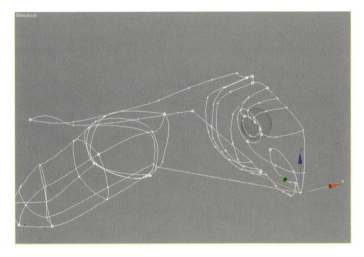

▲ **Abbildung 76**
Erstellen der ersten Verbindungslinien

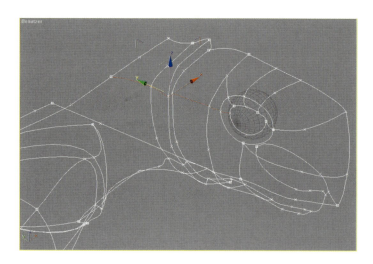

▲ **Abbildung 77**
Eine Linie vom Panzerprofil zum Auge

14. Weitere Verbindungslinien

Nun könnnen Sie eine weitere Verbindungslinie einziehen, und zwar von der Unterkante des Splines, der das Auge definiert, zur Unterseite des Schnabels.

Die freien Scheitelpunkte dafür haben Sie ja mit den beiden letzten Verbindungslinien erstellt. Die nächste Line zeichnen Sie vom Ausgangs-Spline (der, den Sie aus dem Panzer extrahiert haben) zum Auge hin.

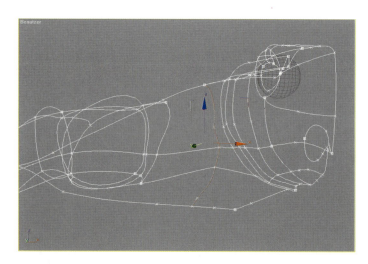

▲ **Abbildung 78**
Die Schulterpartie

Zwischen Kopf und Bein fehlt jetzt noch ein Part, den man beim Menschen wohl als Schulter bezeichnen würde. Um den Übergang zwischen Schulter und Kopf zu beschreiben, erstellen Sie einen weiteren Spline (Abbildung 78).

An dieser Stelle werden Sie feststellen, das Ihr Spline-Cage nicht mehr allzu viele »freie« Scheitelpunkte besitzt. Dies besagt, dass jetzt nur noch ein paar Linien fehlen, um den Kopf mit den Vorderfüßen fertig zu stellen.

15. Die Unterseite

Drehen Sie sich nun Ihre Ansicht so zurecht, dass
Sie einen guten Blick auf die Unterseite des
Spline-Cages haben.

   Dort müssen Sie ebenfalls einige Linien ergänzen. Da der Bauch der Schildkröte von der Form
her ziemlich platt ist, sind diese Linien nur wenig
gekrümmt

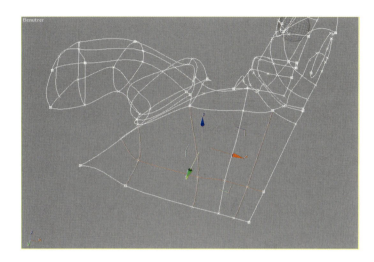

▲ **Abbildung 79**
Die Unterseite

16. Das Bein mit dem Ausgangs-Spline verbinden

In Abbildung 80 können Sie zwei weitere Verbindungslinien erkennen, die den oberen Teil des
Beins mit dem Ausgangs-Spline verbinden.

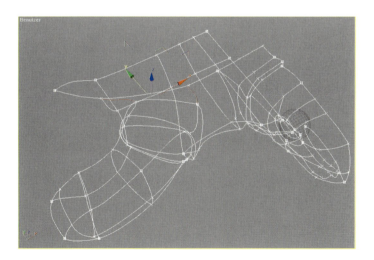

▲ **Abbildung 80**
Verbindungslinien vom Bein zum Panzerprofil

▲ **Abbildung 81**
Modifikator Oberfläche

Sie können zu diesem Zeitpunkt testweise einmal den Modifikator Oberfläche auf Ihr Spline-Gerüst anwenden. Damit haben Sie eine bessere Kontrolle und können fehlerhafte Verbindungen schneller lokalisieren.

Wie Sie sehen, ist das Gerüst bis auf den Kopf schon fast komplett geschlossen.

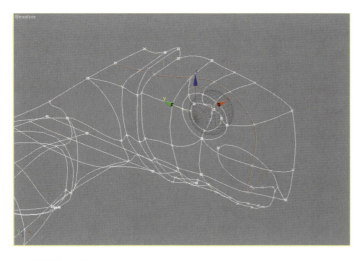

▲ **Abbildung 82**
Die Schnabelseite

17. Weitere Linien für den Kopf

Für die Wangenpartie erstellen Sie einen weiteren Spline. Er führt von der Falte des Beins seitlich am Hals entlang über die Wangenpartie zum Auge hin.

Abbildung 82 zeigt die nächste Linie, die Sie erstellen müssen. Sie führt auf der Oberseite des Kopfes über die Nackenfalte, an der oberen Seite der Augen entlang, um dann von der Schnabelseite in der Mundhöhle zu enden.

18. Die Mundhöhle

Das Erstellen der Mundhöhle ist etwas knifflig, da die Linien, die hier benötigt werden, relativ kurz sind. Abbildung 83 zeigt eine dieser Linien ganz deutlich.

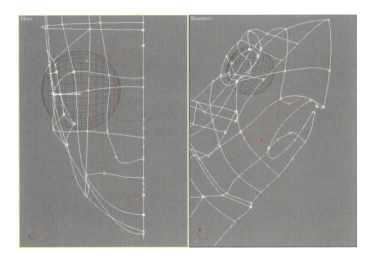

▲ **Abbildung 83**
Die Mundhöhle

19. Rand für die untere Schnabelhälfte

Der Rand für die untere Schnabelhälfte besteht aus zwei fast parallel zueinander verlaufenden Linien, die durch ein kurzes gerades Segment miteinander verbunden sind (Abbildung 84).

Die Linien sind durch die zwei freien Scheitelpunkte unterteilt.

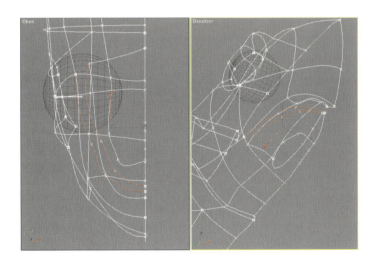

▲ **Abbildung 84**
Der untere Schnabelrand

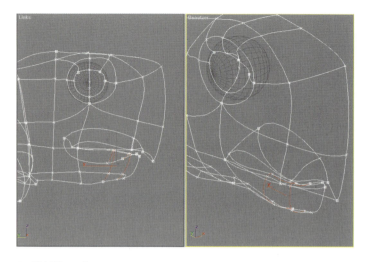

▲ **Abbildung 85**
Schließen der unteren Schnabelhälfte

Die Abbildung zeigt, wie Sie die letzten Linien arrangieren müssen, damit auch der Rand der unteren Schnabelhälfte geschlossen ist.

20. Die komplette erste Hälfte des Spline-Cages

Die Erstellung der Spline-Gerüsts der ersten Hälfte der Schildkröte ist nun abgeschlossen.

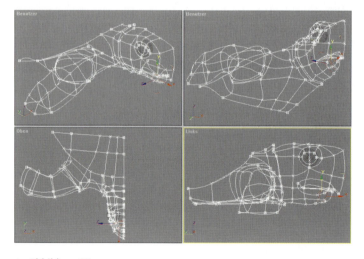

▲ **Abbildung 86**
Die geschlossene erste Hälfte des Spline-Cages

Sie sollten jetzt den Modifikator Oberfläche anwenden und kontrollieren, ob auch wirklich alle Flächen geschlossen sind (Abbildung 87).

Üblicherweise beginnt an dieser Stelle die eigentliche Feinarbeit. Selten sind alle Scheitelpunkte perfekt ausgerichtet, die Proportionen stimmen noch nicht richtig oder es müssen weitere Veränderungen vorgenommen werden.

Das Spline-Modeling hat den Vorteil, dass relativ einfach weitere Details durch Verfeinern der Linien eingefügt werden können.

Durch Zupfen der Scheitelpunkte und Ausrichten der Bézieranfasser können Sie Ihr Modell dann weiter anpassen.

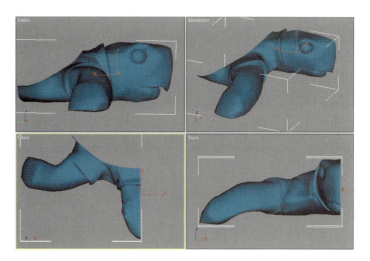

▲ **Abbildung 87**
Der Modifikator Oberfläche

21. Die zweite Hälfte des Spline-Cages

Um die zweite Hälfte des Spline-Cages zu erstellen, gehen Sie wie bei dem Panzer und den Hinterbeinen vor.

Selektieren Sie alle Segmente außer dem Längsprofil, und erzeugen Sie eine Kopie, um sie dann loszulösen.

Nach dem Spiegeln der Kopie snappen Sie sie mit der ersten Hälfte zusammen und hängen Sie sie dann wieder an die erste Hälfte an.

Nachdem Sie dann den Modifikator Oberfläche auf den Spline-Cage angewandt haben, können Sie Ihren Schildkrötenkopf in allen Ansichten anschauen (Abbildung 88).

Um etwaige Ungleichmäßigkeiten auf der Oberfläche der Objekte auszugleichen, können Sie den Modifikator Relax anwenden.

Spielen Sie ein wenig mit den Parametern ENTSPANNUNGSWERT und WIEDERHOLUNGEN.

Passen Sie jedoch dabei auf, dass Sie keine zu hohen Werte verwenden. Das könnte zur Folge haben, dass aufwändig ausgearbeitete Details verloren gehen.

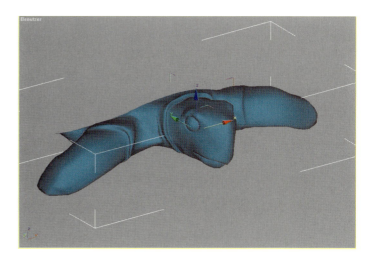

▲ **Abbildung 88**
Der Kopf mit den Vorderbeinen

22. Erstellen der Krallen

Um die Krallen zu modellieren, erzeugen Sie einen einfachen Kegel mit stumpfer Spitze (Abbildung 89), auf den Sie den Meshsmooth-Modifikator anwenden (Abbildung 90).

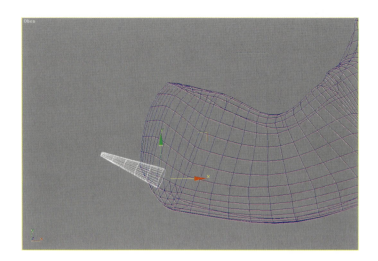

▲ **Abbildung 89**
Ein einfacher Kegel

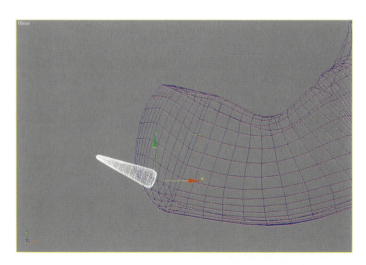

▲ **Abbildung 90**
Der Modifikator Meshsmooth

Mit dem Modifikator Biegen bringen Sie die einzelne Kralle in die richtige Form (Abbildung 91).

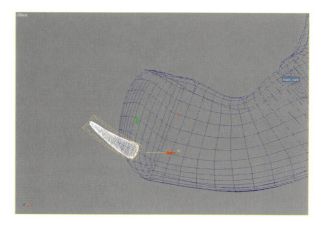

▲ **Abbildung 91**
Der Modifikator Biegen

Danach legen Sie noch den Modifikator Optimieren auf den Modifikator-Stapel und reduzieren somit die Anzahl der Polygone um die Hälfte. Klonen Sie nun die einzelne Kralle, um weitere vier Kopien zu erhalten (Abbildung 92). Durch Transformieren • Rotieren können Sie die Krallen noch ein wenig ausrichten.

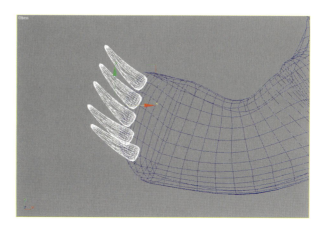

▲ **Abbildung 92**
Klonen der optimierten Krallen

Gruppieren Sie nun die Krallen. Für die Hinterbeine und die andere Seite der Schildkrötenbeine erstellen Sie weitere Kopien, die Sie per Spiegeln an die jeweiligen Füsse anpassen können. Damit ist die Modellierung Ihrer Schildkröte abgeschlossen (Abbildung 93).

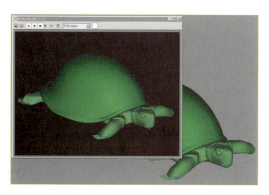

◀ **Abbildung 93**
Die fertig gestellte Schildkröte in der ActiveShade-Ansicht

Tutorial 3: Modellieren eines Frauenkopfes

Bei der Modellierung der Schildkröte im letzten Tutorial haben Sie viele der grundlegenden Techniken des Spline-Modelings erlernt. Für einen konstanten Workflow ist es wichtig, die einzelnen Funktionen und Befehle der Software im Schlaf zu beherrschen. Das beginnt beim Zeichnen von Spline-Kurven, über das Anpassen der Scheitelpunkte mithilfe der Bézieranfasser und endet beim Kopieren und Ausrichten von Segmenten auf der Unterobjektebene.

Auf Tutorial 2 aufbauend wollen wir uns nun an die Erstellung eines Frauenkopfes wagen. Auch hier können wir nur vorwegnehmen, dass dieses Tutorial weder der einzige Weg ist, einen Kopf zu modellieren, noch dass dieser Workshop eine exakte Anleitung dafür bietet. Den perfekten Lösungsweg gibt es leider nicht.

Auch in diesem Workshop wollen wir Ihnen einen Lösungsansatz vorstellen, den wir Schritt für Schritt bis zum Ende verfolgen. Bei der Modellierung eines realistischen menschlichen Kopfes ist es sehr wichtig, dass Sie sich Referenzmaterial besorgen. Das kann, wie bereits erwähnt, aus Fotos oder Zeichnungen bestehen, die Sie sich an den Monitor heften oder digitalisiert auf Boxen in Ihrer Szene mappen.

Proportionen erkennen

Das menschliche Gehirn ist von Geburt an darauf trainiert, Proportionen abzuschätzen – speziell, wenn es dabei um Gesichter geht.

Das bedeutet aber nicht, dass wir diese auch ebenso wiedergeben können. Verlassen Sie sich daher gerade anfangs nicht auf Ihr Gefühl, sondern greifen Sie auf die genannten Hilfsmittel zurück.

Aus dem Kopf heraus zu modellieren mag zwar sehr interessante (und teilweise sehr komische) Ergebnisse erzielen, ist jedoch für realistische Menschenköpfe nicht zu empfehlen, da die Proportionen selten wirklich stimmen.

Um die Ausmaße dieses Workshops im Rahmen zu halten, lassen wir die Modellierung der Ohren absichtlich weg. Nach dem Erstellen der Schildkröte können Sie sich vielleicht schon vorstellen, wie kompliziert es ist, ein realistisches Ohr mit seinen vielen Unterwerfungen zu modellieren.

Man könnte ein eigenes Tutorial darüber schreiben.

Anatomie und Animation

Ein wenig Verständnis der Anatomie gehört zu den Grundvoraussetzungen, wenn Sie einen menschlichen Charakter modellieren und später glaubwürdig animieren wollen. Machen Sie sich deshalb vor Antritt der Modellierarbeit mit der Position der Knochen und Muskeln ein wenig vertraut.

Zudem sollten auch Köpfe in einer Art Grundstellung angelegt werden. Das heißt, mit neutraler Mimik, leicht geöffnetem Mund und geöffneten Augenlidern. Für die spätere Animation können dann aus dieser Grundform spezielle Gesichtsausdrücke herausmodelliert werden, die dann als so genannte *Morphtargets* eingesetzt werden können. Eine weitere Möglichkeit ist das Einbinden von so genannten *Bones* oder Knochen, die die Mimik über den Modifikator Physique verformen.

Vorbereitende Schritte

Wie auch bei der Schildkröte im vorangegange-nen Workshop sollten Sie eine Kugel als Platzhal-ter für das Auge in Ihrer Szene positionieren. Das dient zum einen dazu, die Proportionen besser abschätzen zu können und zum anderen, an der Kugel später die Linien und Scheitelpunkte der Augenlider ausrichten zu können.

Auf der beiliegenden CD-ROM finden Sie die Datei Eyeball, die einen komplett texturierten Augapfel enthält. Sie können den Augapfel wäh-rend des Modellierens des Spline-Cages einfrie-ren, damit er Ihnen nicht ins Gehege kommt.

1. Erstellen des Längsquerschnitts

Als Erstes beginnen Sie in der rechten Seitenan-sicht mit dem Zeichnen des Längsquerschnitts.

In Abbildung 94 sehen Sie bereits alle wichti-gen Details, wie Nase, Lippen usw. Deutlich können Sie auch die Wölbung am Hinterkopf er-kennen.

Legen Sie diesen Spline mit möglichst weni-gen Scheitelpunkten an, da später unter Um-ständen weitere eingefügt werden müssen und der Spline-Cage leicht unübersichtlich wird.

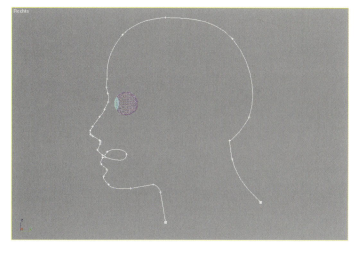

▲ **Abbildung 94**
Längsquerschnitt mit Platzhalter für das Auge

Buchtipp
Eine sehr empfehlenswerte Lektüre ist das Buch »Anatomische Zeichenschule« von den ungarischen Autoren András Szunyoghy und György Fehér, das mit etlichen Detailzeichnun-gen einen fundierten Einblick in den Körper-bau des Menschen und ausgewählter Säuge-tiere bietet (Könemann Verlag, ISBN 3-89508-222-8).

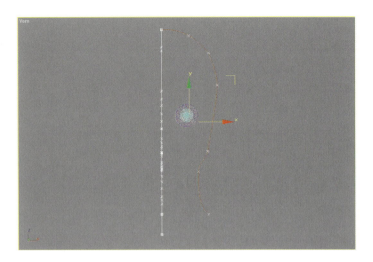

▲ **Abbildung 95**
Das Vorderprofil

2. Das Vorderprofil

In der FRONT-Ansicht zeichnen Sie als Nächstes das Vorderprofil. Dabei wird der erste Scheitelpunkt auf den obersten Punkt des Längsquerschnitts gesnappt, der Halsansatz bleibt vorerst offen.

Auch hier gilt: Verwenden Sie so wenig Scheitelpunkte wie möglich.

▲ **Abbildung 96**
Der Halsansatz

3. Der Halsansatz

Sie können bereits an dieser Stelle die drei offenen Scheitelpunkte am Halsansatz schließen. Abbildung 96 zeigt den nächsten Spline. Im vorderen Bereich können Sie eine kleine Mulde erkennen, die später den Ansatz des Brustbeins darstellen soll.

Im Großen und Ganzen haben Sie bereits jetzt das Volumen des Kopfes definiert. Um jetzt langsam die Proportionen festzulegen, beginnen Sie mit der Positionierung weiterer Details.

4. Das Auge

Da Sie ja den Augapfel bereits in der Szene positioniert haben, können Sie jetzt damit beginnen, das Auge zu modellieren.

Sie beginnen mit den Augenlidern und arbeiten sich nach außen vor.

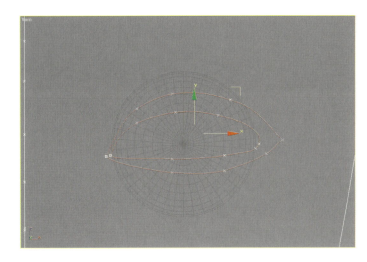

▲ **Abbildung 97**
Die Augenlider

Erzeugen Sie zuerst den inneren Spline, der den oberen und den unteren Rand des Augenlides beschreibt. Danach erstellen Sie eine etwas größere Kopie dieses Splines.

Abbildung 98 zeigt, wie Sie die Scheitelpunkte ausrichten sollten. Sie sollten ziemlich exakt entlang der Oberfläche der Kugel verlaufen, schließlich haben die Lider in natura ja auch keinen Abstand zum Augapfel.

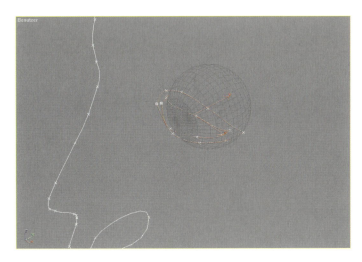

▲ **Abbildung 98**
Anpassen der Augenlider

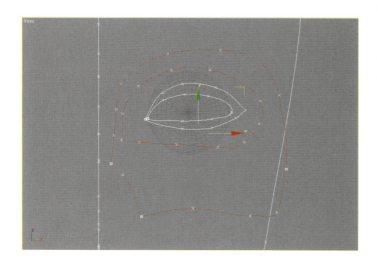

▲ **Abbildung 99**
Wangenpartie und Jochbein

5. Jochbein und obere Wangenpartie

Hierfür erstellen Sie zwei weitere Splines. Achten Sie darauf, dass sie nicht ganz so tief liegen wie die Linien der Augenlider. Stellen Sie sich einen menschlichen Schädel vor; die Öffnung zur Augenhöhle ist ein Stück größer als der Augapfel.

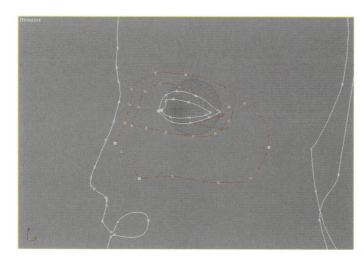

▲ **Abbildung 100**
Jochbein und Augenbrauenleiste

Die innere der beiden Linien beschreibt den ungefähren Verlauf der Kanten von Jochbein und Augenbrauenleiste.

6. Die komplette Gesichtspartie

Mit der nächsten Linie beschreiben Sie den gesamten Gesichtsbereich (Abbildung 101). Sie beginnt kurz unterhalb vom Stirnhöcker und endet an der Spitze des Kinns. Sie dient an dieser Stelle dazu, mit den ersten Verbindungslinien fortzufahren.

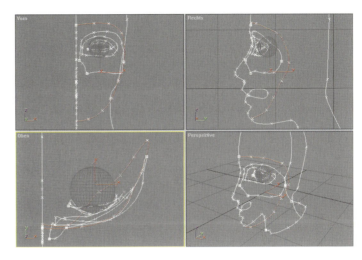

▲ **Abbildung 101**
Der komplette Gesichtsbereich

7. Erste Verbindungslinien

Abbildung 102 zeigt Ihnen die ersten Verbindungslinien, die Sie jetzt erstellen sollten.

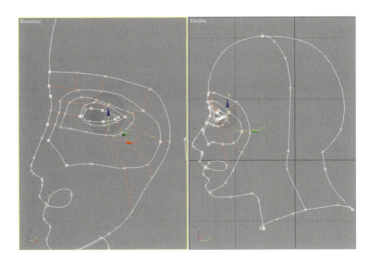

▲ **Abbildung 102**
Verbindungslinien

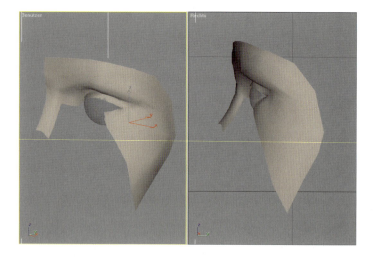

▲ **Abbildung 103**
Modifikator Oberfläche

Wenn Sie nun testweise den Modifikator Oberfläche anwenden, bekommen Sie ein Gefühl dafür, wie weit Sie mit dem Modellieren des Spline-Cages bereits sind.

8. Erweitern der Gesichtspartie

Damit Sie die Verbindungslinien fortführen können, müssen Sie als Nächstes die Gesichtspartie erweitern. Der dazu nötige Spline beginnt oberhalb des Stirnhöckers und endet am Unterkiefer.

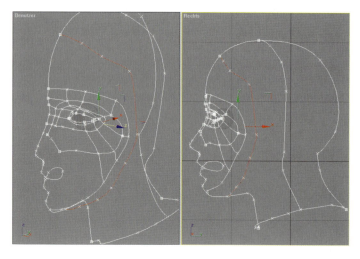

▲ **Abbildung 104**
Erweiterte Gesichtspartie

9. Fortführen der Verbindungslinien

In Abbildung 105 können Sie die fortgeführten Verbindungslinien gut erkennen.

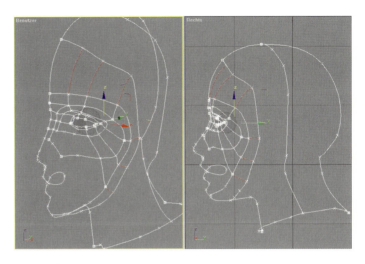

▲ **Abbildung 105**
Fortgeführte Verbindungslinien

Sie können an dieser Stelle erneut den Modifikator Oberfläche anwenden, um einen besseren Eindruck davon zu bekommen, was Sie bis jetzt modelliert haben. Danach schalten Sie ihn einfach aus, indem Sie die kleine Lampe im Modifikator-Stapel deaktivieren. Bei Bedarf schalten Sie sie einfach wieder ein.

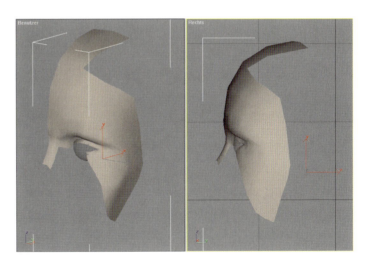

▲ **Abbildung 106**
Modifikator Oberfläche

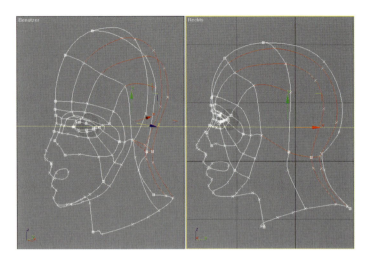

10. Der Hinterkopf

Gemäß Abbildung 107 führen Sie die Verbindungslinien fort. Sie werden durch eine quergeführte Linie vom Wangenknochen bis zum Hinterhauptbein unterteilt. Zwei weitere Linien komplettieren den Bereich des Hinterkopfes.

▲ **Abbildung 107**
Linien für den Hinterkopf

11. Die Lippen

Die Lippen erstellen Sie aus vier weiteren Splines, deren Scheitelpunkte Sie wie in Abbildung 108 ausrichten.

▲ **Abbildung 108**
Die Lippen

12. Weitere Verbindungslinien

Als Nächstes zeichnen Sie zwei Verbindungslinien vom unteren Augenlid zum Kinn. Diese dienen dazu, den Mundbereich weiter auszubauen
und definieren zusätzlich den seitlichen Ansatz
des Nasenflügels.

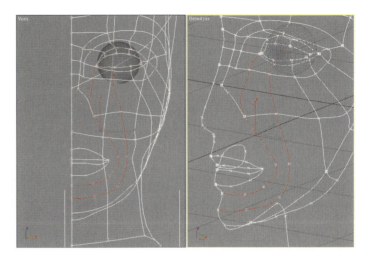

▲ **Abbildung 109**
Verbindungslinien für den Mundbereich

13. Mund- und Kinnbereich

Die nächsten drei Linien schließen den Spline-
Cage im unteren Mund- und Kinnbereich und
enden am Halsansatz. Zudem geben sie der Unterlippe ihre Form.

In Abbildung 110 können Sie das bis jetzt ge-
schaffene Gesicht mit dem Modifikator Oberfläche betrachten.

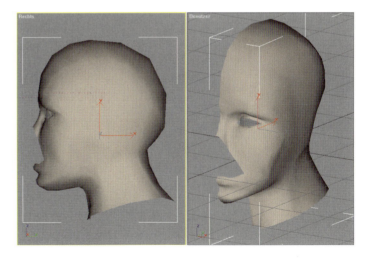

▲ **Abbildung 110**
Modifikator Oberfläche

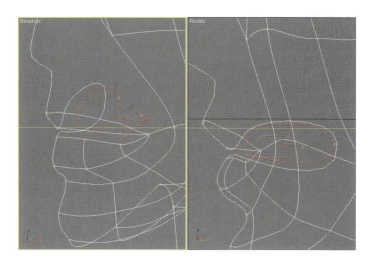

▲ **Abbildung 111**
Die Mundhöhle

14. Die Mundhöhle

Dieser Bereich wird bei unserem Frauenkopf lediglich angedeutet, da er von außen kaum zu sehen ist und als Hohlraum nur die vorderen Zahnreihen beinhalten muss.

Abbildung 111 zeigt die zwei Linien, die die Mundhöhle definieren. Sie verbinden die Ober- mit der Unterlippe. Als Nächstes müssen Sie ein Mundhöhlenprofil einfügen und die letzten freien Scheitelpunkte miteinander verbinden.

15. Oberlippenpartie und Nasenansatz

Dieser Bereich ist etwas schwierig zu modellieren, da die Nase mit den Nasenlöchern sauber an die Oberlippe anschließen muss.

Dazu zeichnen Sie einen Spline wie in Abbildung 112. Er ist durch drei Scheitelpunkte unterteilt und führt seitlich vom Nasenflügel bis ungefähr zur Mitte der Oberlippe.

▲ **Abbildung 112**
Ein Spline für den Nasenansatz

16. Das Nasenloch

Für das Nasenloch zeichnen Sie am besten einen Kreis in der OBEN-Ansicht.

Über den Befehl SPLINE BEARBEITEN fügen Sie zu den vier bereits vorhandenen Scheitelpunkten einen fünften hinzu. Richten Sie dann die Scheitelpunkte wie in Abbildung 113 aus, und hängen Sie den neuen Spline an den bisherigen Spline-Cage an.

Da das Nasenloch im Prinzip nichts anderes als ein zylindrisches Rohr ist, erstellen Sie eine etwas größere Kopie des Kreises und verschieben diese ein wenig nach unten.

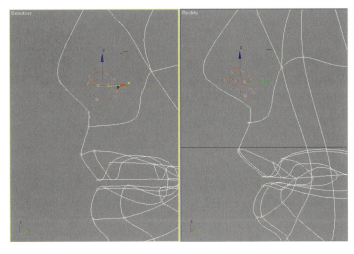

▲ **Abbildung 113**
Das Nasenloch

Abbildung 114 zeigt die nächste Kopie, die Sie erstellen müssen. Auch dieser Kreis ist etwas größer als der vorherige.

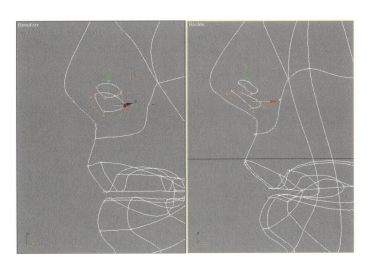

▲ **Abbildung 114**
Ein weiterer Spline

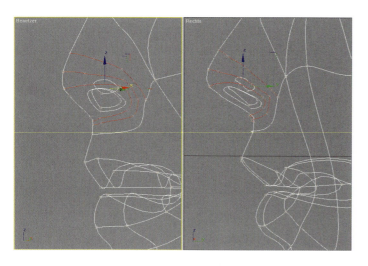

▲ **Abbildung 115**
Die untere Nasenpartie

17. Die untere Nasenpartie

Die nächsten Linien, die Sie ziehen, beschreiben die untere Nasenpartie, sozusagen den Übergang zu den Nasenlöchern.

Ihre Scheitelpunktunterteilungen sind so angelegt, dass Änderungen in der Form der Nase später noch bequem vorgenommen werden können, außerdem sind die Scheitelpunkte so arrangiert, dass Sie die Verbindungslinien vom Naseninneren nach außen problemlos erstellen können.

18. Die Nase

Erzeugen Sie nun zwei Verbindungslinien und vom Mundwinkel zum Naseninneren. Die nächste Linie führt vom oberen Teil des Nasenflügels in das Naseninnere.

19. Oberlippe und Nasenspitze

Die letzten Verbindungslinien definieren die kleine Rinne der Oberlippe (lat. Philtrum) und die Spitze der Nase.

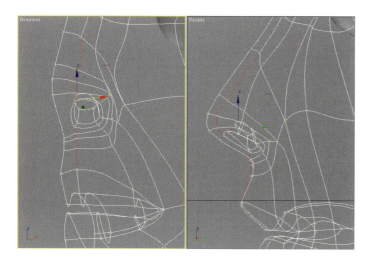

▲ **Abbildung 116**
Nasenspitze und Oberlippe

20. Die Nasenscheidewand

So, Sie haben es nun fast geschafft, es fehlen jetzt nur noch zwei kurze Stege für die Nasenscheidewand, dann sollte die erste Hälfte des Spline-Cages vollständig geschlossen sein.

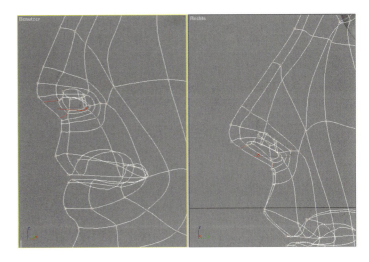

▲ **Abbildung 117**
Die Nasenscheidewand

21. Die zweite Hälfte des Kopfes

Die zweite Hälfte erstellen Sie, wie bereits im Schildkröten-Tutorial beschrieben, indem Sie alle Segmente rechts neben dem Längsquerschnitt auswählen, mit gedrückter ⇧-Taste klonen, um Sie dann vom Spline-Cage loszulösen. Spiegeln Sie die neue Hälfte, und snappen Sie sie an das Ausgangssplinegerüst. Ist die zweite Hälfte richtig positioniert, können Sie sie an den Ursprungs-Spline-Cage anhängen.

Et voilà, der Kopf ist komplett!

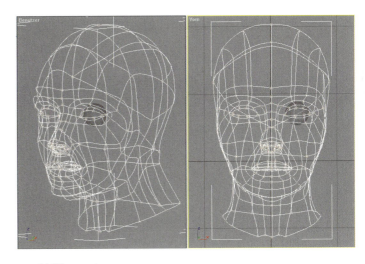

▲ **Abbildung 118**
Der komplette Spline-Cage

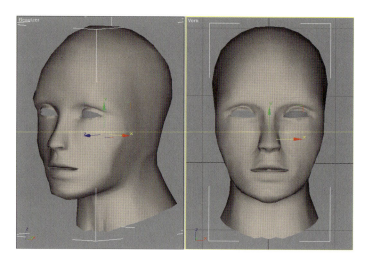

▲ **Abbildung 119**
Modifikator Oberfläche

22. *Der Modifikator Oberfläche*

Schalten Sie nun den Modifikator Oberfläche wieder ein.

Wie zu sehen ist, ist der Kopf an einigen Stellen noch etwas eckig und kantig. Das liegt daran, dass wir den Wert für die Patch-Unterteilung auf »1« gestellt haben.

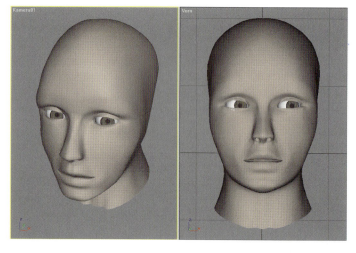

▲ **Abbildung 120**
Modifikator Meshsmooth

Denn anders als bei der Schildkröte legen wir an dieser Stelle nicht den Modifikator Relax, sondern den Modifikator Meshsmooth mit einem Wiederholungswert von »2« auf das Objekt. Das hat zur Folge, dass der Kopf durch Hinzufügen von Polygonen geglättet wird und weichere Formen erhält. Abbildung 120 zeigt das Endergebnis.

Wir haben jetzt ein erstes überzeugendes Ergebnis erhalten. Sie sollten aber nicht vergessen, dass es sich dabei nur um den geschlossenen Spline-Cage, also das Grundgerüst handelt.

Sie haben sich mit den bisherigen Schritten lediglich eine Vorlage geschaffen, die nun weiter ausgebaut werden muss, um irgendwann das Prädikat »fotorealistisch« zu erhalten.

Dazu fehlen natürlich noch viele Details und Verbesserungen, wie zum Beispiel vernünftige Texturen, Haare und Wimpern, Falten oder Ohren. Es liegt an Ihnen, wie weit Sie hierbei gehen wollen.

Materialien, Lichter und Kamera

Materialien
Die Welt des Material-Editors

Im Material-Editor werden verschachtelte Materialien definiert und den Objekttypen in 3ds max 4 zugewiesen.

Material-Editor

IN DER MODULAREN ARCHITEKTUR DES PROGRAMMS 3ds max 4 existiert ein weiterer Baustein, der Material-Editor, mit dessen Hilfe Sie Materialien in den jeweiligen Musterfeldern (Slots) kreieren und den Objektoberflächen zuweisen können.

Musterfelder (Slots) sind ein visuelles Hilfsmittel in Form eines Ansichtsfensters, in dem Materialien und Maps im Voraus betrachtet werden können. Das Material wird auf einem eingestellten Musterobjekt angezeigt.

Materialtypen

Es existieren verschiedene Materialtypen, die für die Materialbelegung der Objekttypen (z.B. Geometrie) in einer Max-Szenerie verwendet werden können (Abbildung 2).

▶ Das Standard-Material ist das Vorgabematerial. Dieses Material ist in den Voreinstellungen des Material-Editors in den Musterfeldern vorhanden und definiert Materialien, die den Objekten einer Szene zugewiesen werden können.

▶ Standard-Materialien können ebenfalls als transparente (z.B. Reiter OPAZITÄT) oder selbstleuchtende Materialien (z.B. Reiter SELBSTILLUMINATION) definiert werden.

▶ Das zugewiesene Standard-Material oder jeder andere zugewiesene Materialtyp wird als »heiß« bezeichnet und ist durch weiße, kleine Dreiecke im Musterfeld zu erkennen. Das Material ist Bestandteil der Szene. Der Materialtyp lässt sich individuell verändern. Somit lassen sich neben diesem Standard-Material andere Materialtypen im Material-Editor definieren.

▶ Mit dem Material Raytrace können Sie vollständige Raytrace-Reflexionen und -Refraktionen erstellen. Darüber hinaus werden Nebel, Farbdichte, Transparenz, Fluoreszenz und andere Spezialeffekte unterstützt.

▶ Das Umgebungs-Map ermöglicht die Kombination aus zweidimensionalen Bildinformationen im Hintergrund (Umgebungs-Map) mit den Matte-Objekten im Vordergrund (Konstruktionsinformationen der Objekttypen und das zugewiesene Material Mattheit/Schatten) und das Zusammenfügen beider »Ebenen« zu einem Bild.

▶ Umgebungs-Maps (Environments) werden nicht im Material-Editor zugewiesen, trotzdem aber als eine Art Material bezeichnet.

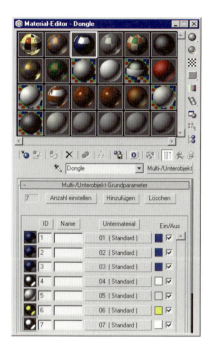

▲ **Abbildung 1**
Material-Editor

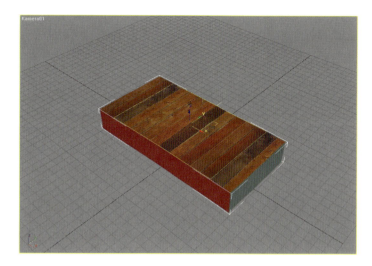

▲ **Abbildung 2**
Ansichtsfenster – zugewiesenes Multi-/Unterobjekt-Material auf einem
Objekt Quader

▶ Das Mattheit/Schatten-Material beinhaltet das Umwandeln eines Objekts in ein Matte-Objekt, bei dem das aktuelle Umgebungs-Map im Hintergrund sichtbar ist. Ein Matte-Objekt ist in der Szene unsichtbar, es kann jedoch Schatten erhalten, die von anderen Objekten geworfen werden und auf das Matte-Objekt fallen.

▶ Die zusammmengesetzten Materialien definieren weitere Materialtypen, die im Material-Editor zusammengestellt werden.

Standard-Material

Mit dem Standard-Materialtyp können Sie die Oberflächeneigenschaften eines Objekts gestalten. In der realen Welt ist das Aussehen einer Oberfläche davon abhängig, wie ein Objekt bzw. dessen Oberfläche Licht reflektiert. In 3ds max 4 werden durch ein Standard-Material die Reflexionseigenschaften der Oberflächen definiert.

Gehen wir davon aus, dass einem Standard-Material im Rollout Maps keine Maps zugewiesen wurden. Die Objektoberfläche wird mit einer »einzigen« Farbe dargestellt und es werden viele Farben auf Grund des Lichts reflektiert.

Um diese reflektierenden Farben und die Einstellungen dieses Standard-Materials zu erzeugen, wird ein Vierfarben-Modell eingesetzt.

Dieses Vierfarben-Modell lässt sich im Material-Editor im Rollout Blinn-Grundpara-

Abbildung 3 ▶
Material/Map-Übersicht

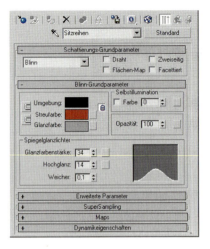

▲ **Abbildung 4**
Rollout Blinn Grundparameter und
Rollout Erweiterte Parameter

meter (Shader Blinn) und im Rollout Erweiterte Parameter bestimmen und setzt sich wie folgt zusammen:

▶ Die Umgebung ist die Farbe der Teile des Objekts, die sich im Schatten befinden.

▶ Die Streufarbe ist die Farbe des Objekts bei direkter, optimaler Beleuchtung.

▶ Die Glanzfarbe ist die Farbe der Glanzpunkte.

▶ Die Filterfarbe ist die Farbe für das Licht, das durch das Objekt hindurchscheint. Die Filterfarbe-Eigenschaft ist nur sichtbar, wenn die Opazität des Materials unter 100 % liegt (Abbildung 4).

Wenn im alltäglichen Sprachgebrauch die Farbe eines Objekts beschrieben wird, ist die Streufarbe gemeint. Die Wahl einer Umgebungsfarbe (Umgebung) ist von der Beleuchtungsart abhängig. Bei schwacher Innenbeleuchtung kann die Umgebung eine dunklere Schattierung der Streufarbe sein, bei heller Innenbeleuchtung und bei Tageslicht kann die Umgebung die Komplementärfarbe der primären Lichtquelle sein. Die Glanzfarbe kann entweder aus denselben Farbwerten wie denen der Lichtquelle bestehen oder eine Variation der Streufarbe mit hohem Wert und niedriger Sättigung darstellen.

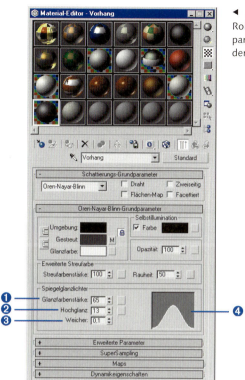

◀ **Abbildung 5**
Rollout Blinn-Grund-
parameter – Darstellung
der Parabel

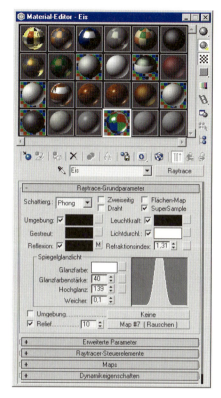

Abbildung 6 ▶
Materialtyp Raytrace

Die Glanzfarbe eines Standard-Materials wird
in Glanzpunkten angezeigt. Sie können im
Rollout Blinn-Grundparameter (Shader Blinn)
im Reiter Spiegelglanzlichter die Größe, die
Form und den Übergang des Glanzpunkts be-
stimmen, indem Sie mit den Parametern
Glanzfarbenstärke ❶, Hochglanz ❷ und
Weicher ❸ arbeiten (Abbildung 5).

Zwei Beispiele:

Auf einer polierten, glänzenden Oberfläche
ist der Glanzpunkt klein und intensiv. Eine stei-
le Parabel ist zu erkennen.

Eine »matte« Oberfläche (kein Matte-Objekt) kann einen großen, schwachen, Glanzpunkt oder gar keinen Glanzpunkt aufweisen.
Eine flache Parabel ist zu erkennen.

Diese Plastizitäten der Materialien werden
anhand der in dem kleinen Fenster zu sehen-
den Parabel ❹ im Rollout Blinn-Grundparameter (Shader Blinn) grafisch dargestellt.

Raytrace
Die Reflexionen und Refraktionen, die das
Raytrace-Material generiert, sind »fotorea-
listischer« und »realitätsgetreuer« als die des
Reflexion/Refraktion-Maps. Der einzige Nachteil besteht darin, dass die Raytrace-Objekte
für das Berechnen der Daten mehr Zeit in Anspruch nehmen (Abbildung 6).

Bei Raytrace-Material und Raytrace-Bitmap wird anhand der jeweiligen Normalen bestimmt, ob ein Strahl in die Oberfläche eintritt oder aus ihr austritt.

In manchen Fällen weisen die Farben im Rollout Grundparameter des Raytrace-Materials ein anderes Verhalten auf als Farben in Standard-Materialien. Das Standard-Material arbeitet mit einem Modell für gestreute Schattierung, das zum Berechnen von festen, nicht reflektierenden Objekten wie z.B. Kunststoff geeignet ist. Der Effekt des Raytrace-Materials besteht darin, dass der Renderer für das Raytrace-Material die jeweiligen physische Einstellungen aus der »Natur« berechnet und sie als Materialfarbe auf die Objektoberfläche projiziert.

Beim Raytrace-Material wird die Eigenschaft der Streufarbe von der Oberfläche ohne Glanzfarbenreflexion reflektiert, während mit der Eigenschaft der Reflexionsfarbe der Betrag der Glanzfarbenreflexion gesteuert wird. Diese beiden Materialeigenschaften werden in Schichten übereinander gelegt. Die so erzielten Berechnungsgrundlagen sind vom Layer-Effekt abhängig. Wenn zum Beispiel das Material nicht transparent und vollkommen reflektierend erscheint, ist keine Streufarbe sichtbar. Wenn das Material nicht transparent und überhaupt nicht reflektierend ist, ist nur die Streufarbe sichtbar.

Das Raytrace-Material enthält im Rollout Dynamikeigenschaften dieselben Einstellungsmöglichkeiten wie das Standard-Material im selben Rollout.

Dennoch verfügt das Raytrace-Material über eine individuelle Benutzeroberfläche. Wenn Sie Raytrace-Reflexionen und -Refraktionen erstellen, müssen Sie die Parameter im Rollout Grundparameter anpassen. Das Rollout Erweiterte Parameter für Raytrace enthält Parameter für Spezialeffekte. Mithilfe des Rollouts Raytracer-Steuerelemente können Sie den Raytracer aktivieren bzw. deaktivieren, die Rekursionstiefe einstellen, das Antialias und die Unschärfe steuern.

Das Raytrace-Material kann in der aktuellen Szenerie optimiert und angepasst werden, indem bestimmte Objekte vom Raytracing ausgeschlossen werden.

Umgebungs-Map
Die bisher beschriebenen, zugewiesenen Materialtypen positionieren ein Bitmap an dem Objekttyp (z.B. Geometrie).

Bei Umgebungs-Map-Koordinaten werden Bitmaps hingegen im Weltsystem »verankert« oder »fixiert«. Beim Verschieben des Objekts

Modifikator Kamera-Map
Es existiert eine Ausnahme. Die Bildinformationen des Umgebungs-Map können »indirekt« ebenfalls Objekten (z.B. Geometrien) im Rollout Maps in der Streufarbe als Bitmaps und als Material dem Objekt zugewiesen werden. Danach wird für das Objekt (z.B. Geometrie) der Modifikator Kamera-Map definiert. Der Modifikator stellt den Zusammenhang zwischen der Kamera und dem Umgebungs-Map her. Wenn nun aus dem Blickfeld der Kamera die Szene berechnet wird, entsteht der Eindruck, als wenn sich auf dem bewegenden Objekt das Umgebungs-Map abzeichnet. Im Hintergrund ist das Umgebungs-Map zu sehen.

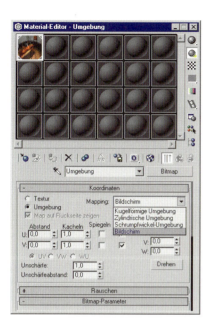

▲ **Abbildung 7**
Rollout Mapping – Umgebungs-Map-Typen

bleibt daher die Position des Bitmaps unverändert.

Es gibt vier Typen von Umgebungs-Maps (Abbildung 7):

1. KUGELFÖRMIGE UMGEBUNG
2. ZYLINDRISCHE UMGEBUNG
3. SCHRUMPFWICKEL-UMGEBUNG und
4. BILDSCHIRM

Die ersten drei Typen des Umgebungs-Maps sind Einstellungen, die Sie aus dem Modifikator UVW-Map kennen.

Stellen Sie sich eine riesige Kugel vor, die Ihre Szene umschließt und mit den Mapping-Koordinaten KUGELFÖRMIGE UMGEBUNG projiziert wird. Das Umgebungs-Mapping wird kugelförmig um diese fiktive Kugel »gelegt«.

Das Umgebungs-Mapping ZYLINDRISCHE UMGEBUNG entspricht dem eines großen Zylinders, der als Berechnungsgrundlage definiert wird und das Bitmap wie ein Zylinder um diese fiktive, unendliche Kugel »legt«.

Durch die SCHRUMPFWICKEL-UMGEBUNG wird das Bitmap zu einem Pol zusammengezogen (vergleichbar mit dem Prinzip eines Tabakbeutels) und um diese fiktive Kugel »gelegt«.

Der BILDSCHIRM bildet das Bild ohne Verzerrung direkt in der Ansicht ab. Es entspricht der planaren Abbildung, da es wie ein großes, unendliches Hintergrundbild in die Szene eingefügt wird. Im Gegensatz zu den anderen Methoden des Umgebungs-Maps ist der Bildschirm mit der Ansicht fest verbunden.

Umgebungs-Maps werden nicht im Material-Editor zugewiesen, da sie nicht auf Objekttypen (z.B. Geometrien), sondern auf die Szene selbst angewendet werden. Umgebungs-Maps erscheinen im Hintergrund der Kamera- bzw. der Perspektivansicht.

Wenn Sie als visuelle Hilfe Bild- oder Filmdaten als Ansichten-Hintergrund in den Hintergrund »legen«, werden Sie merken, dass dieses Bild durch den Renderer nicht erkannt und beim Berechnen der Daten nicht mitberücksichtigt wird. Der Hintergrund erscheint schwarz, wenn er als schwarze Farbe definiert ist. Um diese Bildinformationen im Hintergrund mitberechnen zu lassen, müssen Sie die Bilddaten als Umgebungs-Map definieren. Erst

Zuweisung: Umgebungs-Map

Sie weisen ein Umgebungs-Map zu, indem Sie in der Menüleiste RENDERN • UMGEBUNG im Reiter Umgebung auf die Schaltfläche des Umgebungs-Map klicken und ein Map zuweisen.

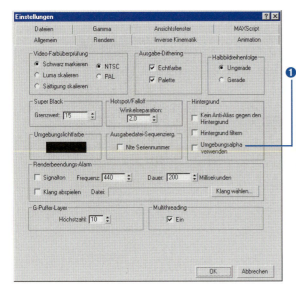

◄ **Abbildung 8**
Die Rendereinstellungen

❶

▲ **Abbildung 9**
Bildinformationen, die als Ansichtsfenster-Hintergrund
definiert werden

jetzt erkennt der Renderer die Bildinformationen und berechnet sie mit.

Die Bild- oder die Filmdaten werden als Umgebungs-Map mitberechnet und sichtbar.

Wenn Sie das Umgebungs-Map einer Szene zugewiesen haben, können Sie dieses bearbeiten oder anpassen. Dazu müssen Sie es im Material-Editor in ein Musterfeld laden. Hierzu haben Sie zwei Möglichkeiten:

▶ Klicken Sie im Material-Editor auf MATERIAL HOLEN und legen Sie das Umgebungs-Map aus der Szene in ein Musterfeld.

▶ Ziehen Sie die Schaltfläche des Umgebungs-Map per Drag and Drop aus dem Dialog UMGEBUNG auf eines der Musterfelder im Material-Editor.

▶ Den Dialog INSTANZKOPIE VON MAP ERSTELLEN beantworten Sie im Reiter METHODE entweder mit INSTANZ oder KOPIE.

▶ Um festzulegen, ob der Renderer beim Erstellen des Alpha-Wertes für das gerenderte Bild den Alpha-Kanal des Umgebungs-Maps verwenden soll, wählen Sie in der Menüleiste ANPASSEN • EINSTELLUNGEN • RENDERN im Reiter Hintergrund die Option UMGEBUNGSALPHA VERWENDEN ❶ aus. Wenn UMGEBUNGSALPHA VERWENDEN deaktiviert ist (Default), erhält der Hintergrund einen Alpha-Wert von 0 (vollständig durchsichtig). Wenn UMGEBUNGSALPHA VERWENDEN aktiviert ist, wird das Alpha des entstehenden Bildes aus einer Kombination der Alpha-Werte der Szene und des Hintergrundbildes gebildet.

Ein Beispiel für das Umgebungs-Map und den Ansichten-Hintergrund:

Stellen Sie sich die Theaterszenerie vor, die Sie später nachbauen werden. Sie lassen ein Bild berechnen.

▲ **Abbildung 10**
Einstellungen für das Umgebungs-Map

Abbildung 11 ▶
Matte-Objekte der Max-Szenerie mit den
Lichttypen (Schatten werfen)

Dieses Bild kann als Hintergrund-Bild in eine neue Szenerie eingefügt werden (Abbildungen 9 und 11).

Der Renderer berechnet das Bild nicht mit; also definieren Sie dieses Bild als Umgebungs-Map (Abbildung 10).

Nun beginnen Sie eine neue Max-Szene auf der Grundlage dieser Bildinformationen, die als Ansichten-Hintergrund und Umgebungs-Map definiert wurden, neu zu gestalten. Denn Ihre Aufgabe könnte in einem anderen Zusammenhang einmal darin bestehen, die zweidimensionalen Bilddaten im Hintergrund mit den dreidimensionalen Konstruktionsdaten, den Objekten (in unserem Beispiel: eine Waffe, die auf dem Boden liegt), den Lichttypen (Schatten), den Materialien, dem Material Mattheit/Schatten und den Matte-Objekten neu zu definieren, damit ein dreidimensionales Objekt (in unserem Beispiel: Waffe) in ein zweidimensionales Bild integriert wird.

Wichtig ist hierbei, dass die Kamera-Ansicht, die Positionierung der Objekte, die Lichtquellen und der Schatten detailgetreu mit dem Bild im Hintergrund kombiniert werden, um ein Maximum an Echtheit zu erreichen.

Sie bauen also in Ihrer neuen Szene den Boden, die Wand, die Leiste, die Lichtquellen und die Kamera neu, integrieren die Waffe als neues Objekt und passen alle Konstruktionsdaten dem Bild im Hintergrund an. Hierbei sind Boden, Wand und Leiste Matte-Objekte (Abbildung 11).

Wenn Sie jetzt die Max-Szene durch den Renderer berechnen lassen, fügt sich das Objekt (hier: Waffe) in das Bild ein. Zusätzlich fällt der Schatten des Objekts auf den Boden, da dem Objekt Boden das Material Mattheit/Schatten und die Option Schatten erhalten zugewiesen wurde.

Das neu berechnete Bild stellt sich nun so dar, als wenn sich das Objekt Waffe schon immer in der Szenerie befunden hätte.

▲ **Abbildung 12**
Berechnung des Bildes aus der Ansicht der Kamera-Aufsicht – die Matte-
Objekte (Boden, Wand und Wandleiste), die Lichttypen (Schatten), die
Waffe (kein Matte-Objekt) und das Umgebungs-Map

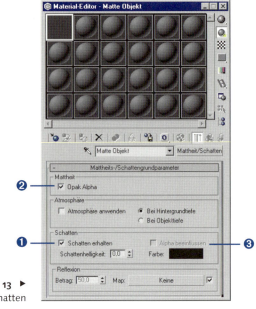

Abbildung 13 ▶
Materialtyp Mattheit/Schatten

Dieses Prinzip lässt sich natürlich ebenfalls auf Bewegungsabläufe übertragen.

Mattheit/Schatten-Material

Im Material-Editor können Sie mit Mattheit/
Schatten Objekte in Matte-Objekte umwandeln, die selbst als Matte-Objekt nur den Schatten von anderen Objekten, die Schatten werfen, erhalten und auf der Objektoberfläche darstellen (Abbildung 13).

Alle anderen Bereiche der Objektoberfläche des Matte-Objekts, auf die kein Schatten fällt,

sind transparent. Das Umgebungs-Map wird im Hintergrund sichtbar (Abbildung 12).

Die Kombination zwischen Umgebungs-Map und Matte-Objekten wird erst durch das Berechnen der Bilddaten erkennbar.

Mattheit/Schatten-Materialien können auch reflektieren.

Matte-Objekt

Ein Matte-Objekt ist unsichtbar, verdeckt jedoch die Sicht auf die dahinter liegende Objekttypen (z.B. Geometrien). Es verdeckt jedoch nicht den Hintergrund (z.B. Umgebungs-Map).

Ebenfalls können Matte-Objekte Schatten werfen, obwohl sie unsichtbar sind. Klicken Sie im Rollout Mattheits-/Schattengrundparameter auf Schatten erhalten ❶, damit das Matte-Objekt Schatten erhält.

■ Materialtyp Mattheit/Schatten

Der Materialtyp Mattheit/Schatten ist nur sichtbar, wenn Sie die Szene berechnen lassen. In Ansichtsfenstern ist er nicht sichtbar.

Um Schatten korrekt auf einem Matte-Objekt zu generieren, deaktivieren Sie das Kontrollkästchen OPAK ALPHA ❷ und aktivieren das Kontrollkästchen ALPHA BEEINFLUSSEN ❸.

Wenn das Kontrollkästchen ALPHA BEEINFLUSSEN für das Material Mattheit/Schatten aktiviert ist, werden die auf das Matte-Objekt geworfenen Schatten auf den Alpha-Kanal angewendet. Dadurch können Sie Bitmaps mit Alpha-Schatten rendern, die Sie später in einem anderen grafischen Programm (z.B. Photoshop) zusammenstellen können.

Zusammengesetzte Materialien

Zusammengesetzte Materialien sind Kombinationen aus zwei oder mehr Untermaterialien. Sie ähneln zusammengesetzten Bitmaps, werden jedoch auf oberster Ebene als Materialtyp zugewiesen. Sie laden oder erstellen zusammengesetzte Materialien in dem Browser Material/Map-Übersicht. Bei ÜBERBLENDEN werden zwei Materialien durch Mischen der Pixelfarben kombiniert. ZUSAMMENSETZEN definiert bis zu zehn verschiedene Materialien unter Verwendung von Farbaddition, Farbsubtraktion oder Opazität gemischt. DOPPELSEITIG speichert zwei Materialien. Ein Material wird auf den äußeren Flächen des Objekts berechnet, das andere Material auf denen der Normalen abgewandten Fläche des Objekts.

Morpher-Materialien verwenden den Modifikator Morpher, um mehrere Materialien animieren zu können. Das Multi-/Unterobjekt kann einem Objekt mehrere Materialien zuweisen. Dabei werden zwei oder mehr Untermaterialien gespeichert, die Sie auf eine Unterobjektebene mit dem Modifikator Netz auswählen oder Netz bearb. zuweisen. Sie können über den Modifikator Material auch ganzen Objekten Untermaterialien und Material IDs zuweisen. Bei SHELLAC wird ein Material über ein anderes gelegt. OBEN/UNTEN speichert zwei Materialien. Ein Material wird auf den oberen Flächen eines Objekts und das andere auf den unteren Flächen des Objekts berechnet, je nachdem, ob die Normalen nach »oben« oder »unten« zeigen (Abbildung 3).

Mapping-Koordinaten

Mapping-Koordinaten dienen der exakten Zuweisung und Anordnung, der Drehung sowie Skalierung und Kachelung von Materialien und Texturen (Maps) auf den Objektoberflächen.

Die folgende Aufzählung gibt Ihnen einen Überblick über mögliche Verfahrenswege, um Mapping-Koordinaten zu definieren:
Mapping-Koordinaten …

▶ können für das ausgewählte Objekt in der Erstellungspalette oder Änderungspalette durch Aktivierung des Kontrollkästchens MAPPING-KOORDINATEN GENERIEREN erstellt werden (Abbildung 14),

▶ können für das ausgewählte Objekt in der Änderungspalette durch das Zuweisen des Modifikators UVW zuweisen erstellt werden,

▶ können für das ausgewählte Objekt in der Änderungspalette durch das Zuweisen des Modifikators UVW-Map erstellt werden,

▶ können für das ausgewählte Objekt in der Änderungspalette durch das Zuweisen des Modifikators UVW-Map erstellt werden und durch die Mapping-Typen PLANAR, ZYLINDRISCH, KUGELFÖRMIG, SCHRUMPFWICKLUNG, QUADER, FLÄCHE oder XYZ in UVW definiert werden,

◄ **Abbildung 14**
Option Mapping-
Koordinaten generieren

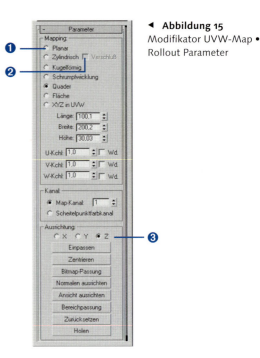

◄ **Abbildung 15**
Modifikator UVW-Map •
Rollout Parameter

▶ können für das ausgewählte Objekt in der Änderungspalette durch das Zuweisen des Modifikators UVW-Map erstellt und durch die Auswahlebene-Unterobjekt Gizmo modifiziert werden,

▶ können für das ausgewählte Objekt in der Änderungspalette durch das Zuweisen des Modifikators UVW-Map erstellt und durch die Werte der Länge, Breite, Höhe, U-Kchl., V-Kchl. und W-Kchl. beeinflusst werden,

▶ können für das ausgewählte Objekt in der Änderungspalette durch das Zuweisen des Modifikators UVW-Map erstellt und in der Ausrichtung in x, y oder z definiert werden,

▶ können für das ausgewählte Objekt in der Änderungspalette durch das Zuweisen des Modifikators UVW-Map erstellt und im Rei-

ter Ausrichtung für Einpassen, Zentrieren, Bitmap-Passung, Normalen ausrichten, Ansicht ausrichten, Bereichspassung, Zurücksetzen oder Holen definiert werden,

▶ können im Material-Editor • Rollout Maps • Rollout Koordinaten für das Material durch die Parameter Abstand, Kacheln, Winkel oder Mapping definiert werden.

▶ Es existieren die folgenden Mapping-Typen: Expliziter Map-Kanal, Scheitelpunktfarbenkanal, Planar auf Objekt XYZ oder Planar auf Welt XYZ.

Wenn einem Objekttyp (z.B. Geometrie) Materialien zugewiesen werden, kann 3ds max 4 Mapping-Koordinaten bedingt eigenständig generieren. Die Option Mapping-Koordinaten generieren wird aktiviert (Abbildung 14).

Wenn dem ausgewählten Objekt der Modifikator UVW-Map zugewiesen wird, können im Rollout Parameter folgende Mapping-Typen und Einstellungen der Mapping-Koordinaten generiert werden (Abbildung 15):

▶ Unter MAPPING projiziert PLANAR ❶ das Map von einer einzelnen Ebene flach gegen das Objekt, ähnlich wie bei der Projektion eines Dias.

▶ ZYLINDRISCH projiziert das Map von einem Zylinder und wickelt es um ein Objekt. Die Nähte, an denen sich die Kanten von Bitmaps treffen, sind sichtbar, wenn kein nahtloses Map verwendet wird. Diese zylindrische Projektion ist bei Objekten sinnvoll, die eine ungefähr zylindrische Form haben. Der VERSCHLUSS ❷ wendet planare Mapping-Koordinaten auf die Verschlüsse des Zylinders an.

▶ Bei KUGELFÖRMIG wird das Map wie ein kugelförmiges Mapping auf das Objekt projiziert. Das Objekt ist dann vom Map umgeben. Sie sehen eine Naht und zwei Pole, wo die Ränder des Bitmaps oben und unten an der Kugel aufeinander treffen.

▶ Die SCHRUMPFWICKLUNG ist ebenfalls kugelförmig, die Ecken des Maps werden jedoch beschnitten und an nur einem Pol zusammengeführt.

▶ Der QUADER projiziert das Map von den sechs Seiten eines Quaders. Jede Seite wird wie ein planares Map zugewiesen, abhängig von der Ausrichtung der Normalen.

▶ Bei der FLÄCHE wird eine Kopie des Maps auf jede Fläche eines Objekts angewendet. Flächenpaare mit einer gemeinsamen verdeckten Kante werden mit dem vollen rechteckigen Map projiziert. Einzelne Flächen ohne verdeckte Kante werden mit einem dreieckigen Teil des Maps projiziert.

▶ XYZ IN UVW projiziert dreidimensionale Prozedurkoordinaten auf Mapping-Koordinaten. Dadurch »befestigt« sich die Prozedurtextur an der Oberfläche. Wenn die Oberfläche gedeht wird, wird auch die dreidimensionale Prozedurtextur gedehnt. Es folgen die Optionen im Reiter Ausrichtung:

X/Y/Z ❸ definiert die Ausrichtung der Mapping-Koordinaten und somit den des Gizmos. Durch diese Optionen wird die Achse des Gizmos bestimmt, die an der lokalen z-Achse des Objekts ausgerichtet wird. EINPASSEN passt den Gizmo in die Ausmaße des Objekts ein und zentriert ihn, sodass er in den Ausmaßen des Objekts gesperrt ist. ZENTRIEREN verschiebt den Gizmo, sodass seine Mitte mit der Mitte des Objekts übereinstimmt.

BITMAP-PASSUNG zeigt den Dialog zur Auswahl des Bitmaps an, in dem Sie ein Bild auswählen können. Bei planarem Mapping wird der Gizmo auf das Seitenverhältnis des Bildes eingestellt. Bei zylindrischem Mapping wird für die Anpassung an das Bitmap nicht der Radius des Gizmos, sondern die Höhe skaliert.

Mit NORMALEN AUSRICHTEN ziehen Sie den Mauszeiger über die Oberfläche des Objekts, dem der Modifikator UVW-Map zugewiesen wurde. Der Ursprung des Gizmos wird an den Punkt auf der Oberfläche gesetzt, auf den die Maus zeigt, und die x-y-Ebene des Gizmos wird an der Fläche ausgerichtet. Die x-Achse des Gizmos verläuft ebenfalls durch die x-y-Ebene des Objekts. Die Option NORMALEN AUSRICHTEN berücksichtigt Glättungsgruppen und verwendet die auf Flächenglättung basierenden Normalen. Dadurch richtet sich der Gizmo an einem beliebigen Teil der Oberfläche statt an den Normalen aus.

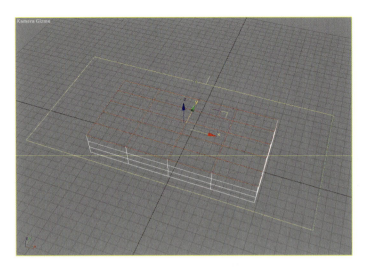

▲ Abbildung 16
Modifikator UVW-Map – Gizmo

Bei ANSICHT AUSRICHTEN richtet sich der Gizmo an der Fläche des aktiven Ansichtsfensters neu aus. Die Größe des Gizmos bleibt unverändert. Mit der BEREICHSPASSUNG aktivieren Sie einen Modus, in dem Sie den Bereich des Gizmos durch Ziehen der Maus im Ansichtsfenster definieren können. Die Ausrichtung des Gizmos wird nicht beeinflusst. ZURÜCKSETZEN löscht den aktuellen Controller, der den Gizmo steuert, und schaltet einen neuen Controller ein, der von der Funktion Einpassen initialisiert wird. Die gesamten Animationen des Gizmos werden gelöscht.

HOLEN kopiert die Mapping-Koordinaten von anderen Objekten. Wenn Sie ein anderes Objekt wählen, von dem Sie die Mapping-Koordinaten übertragen wollen, werden Sie gefragt, ob dieser Vorgang absolut oder relativ geschehen soll. Wenn Sie »absolut« wählen, werden die Mapping-Koordinaten absolut auf das ausgewählte Objekt übertragen: Die Positi-

on des Gizmos bleibt hier bei dem des anderen Objekts. Wenn Sie »relativ« wählen, wird der Gizmo für Mapping holen relativ an dem ausgewählten Objekt ausgerichtet: Der Gizmo verändert seine Position im Raum.

Im Modifikator UVW-Map wird die Auswahlebene und das Unterobjekt Gizmo dafür verwendet, eine genauere Definition (Position – Drehung – Skalierung – Kachelung) der Mapping-Koordinaten vorzunehmen. Hierbei ist der senkrechte kleine Strich auf der oberen gelben Linie des Gizmos eine Sichthilfe, die die Oberseite des Bitmaps kennzeichnet. Die grüne senkrechte Linie des Gizmos zeigt die rechte Außenkante des Bitmaps an. Somit lässt sich die Positionierung des Bitmaps klar formulieren. Das erste linke Pixel des Bitmaps befindet sich in der oberen linken Ecke des Gizmos (Abbildung 16).

Flächennormalen

Betrachten Sie einen einfachen Quader mit einem zugewiesenen Material im Ansichtsfenster. Im Material-Editor haben Sie im Rollout Maps ein Bitmap definiert und dem Quader das Material zugewiesen.

Wenn Sie sich die Ober-, die Unterseite und die anderen Seiten dieses Quaders ansehen, so wird das Material und das in der Streufarbe zugewiesene Bitmap durch das Objekt hindurch projiziert. Auch hier bestehen Möglichkeiten, ausgewählten Flächen Materialien und Mapping-Koordinaten zuzuweisen (z.B. Materialtyp Multi-/Unterobjekt).

Das zugewiesene Material wir auf Grund der Ausrichtung der Flächennormalen (oder Normalen) des Objekts (z.B. Geometrie) entweder ein- oder zweiseitig auf die Objektoberfläche projiziert. Die Normalen lassen sich durch den Modifikator Netz bearb. im An-

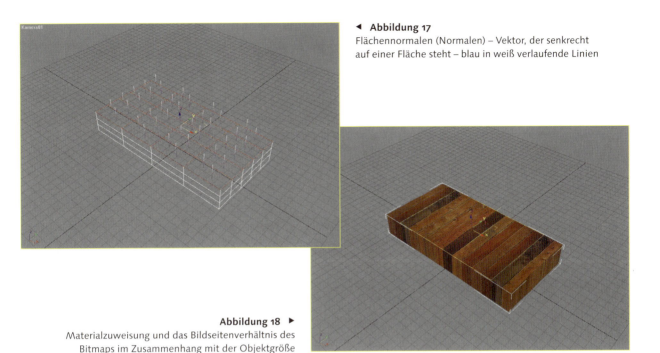

◀ **Abbildung 17**
Flächennormalen (Normalen) – Vektor, der senkrecht
auf einer Fläche steht – blau in weiß verlaufende Linien

Abbildung 18 ▶
Materialzuweisung und das Bildseitenverhältnis des
Bitmaps im Zusammenhang mit der Objektgröße

sichtsfenster sichtbar darstellen. Hierzu müssen Sie in der Änderungspalette im Modifikator Netz bearb. in einer Auswahlebene Flächen oder Polygone im Ansichtsfenster selektieren. Im Rollout Allgemein aktivieren Sie die Option NORMALEN ANZEIGEN. Die Normalen werden im Ansichtsfenster sichtbar. Der Farbverlauf von Blau zu Weiß definiert die Ausrichtung der Normalen (Abbildung 17).

Somit bestimmt die Normale, ein Vektor der senkrecht auf einer einzelnen Fläche steht, auf welche Seite das Material auf das Objekt »aufgelegt« wird. Hierbei ist es möglich, das Material ein- oder zweiseitig zu definieren. Zweiseitig bedeutet, dass ebenfalls das zugewiesene Material auf der den Normalen abgewandten Seite auf die Objektoberfläche projiziert wird.

Im Material-Editor lässt sich die Option zweiseitig im ausgewählten Material im Rollout Blinn-Grundparameter (Shader Blinn) aktivieren oder im Dialog Szene rendern als zweiseitig erzwingen.

Wenn wir uns das Material im Ansichtsfenster ansehen, so taucht ein weiteres Phänomen auf, da das Bildseitenverhältnis des Bitmaps nicht beibehalten wird. Das Bitmap wird an allen Seiten an die Größe des Objekts – hier Quader – angeglichen (Abbildung 18).

Um das Bildseitenverhältnis des Bitmaps am Quader individuell einstellen zu können, existieren verschiedene Möglichkeiten; z.B. kann man mit der Option BITMAP-PASSUNG arbeiten, die Sie in der Änderungspalette im Modifikator UVW-Map im Reiter Ausrichtung als BITMAP-PASSUNG finden. Aktivieren Sie diese Schalt-

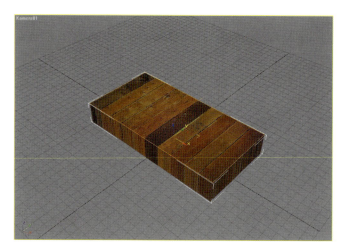

▲ **Abbildung 19**
Materialzuweisung und das Bildseitenverhältnis des Bitmaps
im Zusammenhang mit der Objektgröße

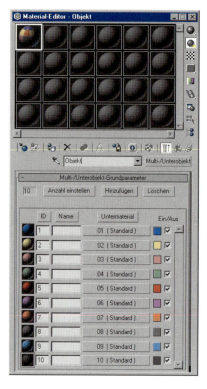

Abbildung 20 ▶
Materialtyp Multi-/Unterobjekt

fläche und wählen Sie im folgenden Dialog das dem Material zugewiesene Bitmap aus.

Der Gizmo des Modifikators UVW-Map mit dem Mapping Planar nimmt nun die Größe des Bitmaps an. Somit ist das Bildseitenverhältnis (Aspect Ratio) des Bitmaps auf die Größe des Gizmos übertragen worden. Das zugewiesene Material und die Maps werden mit dem Bildseitenverhältnis des Bitmaps durch das Objekt projiziert (Abbildung 19).

Multi-/Unterobjekt

Der Materialtyp Multi-/Unterobjekt bietet die Möglichkeit, ein Material mit unterschiedli-

chen Material-IDs einem Objekt (z.B. Geometrie) zuzuweisen. Hier werden für die ausgewählten Flächen (oder Polygone) im Vorfeld die Material-IDs definiert.

In der Änderungspalette werden im Modifikator Netz bearb. (z.B.) • Rollout Oberflächeneigenschaften • Reiter Material die Material-IDs einer Auswahl der unterschiedlichen Flächen ausgewählt und zugewiesen.

Danach wird im Material-Editor der Materialtyp Multi-/Unterobjekt in einem Musterfeld kreiert und dem ausgewählten Objekt in der Szene zugewiesen. Hierbei können bis zu 99 Material-IDs definiert werden (Abbildung 20).

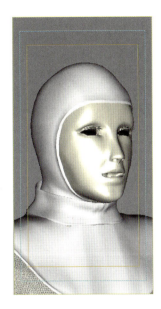

▲ **Abbildung 21**
Character Nonne – Kopf, Haube,
Schärpe und Kutte

Ein Beispiel: Stellen Sie sich einen modellierten Character Nonne vor. Dieser Character besteht aus vielen einzelnen Objekten. Durch den Modifikator Netz bearb. können Sie die einzelnen, nicht ausgewählten Objekte an das ausgewählte Objekt (z.B. Kutte) anhängen. Somit haben Sie jetzt nicht mehr viele einzelne Objekte, die den Character Nonne darstellen, sondern nunmehr ein einzelnes Objekt Character Nonne, das aus dem Kopf, den Augen, der Haube, der Schärpe etc. besteht.

Im Modifikator Netz bearb. aktivieren Sie die Auswahlebene Element und klicken ein Element des Characters Nonne im Ansichtsfenster an. Das einzelne Element wird rot und somit aktiv (z.B. Kutte). Geben Sie diesem Element, also den ausgewählten Flächen, die

Material-ID, indem Sie im Rollout Oberflächeneigenschaften im Reiter Material die Material-ID eingeben und mit [↵] bestätigen. Verfahren Sie für alle weiteren Elemente des gesamten Characters Nonne so wie eben beschrieben und vergeben Sie weitere, neue Material-IDs anhand der vorher selektierten Flächen oder Polygone.

Denken Sie daran, die Material-IDs – wenn nötig – mit neuen Nummern (Material-ID 2, Material-ID 3, etc.) zu versehen.

Öffnen Sie den Material-Editor durch Klicken auf die Taste [M]. Beachten Sie, dass das aktive Musterfeld über MAP/MTL AUF VORGABEN ZURÜCKSETZEN zurückgesetzt werden kann. Denken Sie daran, in der Material/Map-Übersicht im Reiter Durchsuchen auf NEU zu klicken, um die Auswahl der Materialtypen und Map-Typen zu sehen, nachdem Sie auf MATERIAL HOLEN geklickt haben.

Klicken Sie doppelt in der rechten Seite des Browsers Material/Map-Übersicht auf das Wort MULTI-/UNTEROBJEKT. Der Materialtyp wird in das aktive Musterfeld des Material-Editors geladen. Jetzt können Sie über ANZAHL EINSTELLEN die Anzahl der zu vergebenden Materialien für ein gesamtes Material in einem Musterfeld mit vielen Untermaterialien definieren und für die jeweilige Material-ID ein individuelles Material entwickeln. Weisen Sie das Material dem gesamten Character Nonne zu.

Somit können Sie für den Character Nonne ein Material mit vielen einzelnen Untermaterialien und Material-IDs definieren.

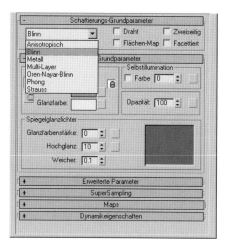

◀ **Abbildung 22**
Rollout Schattierungs-Grundparameter • Shader

Schattierungs-Grundparameter

Im Material-Editor können im Rollout Schattierungs-Grundparameter die so genannten Shader wie Blinn, Anisotropisch, Metal, Multi-Layer, Oren-Nayar-Blinn, Phong oder Strauss definiert werden (Abbildung 22.

Die Aufgabe des Shaders ist es, zugewiesene Materialien wie Plastik, Stoff, Metall oder Holz wirken zu lassen und auf Objektoberflächen zu projizieren.

Der Shader Blinn ist ein von dem Shader Phong abgeleiteter Schattierungsparameter. Mit dem Shader Blinn können Glanzlichter erzeugt werden, die durch Reflexion des Lichts von der Oberfläche in stumpfem Winkel entstehen. Hier besteht der Unterschied zum Shader Phong darin, dass die Glanzlichter runder erscheinen.

Der Shader Anisotropisch erzeugt Oberflächen mit elliptischen oder anisotropischen Glanzpunkten. Diese Glanzpunkte eignen sich gut zum Modellieren von Haar oder Glas. Die Anisotropie misst den Unterschied der Glanzlichtergröße aus zwei vertikalen Blickwinkeln.

Abgesehen von den Parametern für Spiegelglanzlicht ähneln die Parameter denen des Shaders Blinn und Phong.

Die Parameter für Streufarbenstärke ähneln denen des Shaders Oren-Nayar-Blinn. Der Shader Metall projiziert eine metallische Oberfläche auf ein Objekt. Dieser Shader stellt Materialien für realistisch wirkende metallische Oberflächen dar.

Der Shader Multi-Layer ähnelt dem Shader Anisotropisch, besitzt aber zwei Parameter für Spiegelglanzlichter. Die Glanzlichter sind geschichtet und ermöglichen dadurch das Erstellen komplexer Glanzpunkte, die sich z.B. für polierte Oberflächen eignen.

Der Shader Oren-Nayar-Blinn ist eine Variante des Shaders Blinn. Er eignet sich gut für Stoffe. Der Shader Oren-Nayar-Blinn umfasst zusätzliche Parameter für erweiterte Streufarben, Streufarbenstärke und Rauheit, mit denen stumpfe Materialien definiert werden können.

Bei dem Shader Phong werden die Kanten zwischen Flächen geglättet und Glanzlichter

Abbildung 23 ▶
Material-Bibliothek

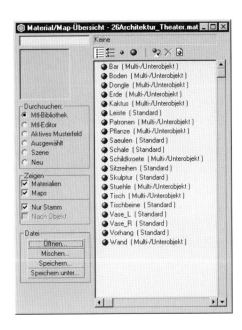

von glänzenden regelmäßigen Oberflächen realitätsnah berechnet. Dieser Shader interpoliert die Intensitäten über eine Fläche hinweg, basierend auf den gemittelten Normalen der angrenzenden Flächen. Hierbei wird die Normale für jedes Pixel der Fläche berechnet.

Der Shader Strauss eignet sich zum Modellieren metallischer Oberflächen.

Experimentieren Sie mit den Materialien und Shadern, damit Sie das Handling für die Materialeigenschaften und die Materialbeschaffenheit gezielt einsetzen, Objekten zuweisen und in eine Szenerie integrieren können.

Material-Bibliotheken

Material-Bibliotheken dienen z.B. dazu, die in einer Szene zugewiesenen und somit heißen Materialien als *.mat-Datei abzuspeichern. Diese Material-Bibliotheken beinhalten »nur«

die Parameter und die unterschiedlichen Einstellungen, die in den jeweiligen Rollouts definiert wurden, jedoch nicht die als Bitmaps im Rollout Maps zugewiesenen Bitmap-Dateien (Abbildung 23).

Speichern Sie eine Material-Bibliothek ab, indem Sie den Browser Material/Map-Übersicht öffnen, im Reiter Durchsuchen auf Szene und im Reiter Datei auf SPEICHERN UNTER klicken und einen Material-Bibliotheksdatei abspeichern.

Klicken Sie im Browser Material/Map-Übersicht im Reiter Durchsuchen auf die Mtl-Bibliothek und klicken Sie im Reiter Datei auf ÖFFNEN (oder MISCHEN), um eine *.mat-Datei zu laden, oder auf MISCHEN, um Materialien in eine aktuelle Material-Bibliothek zu mischen.

Hier besteht für Sie auch die Möglichkeit, Material-Bibliotheken zu speichern.

Lichter

Die fünf Lichttypen

In 3ds max 4 werden die Lichttypen wie alle anderen Objekttypen behandelt. Sie werden in der Erstellungspalette erstellt, in der Änderungspalette bearbeitet und in der Bewegungspalette oder Spuransicht animiert.

IN 3DS MAX 4 EXISTIEREN FÜNF UNTERSCHIEDLICHE Lichttypen, die erstellt werden können. Diese Lichttypen steuern und »modellieren« die Lichtstimmungen der jeweiligen Szenen, in denen Sie arbeiten.

Abhängig von der Position der Objekte, der Materialien, der Kamera und aller Animationsverhalten stellt das Licht einen der schönsten, aber auch der schwierigsten Bereiche dar. Wenn Sie in allen anderen modularen Bestandteilen dieses Programms wirklich gut gewesen sind – während des Modellierens der Characters, der Architekturen oder des Produktdesigns, der Materialien, der Kamera und der gesamten Animationen –, kann Ihnen eine durchschnittliche Lichtstimmung dennoch das gesamte Projekt kippen.

Lichtstimmungen können kalt (z.B. Farbe Blau) oder warm (z.B. Farbe Gelb) sein. Lichter können Schatten in eine Szene werfen und somit das Projekt um eine weiteres grafisches und realitätsbezogenes Element bereichern. Dieses kann ebenfalls dramaturgisch eingesetzt werden, wenn z.B. ein Schattenspiel eine eigene Dynamik in der Szene entwickelt.

Lichter, die Schatten werfen, sollten dem Betrachter signalisieren, aus welcher primären Richtung die Lichter kommen (Position und Winkel der Lichttypen im Verhältnis zu allen Objekttypen in der Szene).

Lichtquellen

Lichtquellen können in einer Hierarchie als Kinder an Objekte (z.B. Geometrien, Helfer oder Kamera) verknüpft und indirekt mitbewegt werden, wenn das Elternteil animiert wird. Sie können in der Systemoberfläche von 3ds max 4 verdeckt werden (Anzeigepalette).

Lichtquellen, die Schatten werfen, können individuell für Objekte Schatten erhalten oder werfen. Für das jeweilige Objekt (z.B. Geometrie) können über den Dialog EIGENSCHAFTEN die Optionen SCHATTEN ERHALTEN oder SCHATTEN WERFEN definiert werden.

Es ist möglich, über Lichtquellen Objekte von ihrer Beleuchtung auszuschließen und diese somit gezielt für bestimmte Objekte in einer Szene zu verwenden. Dies geschieht über das Rollout Allgemeine Parameter • Schaltfläche AUSSCHLIESSEN.

Es ist aber auch möglich, Lichtquellen durch den Wert MULTIPLIKATOR in der Lichtintensität zu verstärken (Rollout Allgemeine Parameter).

Sie können Lichtquellen durch den Hotspot oder den Falloff beeinflussen. Hierbei wird die Außenkante des Lichtkegels entweder hart oder weich definiert, abhängig vom Abstand des Hotspot- und des Falloff-Wertes zueinander. Der Hotspot-Wert kann hierbei nie größer als der Falloff-Wert sein (Rollout Spotlichtparameter).

Lichtquellen und Zielspotlichter können nicht nur als gebündelter Lichtstrahl in eine gezielte Richtung leuchten, sondern durch die Option OVERSHOOT in alle Richtungen strahlen (Rollout Spotlichtparameter).

Sie sind im Rollout Schattenparameter über »kreisförmig« oder »rechteckig« als gebündelter oder gerichteter Lichttyp definierbar. Lichtquellen und Lichthelligkeiten werden im Rollout Lichtabnahmeparameter durch die Abnahme und Zunahme der Lichtquelle justiert.

Arbeiten Sie mit dem Wert der Dichte, um die Dichte des Schattens durch die Lichtquelle zu koordinieren (Rollout Schattenparameter).

Lichtquellen können eine weiche oder harte Außenkante des eigentlichen Schattens definieren oder die zu berechnende Schattenqualität, die in Quadratpixeln berechnet wird, bestimmen und sogar den Schatten vom Objekt wegbewegen. Dies legen Sie im Rollout Schatten-Map-Parameter • Optionen NEIGUNG, GRÖSSE und SAMPLE-BEREICH fest.

Arbeiten Sie mit den beiden Logarithmen Schatten-Map und Raytrace-Schatten, um unterschiedliche Arten des Schattens in einer Szene berechnen zu lassen.

Lichtquellen können im gleichnamigen Rollout Atmosphären oder Effekte beinhalten, wie z.B. Volumenlicht oder Lens Effects.

Arbeiten Sie mit der Möglichkeit, Werte des Lichts – wie die Farbwerte (R-G-B) – zu animieren, und beachten Sie dabei alle anderen Parameter, die in der Spuransicht eine eigene Spur besitzen (Spuransicht).

Wenn sich Fehlerquellen an Ihrer Beleuchtung der Szene herausstellen, können Sie Lichtquellen ein- oder ausschalten. Gehen Sie dabei nach folgendem Prinzip vor: Schalten Sie gezielt Lichtquellen aus, damit Sie durch die Anzahl der ein- oder ausgeschalteten Lichtquellen die Fehlerursache eingrenzen. Lassen Sie die Szene jeweils neu berechnen und beurteilen Sie selbst, wo Fehlerquellen in Bezug auf das Licht existieren (Rollout Allgemeine Parameter • Schaltfläche EIN).

Schatten-Map

Als Schatten-Map wird ein Bitmap bezeichnet, das der Renderer während eines ersten Durchgangs beim Rendern der Szene erstellt.

Schatten-Maps zeigen nicht die Farbe, die von transparenten Objekten geworfen wird, sondern ein Bitmap, das vom Spotlicht aus projiziert wird. Diese Schatten-Maps können im Unterschied zu Raytrace-Schatten mit weich gezeichneten Rändern gekennzeichnet sein.

Raytrace-Schatten

Der Raytrace-Schatten wird durch den Renderer berechnet, indem er den Pfad der Lichtstrahlen (engl. »rays«) nachzeichnet (engl. »trace«), die aus der Lichtquelle gesampelt werden. Raytrace-Schatten sind realitätsnaher als Schatten-Maps, haben aber den Nachteil, dass sie immer scharfe Schattenränder haben und längere Rechenzeiten benötigen. Das Programm Mental Ray bietet hier Abhilfe und definiert die Ränder weicher.

Abbildung 1 ▶
Erstellungspalette · Lichter

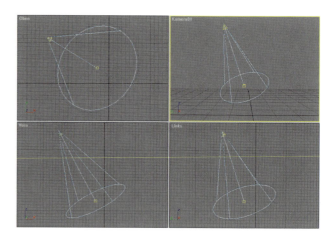

▲ **Abbildung 2**
Zielspotlicht

Lichttypen

Wenn Sie nachträglich den Lichttyp des ausgewählten Lichts verändern möchten, ändern Sie
in der Änderungspalette – wenn das Licht ausgewählt ist – den Typ Freies Spotlicht z.B. in
ein Zielspotlicht um (Rollout Allgemeine Parameter · TYP).

Alle diese Parameter-Einstellungen genauer
zu erläutern würde nun wirklich den Rahmen
dieses Buches sprengen. Deshalb werden wir
die Themen Licht und Kamera komprimiert in
Kürze »überfliegen«.

Dennoch sollten Sie bei allen Aspekten auf
einen Grundsatz besonderen Wert legen: Je
weniger Lichter in einer Szene vorhanden sind,
umso schneller kann der Renderer die Bild-
oder Filmdaten berechnen.

In der Erstellungspalette · LICHTER erstellen
Sie einen Lichttyp, indem Sie in einem Ansichtsfenster ein Licht mit der Maus positionieren oder aufziehen.

Diese Lichttypen sind:
▶ Zielspotlicht
▶ Freies Spotlicht
▶ Zielrichtungslicht
▶ Freies Richtungslicht
▶ Punktlicht

Die Benutzeroberflächen der verschiedenen
Lichttypen finden Sie in dem jeweiligen akti-
ven Ansichtsfenster des Lichts (⇧+4), der
Erstellungspalette, der Änderungspalette, der
Bewegungspalette oder in der Spuransicht.
Hier können Sie gezielt Lichttypen durch die
Schaltflächen, die Tastaturkürzel oder die
Rollouts und deren Parameter manipulieren
und steuern.

Zielspotlicht

Das Zielspotlicht erzeugt einen gebündelten
Lichtstrahl, wie z.B. ein Scheinwerfer in einem
Theater. Das Zielspotlicht besteht aus einem

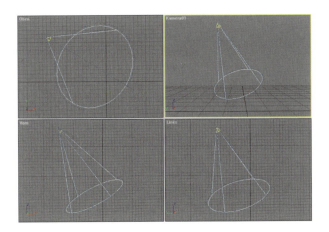

▲ **Abbildung 3**
Freies Spotlicht

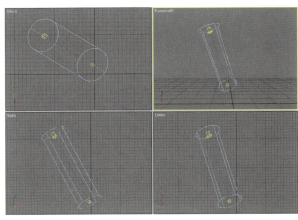

▲ **Abbildung 4**
Zielrichtungslicht

Objekt Spot01 und einem Spot01-Ziel, die »unanhängig« voneinander beeinflusst werden können, aber gemeinsam das Zielspotlicht als Lichttyp definieren.

Freies Spotlicht

Das Freie Spotlicht erzeugt einen gebündelten Lichtstrahl, wie z.B. ein Scheinwerfer in einem Theater. Das Freie Spotlicht besteht im Unterschied zum Zielspotlicht aus einem Objekt Spot01, das beeinflusst werden kann.

Zielrichtungslicht

Zielrichtungslichter werfen parallele Lichtstrahlen in eine einzige Richtung, vergleichbar mit den Lichtstrahlen der Sonne, die auf der Erdoberfläche auftreffen. Zielrichtungslichter verfügen über einen Kegel. Da gerichtete Lichtstrahlen parallel verlaufen, hat der Kegel die Form eines kreisförmigen oder rechteckigen Prismas.

Ein Zielrichtungslicht besteht aus einem Objekt Spot01 und einem Spot01-Ziel, die »unanhängig« voneinander beeinflusst werden können, aber gemeinsam das Zielrichtungslicht als Lichttyp definieren.

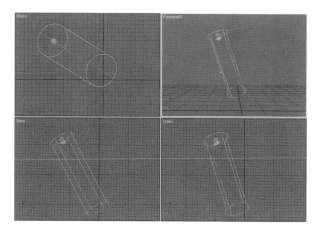

▲ **Abbildung 5**
Freies Richtungslicht

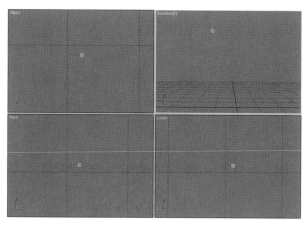

▲ **Abbildung 6**
Punktlicht

Freies Richtungslicht

Freie Richtungslichter werfen parallele Licht-strahlen in eine einzige Richtung, vergleichbar mit den Lichtstrahlen der Sonne, die auf der Erdoberfläche auftreffen. Freie Richtungs-lichter verfügen über einen Kegel. Da gerich-tete Lichtstrahlen parallel verlaufen, hat der Kegel die Form eines kreisförmigen oder recht-eckigen Prismas (vgl. Zielrichtungslicht).

Das Freie Richtungslicht besteht im Unter-schied zum Zielrichtungslicht aus einem Ob-jekt Spot01, das beeinflusst werden kann.

Punktlicht

Das Punktlicht wirft Strahlen aus einer einzel-nen Lichtquelle in alle Richtungen.

Dreipunktbeleuchtung

Die Dreipunktbeleuchtung definiert eine Tech-nik, in der das Licht drei charakteristische Rol-len einnehmen kann. Diese drei Rollen beste-hen darin, als Schlüssellicht, Fülllicht und als Gegenlicht zu agieren.

Das Schlüssellicht legt das Hauptlicht und den Beleuchtungswinkel fest, aus dem das stärkste Licht in einer Szene leuchtet. Dieses Licht besitzt die stärkste Lichtintensität. Es ist für die dunklen, auffälligen Schatten verant-wortlich.

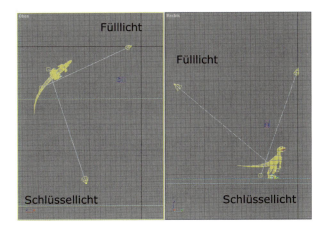

▲ **Abbildung 7**
Schlüssellicht und Fülllicht

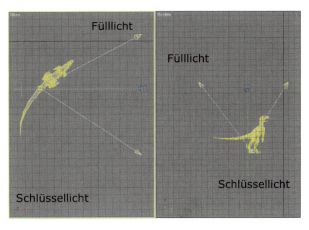

▲ **Abbildung 8**
Symmetrie zwischen Schlüsselicht und Fülllicht in Bezug
zu den Kameraachsen (z.B. Welt X und Z)

Das Fülllicht erweitert das Schlüssellicht, gestaltet es homogener und arbeitet Details aus. Das Fülllicht fungiert als reflektierendes Licht oder als zweite Lichtquelle in der Szene.

Das Gegenlicht definiert eine Art Rand oder Kontur und setzt ein Objekt erkennbar vom Hintergrund ab. Das Gegenlicht wird oft von hinten auf das angestrahlte Objekt ausgerichtet und schimmert z.B. durch Kleidungsstücke oder Haare hindurch.

Zu Beginn der Dreipunktbeleuchtung sollte das Schlüssellicht erstellt werden. Der Winkel des Schlüssellichts sollte zwischen 15 und 45 Grad betragen. Die Angaben zum Winkel beziehen sich auf die Position und den Winkel des Lichts im Verhältnis zu den anderen Objekttypen (z.B. Kamera, Lichter, Objekte) im Raum.

Eine weitere Regel besagt, dass sich das Fülllicht knapp unterhalb des Schlüssellichts befinden sollte, da im alltäglichen Leben das Schlüssellicht von »oben« scheint (vergleichbar der Sonne, den Lichtern im Raum etc.). Die zweitrangige Beleuchtung – das füllende Licht – definiert die reflektierenden Lichtstimmungen, die vom Boden oder von den Wänden ausgehen können.

Oft besteht bei »virtuellen Projekten« die Gefahr, dass das Erscheinungsbild unnatürlich und computerhart wirkt. Vermeiden Sie deshalb, dass das Fülllicht ein Spiegelbild des Schlüssellichts in Bezug zu den Kameraachsen (z.B. Welt X und Z) darstellt. Umgehen Sie diese Art der Symmetrie.

Dies war nun unserer kurzer Ausflug in das interessante und abwechslungsreiche Thema der Lichter und Lichtstimmungen.

Wenden wir uns dem Thema Kamera zu.

Kamera

Die zwei Kameratypen

Kameratypen werden erstellt, damit aus dem Blickfeld der Kamera die gesamte Szenerie berechnet werden kann.

Kameratypen

IN 3DS MAX 4 STEHEN ZWEI UNTERSCHIEDLICHE Kameratypen zur Auswahl:

▶ Zielkamera

▶ Freie Kamera

In ihrem Handling sind sie mit dem Zielspotlicht und dem Freien Spotlicht vergleichbar.

In der Erstellungspalette • KAMERA erstellen Sie einen Kameratyp, indem Sie in einem Ansichtsfenster eine Kamera mit der Maus positionieren und/oder aufziehen.

In der Änderungspalette lassen sich – wenn eine Kamera ausgewählt ist – die Linse, das Blickfeld, die orthogonale Projektion, die vorgefertigten Linsen, der Typ, der Umgebungsbereich, die Schnittebenen, der Multi-Pass-Effekt, die Brennweite, das Sampling und die Durchgangsüberblendung definieren.

Die **Zielkamera** zeigt im Ansichtsfenster Kamera das Blickfeld an, aus dem die Szene gerendert werden kann. Hierbei ist zu beachten, dass die Zielkamera aus dem Objekt Kamera01 und Kamera01-Ziel besteht, die »unanhängig« voneinander beeinflusst werden können, aber gemeinsam die Zielkamera als Kameratyp definieren.

Sie stellen sich vielleicht jetzt die Frage, warum Sie nicht aus einem anderen Ansichtsfenster wie Oben, Unten, Vorne, Hinten, Links, Rechts, Benutzer (User) oder Perspektive ihre 3D-Animation berechnen lassen sollen. Warum? Weil nur die Ansicht Kamera und dieses Blickfeld animiert werden kann. Alle anderen Ansichten sind statisch und lassen sich nicht animieren.

Wie bei Lichttypen kann nicht nur ein Kameratyp in einer Szene existieren, sondern, wenn nötig, unendlich viele Licht- und Kameratypen.

Wenn Sie nachträglich den Kameratyp der ausgewählten Kamera wechseln möchten, ändern Sie in der Änderungspalette – wenn die Kamera ausgewählt ist – den Typ Zielkamera z.B. in Freie Kamera um (Rollout Parameter • TYP).

Abbildung 1 ▶
Erstellungspalette • Kamera

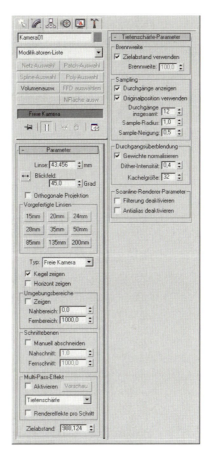

Abbildung 2 ▶
Änderungspalette • Kamera

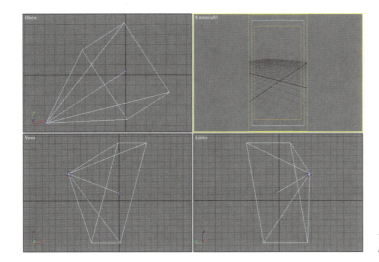

◀ **Abbildung 3**
Ansichtsfenster Zielkamera

Abbildung 4 ▶
Ansichtsfenster Freie Kamera

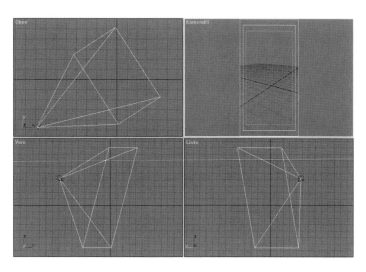

Die **Freie Kamera** definiert den Bereich, auf den die Kamera gerichtet ist (Abbildung 4).

In 3ds max 4 können die Freien Kameras ebenso wie die Zielkameras oder andere Objekttypen (z.B. Geometrien, Helfer, Gruppen) entlang einer Bewegungsbahn animiert werden und z.B. eine Kamerafahrt durch einen Gebäudekomplex definieren (architektonischer Walk-Through). Hier wird das zweidimensionale Shape für die Bewegung der Kamera eingesetzt. Wichtig ist der erste Scheitelpunkt des Shapes, der den Beginn der Kamerafahrt definiert. Der Kamera wird der Animations-Controller Pfadbeschränkung zugewiesen und der Pfad (in unserem Beispiel: Shape) für die Kamerafahrt im Ansichtsfenster mit der Maus ausgewählt (Bewegungspalette • Rollout Controller zuweisen • Position anklicken (wird gelb untermalt) • Schaltfläche CONTROLLER ZUWEISEN (grünes Dreieck) auswählen • Dialog POSITION CONTROLLER ZUWEISEN öffnet sich •

Controller PFADBESCHRÄNKUNG auswählen • Rollout Pfadparameter • Schaltfläche PFAD HINZUFÜGEN aktivieren (wird gelb untermalt) • Pfad (in unserem Beispiel: Shape) im Ansichtsfenster mit der Maus anklicken).

Wie schon erwähnt werden aus der Kameraansicht die Szenen berechnet. Hierbei koordiniert der Renderer die Einstellungen des Ausgabeformats und somit die Bild- und Filmdaten.

Betrachten Sie einmal das »Hochformat« der Kamera01. Diese Einstellungen werden im Dialog SZENE RENDERN im Reiter Ausgabegröße durch die Werte von Breite und Höhe bestimmt und in der Darstellung des Ansichtsfensters Kamera01 (farbige Rechtecke) durch die Option SICHERES FRAME ZEIGEN definiert. Die Option SICHERES FRAME ZEIGEN aktivieren Sie, indem Sie im Ansichtsfenster Kamera01 mit der rechten Maus auf das Wort der Kamera01 klicken. Das Kontextmenü öffnet sich, in

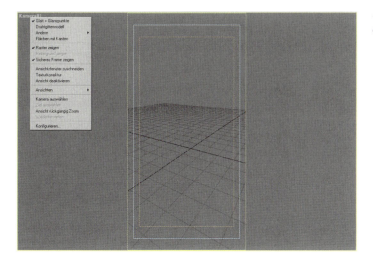

◄ **Abbildung 5**
Option Sicheres Frame zeigen aktiviert

dem Sie die Option auswählen und aktivieren können. Diese Einstellungen lassen sich für beide Kameratypen vornehmen (Abbildung 5).

Konstruieren Sie einmal eine Kamera und definieren Sie im Dialog SZENE RENDERN (Produktion und Entwurf) im Reiter Ausgabegröße die Werte für Breite mit 200 und für Höhe mit 400. Aktivieren Sie das Ansichtsfenster Kamera01 und probieren Sie die Option SICHERES FRAME ZEIGEN einmal selbst aus.

Mit der Option SICHERES FRAME ZEIGEN können Sie verhindern, dass Bildbereiche gerendert werden, die in der Endausgabe des Projekts eventuell unsichtbar bleiben.

Bei den verschiedenen Fernsehsendern ist es z.B. üblich, das Sendebild etwas zu groß anzulegen, damit auf dem Fernsehschirm keine schwarzen Ränder entstehen. Das hat zur Folge, dass auf einem gängigen Fernsehgerät kleine Bildbereiche an den Rändern unsichtbar bleiben. Mit den Parametern für SICHERES

FRAME im Dialog ANSICHTSFENSTER KONFIGURIEREN können Sie die Größe des sicheren Frames als Prozentanteil angeben. Je nach Größe kann das sichere Frame als Titel (als der Bereich, in dem Untertitel sicher angezeigt werden können), oder als Aktionen (als der Bereich, in dem alle wichtigen Informationen der Handlung angezeigt werden müssen) angegeben werden.

Das äußere gelbe Rechteck grenzt den Ausschnitt und das Seitenverhältnis der aktuellen Anzeige im Ansichtsfenster ab. Das mittlere grüne Rechteck stellt den sicheren Aktionsausschnitt dar. Das innere hellblaue Rechteck stellt den sicheren Titelausschnitt dar.

Kameratypen können über die Navigationsschaltflächen aus der Systemoberfläche von 3ds max 4 heraus beeinflusst und gesteuert oder gezielt in der Änderungspalette, der Bewegungspalette oder Spuransicht animiert werden.

Abbildung 6 ▶

Ansichtsfenster Zielkamera, Navigationsschaltflächen (unten rechts) und die
gesamte Systemoberfläche 3ds max 4

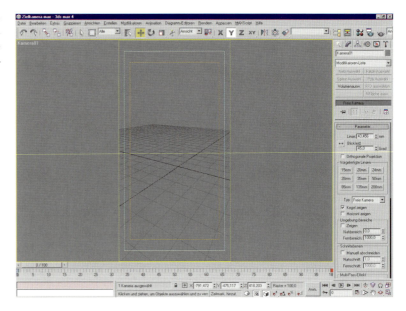

Natürlich lassen sich Lichttypen oder Kameratypen in der Änderungspalette umbenennen
(z.B. Änderungspalette • Texteingabefeld •
Kamera01 in Kamera01_Theater ändern).

Ein kleiner Step-by-Step-Workshop beendet
das Kapitel Materialien – Lichter – Kamera.
Dieser Workshop beschreibt Ihnen den
Verfahrensweg, wie Sie aus einer Ansicht Perspektive eine Ansicht Kamera erzeugen können.

1. Ansicht Perspektive

Definieren Sie ein Ansichtsfenster Perspektive.

2. Erstellungspalette – Kamera

Erstellen Sie einen Kameratyp FREI (freie Kamera), indem Sie in der Erstellungspalette • Kamera den Kameratyp FREI auswählen und mit einem Mausklick in das Ansichtsfenster Perspektive positionieren – egal, wo!

3. Ansichtsfenster Perspektive und Kamera01

Das Ansichtsfenster Perspektive (weiß umrandet) und die Kamera01 (weiß) sind ausgewählt.

4. Kamera an Ansicht anpassen

Gehen Sie in die Menüleiste Ansichten und wählen Sie den Menüpunkt KAMERA AN ANSICHT ANPASSEN aus. Die Position der Kamera01 passt sich der Ansicht Perspektive an (Tastaturkürzel: `Strg` `C` *).*

5. Ansichtsfenster Kamera

Aktivieren Sie das Ansichtsfenster Kamera01, indem Sie ein Ansichtsfenster aktivieren und mit der Taste `C` *für die Kamera01 auswählen. Das Ansichtsfenster Kamera01 wird sichtbar. Die Ansicht der Perspektive wurde als Hilfe genommen, um daraus eine Ansicht Kamera01 zu erzeugen.*

6. Änderungspalette – Kameratyp

Wählen Sie die Kamera01 aus und gehen Sie in die Änderungspalette. Im Rollout Parameter können Sie den Typ Freie Kamera in Zielkamera verändern.

7. Datei speichern

Speichern Sie den Stand als *.max-Datei ab.

Rendering

Bildberechnung

Berechnen der Bilddaten – Techniken der Bildbearbeitung

Unter den vielen verschiedenen 3D-Softwarepaketen hat sich der 3ds max-Scanline-Renderer als einer der schnellsten erwiesen. Mit Version 4 ist zudem die interaktive ActiveShade-Ansicht hinzugekommen, die den Workflow beträchtlich verbessert.

DER ANGLIZISMUS RENDERING WURDE IN DER letzten Zeit fester Bestandteil der deutschen Sprachkultur. Kaum eine Spielfilmproduktion kommt heutzutage noch ohne gerenderte Elemente oder Spezialeffekte aus. Der Boom der Computerspiele-Industrie hat ebenfalls zum Bekanntheitsgrad dieses Begriffs beigetragen. Aber was bedeutet eigentlich Rendering? Die deutsche Bezeichnung hierfür ist wohl am ehesten »Übersetzung« oder »Übertragung«. Beim Rendern werden dreidimensionale Daten über Algorithmen unter Berücksichtigung von Reflexionen, Schatten und Transparenzen in ein zweidimensionales Format, ein so genanntes Bitmap, übertragen.

Renderverfahren

3ds max v.4 beherrscht zwei der insgesamt drei grundlegenden Renderverfahren – Scanline und Raytracing. Durch zusätzliche Programme oder Plug-Ins lassen sich diese beiden Renderverfahren allerdings noch erweitern oder ergänzen. Erwähnt seien an dieser Stelle Lightscape, finalRender und MentalRay, die 3ds max durch eine externe Schnittstelle um Radiosity-ähnliche Simulationen erweitern.

Scanline

Der 3ds max-Scanline-Renderalgorithmus rastert eine 3-dimensionale Szene auf, sortiert alle Punkte nach Flächen und berechnet das Ausgabebild Zeile für Zeile von oben nach unten. Durch diese Vorgehensweise werden einzelne Objekte in einer Szene – auch wenn sie sich überschneiden – immer korrekt berechnet. Die Tiefeninformationen (und Texturen) werden im Arbeitsspeicher abgelegt, um eine höhere Rechengeschwindigkeit zu erreichen.

Die Helligkeitsinformationen werden für jeden einzelnen Punkt einer Fläche berechnet. Außer Refraktionen lassen sich Transparenzen, Spiegelungen, Texturen, Glanzlichter und weiche Schatten simulieren. Wie bereits oben erwähnt, hat sich der 3ds max-Renderer als einer der schnellsten erwiesen und eignet sich auf Grund seiner Arbeitsgeschwindigkeit hervorragend zum Erstellen von Animationen.

▲ **Abbildung 1**
Transparenz ohne Reflektion und Refraktion

▲ **Abbildung 2**
Raytracing mit Reflektion und Refraktion

Raytracing

Beim Raytracing, zu deutsch »Strahlverfolgung«, werden die von der Kameralinse aus hin- und weglaufenden Lichtstrahlen unter der Berücksichtigung ihrer Reflexionen verfolgt. Raytracing ist in der Lage, Lichtbrechungen in Transparenzen, Spiegelungen, Texturen und Glanzlichter ausgesprochen realitätsnah zu simulieren, deswegen lassen sich mit diesem Verfahren qualitativ sehr hochwertige Bilder erzeugen. Da diese Art der Bildberechnung sehr rechenintensiv ist, verfolgt 3ds max die Theorie des selektiven Raytracers. Dabei handelt es sich um den Gedanken, nicht die gesamte 3D-Szene zu raytracen, sondern nur einige bestimmte Elemente. Um Rechenzeit zu sparen, kann man deshalb über den Materialeditor bestimmten Oberflächen Raytrace-Materialien sowie Standardmaterialien zuweisen. Dabei ist 3ds max in der Lage, bei Spiegelun-

gen Objekte global oder lokal auszuschließen, womit sich die Effizienz und Geschwindigkeit der Berechnung erhöhen lässt. Durch seine offene Systemarchitektur lassen sich professionelle Plug-Ins von Drittanbietern in max implementieren. Leider sind die wenigsten zu selektivem Raytracing in der Lage.

Radiosity/Global Illumination

Diese Bildberechnungsverfahren basieren auf Algorithmen, die aus der Thermodynamik abgeleitet sind. Dabei werden Lichtstrahlen wie energiereiche Photonen behandelt, die aus einer Lichtquelle geschossen werden. Treffen sie auf ein Objekt in der Szene, werden sie abgelenkt und verlieren an Energie. Mit Radiosity lassen sich hyperrealistische Beleuchtungsszenarien erstellen. In letzter Zeit sind diese Verfahren der Bildberechnung schwer in Mode gekommen, da sich viele Software- und Plug-

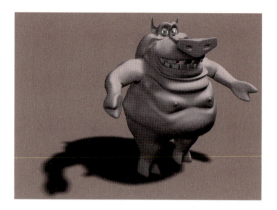

▲ **Abbildung 3**
Normale Beleuchtung

▲ **Abbildung 4**
Beleuchtung mit Global Illumination

In-Entwickler mit der Frage nach der Steigerung des Bildrealismus beschäftigt haben. So hat es sich zum Trend entwickelt, die vielen verschiedenen, teilweise lizenzfreien Zusatz-Plug-Ins auszuprobieren. Der große Haken bei der Sache sind der immense Rechenaufwand und die damit verbundenen enormen Renderzeiten. Sie können zwischen wenigen Minuten und mehreren Stunden oder Tagen liegen. Somit liegt es momentan noch im Ermessen der Entwickler und der Hardwareindustrie, effizientere Algorithmen und schnellere Prozessoren zu entwickeln. Wohin dieser Trend jedoch führt ist klar: Es werden noch realistischere Bilder in noch kürzerer Zeit erstellt.

Leider beherrscht 3ds max weder Radiosity noch Global Illumination. Wie bereits oben erwähnt, funktioniert dies nur über Plug-Ins oder externe Programme von Drittherstellern.

In Abbildung 3 sehen Sie das Ergebnis einer Dreipunkt-Beleuchtung mit MAX-Standardlichtquellen, Abbildung 4 zeigt die Berechnung mit Global Illumination und einer einzigen Lichtquelle unter Zuhilfenahme des Plug-Ins

 Global Illumination

Auf den Webseiten von Christopher Subagio (www.3dluvr.com/subagio/domelight/hdrdome.html) finden Sie ein interessantes Script, das Global Illumination simuliert.

Die Internetseite von Paul Debevec (http//graphics3.isi.edu/~debevec/) enthält wissenswerte Informationen zum Thema Rendering with natural light.

Die Blur Studios bieten unter www.blur.com/blurbeta eine Beta Version des Brazil-Renderers.

Im Downloadbereich des 3dmax-Forums unter http://www.3dmax.de finden Sie Datei sphere_of_light.zip, die aus 161 Spotlichtern besteht und globale Illumination simuliert (Abb. 5).

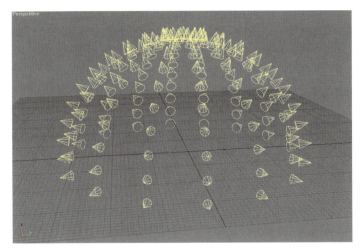

◄ **Abbildung 5**
Sphere of light setzt sich aus
161 Spotlichtern zusammen.

finalRender der Firma Cebas. Beide Szenen
wurden mit dem Standard-Scanline-Renderer
von MAX berechnet.

Entscheidungsfragen

Sie werden sich jetzt nun sicher fragen: Welches ist das richtige Verfahren für mein Projekt? Nun, diese Frage lässt sich nicht auf An-
hieb beantworten, vielmehr sollten Sie sich
vorerst fragen: Welche Bildqualität möchte ich
erreichen? Brauche ich hochaufgelöste Objekte
(Lowpoly/Highpoly)? Möchte ich eine Animation oder nur ein Standbild rendern? Welche
Ausgabegröße brauche ich, und welches Dateiformat benötige ich für die Nach- und Weiterbearbeitung? Wichtig ist auch der Zeitrahmen,
in dem Sie Ihr Projekt realisieren möchten. Das
finale Rendering kann sehr viel Zeit beanspru-
chen. Deswegen kann ihnen eine gründliche
Vorbereitung viel Arbeit (oder Renderzeit) im
Nachhinein ersparen.

Nachdem Sie sich diese Fragen beantwortet
haben, legen Sie die Einstellungen im Fenster
SZENE RENDERN fest.

ActiveShade

Wie schon im Anleser erwähnt, ist in die 4er-
Version von 3ds max die ACTIVESHADE-Ansicht
neu implementiert worden. Hierbei handelt es
sich um einen interaktiven Vorschau-Renderer,
der Änderungen in Materialien und Beleuchtung präziser als die normale geshadete Ansicht darstellt. Diese unseres Erachtens für 3ds
max längst überfällige Funktion kann den
Workflow außerordentlich verbessern und ist
in vielen anderen Highend-3D-Softwarepake-
ten schon bereits seit längerem integriert (zum
Beispiel Maya's IPR-Renderer).

Wenn Sie bei der Arbeit mit der ACTIVE-
SHADE-Ansicht einige wichtige Punkte beach-
ten, können Sie sich viele aufwändige Test-
Renderings sparen. Dabei können Sie zwischen

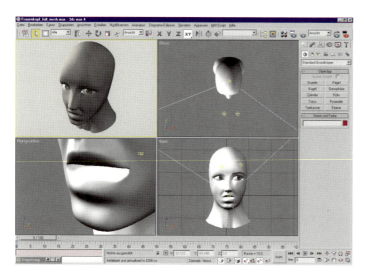

▲ **Abbildung 6**
Die ActiveShade-Ansicht als aktives Ansichtsfenster

▲ **Abbildung 7**
Das Fenster ActiveShade

▲ **Abbildung 8**
Sie können nur ein ActiveShade-Fenster öffnen.

zwei Optionen wählen. Zum einen können Sie die ACTIVESHADE-Ansicht in Ihr aktives Ansichtsfenster legen (Abb. 6), und zum anderen in ein separates ACTIVESHADE-Fenster (Abb. 7), das weitgehend über die gleichen Steuerelemente wie der virtuelle Frame-Puffer verfügt.

Beachten Sie, dass max 4 nur eine einzige ACTIVESHADE-Ansicht zu öffnen erlaubt; zusätzliche Fenster werden mit einer Fehlermeldung und der Aufforderung, das bereits geöffnete Fenster zu schließen, quittiert (Abb. 8).

Zudem sollten Sie sich dessen bewusst sein, dass die Bildqualität der ACTIVESHADE-Ansicht nicht der endgültigen Renderausgabe entspricht. Um Interaktivität und Arbeitsgeschwindigkeit zu gewährleisten, sollten Sie, bevor Sie ACTIVESHADE aktivieren, das Objekt selektieren, an dem die Änderung vorgenommen werden soll. ACTIVESHADE wird dann lediglich auf dieses Objekt angewendet.

In Verbindung mit dem Materialeditor haben Sie die Möglichkeit, Materialien per Drag and Drop auf die jeweiligen Objekte zu ziehen. Gerade beim Texturieren von einzelnen Objekten ist der Einsatz von ACTIVESHADE eine sinnvolle und nützliche Unterstützung.

▲ **Abbildung 9**
Das Dialogfeld Allgemeine Eigenschaften des 3ds max
Netzwerk-Managers

▲ **Abbildung 10**
Das Dialogfeld 3ds max Netwerk-Server Allgemeine
Eigenschaften

Netzwerk-Rendering

Normalerweise bestehen Animationen aus vielen Hunderten oder Tausenden von Einzelbildern. Das Berechnen einer solchen Animation kann je nach Komplexität der Szene eine
sehr zeitintensive Angelegenheit werden, vor
allem wenn Sie mit Ihrer Produktion an feste
Abgabetermine gebunden sind und jede Mi-
nute zählt.

3ds max bietet die Möglichkeit, einen
Renderjob auf mehrere Computer zu verteilen,
was selbst bei kleinen Render-Netzwerken
eine beachtliche Zeiteinsparnis bringt. Voraussetzung dafür ist ein korrekt vorkonfiguriertes
Netzwerk (LAN). Zusätzlich müssen sie auf jedem einzelnen Rechner eine max-Version installiert haben, wobei lediglich die auf der
Arbeitsstation installierte max-Version autori-
siert sein muss.

Die Lizenzpolitik von Autodesk erlaubt es,
neben der eigentlichen Arbeits-Workstation
beliebig viele Rendersklaven zu einer Renderfarm zu konfigurieren, auf die sich größere
Rechenaufträge verteilen lassen. Dazu werden
bei der Installation von 3ds max drei zusätzliche kleine Programme installiert, mit denen Sie
das Netzwerk-Rendering konfigurieren, starten
und überwachen können.

Mit START • PROGRAMME • DISCREET • 3D
STUDIO MAX 4 NETZWERK-RENDER-MANAGER
starten Sie den Netzwerk-Manager (Abb. 9). Er
dient dazu, den Renderauftrag intern zu ver-
walten und die Jobs auf die einzelnen Rechner,
die so genannten Netzwerk-Server zu verteilen
(Abb. 10). Die Kommunikation zwischen den
einzelnen Computern gewährleistet dabei das
TCP/IP-Protokoll.

Unter START • PROGRAMME • DISCREET • 3D
STUDIO MAX 4 finden Sie auch den QUEUEMA-
NAGER. Mit diesem Programm sind Sie in der
Lage, die einzelnen Renderjobs zu überwa-
chen, zu aktivieren, deaktivieren oder neu zu
verteilen (Abb. 11). Starten können Sie einen
Netzwerk-Renderjob direkt aus 3ds max her-
aus, indem Sie im Dialog SZENE RENDERN das
Kontrollkästchen NETZ RENDERN aktivieren.

Abbildung 11 ▶
Das Dialogfeld QueueManager

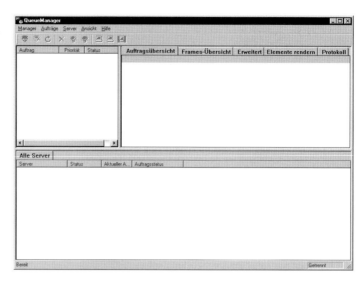

Beim Rendern im Netzwerk werden Animationen nach einzelnen Frames unterteilt. Die Render-Server erhalten dabei den Auftrag, jeweils ein Bild der Animation zu berechnen, das in einem von Ihnen angegebenen gemeinsamen Verzeichnis abgelegt wird. Ist der Berechnungsvorgang beendet, wird dies dem Netzwerk-Manager gemeldet, und der Server erhält ein weiteres Bild zur Berechnung. Dabei wird an die Dateinamen der Einzelbilder eine Nummer angehängt, damit sie bei einer späteren Nachbearbeitung einfacher wieder zusammengefügt werden können. Avi- oder Quicktime-Files werden beim Rendern im Netz nicht unterstützt, ebensowenig Bildausschnitte oder Bildbereiche der Szene. Zu erwähnen sei an dieser Stelle auch, dass Sie Ihre Renderfarm nicht zuverlässig mit den Betriebssystemen Windows 95 und 98 zum Laufen bringen. 3ds max ist beim Netzwerk-Rendering vollkommen für den Betrieb auf Windows 2000 optimiert worden.

Leider können wir Ihnen in diesem Abschnitt nur einen kleinen Überblick zum Thema Netzwerkrendering bieten, denn eine vollständige Erläuterung aller Optionen würde an dieser Stelle mit Sicherheit zu weit führen. Da die Konfigurationsmöglichkeiten sehr mannigfach sind, müssen sie zum Einrichten Ihrer Renderfarm schon etwas Zeit und Geduld mitbringen. Die genaue Vorgehensweise beschreibt Ihnen das 3ds max-Handbuch Band 3, ab Seite 50, oder die Online-Referenz.

Bewegungsunschärfe

Bewegte Objekte erscheinen auf Filmen und Fotos oft unscharf, und das um so stärker, je schneller sich die Objekte bewegen. Das liegt daran, dass der Verschluss eines Kameraobjektivs nur für einen bestimmten Zeitraum geöffnet ist. Bewegt sich ein Objekt in diesem Zeitraum schnell über eine große Entfernung, so ist auf diesem Bild ein Verwischeffekt zu erkennen. Diesen Effekt nennt man Bewegungsunschärfe.

Da aber in gerenderten Animationen Blende und Verschlusszeit einer echten Kamera entfallen, müssen Sie diese simulieren. Mit 3ds max haben Sie verschiedene Möglichkeiten, diesen Effekt zu erreichen.

Im Fenster SZENE RENDERN • MAX-VORGABE SCANLINE A-PUFFER können Sie die Objekt- und Bildbewegungsunschärfe einstellen, die in ihrer Anwendung und Funktion nachfolgend erläutert werden. Vorab sei gesagt, dass in Version 4 gerade die Bildbewegungsunschärfe verbessert wurde.

▲ **Abbildung 12**
Objektbewegungsunschärfe

Objektbewegungsunschärfe

Bei der Objektbewegungsunschärfe wird ein Objekt in einem Frame mehrere Male hintereinander gerendert, wobei jede Instanz jeweils ein klein wenig vor und hinter das Objekt verschoben wird. Dabei erhält jede dieser Instanzen einen eigenen Transparenzwert, der in der Bildausgabe multipliziert wird. Der dadurch entstehende Unschärfeeffekt vermittelt den Eindruck einer schnellen Bewegung mit lang geöffneter Kamerablende. Kamerabewegungen werden hierbei berücksichtigt. Bedenken Sie jedoch, dass bei dieser Funktion alle Instanzen gerendert werden müssen.

Sinnvoll ist diese Art der Bewegungsunschärfe zum Beispiel bei Insektenflügeln (Abb. 12), nicht jedoch bei einem Ball, der geworfen wird, denn dort sollte die Unschärfe ja nicht der Bewegung vorausgehen. Mithilfe der Objektbewegungsunschärfe lassen sich also eher Objekte darstellen, die vibrieren, als Objekte, die sich fortbewegen sollen.

Lange Renderzeiten sind möglich

Die Objekt-Bewegungsunschärfe wird während des Scanline-Rendervorgangs angewendet, was die Renderzeit je nach Komplexität der Szene enorm verlängern kann.

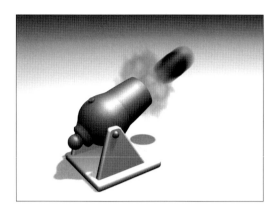

▲ **Abbildung 13**
Bildbewegungsunschärfe

▲ **Abbildung 14**
Die Bildbewegungsunschärfe
bezieht sich nicht auf den
Schatten.

Bildbewegungsunschärfe

Bei der Bildbewegungsunschärfe (Abb. 13) wird die Objektunschärfe nicht durch die Erstellung mehrerer Bilder, sondern durch einen Wischeffekt erzeugt. Dieser zweidimensionale Effekt entsteht dadurch, dass der beim Rendern für jedes Pixel berechnete Geschwindigkeitsvektor genommen und an ihm entlang die Pixel verwischt werden.

Diese Funktion berücksichtigt ebenso Kamerabewegungen, jedoch wird hier die Bildbewegungsunschärfe erst nach dem Scanline-Rendern angewendet. Sie ist deutlich schneller als die Objektbewegungsunschärfe. Der Nachteil der Bewegungsunschärfe ist jedoch, dass der Wischeffekt leider nicht auf den Schatten der sich bewegenden Objekte übertragen wird. Das heißt, der Schatten bleibt scharf, während die Objektkonturen verwischen (Abb. 14).

Sie können die Bildbewegungsunschärfe auch auf den Hintergrund beziehen, wobei die Kamera-Orbitbewegung die Umgebungs-Map mit Unschärfe versieht. Dieses funktioniert aber nur bei Umgebungen vom Typ KUGELFÖR-MIG, ZYLINDRISCH oder SCHRUMPFWICKLUNG.

 ## Problem Objektüberlappung

Wenn sich unscharf gemachte Objekte überlappen, kommt es zu Fehlern in der Unschärfe, sodass Render-Lücken entstehen. Da die Bildbewegungsunschärfe erst nach dem Rendern angewendet wird, kann sie Objektüberlappungen nicht berücksichtigen. Sie können dieses Problem lösen, indem Sie jedes unscharf gemachte Objekt separat auf einem anderen Layer rendern und jeweils zwei Layer mit der Option ALPHA-COMPOSER in der Video-Nachbearbeitung zusammensetzen (siehe Abschnitt »Renderdurchgänge«).

▲ **Abbildung 15**
Noch hat die Kanonenkugel scharfe Umrisse.

Abbildung 16 ▶
Das Dialogfeld Objekt-
eigenschaften ·
Bewegungsunschärfe

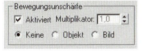

▼ **Abbildung 17**
Bildbewegungsunschärfe mit einem Muliplikator-Wert
von »1« und einem Dauer-Wert von »0,5«.

Bildbewegungsunschärfe

*Da durch die veränderbaren Parametereinstel-
lungen immer neue Effekte entstehen, müssen
Sie selbst entscheiden, welche Einstellung Ihr
Projekt am realistischsten aussehen lässt.*

*Beachten Sie aber, dass Sie einem Objekt
nicht gleichzeitig Bild- sowie Objektbewegungsunschärfe zuweisen können, und bedenken Sie
bei Wahl der Bewegungsunschärfe immer die
damit verbundene Renderzeit.*

1. Auswahl des Objekts
*Wählen Sie das Objekt aus, das unscharf
gerendert werden soll (Abb. 15).*

*Klicken Sie mit der rechten Maustaste auf das
Objekt, und wählen Sie im Quad-Menü die Option EIGENSCHAFTEN.*

2. Festlegen der Objekteigenschaften
*Wählen Sie im Dialog OBJEKTEIGENSCHAFTEN ·
BEWEGUNGSUNSCHÄRFE die Option BILD aus.*

*Beachten Sie, dass die Bewegungsunschärfe
bei einem Objekt in der Standardeinstellung
zwar aktiviert, jedoch die Option KEINE ausgewählt ist.*

3. Festlegen der Unschärfe
*Jetzt können Sie das Zahlenauswahlfeld MULTI-
PLIKATOR einstellen. Dadurch wird der Streifen
des unscharfen Objekts verkürzt bzw. verlängert.*

Bestätigen Sie mit OK.

▲ **Abbildung 18**
Stärkere Streifenbildung mit einem Muliplikator-Wert von »6« und gleichbleibenden Dauer-Wert

4. Einstellungen im Scanline A-Puffer:

Aktivieren Sie im Rollout MAX-VORGABE SCANLINE A-PUFFER im Bereich BILDBEWEGUNGS-UNSCHÄRFE die Option ANWENDEN.

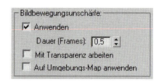

◄ **Abbildung 19**
Das Rollout MAX-Vorgabe Scanline A-Puffer • Bild-bewegungs-unschärfe

5. Variieren mit dem Dauer-Wert

Neben dem veränderbaren Multiplikator-Wert können Sie mit dem Dauer-Wert die Stärke des Effekts nochmals variieren.

Durch eine Erhöhung des Werts Dauer wird die Streifenbildung verstärkt. Verringern Sie den Wert, um den Effekt unauffälliger zu machen.

6. Rendern

Stellen Sie die anderen Parameter für das Rendern ein, und klicken Sie auf die Schaltfläche RENDERN.

Wenn Sie von einem Bild mehrere Variationen berechnen lassen, können Sie diese anschließend im RAM-Player direkt miteinander vergleichen.

▲ **Abbildung 20**
Überzogener Effekt bei einem Multiplikator-Wert von »6« und einem erhöhtem Dauer-Wert von »3«

▲ Abbildung 21
Das Dialogfeld
Multi-Pass-Effekt

▲ Abbildung 22
Die Kamera-Ansicht

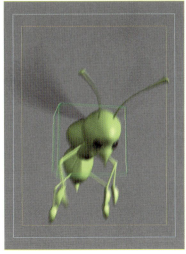

▲ Abbildung 23
Die interaktive Vorschau in der
Kamera-Ansicht

▲ Abbildung 24
Das Dialogfeld
Bewegungsunschärfe-
Parameter

Multi-Pass-Bewegungsunschärfe

Eine weitere Möglichkeit für die realistische Darstellung von Bewegung in 3ds max 4 ist das Anwenden der Multi-Pass-Bewegungsunschärfe. Wie der Name schon vermuten lässt, werden bei dieser Variante mehrere Passes bzw. Durchgänge berechnet, die dann automatisch durch Dithering überblendet werden. Da dieser Effekt auf die gesamte Szenerie angewendet wird, findet sich der Verwischeffekt auch in den Schatten wieder. Die dazugehörigen Parameter finden Sie in der Änderungspalette für Ihre Szenenkamera (Abb. 21).

Hier finden Sie ähnliche Optionen wie für die Bild- und Objektbewegungsunschärfe. Außerdem können Sie sich bei Aktivierung eine interaktive Vorschau im aktuellen Ansichtsfenster anzeigen lassen (Abb. 22, 23).

Über den Parameter DURCHGÄNGE INSGESAMT (Abb. 24) können Sie die Präzision des Effekts steuern. Ein höherer Wert als der Vorgabewert von »12« kann unter Umständen sauberere Ergebnisse erzielen, erhöht aber in jedem Fall die Renderzeit.

Die DAUER (FRAMES) hat den Vorgabewert »1,0« und bezeichnet die Anzahl der Frames, die verwendet werden, um die Unschärfe darzustellen. Sie können zusätzlich zur Multi-Pass-Bewegungsunschärfe entweder Bild- oder Objektbewegungsunschärfe einsetzen. Damit können Sie den Effekt noch zusätzlich verstärken. Zu erwähnen sei auch, dass alle Parameter der Multi-Pass-Bewegungsunschärfe animierbar sind, womit sich ebenfalls interessante Effekte erzeugen lassen.

Layer, Render-Passes und Compositing
Vorbereitung zur Postproduction

Zur Version 4 von 3ds max sind einige produktionstechnisch sehr hilfreiche Funktionen hinzugekommen, die das Berechnen von komplexen Projekten und die Nachbearbeitung der Bilder vereinfachen.

AUCH WENN SIE IHRE ANIMATIONEN MIT DER geballten Power einer potenten Renderfarm berechnen lassen, kann das Rendering einiger sehr komplexer Szenen den zeitlich angesetzten Rahmen Ihres Projekts sprengen oder sich schlicht und einfach gar nicht durchführen lassen. Sollten Sie irgendwann an diesem Punkt angelangt sein, heißt das Zauberwort Compositing.

Layer

Viele Produktionsfirmen bewältigen das Rendering von rechenintensiven Szenen, indem sie ihre Renderprojekte aufsplitten und in viele kleinere »leicht verdaubare« Rechenschritte,

so genannte Layer, aufteilen. Dabei werden die einzelnen Objekte einer Szene in mehreren Schichten gerendert und später in der Postproduktion durch eine Compositing-Software wieder kunstvoll zusammengesetzt. Das kann durchaus viele Vorteile haben:

1. Zum einen können sehr große Szenen, die sich in ihrer Komplexität nicht ohne Weiteres berechnen lassen, nun gerendert werden. Dies kann die Renderzeit unter Umständen sogar verkürzen.
2. Außerdem haben Sie durch die verkürzte Berechnungszeit die Möglichkeit, die Qualität Ihrer Arbeit zu verbessern, da Sie mehr Zeit zum Experimentieren mit den softwarespezifischen Einstellungen haben.
3. Sie können die separaten Schichten später im Compositing einzeln modifizieren.

Compositing-Software

Weitere Informationen zu aktuellen Compositing-Lösungen wie z.B. Combustion oder Flame finden Sie auf der Webseite von Discreet, www.discreet.de.

Unter www.adobe.de erhalten Sie Infos zu aktuellen Lösungen wie Premiere und After Effects.

4. Sie besitzen bessere Kontrollmöglichkeiten über die Szene und ihre Nachbearbeitung. Wenn Sie in einem Layer Fehler feststellen, ist es nicht mehr unbedingt notwendig, die komplette Animation neuzurendern, sondern Sie müssen meist nur den Layer mit dem Fehler neu ausrechnen lassen.

5. Einzelne Ebenen haben unter anderem den Vorteil, dass sie später wieder verwendet oder vervielfacht werden können. Sollten Sie beispielsweise Wolken berechnen, so können diese im Compositig mehrfach kopiert, verändert und an anderen Stellen eingefügt werden.

Gerade bei aufwändigen Character-Animationen, wie sie mit character studio 3 und Crowd möglich sind, wird die Berechnung von Szenen in zunehmenden Maße rechenintensiv. Obschon die Biped- und die Physique-Engine in ihrer Leistung und Schnelligkeit optimiert wurden, sollten Sie sich Gedanken darüber machen, ob Sie Ihre Szene nicht in Teilbereiche aufteilen können.

Stellen Sie sich vor, Sie wollten eine anspruchsvolle Animation erstellen, in der eine Horde von 50 Kriegern direkt auf die Kamera zuläuft. Das Ganze soll natürlich in einer adäquat ausmodellierten Umgebung passieren. Angenommen, jeder der Krieger hat im Durchschnitt 20.000 bis 30.000 Polygone (was nicht unbedingt viel ist). Hinzu kommen zirka 100.000 Flächen für Landschaft und Umgebung. Alles in allem hat Ihre Szene jetzt schon fast 1,6 Millionen Polygone. Mit Lichtquellen, Schatten und Texturen dürfte hierbei auch die schnellste Workstation an ihre Grenzen stoßen. Ganz zu schweigen von der Animation der Krieger.

Auf Layern rendern

1. Aufteilung der Szene in dreidimensionale Tiefenebenen

Sie sollten sich also schon bei der Konzeption des Projekts überlegen, wie Sie alles in kleine Schritte beziehungsweise Passes aufteilen können. Um dies mit einem kleinen Workshop zu verdeutlichen, öffnen Sie die Datei Krieger.max, die sich auf der beiliegenden CD-ROM befindet.

Sie enthält eine einfache Szene mit 26 per Crowd-Simulation animierten Bipeds, die einen Hang herunterlaufen. Wir haben die Szene absichtlich einfach gehalten, damit Sie einen besseren Überblick über die einzelnen nun folgenden Schritte bekommen.

Überlegen Sie sich als Erstes, welche Bereiche sich sinnvoll separieren lassen.

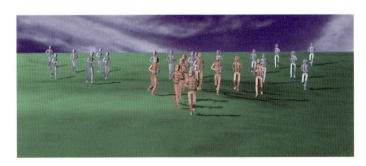

▲ **Abbildung 1**
Die gesamte Szenerie

Abbildung 2 ▶
Die Anzeigepalette

2. Hintergrund und Umgebung

Verharrt die Kamera in einer starren Position, können Sie die Landschaft, die Umgebung und den Hintergrund als einzelne Schichten rendern. Wenn sie sich nicht verändert, macht es wenig Sinn, sie für jedes Frame erneut zu berechnen.

Wenn Sie nun den Zeitschieber hin- und herbewegen, werden Sie feststellen, dass die Kamera nicht animiert ist. Sie können nun also mit der Taste ⌷h⌷ das Fenster OBJEKTE AUSWÄHLEN aufrufen. Selektieren Sie alle BIPEDS, bestätigen Sie mit OK und wechseln Sie in die Anzeigepalette, um alle ausgewählten Objekte auszublenden.

Ihre Szene enthält jetzt nur noch den Boden und den Hintergrund. Rendern Sie jetzt ein einziges Bild aus der Kamera-Ansicht, und speichern Sie es im Tga-Format ab. Damit haben Sie jetzt den Background-Layer erstellt.

▲ **Abbildung 3**
Der Hintergrundlayer

3. Aufteilung in Objektebenen (Ebene 1)

Da dieser Schritt abgeschlossen ist, müssen Sie jetzt alle Bipeds über die Anzeigepalette wieder einblenden.

Teilen Sie Ihre Szene nun in Tiefenebenen auf. Die Krieger stürmen in einem großen Pulk ohne Formation auf die Kamera zu. Versuchen Sie sie in virtuelle Gruppen zu unterteilen, die in der räumlichen Tiefe der Szene auf verschiedenen Ebenen angeordnet sind.

Zu diesem Zweck verwenden Sie den geshadeten Ansichtfenster-Modus. Wie Sie sehen, haben wir zwei Gruppen von Bipeds in der Szene, nämlich blaue und rote. Die blauen Bipeds befinden sich in der Szene weiter hinten, und die roten weiter vorn.

▲ **Abbildung 4**
Die roten Krieger sollen auf einem seperaten Layer liegen.

4. Auswahl der roten Krieger

Demnach können Sie die hinteren Krieger auf einen einzelnen Layer legen, die Krieger in vorderster Front werden ebenfalls auf separaten Layern gerendert.

Dazu selektieren Sie alle blauen Bipeds im Hintergrund und blenden diese aus.

◄ **Abbildung 5**
Das Dialogfeld Objekte verdecken

5. Die Schatten nicht vergessen

Wir wollen jetzt den nächsten Renderdurchgang starten. Vorher sollten Sie allerdings noch zwei wichtige Dinge beachten. Die Szene enthält Lichter, die Schatten werfen. Diese Schatten müssen natürlich auch im gerenderten Layer enthalten sein. Um dies zu erreichen, öffnen Sie den Material-Editor und weisen dem Boden ein Mattheit-Schatten-Material zu.

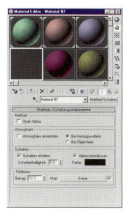

◄ **Abbildung 6**
Das Dialogfeld Material-Editor

▲ **Abbildung 7**
Alphakanal mit Schatten

Abbildung 8 ▶
Das Dialogfeld Umgebung

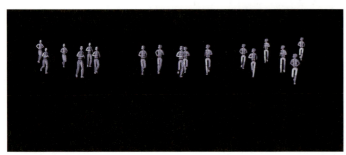

▲ **Abbildung 9**
Die zweite Tiefenebene

Das hat zur Folge, dass der Boden im gerenderten Bild nicht zu sehen ist, lediglich die Schatten, die von anderen Objekten auf ihn geworfen werden, sind sichtbar.

6. Ausschalten des Hintergrundbildes

Zudem müssen Sie noch das Hintergrundbild ausschalten, indem Sie über RENDERN • UMGEBUNG die Option MAP VERWENDEN deaktivieren. Den Wolkenhintergrund haben Sie ja bereits auf dem ersten Layer gesichert.

7. Rendern des ersten Einzelbildes

Rendern sie nun die Animation als Einzelbildsequenz, und speichern Sie die Bilder im *.Tga- oder *.Tif-Format ab. Achten Sie dabei darauf, dass Sie einen Alphakanal enthalten.

8. Alphakanal

Vergessen Sie nicht, bei der Berechnung den Alphakanal für das Ausgabe-Bildformat zu aktivieren. Dieser Kanal enthält einen weißen undurchsichtigen Bereich und einen tranparenten schwarzen Bereich, der den Hintergrund durchscheinen lässt. Optimale Bildformate sind *.tif und *.tga, über die Sie weitere Informationen im Abschnitt »Bildformate« finden.

9. Aufteilung in Objektebenen (Ebene 2)

Auswahl der blauen Krieger:

Wenn das Rendering abgeschlossen ist, können Sie mit der zweiten Objektebene beginnen. Dazu müssen natürlich wieder alle blauen Bipeds eingeblendet werden, die roten werden dagegen verdeckt.

Verfahren Sie bei diesem Layer genauso wie im vorherigen Abschnitt (Abb. 9 und 10).

10. Rendern des zweiten Einzelbildes

Als Bildausgabeformat verwenden Sie wieder ein Format, das einen Alphakanal unterstützt.

Ist das Rendering beendet, sollten Sie nun zwei Animationen im Einzelbildformat und einen Hintergrund-Layer auf der Festplatte liegen haben.

11. Compositing

Für das Compositing müssen Sie die einzelnen Layer nur noch in der richtigen Reihenfolge arrangieren. Verwenden Sie hierbei ein Programm wie zum Beispiel Premiere von Adobe, und legen Sie den Hintergrundlayer auf Spur A oder B.

Die Ebene mit den blauen Kriegern wird auf dem ersten Transparenzkanal positioniert. Unter TRANSPARENZ müssen Sie natürlich die Option ALPHAKANAL aktivieren.

Für die Animation mit den roten Bipeds fügen Sie einen weiteren Transparenzkanal hinzu und platzieren diese bitte darauf. Auch hier muss der Alphakanal aktiviert sein.

Jetzt brauchen Sie nur noch die Länge des Hintergrundlayers an die der beiden Animationen anzupassen und lassen den Clip berechnen. Als Endergebnis erhalten Sie einen einzelnen Clip, in dem alle Layer perfekt integriert sind.

12. Effekte

Versuchen Sie Partikel-Effekte wie Rauch, Feuer oder Nebel immer auf separate Layer zu rendern, denn sie können die Render-Performance erheblich in die Knie zwingen. Außerdem wollen Sie bestimmt nicht, dass Fehler in der Beschaffenheit Ihrer Effekte Sie dazu zwingen, große Teile der Animation neuzuberechnen.

▲ **Abbildung 10**
Auch hier benötigen wir den Alpakanal mit Schatten.

Benannte Auswahlsätze

Wenn sie mit sehr komplexen Szenen arbeiten, die mehr als zwei oder drei Layer erfordern, sollten sie sich für die einzelnen Layer Benannte Auswahlsätze anlegen. Das erleichtert die Arbeit ungemein, außerdem laufen Sie dabei nicht Gefahr, Objekte beim Rendern zu vergessen.

▲ **Abbildung 11**
Das zusammengesetzte Endergebnis

▲ **Abbildung 12**
Der Qualitätsdurchgang

Passes und Renderdurchgänge

Für die Kompatibilität zu vielen Compositing-Systemen wie z.B. Combustion unterstützt 3ds max ab Version 4 das Rendern in so genannten Passes. Diese neu implementierte Funktion heißt in 3ds max 4 ELEMENTE RENDERN und war schon lange überfällig, da sie sich bisher nur umständlich über Zusatz-Plug-Ins erzielen ließ und für einen produktionstechnischen Ablauf unabdingbar ist. Dabei werden wiederum verschiedene Bildmerkmale separat voneinander berechnet. Die gängigsten Passes sind:

▶ Qualitätsdurchgang (Beauty-Pass oder diffuser Durchgang)
▶ Reflektionsdurchgänge (Reflection-Passes)
▶ Glanzlichtdurchgänge (Specular-Passes)
▶ Schattendurchgänge (Shadow-Passes)
▶ Effektdurchgänge (Effect-Passes)
▶ Tiefen-Maps (Depth-Maps)

Diese Durchgänge werden bei vielen professionellen Produktionen erstellt, um in der Nachbearbeitung eine bessere Kontrolle über die einzelnen Bildelemente zu haben. Alle diese Durchgänge sollten einen Alphakanal besit-

zen, damit Sie im Compositing das Bildsujet bequem freistellen können.

3ds max 4 bietet die Möglichkeit, im Fenster SZENE RENDERN • ELEMENTE RENDERN die Optionen für die einzelnen Passes zu konfigurieren und die Dateien direkt zu der Compositing-Software Combustion auszugeben.

Die Abbildungen 11 und 16 zeigen jeweils das zusammengesetzte Endergebnis, der einzelnen, nachfolgenden Renderdurchgänge.

Qualitätsdurchgang (Streufarbe)

Der Streufarbendurchgang stellt die Grundlage aller Layer im späteren Compositing dar. Er umfasst den gesamten Bildinhalt einschließlich Maps, Farbe und der diffusen Beleuchtung. Sollten Sie bei Ihrem Projekt in »Layern rendern«, achten Sie darauf, dass der Qualitätsdurchgang einen Alphakanal enthält. Dadurch können Sie später Ihre Objekte komfortabel vor einem Hintergrund freistellen (Abb. 12).

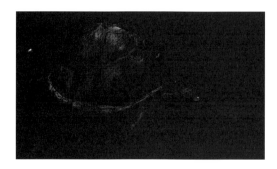

▲ **Abbildung 13**
Der Glanzlichtdurchgang

▲ **Abbildung 14**
Der Schattendurchgang

Glanzlichtdurchgänge (Glanzfarbe)

Selbst Glanzlichtdurchgänge lassen sich auf einen einzelnen Layer rendern. Dabei werden die Lichtspiegelungen eines Objekts separiert. Da in der Nachbearbeitung Glanzfarbendurchgänge mit dem dazugehörigen Streufarbenbild addiert (hinzugefügt) werden, ist hierbei kein Alphakanal nötig. Durch das Hinzufügen oder Auflegen des Glanzlichtdurchgangs werden somit die reflektierenden Bereiche des Modells aufgehellt.

Mit einem separaten Glanzlichtdurchgang lassen sich im Compositing diverse zusätzliche Effekte erzielen. Wird zum Beispiel eine Kopie des Durchgangs mit einem starken Weichzeichner versehen, erhält man einen Glüheffekt auf dem jeweiligen Objekt. Optional lassen sich die hellen Reflektionen natürlich auch einfärben.

Schattendurchgänge (Schatten)

Aktivieren Sie diese Option, rendert 3ds max automatisch eine Schwarz-Weiß-Map der Schatten in der Szene.

Dieser Map wird automatisch ein Alphakanal zugewiesen, wenn Sie als Bildausgabeformat *.tga oder *.tif gewählt haben. Bitte beachten Sie, dass Sie, falls Sie farbige Schatten separat auf einen Layer rendern wollen, auch die dazugehörige Option aktivieren müssen, da sonst wie schon gesagt nur die Schwarz-Weiß-Map berechnet wird. Im späteren Compositing können Sie die Beschaffenheit der Schattenmap dann nach Belieben durch Weichzeichenfilter anpassen.

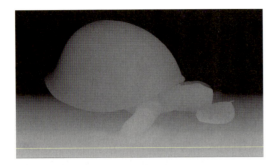

▲ **Abbildung 15**
Die Tiefeninformation des Bildes

▲ **Abbildung 16**
Das zusammengesetzte Endergebnis

Tiefen-Maps (Z-Tiefe oder Depth-Maps)

Beim Aktivieren dieser Option wird ebenfalls eine Schwarz-Weiß-Map der kompletten Szene erstellt, die die Tiefeninformationen definiert. Dabei liegen die helleren Bereiche weiter vorn im Bildinhalt und die dunkleren dementsprechend weiter hinten, also weiter von der Kamera weg.

Tiefen-Maps können bei der Nachbearbeitung eine Rolle spielen, wenn es darum geht, zwei oder mehr Szenen anhand ihrer jeweiligen Tiefeninformationen zu kombinieren. Über die Tiefeninformationen lässt sich definieren, welche Objekte sich vorn oder weiter hinten im virtuellen Raub befinden. Somit kann auch bestimmt werden, ob ein Objekt ein anderes verdeckt.

In einigen separaten 3D-Softwarepaketen wurden Tiefen-Maps erzeugt, um Partikeleffekte anhand ihrer Z-Tiefe korrekt in die dazugehörigen Objektszenen zu integrieren. Da Depth-Maps kein Anti-Aliasing besitzen und Fehler bei transparenten Objekten verursachen, wird diese Methode heute kaum noch eingesetzt. Außerdem sind ja bei 3ds max und bei vielen anderen 3D-Programmen Partikelsysteme seit langem schon fest implementiert.

Eine optimale Verwendung findet die Tiefen-Map jedoch als Maske speziell beim Einsatz von beliebigen Atmosphäreneffekten. Stellen Sie sich eine Szene mit einer Wolkenatmosphäre vor. Über die Tiefen-Map können Sie einen Effekt erzielen als würden sich die Wolken nach hinten von der Kamera weg verdichten.

▲ **Abbildung 17**
Der Alphakanal-Durchgang

▲ **Abbildung 18**
Der Hintergrund-Durchgang

Alphakanal-Durchgang (Alpha)

Beim Aktivieren der Option ALPHA wird eine Schwarz-Weiß-Map der Szene erstellt. Dabei gelten die schwarzen Bereiche als transparent. Dagegen stellen die weißen Bereiche die Umrisse Ihrer Objekte in der Szene dar und sind undurchsichtig.

Alpha-Maps können in der Nachbearbeitung beliebig als Masken eingesetzt werden. Den gleichen Effekt erreichen Sie wenn Sie als Bildausgabeformat *.tga wählen und unter EINRICHTEN die Option ALPHA-TEILUNG aktivieren. Dabei erhalten Sie eine weitere Bilddatei, die lediglich den Alphakanal der Szene enthält.

Hintergrund-Durchgang (Hintergrund)

Bei Projekten, die das Einbinden einer 3D-Geometrie in eine realfotografierte Szene erfordern, werden oftmals Hintergrund-Maps eingesetzt, um die 3D-Daten optimal anzupassen. So ist es manchmal notwendig, beim Rendern dieser Szenen den Hintergrund auszugliedern.

Refraktionsdurchgang (Refraktion)

Unter Umständen wird für das spätere Compositing ein separater Refraktionsdurchgang benötigt. Beim Rendern von transparenten Objekten können Sie Renderzeit sparen, wenn Sie das Antialias der Materialeigenschaften eines Objekts ausschalten. Die Treppchenbildung können Sie in der Nachbearbeitung ausgleichen, indem Sie auf den Refraktionsdurchgang einen Weichzeichnen-Filter legen. Vorausset-

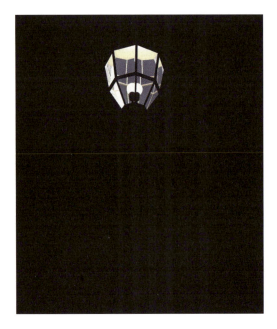

▲ **Abbildung 19**
Der Refraktionsdurchgang

▲ **Abbildung 20**
Der Reflektionsdurchgang

zung, dafür ist allerdings, dass Sie alle anderen Bildelemente auch in einzelnen Passes (Streufarbe, Glanzfarbe, Reflektion usw.) vorliegen haben, da Sie sonst Schwierigkeiten beim Zusammensetzen bekommen.

Reflektionsdurchgänge (Reflexion)

Da Spiegelungen auf Objekten in einer Szene nicht selten sind und dabei oft mit zeitintensivem Raytracing berechnet werden müssen, macht es auch hier Sinn, einen einzelnen oder mehrere Reflexionsdurchgänge anzulegen. Sollten Sie beispielsweise mit realen Bildelementen arbeiten, liegt der Vorteil des Reflektionsdurchgangs darin, dass Sie die Intensität der Spiegelung jederzeit noch an die Realbildvorlage anpassen können.

Hierdurch erhalten sie homogenere Compositing-Ergebnisse und damit einen realistischeren Gesamteindruck. Allerdings ist zu bemerken, dass Sie wahrscheinlich die besten Ergebnisse erzielen, wenn Sie beim Rendering auf das Antialiasing verzichten und es später in der Nachbearbeitung durch einen leichten Weichzeichner ergänzen. Besonders aufpassen sollten Sie, wenn Sie bei komplexen Szenen von einer Szene mehrere Reflektionsdurchgänge mit ein- und ausgeblendeten Objekten anlegen, die auf verschiedenen Ebenen gerendert werden, denn hierbei kann es vorkommen, dass Spiegelungen verloren gehen.

▲ Abbildung 21
Der Selbstillumination-Durchgang

▲ Abbildung 22
Der Effektdurchgang

Selbstillumination-Durchgang (Selbstillumination)

Ein Beispiel für die Anwendung eines Selbstillumination-Durchgangs ist der Einsatz als Glüheffekt. Legen Sie einfach einen Gauß'schen Weichzeichner auf den Selbstillumination-Durchgang, und arrangieren Sie diesen im Compositing über den anderen Layern.

Effektdurchgänge (Atmosphäre)

Auch Atmosphäreneffekte lassen sich auf einzelnen Layern ausgeben. Diese für das Compositing fast unerlässliche Funktion erleichtert die realistische Integration von Spezialeffekten ungemein. Zu diesen Effekten zählen einfacher Nebel, Feuereffekte, Lensflares oder pyroklastische Wolken. Die Trennung dieses Durchgangs von der Originalszene ist besonders wichtig.

Da einige Effekte mit extrem hohen Rechenzeiten (z.B. Afterburner) verbunden sind, möchten Sie in einem engen Produktionszeitrahmen bei einem Fehler bestimmt nicht die komplette Szene erneut rendern müssen. Ein weiterer Vorteil ist, dass Sie durch die Anpassung von Farbe, Sättigung, Bildschärfe oder Position weitaus realistischere Szenarien und Bildinhalte erzeugen können. Denken Sie an die Produktion des Kinofilms »Volcano« – hier wurden einfache (aber mit hohem Rechenaufwand) erstellte Feuereffekte mit einer Compositing-Software mehrfach kopiert, verändert und an verschiedenen Stellen in ein und derselben Szene eingesetzt.

Fenster Szene rendern

Parameter und ihre Funktionen

Das Fenster Szene rendern präsentiert sich in 3ds max 4 im dezenten Discreet-Look. Aber nicht nur am Aussehen, sondern auch an den Einstellungen und Parametern hat sich in Version 4 Einiges geändert.

Produktion, Entwurf und ActiveShade

BEIM ÖFFNEN DES RENDERFENSTERS ERHALTEN Sie eine Übersicht über die verschiedenen Einstellungen. Sie haben die Möglichkeit, zwischen zwei verschiedenen globalen Einstellungen für die Renderausgabe zu wählen (Abb. 1).

► Bei PRODUKTION sollten Sie die Einstellungen für das finale Rendering vornehmen, während Sie bei ENTWURF die Parameter so definieren sollten, dass Sie sich schon beim Modeling oder der Animation einen schnellen Überblick über die Szene verschaffen können.

► RENDERPARAMETER KOPIEREN: Diese Funktion kopiert alle Parameter aus dem Produktionssetup in den Entwurfsrenderer und umgekehrt.

► Im ACTIVESHADE-Renderer können Änderungen interaktiv und präziser als im normalen ANSICHTSFENSTER dargestellt werden.

► ANSICHTSFENSTER: Dient zur Auswahl des Ansichtsfensters, das gerendert werden soll, wobei nur eine Ansicht, die auch auf der Benutzeroberfläche angezeigt wird, ausgewählt werden kann.

► Das Rollout AKTUELLER RENDERER zeigt nochmals an, welche Renderer den Kategorien PRODUKTION, ENTWURF und ACTIVE-SHADE zugewiesen sind (Abb. 2).

Allgemeine Parameter

Im Rollout ALLGEMEINE PARAMETER (Abb. 3) finden Sie folgende Reiter:

❶ Zeitausgabe

► EINZELN: Rendert lediglich das aktuelle Frame, an dem der Zeitschieber gerade steht.

► AKTIVES ZEITSEGMENT: Rendert den kompletten aktiven Zeitbereich.

► BEREICH: Berechnet ein frei wählbares Zeitsegment.

► FRAMES: Hierbei lassen sich einzelne Frames zur Berechnung angeben, die keine Reihenfolge einhalten müssen.

► JEDES NTE FRAME: Mit der Option JEDES NTE FRAME lässt sich beispielsweise nur jedes zweite, dritte oder vierte Bild rendern.

▲ **Abbildung 1**
Produktion, Entwurf und ActiveShade

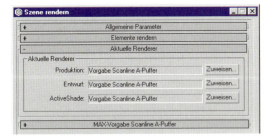

▲ **Abbildung 2**
Das Rollout Aktueller Renderer

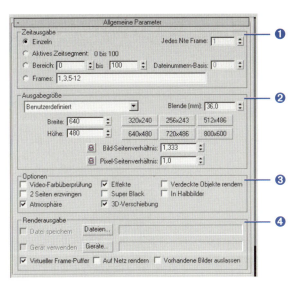

▲ **Abbildung 3**
Das Rollout Allgemeine Parameter

❷ **Ausgabegröße und Videoformate**

Die Ausgabegröße des zu berechnenden Bildes ist standardmäßig auf 640 x 480 Pixel eingestellt. Über die Ausgabegröße-Buttons lassen sich per Knopfdruck höhere oder niedrigere Auflösungen auswählen. Im Rollout-Menü lassen sich noch weitere Einstellungen tätigen. Von 35-mm-Ausgabeformaten bis zu HDTV werden hier die gängigsten Renderformate vorgegeben.

❸ **Optionen**

▶ VIDEO-FARBÜBERPRÜFUNG: 3ds max ist in der Lage, Farben, die bei der Übertragung vom Computer auf Video unscharf oder verschwommen wirken, zu korrigieren.

▶ 2 SEITEN ERZWINGEN: 3ds max rendert bei Objekten lediglich die Seite mit der Oberflächennormalen. Um beide Seiten zu berechnen, muss die Option 2 SEITEN ERZWINGEN eingeschaltet sein. Dies erhöht jedoch merklich die Renderzeit. Sie können allerdings auch selektiv im Materialeditor ein zweiseitiges Material zuweisen.

▶ ATMOSPHÄRE: Schaltet alle in der Szene vorhandenen Atmosphäreneffekte wie Volumenlichter oder Nebel ein.

▶ EFFEKTE: Schaltet alle in der Szene vorhandenen Effekte wie Lens Effects oder Filmkörnung ein.

Abbildung 4 ▶
Das Fenster Virtuel-
ler Framepuffer

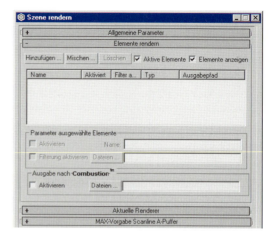

▲ **Abbildung 5**
Das Rollout Elemente rendern

▶ SUPER BLACK: Ist diese Option eingeschaltet, wird die Dunkelheit der gerenderten Geometrie beschränkt, der Szenen-Hintergrund bleibt 100%ig schwarz. Diese Einstellung sollte für spätere Compositings aktiviert werden.

▶ 3D-VERSCHIEBUNG: Rendert angewendetes 3D-Verschiebungs-Mapping.

▶ VERDECKTE OBJEKTE RENDERN: Rendert alle in der Szene vorhandenen Objekte, auch wenn sie verdeckt sind.

■■
■■   **Renderkontrolle**
Der virtuelle Frame-Puffer dient in erster Linie zur Kontrolle der Renderausgabe. Hiermit können Sie frühzeitig Fehler im berechneten Bild erkennen.

▶ IN HALBBILDER: Auch Fields, englischer Begriff, der in der Videotechnik für Halbbilder verwendet wird. Jedes Videobild, das im Zeilensprungverfahren aufgebaut wird, setzt sich aus zwei Halbbildern zusammen. Ein Halbbild eines Videobildes enthält alle ungeraden Zeilen, das andere alle geraden Zeilen. Diese Option schaltet das Rendern in Halbbildern ein.

❹ **Renderausgabe**
VIRTUELLER FRAMEPUFFER: Über dieses Fenster (Abb. 4) wird in 3ds max die Renderausgabe dargestellt, in der folgende Funktionen ausgeführt werden können:

▶ Anzeige der RGB-Farbkanäle aktivieren/deaktivieren

▶ Alphakanal anzeigen lassen

- ▶ Umschalten auf Monochrom-Bilder (Graustufen)
- ▶ Bilder aus dem Fenster entfernen
- ▶ Bilder in Dateien speichern
- ▶ Einen Klon des virtuellen Frame-Puffers erstellen (wodurch in einem weiteren Fenster eine Kopie des gerenderten Bildes angezeigt wird).
- ▶ AUF NETZ RENDERN: Mit dieser Option besteht die Möglichkeit, den Renderauftrag auf mehrere vorkonfigurierte Workstations im Netzwerk zu verteilen. Gerade beim Berechnen komplexer Animationen ist diese Vorgehensweise sinnvoll, da sich mit der Verteilung der Berechnung auf mehrere Computer viel Zeit einsparen lässt. Mit einer 3ds max-Lizenz lässt sich eine Renderfarm von beliebig vielen weiteren Rechnern, die als Rendersklaven eingesetzt werden, realisieren (siehe auch »Netzwerk-Rendering«)
- ▶ VORHANDENE BILDER AUSLASSEN: Seit Version 3 gibt es bei 3ds max die Möglichkeit, bereits gerenderte Bilder beim Berechnen einer neuen Animation auszulassen.
- ▶ DATEI SPEICHERN: Über diese Funktion legen Sie den Pfad für die Datei und das Dateiformat Ihrer gerenderten Bilder oder Animationen fest.

- ▶ GERÄT VERWENDEN: Sendet die Bilddaten an ein Ausgabegerät wie z.B. einen Harddiskrecorder.

Elemente rendern

Beachten Sie, dass Sie nur dann in Elementen rendern können, wenn Sie im Bereich Produktion mit dem Vorgabe-Scaneline-Renderer arbeiten, da ansonsten dieses Rollout (Abb. 5) nicht angezeigt wird.

Die wichtigsten der in der Bildlaufliste genannten, separat zu rendernden Elemente haben wir bereits im Abschnitt »Passes und Renderdurchgänge« erläutert.

- ▶ PARAMETER AUSGEWÄHLTE ELEMENTE: Hier können Sie die in der Liste ausgewählten Elemente bearbeiten.
- ▶ AUSGABE NACH COMBUSTION: Zur Weiterbearbeitung der gerenderten Elemente wird hier eine Combustion-Workspace-Datei (CWS-Datei) erstellt, in der die gerenderten Elemente enthalten sind.

Verwendbare Dateiformate

Wenn Sie Elemente rendern, die über einem Hintergrund zusammengestellt werden sollen, müssen Sie überprüfen, ob das Dateiformat für die Elemente STREUFARBE, SCHATTEN und ALPHA einen Alphakanal unterstützt. Folgende Formate werden zu diesem Zweck empfohlen: RLA, RPF, PNG oder TGA.

3ds max unterstützt einige Dateitypen, die Combustion nicht unterstützt. Wenn Sie Combustion verwenden wollen, dürfen Sie Elemente nicht als EPS-, FLC-, FLI- oder CEL-Dateien rendern, da sie dann nicht als CWS-Datei gespeichert werden.

MAX-Vorgabe Scanline A-Puffer

Im nachfolgendem Rollout MAX-VORGABE SCANLINE A-PUFFER (Abb. 6) haben Sie die Möglichkeit, diverse Einstellungen zu deaktivieren, um insbesondere in der Entwurfsphase Renderzeit zu verkürzen:

❶ Optionen

▶ MAPPING: Diese Option ermöglicht das Ein- und Ausschalten der Mapping-Information, um Renderzeit bei Tests zu sparen.

▶ SCHATTEN: Diese Option ermöglicht das Ein- und Ausschalten der Schattenberechnung, um Renderzeit bei Tests zu sparen.

▶ AUTOM. REFLEXION/REFRAKTION UND SPIEGEL: Diese Option ermöglicht das Ein- und Ausschalten der Reflexion/Refraktion und Spiegel, um Renderzeit bei Tests zu sparen.

▶ DRAHTMODELL ERZWINGEN/DRAHTDICKE: Rendert alle Objekte einer Szene als Drahtgittermodell, wobei Sie die Drahtdicke in Pixeln festlegen können.

❷ Anti-Alias

▶ ANTI-ALIAS: Das Anti-Alias verhindert die Treppchen-Bildung an Kanten und Diagonalen im Bild und sollte nur bei Test-Renderings zur Zeitersparnis ausgeschaltet werden.

Experimentieren

Probieren Sie die verschiedenen Filtertypen doch einfach mal an einer Ihrer vorhandenen Szenen aus. Sie werden erstaunt sein, wie Sie damit den »Look« Ihrer Renderausgabe beeinflussen können.

▶ MAPS FILTERN: Hiermit wird die Filterung projizierter Materialien ein- bzw. ausgeschaltet, was bei Test-Renderings Speicher- und Zeitersparnis bringt.

▶ FILTER: Über diese Dropdown-Menü lassen sich verschiedene, seit Version 3 neu hinzugekommene Filter auswählen. Die Filter arbeiten auf der Subpixelebene und ermöglichen es Ihnen, die endgültige Ausgabe je nach gewähltem Filter schärfer oder weicher zu zeichnen.

▶ FILTERGRÖSSE: Sie steht nur dann zur Verfügung, wenn Sie einen Weichzeichnungsfilter ausgewählt haben, und dient der Einstellung der Unschärfe.

❸ Globales SuperSampling

Deaktiviert alle Sampler für das SuperSampling.

❹ Farbbereicheinschränkung

Mit dieser Funktion können Sie bestimmen, wie der Renderer Farbkomponeten, die sich außerhalb des gültigen Bereichs (0-1) befinden, verarbeiten soll. Überbelichtungen können hiermit vermieden werden.

▶ KLAMMERN: Hierbei werden alle Farbwerte über 1 auf 1 reduziert, alle Werte unter 0 auf 0 erhöht und alle Werte zwischen 0 und 1 unverändert belassen. Farbinformationen können dabei verloren gehen.

▶ SKALIEREN: Der größte Wert der hellen Farbkomponenten wird auf 1 skaliert, dabei bleiben alle Farbinformationen erhalten. Jedoch sollten Sie beachten, dass sich dadurch das Aussehen der Glanzlichter verändert.

❺ Objekt-Bewegungsunschärfe

▶ ANWENDEN: Aktiviert/deaktiviert die Objekt-Bewegungsunschärfe allgemein für die gesamte Szene. Alle Objekte, für die die Objekt-Bewegungsunschärfe aktiviert wurden, werden mit Bewegungsunschärfe gerendert.

▶ DAUER: Legt fest, wie lange die »virtuelle Blende« geöffnet ist. Wenn dieser Wert auf »1,0« eingestellt ist, ist die virtuelle Blende für die gesamte Dauer zwischen einem Frame und dem nächsten geöffnet. Längere Werte erzeugen übertriebene Effekte.

▶ SAMPLES: Legt fest, wie viele Kopien für die Unterteilungen der Dauer erstellt werden (Höchstwert 16).
Da das Sampling innerhalb der Dauer stattfindet, muss der Wert für DAUER immer kleiner oder gleich dem von SAMPLES sein.

▶ UNTERTEILUNGEN DER DAUER: Legt fest, wie viele Kopien jedes Objekts innerhalb der Dauer gerendert werden (Höchstwert »32«). Da der Umgebungshintergrund kein Objekt ist, lässt sich die Objekt-Bewegungsunschärfe auf ihn natürlich nicht anwenden.

❻ Bildbewegungsunschärfe

▶ ANWENDEN und DAUER: siehe Objektbewegungsunschärfe

▶ AUF UMGEBUNGS-MAP ANWENDEN: Wenn diese Option aktiviert ist, wird die Bildbewegungsunschärfe sowohl auf die Umgebungs-Map als auch auf die Objekte in der Szene angewendet. Dieser Effekt wird beim Kamera-Orbit sichtbar.

▶ MIT TRANSPARENZ ARBEITEN: Neu in Version 4. Hier wird die Bildbewegungsunschärfe auch auf transparente Objekte, die sich überlappen, angewandt.

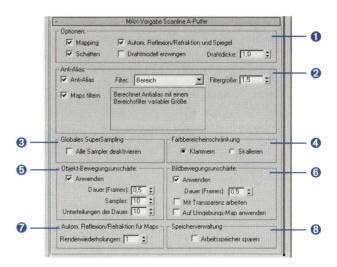

▲ **Abbildung 6**
Das Rollout MAX-Vorgabe Scanline A-Puffer

❼ Automatische Reflexion/Refraktion für Maps

RENDERWIEDERHOLUNGEN: Legt die Anzahl der Reflexionswiederholungen zwischen Objekten fest. Ein typisches Beispiel hierfür ist der Effekt, der sich bei zwei gegenüberstehenden Spiegeln einstellt, wobei die Lichtstrahlen unendlich oft hin- und hergeworfen werden. Ein höherer Wert kann die Bildqualität verbessern, erhöht jedoch in jedem Fall auch die Renderzeit.

❽ Speicherverwaltung

ARBEITSSPEICHER SPAREN: Durch diese Funktion wird ca. 15 bis 25 Prozent Arbeitsspeicher eingespart. Dafür dauert die Berechnung aber auch etwa 4 Prozent länger.

RAM-Player

Unkompliziertes Videoplayback

Auch wenn Sie keine Highend-Videohardware
Ihr Eigen nennen können, haben Sie die Möglichkeit, unkomprimierte Einzelbilder in Pal-Format auf Ihrer Workstation mit 25 Frames in der
Sekunde abzuspielen. Der RAM-Player dient Ihnen dabei als optimales Abspielgerät. Vorausgesetzt natürlich, Sie verfügen über ausreichend
Arbeitsspeicher.

SIE HABEN DIE MÖGLICHKEIT, MIT DEM RAM-
Player eine Sequenz von Bildern in den Arbeitsspeicher zu laden und diese anschließend
wiederzugeben. Entscheidend ist das Sie über
zwei Wiedergabekanäle, A und B, verfügen
und Ihre Bildsequenzen gleichzeitig und damit
vergleichend abspielen können. Das ersetzt
nicht nur ein zusätzliches Schnittprogramm,
sondern bietet Ihnen während der Projektpha-
se und bei Kundenpräsentationen zusätzliche
Möglichkeiten des schnellen Darstellungs-
vergleichs (Abb. 1).

Umwandlung ins 24-Bit-Format
Der RAM-Player konvertiert alle geladenen
Daten in das 24-Bit-RGB-Format. Daher können beim Laden bestimmte Informationen verloren gehen. Dies kann sich auf Dateien aus-
wirken, die im RAM-Player gespeichert
werden.

Kanal A/B

Um eine Sequenz in den RAM-Player zu laden,
rufen Sie den Befehl RENDERN • RAM-PLAYER •
KANAL A /KANAL B • DATEI ÖFFNEN, wählen die
Bildreihe aus und aktivieren das Kontrollkästchen SEQUENZ. Automatisch öffnet sich das
Dialogfenster RAM-PLAYER KONFIGURATION, in
dem Sie den Frame-Bereich und die Wieder-
gabegeschwindigkeit einstellen sowie über die
Bildgröße und die maximale Speichernutzung
bestimmen (Abb. 2).

❶ ZULETZT GERENDERTES BILD ÖFFNEN: Lädt das
zuletzt gerenderte Bild in den Kanal. Ohne
verfügbares Bild bleibt die Anzeige jedoch
leer.

❷ KANAL SCHLIESSEN: Das Bild wird aus dem
Kanal entfernt und der Arbeitsspeicher wird
wieder frei gegeben.

❸ KANAL SPEICHERN: Zeigt das Dialogfeld DATEI
SPEICHERN an, mit dem Sie die Animation
oder das Bild aus dem entsprechenden Kanal speichern können.

◀ **Abbildung 1**
Direkter Vergleich zwischen Objekt- (Kanal A)
und Bildbewegungsunschärfe (Kanal B) im
RAM-Player

◀ **Abbildung 2**
Das Dialogfeld
RAM-Player

❹ KANAL A/B: Wenn diese Schaltfläche ausgewählt ist, zeigt sie die Datei, die im Kanal A
bzw. im Kanal B geladen ist. Sind beide Kanäle aktiviert, wird der Bildschirm in zwei
Bereiche aufgeteilt. Als Trennmarkierungen
werden zwei Dreiecke verwendet. Diese
Markierungen zeigen an, wo Kanal A endet
und Kanal B beginnt. Sie können die Unterteilung mit der linken Maustaste verschieben.

❺ HORIZONTAL/VERTIKAL GETEILTER BILDSCHIRM:
Wechselt zwischen den beiden Möglichkeiten, die Kanäle neben- oder übereinander
anzuzeigen.

Steuerelemente

❻ ERSTES FRAME: Setzt den RAM-Player automatisch auf das erste Frame der Animation
zurück. Befindet sich der RAM-Player bereits auf dem ersten Frame, wird die Animation zum letzten Frame gespult.

FRAME: Setzt den RAM-Player auf das vorherige Frame in der Animation. Befindet
sich der RAM-Player bereits auf dem letzten
Frame, wird die Animation zum ersten Frame gespult.

RÜCKWÄRTS ABSPIELEN: Spielt die Frames in
der Animation rückwärts ab. Das Flyout
enthält eine Option, mit der Sie die Animation einmal abspielen und dann anhalten
können.

VORWÄRTS ABSPIELEN: Spielt die Frames in der Animation in der gerenderten Reihenfolge ab. Das Flyout enthält eine Option, mit der Sie die Animation einmal abspielen und dann anhalten können.

NÄCHSTES FRAME: Setzt den RAM-Player auf das nächste Frame in der Animation.

LETZTES FRAME: Setzt den RAM-Player automatisch auf das letzte Frame der Animation.

❼ FRAME-RATE: Bestimmt die gewünschte Abspielrate in Frames pro Sekunde. Sie können eine vordefinierte Frame-Rate auswählen oder die gewünschte Frame-Rate selbst eingeben.

❽ FARBAUSWAHL: Durch STRG + Klicken mit der rechten Maustaste im Anzeigefenster wird die Farbe des Pixel in der Farbauswahl angezeigt. Halten Sie die Animation an, um einen korrekten Pixel-Wert zu erhalten.

❾ DOPPELPUFFER: Hierbei wird sichergestellt, dass die beiden Frames in Kanal A und B synchronisiert werden, was sich jedoch erheblich auf die maximale Frame-Rate auswirkt.

Basisdaten

Zahlen und Fakten

Bei der professionellen Bildausgabe werden Sie immer wieder auf Begriffe und Abkürzungen stoßen, die Ihnen nicht geläufig sind. In diesem Abschnitt finden Sie die Erklärung der für die Bildausgabe wichtigsten Fachausdrücke.

TV-Formate

PAL – Phase Alternating Line

PAL IST DIE IN EUROPA VORHERRSCHENDE FERNsehnorm. Die Standardauflösung für das europäische PAL-Format beträgt 720 x 576 Pixel, es gibt jedoch noch ein älteres PAL-Format mit einer Bildgröße von 768 x 576 Pixeln, das noch von einigen digitalen Videosystemen genutzt wird. Bei der Berechnung einer Animation in Videoauflösung sollten Sie sich deshalb von vornherein im Klaren darüber sein, mit welchem System Sie Ihre gerenderten Bilder auf Video bannen wollen.

NTSC – National Television Standards Comittee

NTSC ist der älteste, in den USA entwickelte Standard für die Farbbildübertragung. NTSC arbeitet mit 60 Hertz und 525 Zeilen, 60 Halbbildern und 30 Vollbildern pro Sekunde. NTSC wird in den USA, Kanada und Japan sowie in weiteren Ländern eingesetzt. Die Bandbreite von NTSC beträgt rund 4,2 MHz, das Farbsignal wird auf ein Hilfssignal (Subcarrier) mit einer Frequenz von 3,58 MHz moduliert.

PAL-Auflösungen

Ein PAL-Bild hat 720 x 576 Pixel auf einem Videomonitor. Im Computerbereich wird dagegen traditionell mit quadratischen Bildpunkten gearbeitet, also mit Square Pixels. Ein 4:3-PAL-Bild muss auf einem Computermonitor aufgrund der quadratischen Pixelform mit 768 x 576 Pixel dargestellt werden, um die gleichen Seitenverhältnisse zu erhalten. PAL arbeitet mit einer Frequenz von 50 Hertz, das entspricht 25 Vollbildern beziehungsweise 50 Halbbildern und mit 625 Zeilen. Gegenüber NTSC ist bei PAL die Art der Farbübertragung verändert, was Vorteile bei der Farbstabilität der übertragenen Bilder hat, aber auch einen höheren technischen Aufwand bedeutet und in der Nachbearbeitung Probleme nach sich zieht (Halbbildsequenz). Die Bandbreite bei PAL beträgt 5,5 MHz, die Farbträgerfrequenz 4,43 MHz.

HDTV – High definition television

Mit HDTV bezeichnet man die nächste Generation der Fernsehtechnik, die übergreifend mit einer Erhöhung, mindestens einer Verdopplung der Zeilenzahl verbunden ist.

Der Begriff HDTV erfährt derzeit einen Bedeutungswandel: Zunehmend wird nun unter dem Oberbegriff HDTV jedes digitale Verfahren oder System eingeordnet, das in der Lage ist, elektronische Bewegtbilder mit höherer Auflösung als 525 oder 625 Zeilen aufzuzeichnen, auszustrahlen oder darzustellen. Die sprachliche Unterscheidung von HD-Produktion und HDTV-Ausstrahlung hat sich überlebt. Es gibt keinen weltweit einheitlichen HDTV-Standard, trotz einer großen Bandbreite von verschiedenen Varianten mit unterschiedlichen Zeilenzahlen und Bildwiederholraten gibt es aber einige durchgängig gültige Parameter: HDTV arbeitet mit dem 16:9-Seitenverhältnis und einer Zeilenzahl, die gegenüber PAL oder NTSC deutlich erhöht ist. Zwei analoge HDTV-Varianten (1250 Zeilen/50 Hertz und 1125 Zeilen/60 Hertz) werden derzeit aktiv eingesetzt. Das Senden von HDTV-Signalen ist in Europa und speziell im deutschsprachigen Raum derzeit kein Thema. In den USA dagegen hat HDTV in seiner ursprünglichen Bedeutung wieder Auftrieb erhalten. Wo Film zu teuer und normales 625 Zeilen-Video zu schlecht ist, ist die Lücke für HDTV-Produktion.

Filmauflösung

In der Praxis zeigt sich, dass das Arbeiten mit der halben Maximal-Auflösung, also mit 2K, und auch mit reduzierter Farbauflösung von 8 Bit in aller Regel vollkommen ausreicht und

Filmformate und Auflösungen

35 mm – 2K

Begriff zur Charakterisierung der Auflösung bei der digitalen Filmbearbeitung, wobei 2K für 2.000 horizontale Pixel steht, aber nur einen ungefähren Richtwert bezeichnet.

Die tatsächlich verwendete Pixelzahl hängt vom verwendeten Scanner und vom Filmformat ab.

4K

Die höchste Qualitätsstufe der digitalen Filmbearbeitung wird durch den Auflösungswert 4K charakterisiert, der als Kurzform für 4.000 steht und die Anzahl der horizontalen Pixel wiedergibt.

Das 35 mm-Filmbild wird beim Scannen und Digitalisieren in üblicherweise rund 4.000 x 2.200 Bildpunkte aufgeteilt. Insgesamt besteht jedes einzelne digitale Filmbild in 4K-Auflösung also aus rund 4.000 x 2.200 = 8.800.000 Bildpunkten. Das ist eine höhere Auflösung als sie bedingt durch die Kornstruktur der Emulsionsschicht beim Filmmaterial selbst erreichbar ist. Bei durchgängiger 4K-Auflösung ist somit gewährleistet, dass die Filmbilder nach der Bearbeitung die gleiche Auflösung bieten wie die Originalaufnahmen.

Bei 10-Bit-Verarbeitung gilt das auch uneingeschränkt für Farbe und Kontrast. Bei einer Farbauflösung von 10 Bit steht eine feinere Farbabstufung zur Verfügung, als der weitaus

ebenfalls absolut befriedigende Ergebnisse bietet. Der Vorteil: Die Datenmenge ist kleiner, Scannen, Bearbeiten und Belichten laufen schneller und somit kostengünstiger ab.

größte Teil der Menschen mit dem unbewehr-
ten Auge voneinander differenzieren kann.

Die Werte 4K und 2K sind gerundete Angaben. Die tatsächlich verwendete Pixelzahl
hängt vom verwendeten Scanner und vom
Filmformat ab. Typische Werte zeigt die unten-
stehende Tabelle 1.

Dateiformate

Welches Dateiformat Sie wählen, ist in der Regel davon abhängig, wofür Sie Ihre Produktion
anschließend verwenden wollen. Grundsätz-
lich entscheiden Sie zunächst, ob Sie ein
Standbild, eine Bildreihe oder eine Animation
rendern wollen. Welche Formate sich für welche Bereiche am besten eignen, werden wir
Ihnen ausführlich im nachfolgenden Kapitel
erläutern.

Unabhängig davon finden Sie nachfolgend
zunächst eine Auflistung aller Dateiformate
und ihrer technischen Spezifikationen, zwischen denen Sie in max wählen können:

AVI (Audio Video Interleave)

Diese Technologie wurde von Microsoft entwickelt, um Videos auf dem Computer darzustellen. Um die Datenmenge der vielen Einzelbilder gering zu halten, wird ein Kompressionsverfahren eingesetzt. Die verschiedenen
Kompressionsverfahren werden als Codecs bezeichnet. Zum Abspielen der Videos werden
die verschiedensten Player eingesetzt. An dieser Stelle sei zum Beispiel der Windows Media
Player 6 erwähnt, der bereits einen Großteil
der üblichen Codecs mit sich bringt.

Mov Quicktime File

Dies ist eine Technik, die von Apple entwickelt
wurde, um Videos auf dem Computer abzuspielen. Auch hier werden die Bilddaten mit
einem Codec komprimiert, um die Datenmenge zu begrenzen. Quicktime-Filme laufen
plattformübergreifend auf Apple Macintosh
und IBM-kompatiblen Rechnern. (Weitere Informationen zu den verschiedenen Codecs finden sie im Abschnitt »Kompression«.)

Bildseitenverhältnisse und Auflösung

	1: 1,375 (Academy)	1:1,66	1:1,85
4K	3.656 x 2.664	3.656 x 2.200	3.656 x 1.976
2K	1.828 x 1.332	1.828 x 1.100	1.828 x 988

	1:2,35 (Cinemascope)	Super 35 (Full Aperture)	Vista Vision (8-Perf)
4K	3.656 x 3.112	4.096 x 3.112	4.096 x 6.144
2K	1.828 x 1.556	2.048 x 1.556	2.048 x 3.072

BMP (Bitmap)

Das Bmp-Format ist in erster Linie auf den Betriebssystemen MS-DOS/Windows und OS/2
auf IBM-kompatiblen Computern beheimatet.
Bitmaps lassen sich verlustfrei komprimieren,
die Farbinformationen lassen sich dabei auf 8
oder 4 Bit pro Pixel reduzieren (Bmp-RLE, Run
Lenght Encoding).

Kodak Cineon File

Bilddateien mit der Endung *.cin unterstützen
das 10-Bit-Protokoll, enthalten drei Farben pro
Pixel und werden im 4.5-Format abgespeichert. Cineon-Files enthalten keine zusätzlichen Daten wie Miniaturbilder oder Alphakanäle.

EPS (Encapsuled Postscript File)

Dieses vektororientierte Format unterstützt
Lab-, CMYK-, RGB-, Duplex-, Graustufen- und
Bitmapdateien. EPS-Files können auflösungsunabhängig mit Programmen wie z.B. Photoshop weiterverarbeitet werden. Alphakanäle
werden nicht unterstützt.

Autodesk Flic Image File

Flc-Dateien sind ein von Autodesk entwickeltes Format zum Abspeichern von computer-
generierten Bildern. Flic-Files können auch die
Dateinamenserweiterung .fli oder .cel besitzen; sie sind allerdings lediglich ein etwas älteres Format. Diese 8-Bit-Bilddateien können
maximal 256 Farben enthalten.

JPEG File (Joint Photographic Experts Group)

JPEG-Files werden mit einer so genannten
Verlustkomprimierung versehen. Da dieser va-
riable Komprimierungsalgorithmus ausgesprochen gut funktioniert, können Sie die Dateien
in manchen Fällen bis auf ein Verhältnis von
200:1 in der Dateigröße verkleinern.

PNG Image File (Portable Network Graphics)

PNG-Files – Ping-File ausgesprochen – wurden
für das WWW entwickelt und sind in der Lage,
Bildinformationen mit 24 und 48 Bit abzuspeichern. In den Einstellungen haben Sie die
Möglichkeit, einen Alphakanal zu aktivieren.
Die Option INTERLACED ermöglicht in Browsern
ein Laden in mehreren Durchgängen und somit eine schnellere Anzeige.

SGI's Image File Format

Ein von Silicon Graphics entwickeltes Bildformat, das Dateien in 8 oder 16 Bit abspeichern
kann. Zusätzlich können Sie einen Alphakanal
aktivieren.

RLA Image File (SGI-Format)

Dieses Format ist ein weit verbreitetes 8- bis
16-Bit-SGI-Format, mit dem Sie eine ganze
Anzahl zusätzlicher Bildkanäle abspeichern
können. RLA-Files enthalten Z-Tiefeninfor-
mationen, Materialeffekt-, Objekt-, UV-Koor-
dinaten-, Normalen-, Hintergrund- und Alpha-
Kanäle. Zusätzlich können Sie Informationen
über den Autor und Beschreibungen mit abspeichern.

RPF Image File (Rich Pixel Format)

Dieses Format ist dem RLA-Format in seiner Kanalvielfalt sehr ähnlich. RPF-Files enthalten jedoch noch zwei zusätzliche fakultative Kanäle: Transparenz, Geschwindigkeit und Unterpixelgewicht. RPF und RLA werden eingesetzt, um beispielsweise bei einer späteren Videobearbeitung volle Kontrolle über das Bildformat zu haben. Nachträgliche Änderungen müssen somit nicht unbedingt neugerendert werden. Bedenken Sie, dass bei Aktivierung der zusätzlichen Kanäle die Dateigröße erheblich ansteigt.

Targa Image File (Truevision-Format)

Ein Format, das für die Verwendung mit Truevision-Videosystemen entwickelt wurde. TGA unterstützt bei 32 Bit einen Alphakanal. Bei CMYK-Targa ist kein Platz mehr für einen Alphakanal enthalten.

Tiff Image File (Tagged-Image File Format)

Das Tif-Format hat sich heutzutage zu einem Standard der digitalen Bildbearbeitung entwickelt. Somit lässt es sich von fast jedem Grafikprogramm öffnen und weiterbearbeiten. Neben RGB und Graustufen können Tiffs außerdem CMYK-Informationen und mehrere Alphakanäle mitspeichern. Tiffs lassen sich unkomprimiert oder komprimiert auf Festplatte sichern. Die Kompression verläuft dabei verlustfrei. Die Möglichkeit der LZW-Kompression senkt die Dateigröße um 20-50 Prozent.

Kompression

Es gibt verlustfreie und verlustbehaftete Bildkomprimierungsverfahren. Im Folgenden finden Sie eine Auflistung der gebräuchlichsten Codecs, mit denen 3ds max umgehen kann.

Bildkompression

▶ LZW-Kompression (nach Lempel-Ziv Welch)
 Dieser Kompressions-Algorithmus fasst große homogene Farbflächen beim Speichern zusammen und lässt somit besonders Grafiken um einen hohen Prozentsatz der Dateigröße schrumpfen.

▶ JPG oder JPEG
 Gehört zu den verlustbehafteten Verfahren. Die Komprimierung ist stufenlos skalierbar und erlaubt bei Fotos sehr gute Ergebnisse.

▶ RLE
 Run Length Encoding komprimiert die Bilddaten verlustfrei.

Videokompressionscodecs (Compression/ DECompression) PC und IBM-kompatible

▶ Intel Indeo5.1
 Neben der hohen Bildqualität und der Fähigkeit zur Schnellkompression unterstützt Intel Indeo5.1 einen Alphakanal.

▶ Intel Indeo Video 4.4
 Ist vergleichbar mit Intel Indeo5.1, auch er unterstützt einen Alphakanal und Skalierbarkeit.

▶ Intel Video Raw
 Kann man eigentlich nicht als Kompressionsverfahren bezeichnen, da hierbei die Daten unkomprimiert abgespeichert werden. Demnach benötigt Intel Video Raw ähnlich einer Targa- oder Tif-Sequenz viel Festplattenspeicher. Seine Bildqualität ist natürlich hervorragend.

- Microsoft Video 1
Dieser Kompressor arbeitet mit einem schnellen verlustbehafteten Kompressionsverfahren. Er kodiert mit 8 Bit und bietet relativ wenige Möglichkeiten zur Konfiguration. Die Bildqualität ist nicht besonders hochwertig.
- Intel Indeo (R) Video R3.2
Gehört zu den verlustbehafteten Codecs und arbeitet mit 24 Bit.
- Cinepak Codec von Radius
Unterstützt 24-Bit-Kompression und eignet sich zum Erstellen von Animationen, die von CD-ROM abgespielt werden sollen. Dadurch, dass er verlustbehaftet arbeitet, ist es nicht empfehlenswert, bereits vorher verlustreich komprimierte Bilddaten weiter zu bearbeiten. Die Bildqualität ist dennoch weitaus höher als die von Microsoft Video 1.
- DivX ;) MPEG-4
Eine illegal gehackte Version des MPEG-4-Codecs von Microsoft. Durch seine hohe Kompression und gute Bildqualität eignet er sich optimal für den Einsatz im WWW. Das von Hackern angehängte Smiley ;) soll der Ironie Ausdruck verleihen.

Videokompressionscodecs (COmpression/ DECompression) für Quicktime, Apple Macintosh

- Component Video
Erzeugt durch seine niedrige Kompression relativ hohe Datenmengen und eignet sich deswegen vorwiegend zur Archivierung von Videodaten.

- Component
Verlustfreier 16-Bit-Codec, der eine spätere Neukomprimierung mit höherer Datenrate erlaubt. Dieser Codec ist bei mittlerer Qualität für die Wiedergabe von CD und bei hoher Qualität für die Wiedergabe von Festplatten geeignet.
- DV – PAL /DV – NTSC
Kodiert die Daten direkt in ein von digitalen Kameras oder Videodecks verwendetes Format.
- Cinepak
Ist ein 24-Bit-Codec der auf CD-ROMs und im Internet Verwendung findet. Die Bildqualität und die Datenrate für die Abspielgeschwindigkeit lassen sich stufenlos einstellen. Keyframes können gesetzt werden; ebenso lässt sich die Anzahl der Frames pro Sekunde einstellen.
- Intel Indeo 4.4
Dieser Kompressor ist in seiner Konfiguration vergleichbar mit Cinepak.
- Motion JPEG A und B
Wird als Transkoder für die Übertragung von Videodateien auf andere mit speziellen Videokarten ausgerüstete Computer verwendet. Viele Schnittsysteme sind mit Halbleitern zur schnelleren Bearbeitung von Videos ausgerüstet. Diese Transkoder lassen sich manchmal auch ohne dazugehörige Videokarte auf Ihrem Rendersystem installieren, um die Kommunikation zur Hardware zu gewährleisten.
- Planar RGB
Dieser Codec verwendet das Run-Length-Encoding-Verfahren zur Kompression von Bilddaten. Er eignet sich besonders für das Kodieren von Bildern mit großen Volltonfarbbereichen.

- Sorenson Video
Der Sorenson-Codec liefert eine ausgesprochen hochwertige Bildqualität. Das hat auch leider seinen Preis. Nachträgliche Videobearbeitungen sind sehr rechenintensiv, denn sein Kompressionsalgorithmus verlangt hohe Hardwareanforderungen.

- Video
16-Bit-Codec für verlustfreie Kompression. Er eignet sich in der Bildqualität durchschnittlich für die Wiedergabe von CD-ROMs. Videodaten lassen sich später ohne Verlust neukomprimieren.

Filtertypen

Sie können die verschiedenen Filter über den Befehl SZENE RENDERN • MAX-VORGABE SCANLINE A-PUFFER • ANTI-ALIAS auswählen.

- BEREICH: Berechnet Anti-Alias mit einem Bereichsfilter variabler Größe. Dies ist der Originalfilter von 3ds max.
- BLACKMAN: Dieser 25-Pixel-Filter liefert Schärfe, verwendet aber keine Kantenverbesserung.

- ÜBERBLENDEN: Eine Mischung aus Schärfebereichsfilter und Gauß'schem Weichzeichnungsfilter.
- CATMULL-ROM: Ein 25-Pixel-Rekonstruktionsfilter mit leichtem Kantenverbesserungseffekt.
- COOK-VARIABLE: Ein Filter für allgemeine Zwecke. Werte von 1 bis 2,5 liefern Schärfe, höhere Werte machen das Bild unscharf.
- KUBISCH: Ein auf einem kubischen Spline basierender 25-Pixel-Unschärfefilter.
- MITCHELL-NETRAVALI: Zwei-Parameter-Filter, ein Kompromiss zwischen Unschärfe, Ringen und Anisotropie. Wenn der Wert für Ringe höher als »0,5« eingestellt wird, wirkt sich das auf den Alphakanal des Bilds aus.
- QUADRATISCH: Ein auf einem quadratischen Spline basierender 9-Pixel-Unschärfefilter.
- SCHARF QUADRATISCH: Ein mit Schärfe arbeitender 9-Pixel-Rekonstruktionsfilter von Nelson Max.
- WEICHER: Ein anpassbarer Gauß'scher Weichzeichnungsfilter für leichte Unschärfe.
- VIDEO: Ein für NTSC- und PAL-Videoanwendungen optimierter 25-Pixel-Unschärfefilter.

Workshops

Character Nonne und Dinosaurier

In medias res

Netzobjekt, Biped und Modifikator Physique im Zusammenspiel

IN EINEM DER VORHERIGEN KAPITEL HABEN SIE die zwei Techniken des Box- und Spline-Modelings kennen gelernt und umgesetzt. Sie haben den »Mann« und die »Nonne« konstruiert.

Anhand zweier Tutorials werden Sie nun die Characters »Nonne« und einen neuen Character, den »Dinosaurier«, mit den Möglichkeiten des character studio 3 verbinden. Das Zusammenfügen unterschiedlicher Daten wird exemplarisch anhand der folgenden Step-by-Step-Übungen gezeigt.

Mithilfe der *.fig-Daten werden die Grunddaten der Biped-Anatomie in der neutralen Position (Figurmodus) auf das Biped übertragen. Es schließt sich die Biped-Animation mit dem jeweiligen Bearbeitungsmodus an. Dem Netzobjekt (in unserem Beispiel: »Nonne« oder »Dinosaurier«) wird der Modifikator Physique zugewiesen. Durch das Initialisieren des Modifikator Physique mit den Netzobjekten und den Biped-Bewegungen werden die Characters animiert.

Workshop Nonne

Character Nonne – Biped – Modifikator
Physique

1. Menüleiste – Datei – Öffnen
Laden Sie die 24Biped_Nonne.max-Datei, die Sie
im Projektverzeichnis-Scenes finden.

◄ **Abbildung 1**
Character Nonne

2. Körperteile des Characters Nonne
Wenn Sie den Character Nonne betrachten, so
stellen Sie fest, dass der gesamte Körper aus vie-
len Einzelteilen (Gruppen oder Geometrien) be-
steht.

   *Die Gruppen heißen: Nonne Auge_L, Nonne_*
Auge_R, Nonne Wimpern_L und Nonne Wim-
pern_R.

   Die Geometrien heißen: Nonne Hand_L, Non-
ne Hand_R, Nonne Haube_Kopf, Nonne Kopf,
Nonne Kragen, Nonne Kutte, Nonne Schaerpe,
Nonne Traenendruese_L, Nonne Traenen-
druese_R.

▲ **Abbildung 2**
Dialog Objekte auswählen

Abbildung 3 ▶
Character Nonne und das Biped

3. Erstellungspalette – Erstellen des Bipeds

Konstruieren Sie ein Biped in einem Ansichts-fenster.

4. Figurmodus

Selektieren Sie ein Biped-Teil und gehen Sie in die Bewegungspalette. Aktivieren Sie den Figur-modus.

5. Laden der *.fig-Datei

Laden Sie die 24Biped_Nonne.fig-Datei, indem Sie im Rollout Allgemein auf DATEI LADEN kli-cken. Im Dialog ÖFFNEN wählen Sie in dem Kapi-tel Projektverzeichnis – Scenes die 24Biped-Nonne.fig-Datei aus und bestätigen mit ÖFFNEN. Der Dialog schließt sich.

*Sie haben im Figurmodus die *.fig-Daten auf das Biped übertragen.*

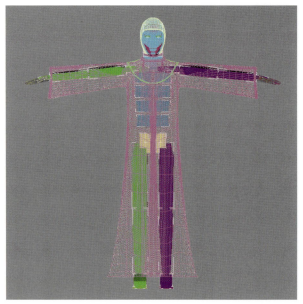

▲ **Abbildung 4**
Character Nonne und das Übertragen der *.fig-Daten auf das Biped

6. Animation des Bipeds

Wechseln Sie vom Figurmodus in den Schrittmodus. Erstellen Sie einige Schritte, indem Sie im Rollout Schritterstellung GEHEN, LAUFEN oder SPRINGEN auswählen und auf MEHRERE SCHRITTE ERSTELLEN klicken. Im Dialog MEHRERE SCHRITTE ERSTELLEN: GEHEN definieren Sie die Anzahl der Schritte und bestätigen mit OK.

Im Rollout Schrittoperationen drücken Sie auf KEYS FÜR INAKTIVE SCHRITTE ERSTELLEN.

Das Biped bewegt sich durch die Anzahl und die Positionen der Schritte im 3D-Raum.

7. Figurmodus

Sie haben ein Biped-Teil ausgewählt und wechseln von dem Schritt- in den Figurmodus.

Sie stellen sich vielleicht die Frage, warum Sie zu diesem Zeitpunkt erst im Figur-, dann in den Schrittmodus wechseln, Schritte erstellen und wieder in den Figurmodus wechseln?

Die erstellten Schritte dienen zum späteren Zeitpunkt als Bewegungs-Dummy und können, nachdem der Modifikator Physique initialisiert wurde, dann dort die genaue Zuweisung der Auswahlebenen des Modifikator Physique steuern. Sie bewegen einfach den Zeitschieber vor oder zurück und sehen, welche Scheitelpunkte nicht korrekt eingefangen oder zugewiesen werden. Ob Sie so verfahren, wie in diesem Workshop angeben, oder zu einem späteren Zeitpunkt die Biped-Animation realisieren, bleibt natürlich Ihnen überlassen. Wie so oft ist das eine Frage der »Philosophie«.

◄ **Abbildung 5**
Character Nonne und
Biped-Animation

Einzelne Schritte erstellen

In der Bewegungspalette können Sie im Rollout Schritterstellung durch SCHRITTE ERSTELLEN (ANHÄNGEN) manuell im Ansichtsfenster einzelne Schritte positionieren und somit definieren.

Schrittbearbeitung und Freiformbearbeitung (Keine Physik)

Denken Sie in der Spuransicht an die Alternative, dass Sie die Schrittbearbeitung oder Freiformbearbeitung (Keine Physik) auswählen und Biped-Animation erzeugen können.

Abbildung 6 ▶
Objekt Nonne Kutte und
Modifikator Physique

8. Modifikator Physique

Wählen Sie das Objekt Nonne Kutte aus. Gehen Sie in die Änderungspalette und weisen Sie dem Objekt Nonne Kutte den Modifikator Physique zu.

Drücken Sie im Rollout Physique auf Am Knoten befestigen ❶ und danach auf der Tastatur ⬜H⬜. Im Dialog Auswählen selektieren Sie die Geometrie (Nonne) Bip01 Becken und bestätigen mit Auswählen und Initialisieren.

9. Schrittmodus

Wechseln Sie in den Schrittmodus und sehen Sie sich das Ergebnis an.

10. Modifikator Physique und die Auswahlebenen Hülle und Scheitelpunkt

Gehen Sie in die Änderungspalette.

Aktivieren Sie das Objekt Nonne Kutte. Wählen Sie im Modifikator Physique die Verbindungen des linken oder rechten (Nonne)Biped-Oberarms aus. Arbeiten Sie mit den Auswahlebenen Hülle und Scheitelpunkte, bis alle Scheitelpunkte durch die Verbindungen gefunden werden. Wechseln Sie in der Auswahlebene Hülle im Rollout Überblendungshülle • Reiter Hüllenparameter zwischen Innen, Aussen und Beide und verändern Sie den Parameter Radiale Skalierung. Achten Sie im Reiter Anzeige – ganz unten – auf Anfängliche Skelettstellung.

Arbeiten Sie abwechselnd mit den Verbindungen, dann wieder mit den Steuerpunkten (Rollout Überblendungshüllen • Reiter Auswahlebene). Selektieren Sie die oberen zwei und unteren zwei Steuerpunkte der Verbindung eines Oberarms – Ansichtsfenster Vorne – und skalieren Sie vier Steuerpunkte über Auswählen und skalieren (nicht gleichseitig).

Wechseln Sie in die Auswahlebene Scheitelpunkte, um weitere Veränderungen an der
Zuweisung des Modifikator Physique vorzunehmen. Achten Sie darauf, dass Sie auf die Scheitelpunkte des Splines zugreifen können (Scheitelpunkte auf der blauen Linie).

Arbeiten Sie mit den bekannten Schaltflächen
AUSWÄHLEN, NACH VERBINDUNG AUSWÄHLEN,
DER VERBINDUNG ZUWEISEN oder AUS DER VER-
BINDUNG ENTFERNEN.

Arbeiten Sie so lange, bis Sie mit dem Ergebnis zufrieden sind.

11. Modifikatorstapel (Teil I)

Falls Sie sich doch einmal verrannt haben sollten,
können Sie den Modifikator Physique löschen
und ihn neu zuweisen. Denken Sie nur daran,
dass für die Initialisierung das Biped im Figurmodus aktiv sein sollte.

Sie sind mit Ihrem Ergebnis fast zufrieden.
Wählen Sie das Objekt Nonne Kutte aus und ge-
hen Sie im Modifikatorstapel in den Modifikator
Linie • Rollout Auswahl. Achten Sie darauf, dass
Sie die Auswahlebene Scheitelpunkte manipulie-
ren können, um gezielt auf das Modeling und die
Zuweisung des ModifikatorPhysique zuzugreifen.

Gut! Sie haben den Modifikator Physique der
Nonne Kutte korrekt zugewiesen.

12. Modifikator Physique

Wählen Sie das Objekt Nonne_Schaerpe aus und
weisen Sie dem Objekt den Modifikator Physique zu. Drücken Sie auf AM KNOTEN BEFESTIGEN
und drücken Sie auf der Tastatur [H]. Im Dialog
AUSWÄHLEN wählen Sie das (Nonne)Bip01 Wir-
belsäule3 aus und bestätigen mit AUSWÄHLEN
und INITIALISIEREN.

Der Geometrie Nonne Schaerpe wurde der
Modifikator Physique ab der (Nonne)Bip01 Wirbelsäule 3 zugewiesen.

◀ **Abbildung 7**
Auswahlebene Hülle

Inkrement auswählen

Falls die beiden Arme und Hände der Biped-
Anatomie zu nahe am Körper des Characters
Nonne sein sollten und sich durch das Objekt
Nonne Kutte hindurchbewegen, denken Sie im
Rollout Keyframe-Erstellung an den Befehl IN-
KREMENT AUSWÄHLEN, den wir bereits zuvor in
einem Tutorial erläutert haben.

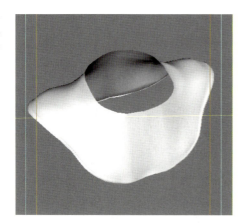

Abbildung 8 ▶
Netzobjekt Nonne
Schaerpe

13. Modifikator Physique und die Auswahlebenen Hülle und Scheitelpunkt

Falls Sie Veränderungen vornehmen möchten, wählen Sie im Objekt Nonne Schaerpe die Verbindung (Nonne)Bip01 Wirbelsäule 3 aus. Arbeiten Sie mit der Auswahlebene Hülle und verändern Sie die Größenverhältnisse der Hülle INNEN und AUSSEN, bis Sie das gewünschte Ergebnis erreicht haben.

14. Zwischenspeicherung

Drücken Sie die Tastaturkombination $\boxed{\text{Alt}}$+ $\boxed{\text{STRG}}$+$\boxed{\text{H}}$.

15. Figurmodus

Aktivieren Sie den Figurmodus des Bipeds.

16. Zuweisung und Initialisierung Modifikator Physique

Sie haben das Objekt Nonne Hand_L ausgewählt und befinden sich in der Änderungspalette. Weisen Sie dem Objekt den ModifikatorPhysique zu. Drücken Sie im Rollout Physique auf den Button AM KNOTEN BEFESTIGEN und initialisieren Sie es mit der (Nonne) Bip01 L Hand.

Der Geometrie Nonne Hand_L wurde der Modifikator Physique ab der Verbindung (Nonne) Bip01 L Hand zugewiesen.

❖ Zuweisung der Material-IDs in der Auswahlebene Segment

Wenn Sie in dem Modifikatorstapel auf einen bearbeitbaren Spline zugreifen können (in unserem Beispiel: Geometrie Nonne Schaerpe), wählen Sie die Auswahlebene Segment aus. Selektieren Sie im Ansichtsfenster ein Segment (das Segment wird rot) und gehen Sie in das Rollout Oberflächen-Eigenschaften. Bestimmen Sie, welches oder welche Segmente welche Shape-ID erhalten sollen und arbeiten Sie im Material-Editor mit dem Materialtyp Multi-/Unterobjekt. Definieren Sie die Anzahl der Material IDs sowie die Materialbeschaffenheit und weisen Sie das Material dem Objekt zu.

17. Hauptsymbolleiste – Freihandwerkzeug

Aktivieren Sie den Schrittmodus des Bipeds und anschließend in der Hauptsymbolleiste das Freihandwerkzeug.

18. Modifikator Physique und die Auswahlebene Scheitelpunkt

Wählen Sie die Nonne Hand_L aus und optimieren Sie das Ansichtsfenster.

Sie sehen eine linke Hand mit vier Fingern, einem Daumen und jeweils drei Verbindungen. Rotieren Sie einfach den linken Ringfinger, um zu sehen, ob alle Scheitelpunkte gefunden werden. Sie sehen, dass die ausgewählte Ringfingerkuppe einige Scheitelpunkte der Nachbarfingerkuppen mit beeinflusst.

Drücken Sie auf UNDO, um die Bewegung des Fingers zurückzusetzen.

Wählen Sie im Modifikator Physique die Auswahlebene Scheitelpunkt aus. Klicken Sie auf NACH VERBINDUNG AUSWÄHLEN.

Wählen Sie NACH VERBINDUNG AUSWÄHLEN aus.

Aktivieren Sie in dem Ansichtsfenster das Biped-Teil (Nonne)Bip01 L Finger 32, indem Sie mit der Maus auf die Verbindung klicken.

Drücken Sie nun auf AUSWÄHLEN. Wählen Sie mit dem Freihandwerkzeug die der linken Ringfingerkuppe nicht zugehörigen Scheitelpunkte aus (linke Mittelfingerkuppe). Aktivieren Sie nun AUS DER VERBINDUNG ENTFERNEN und klicken Sie mit der Maus auf die Verbindung (Nonne) Bip01. Drücken Sie wieder auf NACH VERBINDUNG AUSWÄHLEN. Deaktivieren Sie die ausgewählten Scheitelpunkte, indem Sie mit der Maus in das Ansichtsfenster klicken und drücken Sie auf die Verbindung des (Nonne) Bip01 L Finger 32.

Die ausgewählten Scheitelpunkte des linken Mittelfingers (Kuppe) wurden aus der Verbindung (Nonne) Bip01 L Finger 32 entfernt.

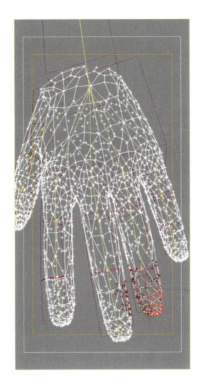

◀ **Abbildung 9**
Nonne Hand_L – linke
Ringfingerkuppe (Teil I)

Abbildung 10 ▶
Nonne Hand_L – linke
Ringfingerkuppe (Teil II)

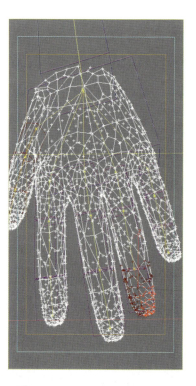

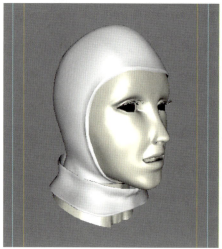

▲ Abbildung 11
Verknüpfung der Gruppen und Geometrien mit
dem Objekt (Nonne) Bip01 Kopf (verdeckt)

19. Geometrien Nonne Hand_R und der Modifikator Physique

Verfahren Sie wie in Schritt 18, nur mit dem Unterschied, dass Sie die Geometrie Nonne Hand_R an das Objekt (Nonne) Bip01 R Hand initialisieren.

20. Modifikator Physique und die Auswahlebene Scheitelpunkt

Verfahren Sie wie zuvor mit der Geometrie Nonne Hand_R , dem Modifikator Physique und der Auswahlebene Scheitelpunkt.

21. Verknüpfung mit Biped Bip01 Kopf

Gruppen Nonne Auge_L, Nonne Auge_R, Nonne Wimpern_L, Nonne Wimpern_R; Geometrien: Nonne Haube_Kopf, Nonne Kopf, Nonne Kragen, Nonne Traenendruese_L, Nonne Traenendruese_R

Selektieren Sie alle Gruppen und Geometrien, die im Arbeitsschritt 21 aufgezählt werden und verknüpfen Sie die Einzelteile mit dem (Nonne) Bip01 Kopf.

Optionskette: Einzelteile auswählen • Hauptsymbolleiste • Schaltfläche AUSWÄHLEN UND VERKNÜPFEN • Tastatur ⬚H • (Nonne) Bip01 Kopf auswählen • Schaltfläche VERKNÜPFEN AUSWÄHLEN • Modus wechseln und auf OBJEKT AUSWÄHLEN klicken.

Alle ausgewählten Gruppen und Geometrien sind nun mit dem Objekt (Nonne) Bip01 Kopf verbunden.

22. Rollout Anzeige

Wählen Sie ein Biped-Teil aus und gehen Sie in die Bewegungspalette. Im Rollout Anzeige verdecken Sie durch das Anklicken der Schaltflächen Objekte, Schritte und Schrittnummern die Biped-Anatomie im Ansichtsfenster.

23. Animation des Bipeds und des Characters Nonne

Sehen Sie sich die Bewegungen des Characters Nonne an, indem Sie auf Animation abspielen drücken.

Alle Körperteile des Characters Nonne bewegen sich im 3D-Raum.

24. Menüleiste – Datei – Speichern unter

Sichern Sie den Stand der Szene ab, indem Sie eine *.max-Datei abspeichern.

◀ **Abbildung 12**
Bewegung des Characters Nonne

Workshop Dinosaurier

Der folgende zweite Workshop baut auf den Netzobjekten des Characters »Dinosaurier« auf. Dieser aus mehreren Netzobjekten bestehende Character ist urheberrechtlich geschützt und Bestandteil der Version character studio 2. Die Netzobjekte wurden in ihrer Größe und in der Anzahl der Segmente verändert. Neue Materialien sind entstanden und wurden auf die Geometrien projiziert.

Dieser Workshop zeigt Ihnen, wie Sie aus einem Character – hier dem Dinosaurier – drei Dinosaurier als »Trio« definieren und diese in eine Szene einbinden und animieren.

Character »Dinosaurier« – Biped – Modifikator Physique

1. Menüleiste – Datei – Öffnen

Laden Sie die 24Biped_Dinosaurier.max-Datei, die Sie in dem Kapitel Projektverzeichnis – Scenes finden.

▲ **Abbildung 13**
Character Dinosaurier 01

Abbildung 14 ▶
Dialog Objekte
auswählen

2. Körperteile des Characters Dinosaurier

Wenn Sie den Character Dinosaurier betrachten, so stellen Sie fest, dass der gesamte Körper aus einzelnen Geometrien besteht.

Die Geometrien heißen:
Dino01 Augen
Dino01 Koerper
Dino01 Krallen Hand_L
Dino01 Krallen Hand_R
Dino01 Krallen_L
Dino01 Krallen_R
Dino01 Zaehne oben
Dino01 Zaehne unten

3. Vorbereitung des Bipeds Dinosaurier

Erstellen und benennen Sie ein Biped (Dino01 Bip01), so wie wir es im Workhop Nonne bereits getan haben. Aktivieren Sie ein Biped-Teil. Laden Sie dann die 24Biped_Dinosaurier.fig-Datei, die Sie im Projektverzeichnis Scenes finden, und übertragen Sie diese auf das Biped.

4. Animation des Bipeds

Deaktivieren Sie in der Bewegungspalette den Figurmodus und wechseln Sie in den Schritt-modus. Erstellen Sie einige Schritte, indem Sie im Rollout Schritterstellung Gehen, Laufen oder Springen auswählen und auf MEHRERE SCHRITTE ERSTELLEN klicken. Im Dialog MEHRERE SCHRITTE ERSTELLEN: GEHEN definieren Sie die Anzahl der Schritte und bestätigen mit OK.

Im Rollout Schrittoperationen drücken Sie auf KEYS FÜR INAKTIVE SCHRITTE ERSTELLEN.

Das Biped bewegt sich durch die Anzahl und die Positionen der Schritte im 3D-Raum.

5. Figurmodus

Sie haben ein Biped-Teil ausgewählt und wech-seln vom Schritt- in den Figurmodus.

6. Modifikator Physique zuweisen

Geometrien Dino01 Augen, Dino01 Koerper, Dino01 Krallen Hand_L, Dino01 Krallen Hand_R, Dino1 Krallen_L, Dino01 Krallen_R, Dino01 Zaehne oben, Dino01 Zaehne unten

Gehen Sie in die Änderungspalette. Weisen Sie einzeln oder gemeinsam allen Geometrien den Modifikator Physique zu. Somit hat jede Geometrie einen Modifikator Physique.

▲ **Abbildung 15**
Das Übertragen der *.fig-Daten auf das Biped

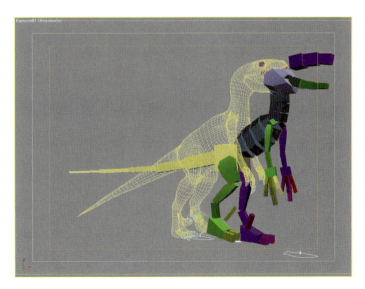

▲ **Abbildung 16**
Character Dinosaurier 01 und Biped-Animation

Die Zuweisungen der Geometrien ergeben sich wie folgt:

Din001 Augen wird initialisiert mit (Din001)Bip01 Kopf.

Din001 Koerper wird initialisiert mit (Din001) Bip01 Becken.

Din001 Krallen Hand_L wird initialisiert mit (Din001) Bip01 L Hand.

Din001 Krallen Hand_R wird initialisiert mit (Din001) Bip01 R Hand.

Din001 Krallen_L wird initialisiert mit (Din001) Bip01L Zehengängergelenk.

Din001 Krallen_R wird initialisiert mit (Din001) Bip01R Zehengängergelenk.

Din001 Zaehne oben wird initialisiert mit (Din001) Bip01 Pferdeschwanz 1.

Din001 Zaehne unten wird initialisiert mit (Din001) Bip01 Pferdeschwanz 2.

7. Zwischenspeicherung

Drücken Sie die Tastaturkombination `Alt` *+* `STRG` *+* `H` *.*

8. Schrittmodus aktivieren

Sie haben ein Biped-Teil ausgewählt und gehen in die Bewegungspalette. Klicken Sie auf FIGUR-MODUS*, um den Figurmodus zu deaktivieren.*

Modifikator Physique – Instanzobjekt

Wenn Sie mehrere Gruppen oder Geometrien auswählen und allen Objekttypen zur gleichen Zeit den Modifikator Physique zuweisen, werden die Modifikatoren als Instanzobjekte definiert. Im Modifikatorenstapel wird der Modifikator Physique kursiv dargestellt.

▶ Deaktivieren Sie die Instanzfunktionen, indem Sie im Modifikatorstapel • Modifikator Physique auf EINDEUTIG ZUWEISEN klicken.

9. Betrachtung des Dino01 Koerper

Bewegen Sie den Zeitschieber in das Einzelbild 0000 oder tippen Sie im Eingabefeld die Ziffer 0 ein und bestätigen Sie mit der Enter-Taste.

Betrachten Sie die Darstellung des Dino01 Koerper im Ansichtsfenster. Die Scheitelpunkte des Netzobjekts folgen nicht korrekt der Biped-Bewegung.

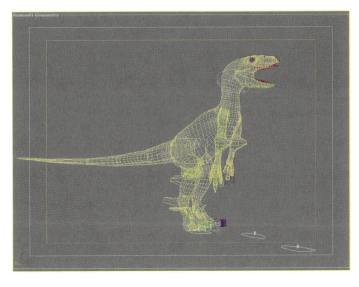

▲ **Abbildung 17**
Ansichtsfenster Kamera01 Dinosaurier

10. Laden der *.phy-Datei

Selektieren Sie das Objekt Dino01 Koerper. Aktivieren Sie die Änderungspalette. Drücken Sie im Modifikator Physique • Rollout Physique • PHYSIQUE-DATEI (*.PHY) ÖFFNEN.

In dem Kapitel Projektverzeichnis – Cstudio wählen Sie die 25Biped_Dinosaurier Koerper.phy-Datei aus und bestätigen mit ÖFFNEN.

11. Zuweisung der *.phy-Daten

Der Dialog PHYSIQUE-LADEANGABEN öffnet sich.

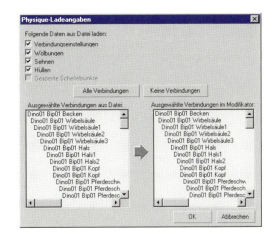

▲ **Abbildung 18**
Schaltfläche Physique-Datei (*.phy) öffnen – Dialog Physique-Ladeangaben (Teil I)

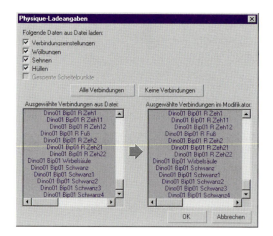

▲ **Abbildung 19**
Dialog Physique-Ladeangaben (Teil II)

▲ **Abbildung 20**
Bewegung des Characters Dinosaurier 01

 Dialog Physique Ladeangaben

Im Dialog PHYSIQUE LADEANGABEN können Sie folgende Daten aus einer *.phy-Datei laden: Verbindungseinstellungen, Wölbungen, Seh-nen, Hüllen (Gesperrte Scheitelpunkte). Wäh-len Sie einzelne oder über ALLE VERBINDUNGEN aus und bestätigen Sie mit OK.

Klicken Sie auf ALLE VERBINDUNGEN. Die Verbin-dungen werden grau untermalt. Bestätigen Sie mit OK.

Die *.phy-Daten wurden auf die Dino01 Biped-Anatomie übertragen.

12. Abstand der Krallen und Beine zueinander
Sehen Sie sich den Abstand der Krallen und Bei-ne des Dinosaurier (Dino01) an und ändern Sie den Abstand mit den bekannten Werkzeugen (Tipp: Inkrement anwenden).

13. Rollout Anzeige
Wenn Sie die Biped-Animation optimiert haben, wählen Sie ein Biped-Teil aus und gehen in die Bewegungspalette. Im Rollout Anzeige verde-cken Sie durch das Anklicken der Schaltflächen OBJEKTE, SCHRITTE UND SCHRITTNUMMERN die Biped-Anatomie im Ansichtsfenster.

14. Animation des Bipeds und des Characters Dinosaurier 01
Sehen Sie sich die Bewegungen des Characters Dinosaurier 01 an, indem Sie auf ANIMATION AB-SPIELEN drücken.

Alle Körperteile des Characters Dinosaurier 01 bewegen sich im 3D-Raum.

15. Rollout Verdecken
Blenden Sie die Objekte (Dino01) Bip01 und (Dino01) Bip01 Schritte wieder ein, indem Sie in der Anzeigepalette – Rollout Verdecken NACH NAMEN EINBLENDEN anklicken, die Objekte aus-wählen und mit Einblenden bestätigen.

16. Figurmodus – Rollout Struktur

Wählen Sie das Bip01 aus und benennen Sie das Objekt um. Vergeben Sie im Figurmodus – Rollout Struktur den Stammnamen Dino01Bip01.

17. Hauptsymbolleiste – Benannte Auswahlsätze

Wählen Sie das Objekt (Dino01) Bip01 aus und definieren Sie es als benannten Auswahlsatz ❶, indem Sie den gleichen Namen vergeben und eintippen. Bestätigen Sie mit [↵].

▲ **Abbildung 21**
Hauptsymbolleiste – Benannte Auswahlsätze

18. Menüleiste – Datei – Speichern unter

Sichern Sie den Stand der Szene ab, indem Sie eine *.max-Datei mit dem Namen Dino01.max abspeichern.

19. Änderungspalette – Objektnamen umbenennen

Verändern Sie im Rollout Struktur den Namen Dino01 Bip01 in Dino02 Bip02. Wählen Sie die einzelnen Geometrien des Characters Dinosaurier aus und verändern Sie jeweils die Bezeichnungen am Anfang Dino01 in Dino02.

▲ **Abbildung 22**
Dialog Objekte auswählen

▲ **Abbildung 23**
Character Dinosaurier 02

20. Character Dinosaurier 02 in der Größe verändern

Sie haben das Dino02 Bip02 ausgewählt und befinden sich in der Bewegungspalette. Der Figurmodus ist aktiv. Im Rollout Struktur verändern Sie die Parameter für die Höhe von 76.139 auf 40. Bestätigen Sie mit [↵].

Der Dinosaurier 02 wird um fast die Hälfte kleiner als der vorherige Dinosaurier 01. Er scheint jünger geworden zu sein.

21. Schritte verschieben

Wählen Sie in der Bewegungspalette Schrittmodus im Rollout Anzeige die Schaltfläche SCHRITTE aus, damit sie im Ansichtsfenster sichtbar werden. Im Schrittmodus wählen Sie alle Schritte im Ansichtsfenster aus, indem Sie mit der Maus über alle Schritte ein Rechteck ziehen. Verschieben Sie die Schritte der Biped-Anatomie des Dinosaurier 02 in der x- und y- Achse nach x ins Minus (links) und y ins Minus (unten).

Benannte Auswahlsätze (Teil I)

Die Namensänderung der Biped-Anatomie in Dino02 Bip02 verändert nicht den benannten Auswahlsatz Dino01 Bip01.

Wenn Sie benannte Auswahlsätze löschen möchten, gehen Sie bitte in die Menüleiste BEARBEITEN • BENANNTE AUSWAHLSÄTZE BEARBEITEN. Ein Dialog öffnet sich, in dem Sie auf der linken Seite den benannten Auswahlsatz mit einem Mausklick aktivieren. Der benannte Auswahlsatz wird grau unterlegt. Drücken Sie anschließend auf LÖSCHEN. Schließen Sie den Dialog.

Benannte Auswahlsätze (Teil II)

Wenn Sie eine *.max-Datei mit benannten Auswahlsätzen abspeichern, werden die benannten Auswahlsätze in einer aktuellen *.max-Datei über den Befehl Menüleiste DATEI • MISCHEN und die Auswahl der jeweiligen Objekttypen nicht mit in die aktuelle *.max-Datei übernommen.

22. Rollout Anzeige

Wählen Sie ein Biped-Teil aus und gehen Sie in die Bewegungspalette. Im Rollout Anzeige verdecken Sie durch das Anklicken der Schaltflächen OBJEKTE, SCHRITTE UND SCHRITTNUMMERN die Biped-Anatomie im Ansichtsfenster.

23. Animation des Bipeds und des Characters Dinosaurier 02

Sehen Sie sich die Bewegungen des Characters Dinosaurier 02 an, indem Sie auf ANIMATION ABSPIELEN drücken.

24. Menüleiste – Datei – Speichern unter

Sichern Sie den Stand der Szene ab, indem Sie eine *.max-Datei mit dem Namen Dino02.max abspeichern.

25. Erstellen des Dinosaurier 03 und der Biped-Anatomie Dino03 Bip03

Wiederholen Sie die vorherigen Schritte (19-22), wenn Sie einen Dinosaurier 03 erstellen möchten. Verändern Sie den Namen der Biped-Anatomie Dino02 Bip02 in Dino03 Bip03. Benennen Sie die Objektnamen Dino02 in Dino03 um. Ändern Sie die Größe des Dinosaurier 03 und verschieben Sie die Schritte in einem Ansichtsfenster. Verdecken Sie die Biped-Anatomie und speichern Sie die Szenerie als Dino03.max-Datei ab.

Material-Editor – Materialnamen und Materialbeschaffenheit
Bitte beachten Sie, dass wir die Materialnamen der jeweiligen Dinosaurier im Material-Editor nicht umbenannt haben.

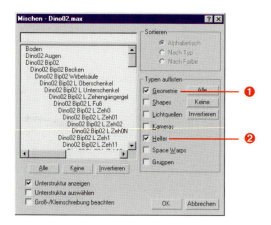

▲ **Abbildung 24**
Dialog Mischen Dino02.max (Teil I)

26. Dino01.max und Dino02.max

Laden Sie die Datei Dino01.max, die Sie zuvor gespeichert haben. Gehen Sie in die Menüleiste DATEI • MISCHEN und wählen Sie im Dialog MISCHEN die Dino02.max-Datei aus. Aktivieren Sie auf der rechten Seite nur den Typen Geometrie ❶ und Helfer ❷.

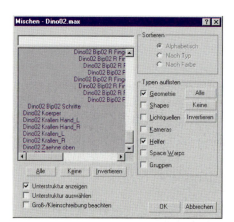

▲ **Abbildung 25**
Dialog Mischen Dino02.max (Teil II)

Aktivieren Sie auf der linken Seite die Geometrie Boden und drücken Sie dann auf INVERTIEREN. Alle anderen, vorher nicht ausgewählten Geometrien und Helfer werden ausgewählt und grau untermalt. Bestätigen Sie mit OK.

Der Dialog schließt sich.

27. Dino03.max

Wiederholen Sie den Arbeitschritt 26 für das Mischen der Daten und der Dino03.max-Datei.

28. Animationen der Dinosaurier

Sehen Sie sich die Bewegungen der drei Dinosaurier an, indem Sie auf ANIMATION ABSPIELEN drücken.

29. Zwischenspeicherung

Drücken Sie die Tastaturkombination `Alt`+`STRG`+`H`.

30. Menüleiste – Datei – Speichern unter

Sichern Sie den Stand der Szene ab, indem Sie eine *.max-Datei mit dem Namen Dino_Trio. max abspeichern.

31. Menüleiste – Rendern – Rendern ...

Gehen Sie in die Menüleiste RENDERN • RENDER ... Der Dialog SZENE RENDERN öffnet sich.

(Tastaturkombination: Shift + R)

Stellen Sie die Einstellungen für das Berechnen der Bilddaten ein. Speichern Sie die Animation als *.mov-Datei oder *.tif-Reihe ab.

▲ **Abbildung 26**
Dialog Szene Rendern

Zum Abschluss dieses Workshops ein Einzelbild der erstellten Szenerie.

▲ **Abbildung 27**
Ansichtsfenster: Dinosaurier-Trio

Architekturen Theater und Stadt

Arbeitstechniken und Projektdaten

Hauptsymbolleiste, Befehlspaletten, Modifikatoren, Material-Editor, Spuransicht, Rendering

Es ist müssig, darüber zu diskutieren, wie auf wenigen Seiten die Systemoberfläche 3ds max 4 zusammenhängend erklärt werden kann. Der modulare Aufbau dieses Programms ist gut durchdacht, führt aber für jemanden, der sie beschreiben soll, leicht in die Unendlichkeit.

Wo fangen wir also für jemanden an, der mit der Systemoberfläche des Programms nicht vertraut ist, und wo beenden wir den Exkurs?

Die folgenden Seiten geben Ihnen einen kurzen Einblick in die modulare Architektur des Programms 3ds max 4.

Anhand verschiedener Projektdaten, die für unsere Realisation des Projekts (Storyboard) relevant sind, werden wir verschiedene Arbeitstechniken besprechen und erklären.

Oft kommt es vor, dass Sie nicht von Beginn an bei einem Projekt mitarbeiten, sondern möglicherweise erst später einsteigen. Dann müssen Sie sich einen Überblick über die vorhandenen Daten verschaffen können.

Stellen Sie sich vor, Sie haben mit einem 3D-Team an dem Projekt zusammengearbeitet und stehen nun an dem Punkt, dass die Szenerien des Theaters und der Stadt mit all ihren Objekttypen und Animationen entwickelt wurden und fraktal zusammengestellt sind.

Wir müssen nun auf diese Daten zugreifen und schnell alle Informationen aus der existierenden Verzeichnisstruktur sowie alle Max-Daten erarbeiten.

Wie das möglich ist, zeigen wir Ihnen auf den kommenden Seiten. Bezeichnen wir dieses Kapitel als Informationsliste für kompatible Max-Daten und Projektdaten in 3ds max 4.

Es folgt eine Informationsliste im Überblick, die eine zeitliche Auflistung sowie Arbeitstechniken beinhaltet und die wir gemeinsam Schritt für Schritt im folgenden Workshop durchlaufen. Am Ende dieser Liste werden Sie alle wichtigen Daten der aktuellen *.max-Datei überschaut haben und gezielt diese Techniken für kommende Arbeiten einsetzen können.

Es folgt die Aufstellung der Informationsliste für die Systemoberfläche in 3ds max 4:

1. Bilddaten und Filmdaten
2. Ansichtsfenster – Max-Szenerie
3. Dialog Übersicht
4. Dialog Objekte auswählen
5. Dialog Objekteigenschaften
6. Anzeigepalette
7. Schematische Ansicht
8. Änderungspalette – Netzobjekte – Modifikator-Stapel
9. Änderungspalette – Lichttypen – Parameter
10. Änderungspalette – Kameratypen – Parameter
11. Bewegungspalette
12. Spuransicht

13. Material-Editor
14. Dialog Szene rendern ...
15. Video – Nachbearbeitung
16. Dialog Zeitkonfiguration
17. Pfade konfigurieren

Anhand des Storyboards wurde die Theater- und Stadtszenerie mit all ihren Characters, Gebäuden, Geometrien, Requisiten, Lichtstimmungen, Materialien, Kameraeinstellungen und Animationen erstellt.

Am Ende dieses Workshops wird Ihre Aufgabe darin bestehen, die Animationen der Characters Dinosaurier, Frau, Mann und Nonne, die Lichtstimmungen im Theater und das gesamte Projekt mit der beeindruckenden Architektur der Stadt – seinem Marktplatz und den Arkadengängen – plus Sound als komplettes Projekt zu »modellieren« und zu realisieren.

Lassen Sie uns jedoch zuvor einen Blick in eine Szene werfen und sehen wir uns diese Daten anhand des folgenden Workshops »Theater« einmal an.

Theaterszenerie – Datei 26Architektur-Theater.max

1. Bild- und Filmdaten

Öffnen Sie die Datei 26Architektur_Theater.max, die Sie in dem Kapitel Projektverzeichnis – Scenes auf der CD-ROM finden, und sehen Sie sich die Szene einmal an.

Sehen Sie sich die *.max-Datei intensiv an, damit Sie in kurzer Zeit einen Einblick über alle wichtigen Informationen erhalten.

Werfen wir einen Blick in das Projekt-Verzeichnis und die Bild- bzw. Filmdaten. Sie haben in 3ds max 4 drei Möglichkeiten, Bild- oder Filmdaten einzusehen.

a) Menüleiste DATEI • BILDDATEI ANSEHEN

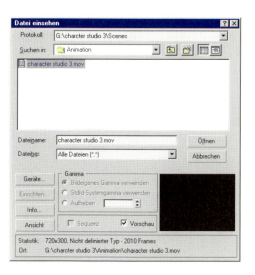

▲ **Abbildung 1**
Menüleiste – Datei – Bilddatei ansehen

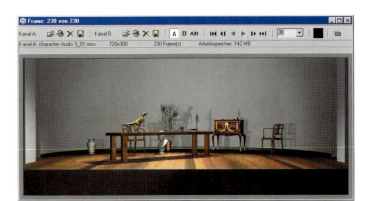

▲ Abbildung 2
Menüleiste – Rendern – Ram-Player ...

b) Menüleiste RENDERN • RAM-PLAYER ...

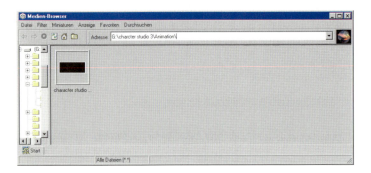

▲ Abbildung 3
Erstellungspalette – Dienstprogramme – Medien-Browser

c) Erstellungspalette DIENSTPROGRAMME •
MEDIEN-BROWSER
Überprüfen Sie den Dateityp, das Dateifor-
mat, die Dateigröße in Bytes, die Anzahl der Bil-
der pro Sekunde (FPS), die Sampler-Rate und
den Codec.

 Dialog Objekte auswählen – Unterstruktur anzeigen

Hierarchische Strukturen und Abhängigkeiten sehen Sie, wenn Sie im Dialog OBJEKTE AUS-WÄHLEN auf die Option UNTERSTRUKTUR ANZEI-GEN klicken.

Abhängigkeiten sehen Sie im Ansichtsfens-ter, wenn Sie in der Menüleiste Ansichten die Funktion ABHÄNGIGKEITEN ANZEIGEN aktivieren und in der Anzeigepalette im Rollout Verknüp-fungsanzeige die Optionen aktivieren.

Abhängigkeiten werden aber auch deutlich anhand einer grafischen Darstellung im An-sichtsfenster, wenn Sie in der Anzeigepalette im Rollout Verknüpfungsanzeige die Optionen aktivieren.

Im Dialog OBJEKTEIGENSCHAFTEN erhalten Sie weitere Informationen über Hierarchien und Bones-Strukturen.

2. Ansichtsfenster – Max-Szenerie

Tasten Sie sich an die Szenerie heran und sehen
Sie sich den 3D-Raum und die Animationen in
den unterschiedlichen Ansichtsfenstern an.

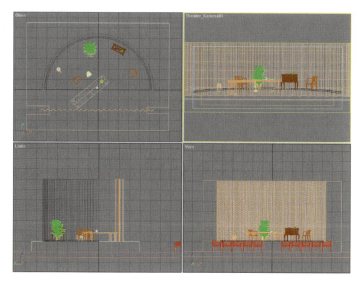

▲ **Abbildung 4**
Ansichtsfenster

3. Information 03 – Dialog Übersicht

In der Menüleiste DATEI • ÜBERSICHT können Sie
den Dialog ÜBERSICHT (bei Frame 0) öffnen, abhängig vom aktuellen Frame, an dem der Timeslider steht. Hier haben Sie einen Einblick in die
Daten, auf die Sie direkt oder indirekt Einfluss
nehmen können.

Sie erhalten Informationen über die Szenen-
gesamtwerte, die Netzgesamtwerte, die
Speichernutzung, das Rendern, die Beschreibung,
die Übersicht (bei Frame 0) und die Plug-In-Info.

Sie können von der aktuellen *.max-Datei
eine *.txt-Datei abspeichern. Drücken Sie dafür
einfach auf die Schaltfläche IN DATEI SPEICHERN,
vergeben Sie einen Namen und schließen Sie den
Dialog.

Schließen Sie den Dialog ÜBERSICHT (bei
Frame 0).

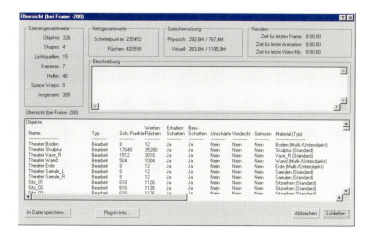

▲ **Abbildung 5**
Menüleiste – Datei – Dialog Übersicht (bei Frame 0)

4. Information 04 – Dialog Objekte auswählen

Abbildung 6 ▶
Dialog Objekte
auswählen

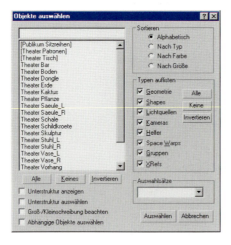

Drücken Sie auf der Tastatur ⌨ h. Im Dialog OB-JEKTE AUSWÄHLEN können Sie die aktuelle Szene nach dem jeweiligen Typus sortieren und somit Geometrien, Shapes, Lichtquellen, Kamera, Helfer, Space Warps, Gruppen, XRefs und Auswahlsätze auswählen und auf der linken Seite gefiltert auflisten.

Schließen Sie den Dialog OBJEKTE AUSWÄHLEN.

5. Information 05 – Dialog Objekteigenschaften

Wählen Sie einen Objekttyp Geometrie aus, und gehen Sie in den Dialog OBJEKTEIGENSCHAFTEN.

Zwei weitere Alternativen stehen zur Auswahl:

a) Menüleiste BEARBEITEN – OBJEKTEIGEN-SCHAFTEN

b) OBJEKT SELEKTIEREN – rechter Mausklick auf das Objekt im Ansichtsfenster – Quad-Menü – Eigenschaften

Checken Sie den Namen des Objekts (Name), die Maße, die Anzahl der Scheitelpunkte und Flächen und das zugewiesene Material (Materialname). Betrachten Sie die Hierarchien, also ob es sich um ein Elternteil oder ein Kind handelt (über- oder untergeordnetes Objekt).

Beachten Sie die beiden Optionen SCHATTEN ERHALTEN oder SCHATTEN WERFEN. Sehen Sie die beiden Funktionen im Zusammenhang zu den jeweiligen Lichtquellen, denen die Option SCHAT-TEN WERFEN zugewiesen wurde, und dem Dialog Szene rendern – Reiter Optionen – Option SCHATTEN – AKTIV ODER DEAKTIV.

Schließen Sie den Dialog OBJEKTEIGENSCHAF-TEN.

Abbildung 7 ▶
Dialog Objekt-
eigenschaften

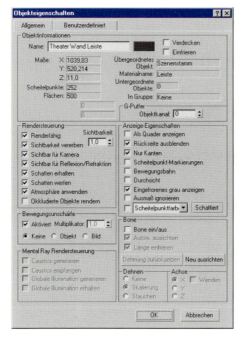

6. Information 06 – Anzeigepalette

Schauen Sie sich in der Anzeigepalette die Rollouts Nach Kategorien verdecken, Verdecken, Einfrieren, Anzeige-Eigenschaften und Verknüpfungsanzeige an, um zu sehen, welche Objekttypen verdeckt oder eingefroren sind.

Beachten Sie, in welchem Modus die Objekttypen im Ansichtsfenster dargestellt werden (Rollout Anzeige-Eigenschaften).

Die Optionen des Rollouts Anzeige-Eigenschaften werden ebenfalls in dem Dialog OBJEKT-EIGENSCHAFTEN aufgelistet.

◄ **Abbildung 8**
Anzeigepalette

▼ **Abbildung 9**
Schematische Ansicht

7. Information 07 – Schematische Ansicht

Klicken Sie auf die Schaltfläche SCHEMATISCHE ANSICHT ÖFFNEN. Dort haben Sie eine weitere Möglichkeit, die gesamte Max-Szene in einer anderen Art der Darstellung zu betrachten.

Schließen Sie die Schematische Ansicht.

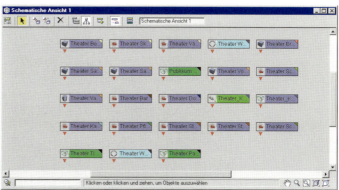

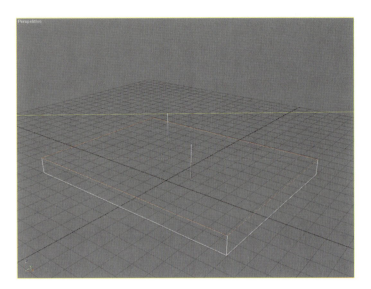

▲ Abbildung 10
Darstellung der Flächennormalen im Ansichtsfenster

 Flächennormale

Eine Flächennormale ist ein Vektor, der senkrecht auf einer Fläche steht und die Ausrichtung des ein- oder zweiseitig zugewiesenen Materials auf der Oberfläche des Netzobjekts definiert. Die Ausrichtung der Flächennormale erkennen Sie durch den Farbverlauf von Blau zu Weiß, den Sie sich im Ansichtsfenster anzeigen lassen können.

Wählen Sie ein Netzobjekt aus. Gehen Sie in die Änderungspalette. Aktivieren Sie z.B. den Modifikator Netz bearb. und öffnen Sie die Auswahlebene Flächen. In dem Rollout Auswahl sehen Sie die Option NORMALEN ANZEIGEN und im Rollout Oberflächeneigenschaften die Funktionen WD (WENDEN), GLEICHRICHTEN und NORMALENWENDEMODUS.

8. Information 08 – Änderungspalette – Netzobjekte – Modifikatorstapel

Im Dialog OBJEKTE AUSWÄHLEN haben Sie sich für den Typ Geometrie entschieden. Wählen Sie eine Geometrie aus und gehen Sie in die Änderungspalette. Im Modifikatorstapel haben Sie die Entstehung des 3D-Objekts vor Augen.

Sie können gezielt die Entstehung des Objekts nachvollziehen. Dieses gilt natürlich genauso, wenn Sie im Dialog OBJEKTE AUSWÄHLEN z.B. den Typ SHAPE ausgewählt haben. In der Änderungspalette gibt der Modifikatorstapel einen Einblick in die Entstehung des Objekts – es sei denn, Sie haben in der Änderungspalette alle zugewiesenen Modifikatoren über die Optionen AUSBLENDEN BIS oder ALLES AUSBLENDEN in den Modus Bearbeitbares Netz oder Bearbeitbarer Spline umgewandelt. Das bedeutet, dass alle Modifikatoren »zusammengeschmolzen« werden und das ausgewählte Objekt nicht mehr über eine Vielzahl an Modifikatoren verfügt, sondern alle vorher zugewiesenen Modifikatoren zu einem einzigen, neuen Modifikator zusammengefügt werden.

Untersuchen Sie die Eigenschaften der Instanzen, Referenzen und Kopien, ob in Bezug zum Modifikator – Instanz ja oder nein – oder zum Objekt allgemein.

Untersuchen Sie die Art des Modifikators, ob er für den statischen oder den animierten Zustand eingesetzt wird.

Prüfen Sie, ob ein Spline-, ein Netz-, ein Patch- oder ein Nurb-Objekt vorliegt.

Denken Sie an die Flächennormalen und die Materialien.

Denken Sie an die Option MAPPING-KOORDINATEN GENERIEREN.

Betrachten Sie die Mapping-Koordinaten durch die Modifikatoren UVW Map, UVW zuweisen und UVW transformieren.

9. Information 09 – Änderungspalette – Lichttypen – Parameter

Die Lichtquellen geben Aufschluss darüber, welcher Lichttyp welchen Objekttyp anstrahlt und welche Lichtquelle Schatten werfen soll, ob im Schatten-Map- oder Raytrace-Schatten-Modus (Rollout Schattenparameter).

Beachten Sie die Schaltfläche AUSSCHLIESSEN, damit Lichtquellen gezielt Objekte anstrahlen oder ausgewählte Objekte nicht angestrahlt werden.

Experimentieren Sie mit der Helligkeit und der Intensität der Lichtquelle durch R – G – B (Rot – Grün – Blau) und H – S – V (Farbton – Sättigung – Wert), mit dem Projektor-Map und dem Lichtabnahmeparameter. Betrachten Sie den Wert der Dichte, die Schatten-Map-Parameter Neigung, Größe und den Sample-Bereich.

Schauen Sie im Rollout Atmosphären & Effekte nach, ob Effekte zugewiesen wurden, oder gehen Sie über die Menüleiste RENDERN • EFFEKTE • DIALOG RENDEREFFEKTE • Schaltfläche HINZU-FÜGEN.

Definieren Sie ein aktives Ansichtsfenster als Spotlicht-Ansichtsfenster, indem Sie die Tastenkombination ⇧+4 drücken. Wählen Sie bei mehreren Spotlichtern das gewünschte Spotlicht aus.

Das ausgewählte Spotlicht wird als Spotlicht-Ansichtsfenster dargestellt.

Die Alternative zu der Tastaturkombination ⇧+4: Kontextmenü im jeweiligen Ansichtsfenster – rechter Mausklick auf den Namen des Ansichtsfensters – Ansichten – Ansicht auswählen.

◀ **Abbildung 11**
Änderungspalette – Lichtquellen – Parameter

Lichttypen und Parameter
Weitere detaillierte Informationen über Lichttypen und Parameter erhalten Sie im Kapitel Materialien, Lichter, Kamera.

Abbildung 12 ▶
Änderungspalette –
Theater_Kamera01 –
Parameter

10. Information 10 – Änderungspalette – Kameratypen – Parameter

Wählen Sie im Ansichtsfenster einen Kameratyp aus und gehen Sie in die Änderungspalette. Werfen Sie einen Blick auf die Werte der Linse, das Blickfeld, die Einstellungen der vorgefertigten Linse, den Typ, die Umgebungsbereiche, die Schnittebenen, den Multi-Pass-Effekt und das Rollout Tiefenschärfe-Parameter.

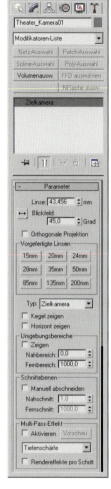

11. Information 11 – Bewegungspalette

Öffnen Sie die Bewegungspalette und vergleichen Sie das Animationsverhalten der Objekttypen im Zusammenhang mit folgenden Begriffen: Animations-Controller, Vorheriger Key – Aktueller Key – Nächster Key, Position – Drehung – Skalierung, Zeit, x-, y-, z-Wert und Hinein – Heraus.

Wechseln Sie zwischen der Bewegungspalette und der Spuransicht.

◀ **Abbildung 13**
Bewegungspalette

12. Information 12 – Spuransicht

Öffnen Sie die Spuransicht und sehen Sie sich die einzelnen Spuren, die Informationen der Keys und das Animationsverhalten an. Versuchen Sie die Parameter in den Spuren an einer anderen Position der Systemoberfläche von 3ds max 4 zu lokalisieren. Drei Beispiele:

a) Spuransicht – Spuren – Bewegungspalette – Rollouts

b) Spuransicht – Controller zuweisen – Bewegungspalette – Rollout Controller zuweisen

c) Spuransicht Umgebung Menüleiste – Rendern Umgebung

Die Spuransicht im Überblick: Klang, Globale Spuren, Video-Nachbearbeitung, Umgebung, Render-Effekte, Elemente rendern, Renderer, Globale Schattenparameter, Szenematerialien, Medit-Materialien und Objekte.

Überprüfen Sie die Animations-Controller.

Verändern Sie für den jeweiligen Arbeitsschritt den Darstellungsmodus in der Spuransicht.

Die fünf Darstellungsmodi in der Spuransicht heißen: Keys bearbeiten, Zeit bearbeiten, Bereiche bearbeiten, Bereiche festlegen und Funktionskurven.

Öffnen Sie die Spur des jeweiligen Objekttyps, ob Shapes, Geometrie, Helfer, Lichtquellen, Kamera etc. und betrachten Sie das Animationsverhalten der ausgewählten Objekte und die Keys.

Checken Sie die Spuren der Bipeds (Bip01, Bip02, Bip03, etc.) und überprüfen Sie die Keys für das Transformieren in Vertikal, Horizontal und Wendung, die Bip01 Schritte und das Bip01 Becken.

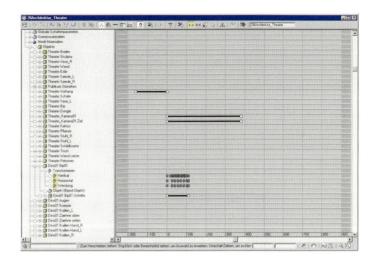

▲ **Abbildung 14**
Spuransicht

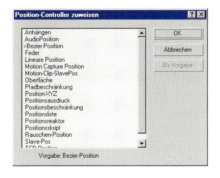

▲ **Abbildung 15**
Spuransicht – Animations-Controller

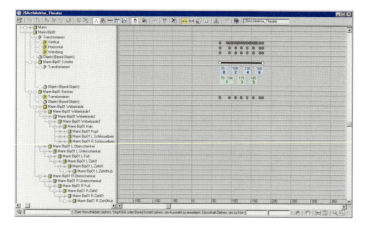

▲ **Abbildung 16**
Spuransicht – Biped-Anatomie

 Material-Editor – Material zuweisen

Öffnen Sie den Material-Editor. Erarbeiten Sie ein Material in einem der Musterfelder (Slots). Es folgen zwei Verfahrenswege der Material-Zuweisung:

Wählen Sie ein Material im Material-Editor sowie in einem Ansichtsfenster ein Netzobjekt aus. Material und Netzobjekt sind aktiv. Drücken Sie im Material-Editor auf die Schaltfläche Material der Auswahl zuweisen. Das Material wurde dem Netzobjekt zugewiesen.

Wählen Sie ein Material im Material-Editor aus. Schieben Sie mit Drag and Drop das Material (Musterfeld) aus dem Material-Editor heraus auf das Netzobjekt im Ansichtsfenster. Das Material wurde dem Netzobjekt zugewiesen.

Klicken Sie in der zu bearbeitenden Spur auf das kleine Plus-Zeichen, um die untergeordneten Biped-Gliedmaßen zu sehen.

Schließen Sie die Spuransicht.

13. Information 13 – Material-Editor

Öffnen Sie den Material-Editor – auf der Tastatur mit ⌨m⌨ *– und setzen Sie sich mit den Eigenschaften der zugewiesenen Materialien auseinander.*

Drücken Sie auf die Schaltfläche Material holen. *Der Browser Material/Map-Übersicht öffnet sich.*

Im Browser Material/Map-Übersicht aktivieren Sie in dem Reiter Durchsuchen die Option Szene. *Auf der rechten Seite erscheinen die aktuellen, zugewiesenen und somit »heißen« Materialien der geladenen *.max-Datei. Stellen Sie den Bezug zwischen dem Materialnamen und dem Objektnamen her.*

Drücken Sie einmal auf einen Materialnamen. Das Material erscheint oben links im Miniatur-Ansichtsfenster. Wenn Sie zweimal auf den Materialnamen – rechte Seite – klicken, wird das Material in das aktuelle Musterfeld (Slot) des Material-Editors übertragen. Schließen Sie den Browser Material/Map-Übersicht.

In einem Musterfeld liegt das »heiße« Material, erkennbar an den vier weißen kleinen Dreiecken (Ecken des Slots). Checken Sie den Shader im Rollout Schattierungsgrundparameter. Gehen Sie in das Rollout Blinn-Grund Parameter und in die Einstellungen der Umgebung, der Streufarbe und des Glanzpunkts. Schauen Sie sich im Reiter Spiegelglanzlichter die Werte der Glanzfarbenstärke, den Wert Hochglanz und Weicher an.

Diese kleine Parameter-Auswahl entscheidet mit, wie plastisch das Material an der Oberfläche des Objekts wirken wird und wie das Material durch das Netzobjekt durchprojiziert wird.

Das Material und die Materialplastizität oder das Materialvolumen stehen in direktem Zusammenhang mit den Mapping-Koordinaten, den Flächennormalen, den Lichtquellen, der Kameraeinstellung und der gesamten Animation.

Untersuchen Sie die Rollouts Erweiterte Grundparameter, Super Sampling, Maps und das Rollout Dynamikeigenschaften.

Es folgt exemplarisch das Rollout Maps:

Checken Sie im Rollout Maps die konkreten Zuweisungen der 2D-Maps, der 3D-Maps, der Composer, der Farbmodifikatoren oder der Bitmaps (2D-Map), das Raytrace und die Reflexionen oder Refraktionen.

Schließen Sie den Material-Editor.

▲ **Abbildung 17**
Browser Material/Map-Übersicht

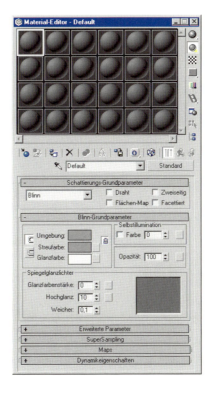

◄ **Abbildung 18**
Material-Editor

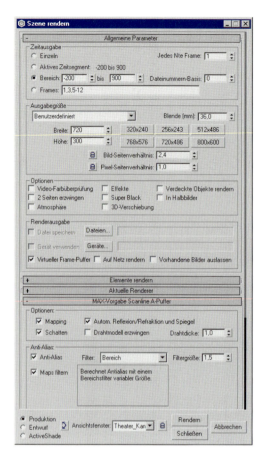

▲ **Abbildung 19**
Dialog Szene rendern ...

14. Information 14 – Dialog Szene rendern ...

In der Menüleiste RENDERN • RENDERN ... öffnen Sie den Dialog SZENE RENDERN (⬚ + R).

Sehen Sie sich die Zeitausgabe , die Ausgabegröße, die Renderausgabe und im Rollout Elemente rendern die Layer an und lassen Sie ein Einzelbild der Max-Szene berechnen.

In dem Rollout Max-Vorgabe Scanline A-Puffer haben Sie die Chance, das Berechnen des Schattens durch die Option SCHATTEN zu aktivieren oder zu deaktivieren.

Gleiches – aktiv oder deaktiv – gilt in den anderen Rollouts für die Video-Farbüberprüfung, als da sind: 2 Seiten erzwingen, Atmosphäre, Effekte, Super Black, 3D-Verschiebung, Verdeckte Objekte rendern, In Halbbilder (Odd oder Even), Mapping, Autom. Reflexion/Refraktion und Spiegel, Drahtmodell, Anti-Alias, Globales Super Sampling, Objektbewegungsunschärfe und Bildbewegungsunschärfe.

Achten Sie auf die drei Einstellungen Produktion, Entwurf und Active Shade. Diese finden Sie in der Hauptsymbolleiste durch die türkisfarbige (Produktion), die graue (Entwurf) und rot eingefärbte Teekanne (Active Shade) symbolisiert. Wählen Sie eine Schaltfläche der drei farbigen Teekannen aus, um auf Grund der Einstellungen im Dialog SZENE RENDERN das aktuelle Ansichtsfenster rendern zu lassen. Schließen Sie den Dialog SZENE RENDERN.

15. Information 15 – Video – Nachbearbeitung

Öffnen Sie die Video-Nachbearbeitung, indem Sie in der Menüleiste RENDERN die Video-Nachbearbeitung auswählen.

Hier sehen Sie, wenn Einstellungen oder Aktionen zugewiesen wurden, die Nachbearbeitung der Szene und Bilddaten. Sie können unterschiedlichste Bildfilteraktionen in der Max-Szene hinzufügen und die jeweiligen Parameter definieren.

Diese Bildfilteraktionen können sein (eine Auswahl): Contrast, Fade, Image Alpha, Lens Effects, FlareLens, Flare Focus, Lens Effects Glow, Pseudo Alpha und Starfield.

Bauen Sie den Zusammenhang zur Spuransicht auf. In der Spuransicht wird die Video-Nachbearbeitung aufgelistet, da die verschiedenen Parameter der Bildfilteraktionen animierbar sind.

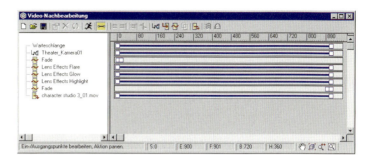

▲ **Abbildung 20**
Video-Nachbearbeitung

Material-Editor – Material holen

Öffnen Sie den Material-Editor. Erarbeiten Sie ein Material in einem der Musterfelder (Slots). Es folgen zwei Verfahrenswege, ein Material in das Musterfeld des Material-Editors zu holen:

▶ Wählen Sie das Netzobjekt im Ansichtsfenster aus. Öffnen Sie den Browser Material/Map-Übersicht. Aktivieren Sie im Reiter Durchsuchen die Option AUSGEWÄHLT. Der Materialname des Netzobjekts erscheint auf der rechten Seite. Klicken Sie zweimal, um das ausgewählte Material in das aktive Musterfeld zu laden.

▶ Öffnen Sie den Material-Editor. Drücken Sie auf die Schaltfläche Material aus Objekt auswählen (Pipetten-Icon). Bewegen Sie die Maus in ein Ansichtsfenster, bis der Cursor das Netzobjekt mit der Spitze berührt. Das Pipetten-Icon füllt sich grau. Klicken Sie einmal mit gefülltem Pipetten-Icon im Ansichtsfenster auf das Netzobjekt. Das Material des Netzobjekts wird in das aktuelle Musterfeld übertragen.

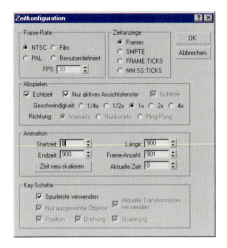

▲ **Abbildung 21**
Dialog Zeitkonfiguration

Ein Beispiel: Sie haben die Möglichkeit, aus der Kamera-Ansicht (Szenenaktion 1) durch die Bildfilteraktionen der Max-Szene weitere visuelle »Effekte« zuzuweisen. Diese Effekte werden aber nur dann mitberechnet, wenn Sie aus der Video-Nachbearbeitung die Bilddaten errechnen lassen. Definieren Sie die Szenenaktion, die Bildfilteraktionen und die Bildausgabeaktion und drücken Sie auf die Schaltfläche SEQUENZ AUSFÜHREN. Bestimmen Sie die Zeitausgabe und die Ausgabegröße und drücken Sie auf die Schaltfläche RENDERN. Die Bilddaten werden berechnet und abgespeichert.

Schließen Sie die Video-Nachbearbeitung.

16. Information 16 – Dialog Zeitkonfiguration
Öffnen Sie den Dialog ZEITKONFIGURATION, indem Sie auf die Schaltfläche ZEITKONFIGURATION klicken. Dort finden Sie die Informationen zur Frame-Rate, zur Zeitanzeige, zum Abspielen, zur Animation und für die Key-Schritte. Denken Sie bei unterschiedlichen *.max-Dateien an die gleiche Frame-Rate. Schließen Sie den Dialog.

 Material-Editor – Map-Typ – Instanz, Kopieren und Austauschen
Öffnen Sie den Material-Editor und das Rollout Maps. In der Streufarbe haben Sie ein Bitmap zugewiesen. Drücken Sie in der Streufarbe auf die Schaltfläche des Maps und schieben Sie das Map des Map-Typs in das Relief. Der Dialog Map kopieren (Instanz) öffnet sich. Entscheiden Sie zwischen Instanz, Kopieren oder Austauschen und bestätigen Sie mit OK.

17. Information 17: Pfade konfigurieren

Öffnen Sie die Registerkarte Pfade konfigurieren, indem Sie in der Menüleiste ANPASSEN • PFADE KONFIGURIEREN anklicken und die Registerkarte Bitmaps aktivieren. Klicken Sie auf die Schaltfläche HINZUFÜGEN, um z.B. den Pfad der CD zum Buch Projektverzeichnis – Maps zuzuweisen. Jetzt erkennt 3ds max 4 alle Map-Daten und kann sie für das Berechnen der Daten konfigurieren.

18. Menüleiste – Datei – Speichern unter

Speichern Sie den Stand der Theaterszenerie ab.

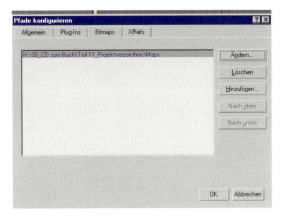

▲ **Abbildung 22**
Pfade konfigurieren

Dialog Szene rendern
Weitere detaillierte Informationen über den Dialog SZENE RENDERN erhalten Sie im Kapitel Rendering.

Ausblick

Ausblick

Ideen für die Zukunft

So wie Sie zu Beginn erste Schritte des Bipeds erstellt haben, so ist und kann dieses Buch auch nur ein erster Schritt sein, um Ihnen die Auswahl einiger Optionen zu erklären.

Weitere Arbeiten

DIE AUSARBEITUNG IHRES FILMS IST ABGESCHLOSsen. Kompliment! Beginnen Sie nun neue Akzente zu setzen und mit Spaß an den Details zu arbeiten.

Detailarbeiten zeigen sich durch …

▶ die Bewegungen der Pupillen, Augenlider, Mundpartien, Wirbel, Hände etc.,
▶ die Requisitenspiele,
▶ die Blickkontakte und die Körperspannungen zwischen den Figuren,
▶ die Bones-Struktur, die konstruiert wird, damit sich die Beine der Käfer bewegen,
▶ die Ausweitung der Crowd- und Delegate-Animationen, damit »hunderte« von Nonnen auf dem Marktplatz stehen, gehen, laufen und springen,
▶ die Überarbeitung der Materialien, Lichtstimmungen und Kamerafahrten,
▶ die Nachbearbeitung in Bild und Ton.

Modellieren Sie andere Figuren oder arbeiten Sie mit den Figuren, die Sie auf der beiliegenden CD-ROM dieses Buches finden. Bauen Sie neue Aktionsräume auf, in denen Characters agieren können.

Aktionsräume entstehen …

▶ durch eine andere Aufteilung des Theaterraums,
▶ durch das Entdecken neuer Räume in der Stadt,
▶ durch die Gespräche auf der Bühne und auf dem Markt,
▶ durch die Lichtstimmungen,
▶ durch die Ideen neuer Schauplätze.

Vielleicht sitzen Sie an Ihrem Arbeitsplatz und lesen dieses Buch. Wenn ich in der Entstehungsphase eines Projekts und einiger Figuren stecke, beauftrage ich Freunde/innen, diese Figuren umzusetzen. Sie zeichnen sie und beginnen sie aus Ton zu formen oder Holz zu schnitzen.

Dann stelle ich die Figuren an meinem Arbeitsplatz neben den Rechner und drehe sie von der einen zur anderen Seite, um sie besser mit der Maus oder dem Pen im Rechner aufzubauen.

Warum? Weil ich die Figuren anfassen kann, die vor dem Rechner stehen. Später werden die Figuren im Rechner lebendig.

Warum? Weil sie ihr Eigenleben zeigen.

Projektverlauf und Abgabe

Zusammenarbeit mit externen Agenturen und Studios und Firmen

»Der Kunde ist König«, besagt ein altes Sprich-wort.

WIE AUCH IN VIELEN ANDEREN BERUFLICHEN Bereichen stellen wir immer wieder fest, dass der Kunde nur eine gewisse Vorstellung oder Idee hat, die sich in einer virtuellen Welt wie die der 3D-Animation in dieser Form nicht greifen lässt. In den seltensten Fällen können sie Ihrem Kunden begreiflich machen, welche komplexen technischen Voraussetzungen und welche künstlerischen Fähigkeiten für eine ad-äquate 3D-Animation nötig sind.

Datenspeicherung und Formate

Als 3D-Artist sind Sie selten das einzige Glied in der Produktionskette. Je nachdem, ob Sie lediglich ein 3D-Modell, ein Still oder eine komplette Animation erstellen, sind viele wei-tere Personen mit der Nach- und Weiterbear-beitung betraut. Verwenden Sie Formate, die genügend Freiraum für die weitere Nachbear-beitung lassen. Im Wesentlichen gibt es fünf verschiedene Ausgabemedien beziehungswei-se Anwendungsbereiche, die jeweils unter-schiedliche Anforderungen an die Arbeit des 3D-Operators stellen:

▶ Print
▶ Video
▶ Film
▶ Web/Streaming Media
▶ Multimedia/CD-ROM

Print

Auch im Printbereich finden gerenderte Grafi-ken und Illustrationen häufig ihre Anwendung. Um Bilder für den Printbereich zu erstellen, sollten Sie schon eine Auflösung von 300 dpi besitzen. Mit dem Dateiformat Tif in CMYK sind Druckereien meist am glücklichsten.

Da 3ds max nicht in der Lage ist, CMYK schon bei der Bildausgabe zu erzeugen, müs-sen Sie die Bilddaten in einem Bildbearbei-tungsprogramm konvertieren. Da das Ergebnis, das Sie auf Ihrem Monitor sehen, selten mit der Druckausgabe übereinstimmt, sollten Sie eventuelle farbliche Abweichungen mit der Druckerei abklären. Wenn Sie einzelne Objek-te rendern, sollten Sie auch hierbei daran den-ken, einen Alphakanal mit abzuspeichern. Der weiterverarbeitende 2D-Grafiker kann so das gewünschte Objekt einfacher freistellen.

Nun werden Sie sich fragen: Welche Auflö-sung muss ich denn nun rendern?

Ein einfaches Rechenbeispiel:

Din A4 hat eine Größe von 21 mal 29,7 Zentimeter. Dividieren Sie dieses Maß durch 2,54, um die Einheit Inch zu erhalten.

Gerundet erhalten Sie das Maß 8,3 mal 11,7 Inch, das Sie mit der dpi-Zahl (dots per inch), in diesem Fall 300, multiplizieren. Das Ergebnis ist 2481 mal 3507. Um eine Grafik mit 300 dpi auf eine Din A4 Seite zu drucken, ist also eine Auflösung von 2481 mal 3507 Pixel nötig.

Video

Das Videobild hat in der Regel eine Standardauflösung von 720 x 576 Pixeln. (Ältere Videoboards verwenden teilweise noch die Auflösung von 768 x 576 Pixeln.) Etwaige Abweichungen im Format sollten Sie mit dem Kunden vorher besprechen. Entscheidet sich der Kunde beispielsweise für eine Ausgabe im 16:9-Format (720 x 432 Pixel), müssen Sie ihre Szenen schon in der Bildkomposition auf das Ausgabeformat ausrichten (dazu können Sie bei 3ds max die Funktion SICHERES FRAME ZEIGEN aktivieren).

Denn beim Abschneiden des oberen und unteren Bildrandes eines Standardvideobildes können wichtige Bildinformationen verloren gehen. Komplexe Szenen sollten nach Möglichkeit in mehreren Durchgängen berechnet werden, der Compositing-Operator kann so einfacher Korrekturen an Farben, Tönung und Helligkeit vornehmen. Das Ausgabe-Dateiformat sollte deswegen immer einen aktivierten Alphakanal besitzen, damit die einzelnen Layer später auch freigestellt werden können. Die gängigsten Formate sind Tiff und Targa.

Auch wenn die meisten Video-Softwarepakete heutzutage in der Lage sind, Halbbilder nachträglich einzurechnen, sollten Sie Ihre Animation auf jeden Fall direkt in Fields berechnen lassen. Spätere Versuche, Fields einzurech-

nen, enden meist mit furchtbarem Geflimmer auf dem Videomonitor, was sich nicht so einfach beseitigen lässt.

Das sendefähige Endprodukt wird normalerweise auf Betacam SP überspielt. Dieses professionelle Highend-Bandsystem hat einen äußerst geringen Datenverlust und wird standardmäßig in allen Fernsehanstalten als Wiedergabemedium verwendet. Weitere Videosysteme, die für die Fernsehübertragung Verwendung finden, sind Digital Betacam, DVCPRO. Sie arbeiten mit der gleichen Auflösung wie Betacam SP.

Film

Bilder, die Sie für die Ausgabe auf Film berechnen, benötigen in der Regel eine extrem hohe Auflösung. Wegen der damit verbundenen langen Renderzeiten sind Sie somit meist gezwungen, die Layertechnik anzuwenden und Szenen in Teilbereiche aufzusplitten. In Verbindung mit Renderdurchgängen gewährleisten sie die bestmögliche Kontrolle für die Postproduktion. Der einzige Nachteil hierbei ist die enorme Datenmenge, die dabei anfällt. Deswegen läuft die Nachbearbeitung hauptsächlich über professionelle Highend-Compositing-Systeme (wie zum Beispiel discreets flame) mit denen Sie die einzelnen Passes nachträglich korrigieren und wieder zusammensetzen können. Erst danach wird das montierte, digitale Bild auf Film belichtet und für den weiteren Schnitt vorbereitet.

Um auch hier so viel Freiraum wie möglich für die Nachbearbeitung zu gewährleisten, sollten die Ausgabebilder in unkomprimierten Formaten wie Targa, Tiff, RLA oder RPF angelegt werden. Eine gute Kommunikation zwischen Ihnen und den Technikern der Postproduktion ist von großer Wichtigkeit. Klären

Sie schon im Vorfeld genauestens ab, welches das benötigte Bildformat ist, damit es in der Nachbearbeitung nicht zu umständlichen und teuren Dateikonvertierungen kommt.

Web/Streaming Media

Für gewöhnlich werden Bilder und Animationen für das Internet nicht direkt aus der 3D-Software heraus erstellt. 3ds max bietet zwar Möglichkeiten dafür; qualitativ hochwertigere Ergebnisse erzielen Sie jedoch, wenn Sie Ihre Bilder in einem unkomprimierten Format abspeichern und später in einem dafür spezialisierten Bearbeitungsprogramm wie Photoshop oder Premiere für das Web aufbereiten. Das hat zum einen den Vorteil, dass sie auf umfangreichere Funktionen und Befehle zugreifen können, zum anderen können Sie ein unkomprimiertes Bild später noch für beliebige Einsätze weiter verwenden.

Die gängigsten Standardbildformate für das Internet sind JPEG und Gif, deren Dateigröße und Kompression Sie mit Photoshop komfortabel angleichen können.

Bei den Videoformaten wird es schon schwieriger, da das WWW heutzutage von verschiedenen Codecs überflutet wird, die alle zum Ziel haben, die Dateigröße bei bester Bildqualität auf ein kleinstmögliches Ausmaß zu reduzieren. Wenn Sie Animationen für das Internet aufbereiten wollen, sollten Sie ein Format beziehungsweise einen Codec wählen, der auf jedem Computersystem wiedergegeben

 Festlegen der Datenrate
Die meisten Codecs erlauben es, eine Datenrate festzulegen. Sie bestimmt die Menge der Videodaten, die beim Abspielen des Clips in der Sekunde verarbeitet werden.

werden kann. Es macht keinen Sinn, auf einer Webseite einen Film darzubieten, den man sich erst nach stundenlangem Suchen des Codecs anschauen kann. Es macht aber auch keinen Sinn, dem Betrachter der Webseite einen Dateidownload von mehreren Stunden zuzumuten. Pauschal kann man sagen, dass sich der normale Internetuser in den meisten Fällen per Modem, allerhöchstens aber per ISDN ins Netz einwählt. DSL oder noch schnellere Webzugänge haben die wenigsten. Aus Solidarität sollten Sie den Dateidownload auf maximal 2 bis 5 Megabytes beschränken.

Bei der Wahl des passenden Codecs oder Dateiformats ist es also wichtig, zwischen Qualität und Dateigröße abzuwägen. Mpeg1, das sich speziell zur Datenreduktion von Bewegtbildern eignet und eine für das Internet akzeptable Qualität hervorbringt, sollten Sie in die engere Wahl ziehen, zumal es auf dem Standard-Media-Player von Microsoft problemlos abgespielt werden kann. Als weiteres Dateiformat kommt Quicktime in Frage. Es ist zwar nicht in der Lage, Bilddaten so hoch zu komprimieren wie MPEG1, liefert aber eine gute Bildqualität bei nicht allzu hoher Dateigröße.

Multimedia-CD-ROM

Für Multimedia-CD-ROMs eignen sich hervorragend Quicktime-Movies mit dem Sorensen-Codec oder Avi-Formate mit Intel Indeo-Codec. Sie können standardmäßig mit dem Quicktime Player und dem Media Player abgespielt werden. Dabei kommt es nicht so sehr auf die Dateigröße als vielmehr auf die Datenrate des Movieclips an. Sie sollte zwischen 600 und 800 KB/s liegen, damit der Film auch ruckelfrei vom schlechtesten CD-ROM-Laufwerk abgespielt werden kann. Zudem können Sie die Anzahl der Frames pro Sekunde von 25 auf 15 herunterschrauben, was erstens der Höhe der Datenrate und zweitens der Dateigröße zu Gute kommt. Verwenden Sie beim Erstellen von Multimedia-CDs nach Möglichkeit die gängigen Formate und Codecs, sonst kann es dazu kommen, dass der Clip sich beim Betrachter nicht abspielen lässt.

Tipps für den Umgang mit dem Kunden

Kommunikation

Wichtig ist, dass Sie vor Antritt der wirklichen 3D-Arbeit eine Basis festlegen, auf der Sie mit dem Kunden kommunizieren. Wenn Sie nicht gerade für ein externes Studio arbeiten, von dem Sie wissen, dass Sie es dort mit fachkundigen Technikern zu tun haben, sollten Sie immer darauf bedacht sein, komplexe Vorgänge in einer für einen Laien verständlichen Art und Weise zu erklären und zu beschreiben. So vermeiden Sie Missverständnisse. Machen Sie sich bei Kundengesprächen regelmäßig Notizen, denn leicht können wichtige Einzelheiten und besondere Wünsche in der Unterhaltung untergehen.

Abgabetermine

Feste Abgabetermine sollten Sie jedem Fall einhalten. Es gibt keine unglücklichere Situation, als einem Kunden das Produkt nicht rechtzeitig liefern zu können. Ein Verpassen der Dateline kann unter Umständen erhebliche Kosten verursachen, in jedem Fall trägt dies nicht gerade zu einem guten Vertrauensverhältnis zwischen Ihnen und dem Kunden bei.

Zeitplan und Zwischenergebnisse

Legen Sie deshalb für ihre Projekte einen Zeitplan fest, den Sie mit dem Kunden absprechen. Teilen Sie ihm mit, wann mit ersten Test- oder Zwischenergebnissen zu rechnen ist. Machen Sie bei Zwischenergebnissen immer deutlich, an welcher Stelle sich die Produktion gerade befindet und welche Änderungen ab diesem Stadium im abgesteckten Zeitrahmen noch möglich sind und welche nicht. Wenn Sie zum Beispiel beim Entwerfen von komplizierten 3D-Charakteren mit beschränkten Bewegungsradien Ihren Kunden nicht darüber aufklären, was die Figur später alles kann beziehungsweise nicht kann, wird es unweigerlich zu Problemen kommen, wenn sich der Kunde zu einem späteren Zeitpunkt für eine für den Charakter unmögliche Bewegung entscheidet. Sprechen Sie also solche Dinge so exakt wie möglich mit Ihrem Auftraggeber ab.

Rücksprache halten

Ein häufiges Feedback zu den einzelnen Entwicklungsstadien ist ebenso von großer Wichtigkeit, wenn es darum geht, ein Projekt zu beiderseitiger Zufriedenheit abzuschließen. Wenn Sie sich bei großen Projekten Zwischenabnahmen schriftlich bestätigen lassen, haben Sie im Falle eines Falles etwas in der Hand, falls es später zu Unstimmigkeiten kommen sollte.

Backup und Datensicherung

Gewöhnen Sie sich an, Ihre Projektdaten in regelmäßigen Abständen auf anderen Partitionen oder externen Medien wie CDRWs oder Streamer Tapes zu sichern. Nichts ist tödlicher als ein Festplatten-Crash und der Verlust der Projektdateien vor der Auftragsbeendigung. Sichern Sie regelmäßig auch die Zwischenstadien Ihres Projekts. Sollte Ihr Kunde zu starken Meinungsschwankungen neigen, können Sie immer noch auf ältere Versionen der erstellten Daten zurückgreifen. Vor allem haben Sie dann immer die Möglichkeit, dem Kunden Vergleiche zwischen einer älteren und der aktuellen Version aufzuzeigen. Dazu ist es natürlich notwendig, Ordnung unter dem Haufen von Dateien und Daten zu halten. Machen Sie sich die Mühe, den einzelnen Dateien aussagekräftige Namen zu geben. Bringen Sie sie per Nummerierung in eine chronologische Reihenfolge oder hängen Sie an den Dateinamen einfach das aktuelle Bearbeitungsdatum an. Das systematische Anlegen von Ordnern und Unterordnen hilft Ihnen, gesuchte Dateien schnell wiederzufinden.

Die Präsentation

Die Präsentation ihrer Arbeit bestimmt maßgeblich die Akzeptanz beim Kunden. Bereiten Sie sich ausführlich auf die Vorstellung der finalen Endergebnisse, aber auch der Zwischenergebnisse vor. Wenn Sie sich an die oben erwähnten Punkte gehalten haben, dürfte eigentlich nichts schief gehen. Sollte der Kunde dennoch Änderungswünsche haben, so können Sie diese natürlich im Rahmen des zeitlich und technisch Machbaren gegen Aufpreis weiterverfolgen.

Auch wenn Sie Renderings testweise mit anderen Einstellungen durchgeführt haben, sollten Sie es vermeiden, dem Kunden mehrere Versionen Ihrer Arbeit zu zeigen, für die er sich dann entscheiden soll. Das kann den Kunden unter Umständen verwirren, führt aber in jedem Fall dazu, dass Sie mindestens eine Version umsonst erarbeitet haben.

Preise und Vergütung

Eine häufige Frage, die viele angehende 3D-Artists stellen, ist wohl die nach Preisen und Vergütung. Wie viel kann ich für eine Animation oder ein Still verlangen? Leider lässt sich darauf keine pauschale Antwort geben. Wie viel Ihre Arbeit im Endeffekt wert ist, hängt hauptsächlich von folgenden Faktoren ab.

Fähigkeiten und Fertigkeiten

Zuallererst sollten Sie präzise abschätzen können, auf welchem Niveau sich Ihre Fähigkeiten befinden.

Sind Sie mit den grundlegenden Fertigkeiten zur 3D-Animation bestens vertraut?

Dazu gehören in der Regel:

1. Konzeptionelle Fertigkeiten (Story-Development, Charakter-Entwicklung, Projektmanagement)
2. Kreative Fertigkeiten (Storyboarding, Freihandzeichnen, Perspektivisches Zeichnen, Character-Design, Anatomie und Bewegung, Texture-Mapping)
3. Technische Fertigkeiten (z.B. Scannen)
4. Software Kenntnisse (3ds max, Photoshop usw.)

Selbstständiger, Freelancer oder Angestellter

Es macht natürlich auch einen großen Unterschied, ob Sie selbstständig oder als Angestellter arbeiten. Da Sie als selbstständiger 3D-Artist auch selbst dafür Sorge tragen müssen, dass Arbeitsgeräte wie zum Beispiel Computer, Peripherie und Software in ausreichendem Maße für die Umsetzung eines Jobs vorhanden sind, muss Ihre Vergütung natürlich auch dementsprechend höher ausfallen.

Wenn Sie bei einer Firma als 3D-Artist an-gestellt sind, muss Ihnen der Arbeitgeber das Arbeitsmaterial stellen, was teilweise mit er-heblichen Kosten für einen Arbeitsplatz ver-bunden ist. Daher hängt Ihr Gehalt im Wesent-lichen davon ab, wie gut und umfangreich Ihre Fertigkeiten sind, denn Ihr Arbeitgeber muss dafür sorgen, dass Sie arbeitstechnisch perma-nent ausgelastet sind. Da die wenigsten Fir-men ausschließlich im 3D-Bereich tätig sind, ist es von Vorteil, wenn Sie zusätzliche Kenntnisse in weiteren multimedialen Sparten wie zum Beispiel Webdesign oder Programmierung vor-weisen können.

Als Freelancer werden sie in der Regel für ein einzelnes Projekt gebucht. Außer Ihrem Wissen, Ihren Fertigkeiten und Ihrem Talent müssen Sie nichts Weiteres mit in den Job ein-bringen. Eine Prise Kollegialität und Team-fähigkeit können natürlich nicht schaden.

Da bei einer kommerziellen Produktion meist auf den Produktionszeitraum abgerech-net wird, werden in der Regel Komplettpreise ausgehandelt.

Hier ein kleiner Überblick über die in der Branche gängigen Honorare. Abweichungen sind natürlich möglich.

- ▶ Praktikant
  Die Vergütung liegt bei 300-600 DM mo-natlich, in kleineren Firmen gibt es unter Umständen keine Vergütung. Dafür hat der Praktikant die Möglichkeit, einen teuren 3D-Arbeitsplatz für seine Weiterbildung zu nutzen.
- ▶ Freelancer mit mittlerem Know-how
  Einige Werbeagenturen und Filmproduk-tionen stellen aushilfsweise Freelancer mit mittlerem Know-how für einen Stunden-lohn von 25-50 DM ein. Die Arbeitsbereiche sind einfaches Modeling, Erstellen von Tex-turen und Mapping.
- ▶ Freelancer mit fortgeschrittenem Know-how
  50-200 DM Stundenlohn sind keine Selten-heit bei 3D-Artists mit fortgeschrittenen Fähigkeiten. Sie werden projektbezogen von Filmproduktionen oder Agenturen gebucht und in den Bereichen Modeling, Mapping, Animation, Lightning und Rende-ring eingesetzt.
- ▶ Profi, selbstständig mit eigener Ausrüstung (Software/Hardware)
  Für 150-500 DM Stundenlohn sollte ein Profi mit eigener Ausrüstung die gesamte Palette der oben aufgeführten Fertigkeiten beherrschen. In den Stundenlohn fließen natürlich die Anschaffungskosten des Arbeitsmaterials sowie Betriebskosten mit ein.
- ▶ Profi, angestellt
  4000-7000 DM monatlich brutto oder mehr kann ein 3D-Artist verdienen, wenn er obige Anforderungen erfüllt. Fähigkeiten außerhalb des 3D-Bereichs wie zum Beispiel Webdesign oder Multimediaprogrammie-rung sind dabei von Vorteil.
  Die erwähnten Honorare sind natürlich kei-ne absoluten Richtwerte für die 3D-Bran-che. Es kann durchaus erhebliche Unter-schiede in Preisen und Vergütung zwischen verschiedenen Unternehmen geben, denn das einzelne Honorar hängt auch maßgeb-lich von der Größe und dem Auftragsvolu-men der Firma ab, für die Sie arbeiten.

Anhang

Plug-Ins und Scripte
3ds max – ein Allround-Softwarepaket?

Die offene Systemarchitektur von 3ds max erlaubt es Ihnen, die unterschiedlichsten Funktionen und Erweiterungen über Plug-Ins von Drittherstellern in das Programm einzubinden. In diesem Baustein geben wir einen kleinen Überblick über das derzeit erhältliche Angebot von professionellen Erweiterungen.

DA DIESES BUCH IN ERSTER LINIE VON EINEM Zusatzprogramm, einem Plug-In für 3ds max handelt, wollen wir Ihnen zum Schluss eine kleine Übersicht über das derzeit erhältliche Angebot von Erweiterungen geben. Die hier aufgeführten Plug-Ins haben sich entweder bereits in vielen professionellen Produktionen bewährt oder bieten einfach nur sehr nützliche zusätzliche Funktionen oder Befehle. Zu den kommerziellen Plug-Ins finden sich im Internet unzählige Freeware-Tools und Scripte. Die Webseite www.maxplugins.de von David Baker bietet beispielsweise eine der größten Sammlungen von Freeware-Plug-Ins für alle 3ds max-Versionen.

Final Render
Ein Plug-In, das 3ds max um Global Illumination, Caustics und geblurte Reflektionen erweitert. Die Renderzeiten für die Echtlichtberechnung sind dabei erheblich kürzer als bei den meisten anderen Zusatztools.
www.cebas.com

Pro Optic Suite
Mit diesem Plug-in-Paket können Sie unterschiedlichste optische Effekte erstellen. Die Pro Optic Suite beinhaltet unter anderem RealLensFlare, LumaObjects und PyroCluster.
www.cebas.com

PyroCluster
PyroCluster dient der fotorealistischen Erstellung von Feuer-, Rauch- und Nebeleffekten. Auch pyroclustische Wolken, wie sie bei Vulkanausbrüchen zu sehen sind, sind kein Problem für PyroCluster. Alle Effekte arbeiten mit den max-eigenen Partikelsystemen zusammen, sind in der Lage, Schatten zu werfen, und spiegeln sich in geraytraceten Flächen. Außerdem gibt es auf der Webseite von Cebas eine Freeware-Version zum Download.
www.cebas.com

Illustrate 5 mit Flash Technology für 3ds max und 3ds viz

Illustrate 5 erlaubt das Rendern von dreidimensionalen Modellen im Comic-Look. Die Objekte können dabei mit verschiedenen Cel-Shadern und Outlines versehen werden, damit der Eindruck einer zweidimensionalen Grafik entsteht. Die erstellten 2D-Animationen können zudem als vektorisierte Flash-Datei für das Internet ausgegeben werden.

Weitere Infos und eine Demoversion gibt es unter www.digimation.com.

Particle Studio

Particle Studio benutzt eine einmalige Serie von Partikelereignissen, wie Form, Geschwindigkeit, Richtung usw. Das Plug-In beinhaltet dynamische Materialien, Partikelschwärme und Partikelziele. Die Bedienung ist sehr übersichtlich und einfach. Particle Studio ist mit den Standard-Space-Warps und Deflektoren kompatibel.

Nähere Informationen finden Sie unter www.digimation.com.

Phoenix

Phoenix erzeugt aus jedem beliebigen Objekt oder Partikelsystem ein volumetrisches Flammenmeer. Sie können dessen Höhe, Stärke der flackernden Bewegung, Farbe und Transparenzen und vieles mehr kontrolliert steuern. Die Flammen reagieren natürlich und abhängig von der Objektbewegung und können über vektorbasierende Helfer in der Orientierung beeinflusst werden. Benutzen Sie einfache Texturemaps, um die Stellen auf Ihrem Objekt zu definieren, wo Flammen erscheinen sollen.

Unter www.digimation.com/plugins/phoenix finden Sie weitere Informationen.

Shag Hair

Shag:Hair eignet sich hervorragend zum prozeduralen Erstellen von Haaren und Fell. Über »Kontroll«-Fäden lassen sich individuelle Frisuren kreieren, die sich bei Bewegung des Objekts realistisch mitbewegen. Shag:Fur ist ebenfalls in diesem Paket enthalten.

Infos zu Shag:Hair als Vollversion oder auch als Update von Shag:Fur finden Sie unter www.digimation.com.

lightscape* 3.2

Das Programm lightscape eignet sich aufgrund seiner exakten Simulation von Licht und Materialien hervorragend zur fotorealistischen Visualisierung von Architektur- und Design-Studien.

Demobilder finden Sie unter www.lightscape.com.

Mental Ray 2.1

Mental Ray ist ein Raytrace-Renderer, der sich schon bei Softimage bewährt hat und in etlichen professionellen Produktionen eingesetzt wurde. Wegen seiner hohen Bildqualität und der Fähigkeit, Lichtszenarien (Global Illumination), Bewegungsunschärfe und Tiefenunschärfe fotorealistisch darzustellen, ist er bei der Produktion von Filmtiteln Hollywoods erste Wahl.

Weitere Produktinfos finden Sie unter www.mentalimages.com.

Tastaturbefehle
Defintion von Tastaturkürzeln

Eine für den Workflow wichtige Neuerung in character studio 3 ist die Arbeit mit Tastaturkurzbefehlen, die Sie individuell definieren können.

Die nachfolgende Tabelle zeigt die standardmäßig definierten Tastaturkürzel. Sie helfen Ihnen, bei Ihrer Arbeit mit character studio 3 schneller zum Ziel zu gelangen. Neu ist, dass Sie auch eigene Tastaturbefehle definieren können. Wählen Sie dazu im Menü Anpassen den Befehl Benutzeroberfläche anpassen. Im daraufhin angezeigten Dialogfeld wählen Sie auf der Registerkarte Tastatur unter Gruppe die Option Biped und passen die einzelnen Kürzel an.

Alle character studio-Tastaturbefehle werden aktiviert, wenn Sie die Biped-Befehlspalette aktiviert haben (alle mit * gekennzeichneten Funktionen stehen im Menü Einstellungen nicht zur Anpassung zur Verfügung).

Tastaturbefehl	Funktion der Benutzerschnittstelle
⇥	Wechselt im Unterobjekt HÜLLE, WÖLBUNG und SEHNEN zwischen den Auswahlebenen *vorwärts* : Von VERBINDUNG AUSWÄHLEN zu QUERSCHNITT AUSWÄHLEN zu STEUERPUNKT AUSWÄHLEN.*
⇧ + ⇥	Wechselt im Unterobjekt HÜLLE, WÖLBUNG und SEHNEN zwischen den Auswahlebenen *rückwärts* : Von STEUERPUNKT AUSWÄHLEN zu QUERSCHNITT AUSWÄHLEN zu VERBINDUNG AUSWÄHLEN.*
Bild ↑	Mit diesen Tasten gelangen Sie, abhängig von der Auswahlebene, zur nächsten bzw. vorherigen Verbindung Bild ↓ oder zum nächsten bzw. vorherigen Querschnitt oder Steuerpunkt.*
o	Legt einen Biped-Key fest.
Q	Alterniert Schritterstellung von links nach rechts und zurück. Sie können sehen, wie sich die Schrittart in der Statusanzeige verändert.*
S	Löst Crowd-Simulationen.*
T	Löst Crowd-Simulationen schrittweise.*
V	Ein-/Ausschalten des Biped-Abspielvorgangs.
Strg + E	Setzt Hüllen der ausgewählten Verbindungen auf Vorgabewerte zurück.
Alt + A	Wählt alle linken Ränder der ausgewählten Schritte in der Spuransicht aus.
Alt + B	Fügt beim ausgewählten Biped die Haltung auf der gegenüberliegenden Seite ein.
Alt + C	Kopiert die Haltung des ausgewählten Biped-Objekts in die Ablage.
Alt + D	Wählt alle rechten Ränder der ausgewählten Schritte in der Spuransicht aus.
Alt + R	Setzt die gesamte Animationslänge auf die Länge des aktuellen Biped-Schrittbereichs zurück.
Alt + S	Wählt beide Ränder der ausgewählten Schritte in der Spuransicht aus.
Alt + V	Fügt die Haltung aus der Zwischenablage beim ausgewählten Biped ein.
Strg + Alt + L	Schaltet gesperrte (rote) Keys für das ausgewählte Bein oder die vertikale Spur beim aktuellen Frame ein und aus. Sie können sich ansehen, wie sich die Farbe des Keys in der Spuransicht von Rot in Grau ändert und umgekehrt, wenn Sie ihn sperren und freigeben.
Strg + Alt + S	Wechselt den Fußstatus des ausgewählten Beins beim aktuellen Frame. In der Bein-Statusanzeige im Rollout Allgemein können Sie sehen, wie sich der Status ändert.
Strg + Alt + F	Sucht nach Problemen im Bewegungsablauf und fordert Sie ggf. auf, die festgestellten Probleme zu beheben. Die Probleme, die hierbei gesucht werden, beinhalten z.B. überlappende Keys, Keys, die nicht innerhalb des Schrittbereichs liegen, Keys bei negativen Frames oder illegale Schrittzeitabläufe. Wenn Sie aufgefordert werden, diese Probleme automatisch zu beheben, klicken Sie auf OK.
Strg + Alt + E	Mit dieser Option wird die Skalierung des Bipeds hinzugefügt bzw. entfernt. Entwickler sollten diesen Befehl verwenden, wenn sie Biped-Objekte als reguläre 3ds max-Verbindungen durch 3ds max SDK exportieren. Sie sollten diesen Tastaturbefehl nicht zur Animation verwenden.

Die CD zum Buch
Eine visuelle Unterstützung

Auch dieses Buch enthält eine CD, die Sie bei der Erarbeitung der beschriebenen Workshops unterstützen soll.

Workshops

DIE CD ZUM BUCH ENTHÄLT ALLE DATEN, DIE SIE zum Nacharbeiten und Ausprobieren der einzelnen Workshops benötigen.

Die einzelnen Ordner sind in der Verzeichnisstruktur einer 3ds max-Installation angelegt und beinhalten neben der entsprechenden max-Datei auch die benötigten Texturen, bip- und fig-Files. Zudem finden Sie auf der CD auch Movie-Clips (Quicktime-Format) der einzelnen Bewegungsanimationen.

Programme

Die CD enthält ebenfalls eine englische Trial-Version von 3ds max 4 inklusive character studio 3, die Sie, nach der Installation auf Ihrem Rechner, 15 Tage testen können. Danach fordert Sie das Programm auf, 3ds max zu autorisieren.

Bevor Sie die Trial-Version also installieren, sollten Sie sich Gedanken darüber machen, ob Sie in den folgenden 15 Tagen auch die Zeit finden, sich mit der Software zu beschäftigen. Der neue cDilla-Kopierschutz verhindert jede weitere Neuinstallation.

Verzeichnisstruktur

Die ca. 650 MB umfassende CD-Rom zum Buch basiert auf folgender Verzeichnisstruktur:

Projekt	Animation	
	Cstudio	Bip Dateien
		Fig Dateien
		Mocap
		Moflow
		Phy Dateien
		Script
	Help	
	Images	
	Maps	
	Matlibs	
	Plugins	
	Scenes	
	Sounds	

Animation

In das Verzeichnis ANIMATION werden Filmdaten abgespeichert, die die Eindrücke der jeweiligen Übungen und des Buchprojektes visualisieren.

Die Abspeicherung der Filmdaten als *.avi- oder *.mov-Dateien erfolgt über das Fenster SZENE RENDERN oder über die VIDEO NACHBEARBEITUNG.

Cstudio

In das Verzeichnis Cstudio werden alle Rohdaten des character studio 3 abgesichert.

▶ Fig Dateien: Für den Figurmodus die *.fig-
Dateien im Verzeichnis fig Dateien.

▶ Bip und Stp Dateien: Für den Schrittmodus
die *.bip- und *.stp-Dateien im Verzeichnis
Bip stp Dateien.

▶ Mocap: Für die Motion Capture-Daten die
*.bip-, *.bvh-, *.csm-, *.mnm-Dateien im
Verzeichnis Mocap.

▶ Moflow: Für den Bewegungsflussmodus
und den SharedMotion-Modus die *.mfe-
und *.bip-Dateien im Verzeichnis Moflow.

▶ Phy Dateien: Für den Modifikator Physique
die *.phy-Dateien

▶ Script: Für den Bewegungsflussmodus die
*.cal-, *.mfe- und *.bip-Dateien im Ver-
zeichnis Moflow.

Help

Für die Online-Hilfe benötigte kompilierte
chm-Dateien.

Images

Die Abspeicherung der Bilddaten als .bmp-,
*.jpg-, *.png-, *.rgb-, *.rla-, *.rpf-, *.tga- und
*.tif-Dateien erfolgt über Dialog Szene
rendern oder über die Video Nachbearbeitung.

Maps

Die im Materialeditor erstellten Materialien
(Bitmaps), die im Rollout Maps zugewiesen
wurden – ob Bild- oder Filmdaten – werden im
Verzeichnis Maps abgesichert.

Das im Materialeditor erstellte Material
Mattheit/Schatten und dessen Map (Bitmap)
wird im Verzeichnis Maps abgesichert.

Die im Hintergrund (Einfügen • Ansichtsfenster Hintergrund) eingefügten Bild- oder
Filmdaten werden im Verzeichnis Maps abgesichert.

Die in der Umgebung (Rendern • Umgebung • Umgebungs-Map) als Umgebungs-Map
eingefügten Bild- oder Filmdaten werden im
Verzeichnis Maps abgesichert.

Die für Lichttypen eingefügten Maps (Bitmaps), die im Rollout Schattenparameter Map
zugewiesen werden, werden im Verzeichnis
Maps abgesichert.

Matlibs

Die für die Szene erstellten Materialien können
im Materialeditor als *.mat-Dateien im Verzeichnis Matlibs abgespeichert werden.

Plugins

Die zusätzlich in die Systemumgebung von 3ds
max eingefügten Applikationen werden in das
Verzeichnis Plugins oder ein andere Verzeichnis eingefügt.

Andere, alternative Verzeichnisse:
plugcfg
stdplugs

Scenes

Die in der Systemoberfläche von 3ds max ab-
gesicherten *.-max-Daten (Datei.Datei speichern oder Datei.Datei speichern untern …)
werden in dem Verzeichnis Scenes abgesichert.

Erstellen Sie auf einer Ihrer lokalen Partitionen, basierend auf dieser Verzeichnisstruktur, eine eigene Verzeichnisstruktur.

Kopieren Sie aus dem Verzeichnis character
studio 3 - Animation den Film character studio
3.mov und fügen Sie ihn in Ihr Verzeichnis
animation ein.

Kopieren Sie aus dem Verzeichnis character studio 3 - Maps die Bilddaten und fügen Sie sie in Ihr Verzeichnis Maps ein.

Installieren Sie das Programm (Verzeichnis Install) und starten Sie das Programm 3dsmax 4.

Unter Menüleiste Anpassen • Pfade konfigurieren • Bitmaps Hinzufügen fügen Sie Ihren Pfad des Verzeichnisses Maps hinzu, in das Sie zuvor die Map-Daten eingefügt haben.

Index

Harald Vogel

3ds max 4

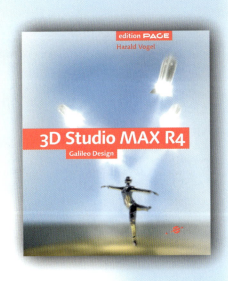

3D Studio MAX in der neuen Version 4: Das Buch behandelt nicht
nur die neuen Features, sondern
besonders Lösungsstrategien für
häufig auftretende Probleme sowie
die Stärken und Schwächen der
Software. Nach einer Einführung in
das Modellieren (NURBS- und
Spline-basierte Techniken, Bézier-
patches und CSG) wird die MAX-IK
vorgestellt, die für MAX 4 völlig neu
geschrieben wurde. Weitere Themen sind Space Warps, zyklische
Animationen, die MAX Expression
Language oder MAX Script.
Ausführlich werden auch die wichtigsten Plug-ins für 3ds max
beschrieben: MentalRay, Character
Studio, ProOpticsSuite, Digital
Nature Tools u.a.

Galileo Design
304 S., geb., mit CD
99,90 DM
ISBN 3-89842-119-8

Rüdiger Mach

3D Visualisierung

**Optimale Ergebnispräsentation mit
AutoCAD und 3D Studio MAX**

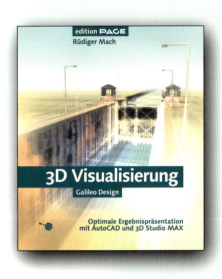

*Galileo Design
288 S., 2000, geb., vierfarbig, CD
99,90 DM
ISBN 3-934358-62-4*

Wie erreiche ich eine perfekte Visualisierung der technischen Daten mei-
nes Kunden? Seien es nun Architek-
turmodelle, Landschaftsmodelle,
Maschinen o.ä., durch eine gute 3D-
Darstellung wird dem Vorstellungsvermögen auf die Sprünge geholfen.
Das Buch zeigt, wie Ausgangsdaten
vorliegen können und wie diese
Schritt für Schritt bis zum fertigen
Ergebnis bearbeitet werden. Sie erlernen alle wichtigen Techniken wie 3D-
Modellierung, Kameraführung, Licht-
und Farbgestaltung. Auch das Rendern, Rendereffekte, Bildformate, die
Nachbearbeitung und abschließende
Präsentation werden Sie nach der
Lektüre beherrschen. Ein Praxisbeispiel dient Ihnen als Musteranlei-
tung. Die CD enthält die Software,
die Sie für die Erstellung einer kompletten 3D-Visualisierung benötigen.

Anwender und Hersteller profitieren von geschützter Software

Wieso Softwareschutz?
Der Softwareschutz bedeutet für den Anwender und Hersteller zusätzlichen Aufwand. Schutz gegen illegale Nutzung und Raubkopien ist unerlässlich, denn Untersuchungen belegen leider: Die Bereitschaft zur illegalen Nutzung steigt deutlich an, je weniger eine Software geschützt ist.

Softwarepiraterie: Ein Strafdelikt
Bei der Überführung von Softwarepiraten hat sich in den letzten Jahren einiges verändert. Die Strafverfolgung ist mittlerweile fast immer unabhängig vom Hersteller. Das heißt, Polizei und Staatsanwaltschaft werden meist selbständig tätig. Das Ermittlungsinteresse liegt besonders bei Software, die im Handel mehr als tausend Mark kostet: Verfahren bei derartigen Straftatbeständen werden meist nicht wegen Geringfügigkeit einstellt.

Softwarepiraterie: Die Folgen für den Piraten
Viel schlimmer als die eigentliche Strafe sind oft die Folgen der Ermittlung: In vielen Fällen wird die gesamte Hardware mit allen Daten als Beweismittel über mehrere Monate bis zum Prozessentscheid sichergestellt. Für den Softwarekriminellen entstehen also neben den strafrechtlichen Folgen (z.B. Konventionalstrafe) noch Kosten für Wertverlust von Hardware und Produktionsausfall. Nicht eingerechnet sind zivilrechtliche Schritte des Softwareherstellers.

Softwarepiraterie: Kriminelle Energie kann Unternehmen ruinieren
Wenn der illegalen Nutzung ein massives kommerzielles Interesse zugrunde liegt, sind die Folgen noch weitreichender: z.B. kann es passieren, dass Spiele, die mit illegaler Software hergestellt wurden, aus den Verkaufsregalen genommen werden. Das ist für den Spielehersteller und Herausgeber nicht nur peinlich, sondern meist extrem teuer. Zusätzlich entsteht ein beträchtlicher Imageschaden. Dabei ist immer der Geschäftsführer voll verantwortlich, auch wenn er von einer illegalen Nutzung nichts gewusst hat. De facto bedeutet das, dass der Produzent prüfen muss, ob seine Mitarbeiter legale Lizenzen benutzen. Besonders gilt dieses Augenmerk auch für externe Mitarbeiter und Unternehmen, die als Subunternehmer arbeiten.

Die Nutzung illegaler Software steht in keinem Verhältnis zum Risiko:
Die Einsparung durch illegale Software steht in keinem Verhältnis zu den Kosten die bei einer Aufdeckung des Straftatbestandes liegen. Dazu kommt, dass der Unternehmer, der illegale Software nutzt, durch seine Mitarbeiter erpressbar ist.

Illegale Software betrifft alle:
Die Zeiten in denen man bei der Entdeckung noch schnell eine Lizenz kaufen konnte, sind vorbei. In vielen Ländern ist jeder, besonders aber Hersteller und Händler, beim bekannt werden von illegaler Softwarenutzung rechtlich verpflichtet, diese sofort anzuzeigen. Sonst drohen ihnen selbst Strafen. Aber die meisten Fälle werden derzeit schon ganz direkt von den speziellen Abteilungen der Polizei und der BSA (Business Software Alliance) aufgedeckt.

discreet™

Softlock Cdilla von Discreet: bietet Schutz und kontinuierlicher Produktionsablauf

Wie oben gesagt, bedeutet jeder Softwareschutz zusätzlichen Aufwand für Anwender und Hersteller. Cdilla bietet gegenüber dem bisher verwendeten Hardware Lock entscheidende Vorteile. Lange Dongle Ketten und gelegentliche Störungen des Parallelports sind kein Thema mehr. Vor allem aber steigt die Produktionssicherheit, da die für die Lizenzierung (z.B. bei einem Defekt) kein Dongle mehr über den langsamen Postweg mehr versendet werden muss.

- Durch Softlock Cdilla kann die Lizenz nun per Internet, E-mail oder Fax versendet werden. Es sind zeitlich begrenzte Lizenzen möglich, so dass mit 3ds max 4 erstmals eine vollwertige 15 Tage Demo Version, wie in diesem Buch, angeboten werden kann.
- Mit Softlock ist 3ds max weiterhin transportabel. Der Zeitaufwand, den Code per Diskette von einem System auf ein anderes zu transportieren, ist dabei nicht höher, da die Workstations nicht mehr wie beim Dongleumstecken gebootet werden müssen.
- Die virtuelle Donglenummer ist bei Cdilla wieder herstellbar. Das bedeutet für Plug-Ins, die das Sicherheitssystem nutzen, dass diese bei einem Defekt nicht mehr aufwändig neu lizenziert werden müssen.

Galileo Design

- ▶ Digital Video • Authoring
- ▶ 3D
- ▶ Bildbearbeitung • DTP
- ▶ Webpublishing

»Statische Produktpräsentationen sind von gestern.«

Schon heute fragen zwei von drei Auftraggebern nach Streaming-Technologien. Aber das Wissen bei Providern und Agenturen ist gering.

Detlef Randerath

Christian Neumann

Detlef Randerath,
Christian Neumann
Streaming Media
Produktion und Broadcasting von
Audio- und Video-Content im Web

Erfahren Sie, welche Hard- und
Software für Ihren Zweck die ge-
eignetste ist, welche Provider Ihnen
am besten weiterhelfen und welche
Kosten auf Sie zukommen. Lesen
Sie, wie Inhalte produziert und
veröffentlicht werden: Datenauf-
zeichnung, Postproduktion, Web-
Integration, aber auch Log-Aus-
wertungen und Benutzerverwaltung
werden behandelt. Dabei gehen die
Autoren ausführlich auf die markt-
führenden Systeme RealVideo,
Microsoft Media und Apple Quicktime sowie die Administration der
dazu benötigten Server ein. Weitere
Themen sind z.B. Broadcastingme-
thoden, Live-Events, On-Demand-
Streaming und Serversysteme.

Galileo Design
470 S., mit CD, 89,90 DM
ISBN 3-89842-136-8

Andreas Zerr
Final Cut Pro 2
Professionelle Videobearbeitung am
Macintosh

Insiderwissen pur! Andreas Zerr,
Produktmanager für Final Cut Pro
bei Apple Deutschland, verrät Ihnen, wie Sie mit Final Cut Pro Vi-
deoproduktionen von der Akquisi-
tion über die Ver- und Bearbeitung
bis hin zur Ausgabe durchführen.
Dieses Buch umfasst den gesamten
Workflow und bietet für Einsteiger
und für fortgeschrittene Anwender
sowohl hinreichende Programmin-
formation als auch professionelle
Tipps und Tricks für die tägliche Arbeit mit FCP in unterschiedlichen
Produktionsumgebungen. Sie lernen, wie Sie Übergänge einsetzen,
Spezialeffekte generieren und Videos für Fernseh- und Webproduktio-
nen produzieren.

Galileo Design
600 S., mit CD, 99,90 DM
ISBN 3-89842-110-4

Gerhard Koren, Birgit Ewert
Adobe Premiere 6
Digitaler Videoschnitt, DV und
Streaming Video

DV rein, Streaming Video raus! Lernen Sie, wie Sie Filmmaterial von
der DV-Kamera auf Ihren PC oder
Mac überspielen, das Filmmaterial
schneiden und mit den neuen grafischen Effekten von Premiere wirkungsvoll bearbeiten. Exportieren
Sie die Daten in den Formaten
RealStreaming, QuicktimeStreaming
und MP3 und integrieren Sie diese

in eine Website. Oder erstellen
Sie einen Trailer Ihres Films mit
Spezialeffekten und geben ihn auf
eine CD-ROM oder VHS-Kassette
aus. Workshops zeigen Ihnen de-
tailliert, wie Sie Audioschnitt mit
Premiere 6 vornehmen oder mit
dem Storyboard-Fenster einen Videoschnitt zum Rhythmus von
Musik durchführen.

Galileo Design
416 S., 4c, mit CD, 99,90 DM
ISBN 3-89842-156-2

Friedhelm Büchele,
Frank Kastenholz
Quicktime 5
Videodigitalisierung für Web,
CD-ROM und DVD

Wollen Sie digitale Videos technisch und gestalterisch wirkungsvoll
bearbeiten, auf Videotape oder
DVD ausgeben oder innerhalb einer
Multimedia- oder Web-Produktion

einsetzen? Dieses Buch vermittelt
die technischen Grundlagen und
bringt Ihnen die Ausdrucksmög-
lichkeiten des Mediums Video näher. Erleben Sie, wie man Movies
mit Quicktime Pro und Media-
Cleaner erzeugt und mit Premiere,
iMovie oder Final Cut Pro bearbeitet. Gleichzeitig lernen Sie gestal-
terische Tricks zu Videoschnitt und
-produktion sowie den sinnvollen
Einsatz von Effekten. Außerdem erhalten Sie Einblick in die DVD-Pro-
duktion mit iDVD und DVD Studio
Pro.

Galileo Design
ca. 300 S., 4c, ca. 99,90 DM
ISBN 3-89842-127-9, ab 11/2001

Thomas Biedorf, Christophe Leske,
Regina Müller
3D mit Director

Sie wollen mithilfe der neuen 3D-
Technologie von Macromedia interaktive Spiele oder Online-Shops
erstellen? Das Buch der Direc-
tor-Profis Thomas Biedorf, Christophe Leske und Regina Müller
(www.startmovie.net), zusammen
mit dem 3D-Spezialisten Rüdiger
Mach, bietet Ihnen zunächst eine
kompakte Einführung in die 3D-
Welt – Licht und Kameraführung,
Inverse Kinematik, Animationen
und Modelle – und erläutert an-

schließend ausführlich die Über-
nahme von 3D-Daten, z.B. aus
3ds max. Im zweiten Teil werden
die verschiedenen Anwendungs-
möglichkeiten anhand von Beispielen erläutert: Spiele, Simulationen,
E-Commerce, Online-Simulationen
... Ein Muss für jeden Director-Pro-
grammierer.

Galileo Design
ca. 300 S., ca. 99,90 DM
ISBN 3-89842-103-1, ab 11/2001

Andreas Asanger
**Cinema 4D 7
und BodyPaint 3D**
Modelling, Texturing, Animation
und Rendering

Dieses Arbeitsbuch setzt dort an,
wo das Handbuch aufhört. Es richtet sich besonders an die Cinema
4D ART- und XL-Anwender der
Version 6 und 7 und behandelt
ausführlich die neuen Radiosity-
Features, Cautics, die Reduktions-
funktionen u.a. Anhand des üblichen Workflows wird in anschauli-
chen Beispielen das Modelling mit
NURBS, Polygonen (HyperNURBS)
und Metaballs gezeigt. Sie erfahren,
wie Sie Ihre Objekte mit Kamera,
Licht und Sound richtig in Szene
setzen, professionelle Animationen
(PLA, FFD, Boole, Bones, Inverse
Kinematik) erstellen und schließlich
beim Rendern optimale Ergebnisse
erzielen. Plus: BodyPaint 3D, die Sie
auch unabhängig von Cinema 4D
einsetzen können.

Galileo Design
380 S., 4c, mit CD, 89,90 DM
ISBN 3-89842-167-8

Harald Vogel
3ds max 4
Professionelle Workshops zur
Modellierung und Animation

3D Studio MAX in der neuen Version 4: Anhand von drei umfassenden Praxisworkshops (das Pla-
netensystem, die magische Kiste,

ein Windkraftwerk) erlernen Sie
fast spielerisch komplexeste Funktionen: Keyframes, Animationen,
ActiveShade, die Oberflächenver-
edelung, NURBS, Splines und vieles
mehr. Außerdem werden auch spezielle Lichteffekte, Mappings, Rota-
tionen sowie die Umsetzung von
Formeln in MAX Skript beschrieben.

Als Voraussetzung für die Lektüre sollten grundlegende Kenntnisse
in 3ds max bereits vorhanden sein.

Galileo Design
304 S., 4c, mit CD, 99,90 DM
ISBN 3-89842-119-8

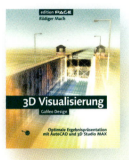

» Kein Bild sagt mehr als 1000 Worte ...«

Andreas Schneider

... außer Photoshop steckt dahinter. Photoshop 6 erweitert nicht nur Ihren grafischen Wortschatz, es spricht auch fließend Webdesign. Und ein gutes Buch sollte Ihnen dabei helfen, Ihre eigene Bildsprache genauso fließend ins Web zu übersetzen.

Jürgen Schöntauf, Vera Sartorius
Photoshop 6
Professionelle Techniken
und Workshops

Jürgen Schöntauf zeigt in diesem Buch, dass das Erlernen komplexer Arbeitsweisen durchaus auch amüsant sein kann. Zunächst geht er

auf die Neuheiten der Version 6 ein und erläutert wichtige Grundbegriffe der Bildbearbeitung sowie das Colormanagement mit Photoshop. Kompakt und kompetent werden Themen wie Bildmontagen, Bildretuschen, Farbkorrekturen, Auflösungen, Kanal-Rechenoperationen sowie das Aufbereiten von Bilddaten für das Web behandelt. Und auch die Themen Separation, Druckkennlinien, UCR und GCR, Vierfarbdruck, Sonderfarben und Duplex werden ausführlich besprochen.
Galileo Design
288 S., 4c, mit CD, 89,90 DM
ISBN 3-934358-93-4

Andreas Schneider, Ronald Knapp, Marcus Wallner
Webdesign mit Photoshop 6
Gestaltung, Optimierung und Workflow

Mit Photoshop arbeiten Sie täglich, aber wissen Sie auch, wie Sie sich die Arbeit mit Photoshop für das Ausgabemedium Web erleichtern können? Die Autoren beginnen bei sinnvollen Voreinstellungen und behandeln dann konkrete Aufgabenstellungen: die Aufbereitung von Bildern für das Web, die Vor- und Nachteile von GIF und JPEG, die Erstellung von Hintergründen, Buttons, Frames und Rollovern mit Photoshop u.v.a.m. Sie lösen auch die Schwierigkeiten rund um Text und Bild und erläutern webspezifische Aktionen. Zum Abschluss werden Schritt für Schritt drei unterschiedlich komplexe Webseiten mit Photoshop erzeugt.
Galileo Design
352 S., 4c, mit CD, 99,90 DM
ISBN 3-89842-106-6

Helmut Kraus
Scans, Prints & Proofs
Beste Ergebnisse beim Scannen und Drucken

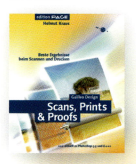

Die zentralen Themen Scannen und farbgetreues Drucken werden in diesem Buch in engem Zusammenhang behandelt. Zu beiden werden fundierte Grundkenntnisse vermittelt wie Hardwaretechnik, Farbmanagement, Kalibrierung, ICC- Farbprofile usw. Die Praxisabschnitte zeigen typische Arbeitsabläufe beim Scannen, Farbdrucken und Proofen mit unterschiedlichen Hard- und Softwarelösungen. Praxisnah wird gezeigt, wie sich beim Scannen Fehler vermeiden, Vorlagenmängel beheben und im Druck exakte Farben erzielen lassen. Ein weiterer Aspekt ist die Scan-Nachbearbeitung, die mit Photoshop 5.5 und 6 vorgenommen wird.
»Ein Standardwerk«
Gabriele Günder, Chefredakteurin der PAGE
Galileo Design
372 S., 4c, 99,90 DM
ISBN 3-934358-89-6

Vincent Risacher
Zwei Farben – ein Bild
Duplex, Triplex und Quadruplex mit Photoshop 6

Als Grafiker haben Sie sicher schon einmal festgestellt, wie aufwändig die Aufbereitung von Duplexdateien ist. Dieses Buch bietet Ihnen einen umfassenden Überblick über die Herstellung und Bearbeitung von Duplexbildern mit Photoshop

(Version 3 bis 6). Hier lernen Sie, Fotografien und Schwarzweißbilder aufzubereiten und zu kolorieren. Die Ergebnisse der verschiedenen Duplexeinstellungen in Photoshop werden anhand eines durchgehenden Bildmotives gezeigt und bleiben so vergleichbar. Mithilfe der beiliegenden Poster können Sie, wie in einem Nachschlagewerk, verlässlich ablesen, wie Ihre Bilder im Druck erscheinen werden, und das auch noch auf verschiedenen Papiersorten.
Galileo Design
180 S., zweifarbig, 89,90 DM
ISBN 3-934358-51-9, mit 2 Postern

Rudolf Paulus Gorbach ist Vorsitzender der Typographischen Gesellschaft München. In seinem Büro für Gestaltung, München, entstehen Bücher, Zeitschriften, Corporate Design und Screendesign. Außerdem hält er regelmäßig Typographieseminare und hat einen Lehrauftrag an der Hochschule für Druck und Medien, Stuttgart.

Rudolf Paulus Gorbach
Typografie professionell

Jeder Computernutzer ist heute auch als Typograf tätig, sei es nun in der Textverarbeitung oder bei der

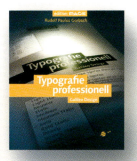

Gestaltung von Webseiten. Aber welche Schrift soll man verwenden, welches Seitenformat ist sinnvoll? Rudolf Paulus Gorbach, Vorsitzender der Typografischen Gesellschaft München, gibt hier sein fundiertes Wissen weiter: Die Themen Schriftklassifikation, Buchstaben, Abstände, Zeilenfall, Maßangaben, Schreibweisen, Lesbarkeit und Farbe werden unter Zuhilfenahme von beeindruckendem Bildmaterial erläutert. Viele praktische Beispiele geben zugleich auch Anregungen für die Gestaltung: vom einfachen Prospekt bis zur Webgestaltung, von Anzeigen bis hin zum Corporate Design.

Galileo Design
288 S., 4c, 99,90 DM
ISBN 3-934358-73-X

Claudia Runk, Stephan Will
Acrobat 5 und PDF 1.4
Webseiten, Kataloge, CD-ROMs...

Dieses Buch verhilft Ihnen zu einem kompetenten Umgang mit Adobe Acrobat: Zunächst gehen die Autoren auf die Erzeugung von PDF z.B. im Distiller sowie auf Tagged-PDFs ein und erläutern dann

alle Möglichkeiten der Software, z.B. die Seitenverwaltung, Grafik- und Textkorrekturen, Farbverwaltung, Datenaustausch, Stapelverarbeitung und Sicherheitsfeatures.
   Anhand von Praxisbeispielen erlernen Sie anschließend spielend den Einsatz von Formularen, Schaltflächen, die Kombination von PDF mit HTML oder JavaScript sowie die Anbindung von Acrobat an Datenbanken.

Galileo Design
318 S., 4c, mit CD, 89,90 DM
ISBN 3-89842-162-7

Birgit Ewert, Kerstin Christoffer, Uwe Christoffer, Saban Ünlü
FreeHand 10

FreeHand 10 in Print und Web – dieses Buch zeigt Ihnen, wie es geht. Die gesunde Mischung aus Theorie und Praxis macht das Lernen zum Vergnügen: Workshops zur Erstellung von Visitenkarten, Infografiken oder Anzeigen wechseln sich ab mit Erklärungen zum Perspektivraster, zum Arbeiten mit Farbe und Text, zu Überfüllungen oder den neuesten Funktionen. Der Flash-Experte Saban Ünlü erläutert die Möglichkeiten des Zusammenspiels FreeHand–Flash: Export mit SWF, Flash-Animationen in Free-Hand oder die Erstellung von Buttons. Weitere Themen sind: Pinsel und Sprühflasche, Muster und Texturen, Arbeiten mit Pfaden und Ebenen und die Verwendung von Master-Seiten, Grafiken und Text für das Web.

Galileo Design
ca. 350 S., 4c, mit CD, ca. 99,90 DM,
ISBN 3-89842-177-5, ab 10/2001

WEITERE TITEL ZU DTP:

Oliver Schröder, Jutta Bock
▶ **PDF und Acrobat: Neue Wege in der Druckvorstufe**
Konzepte, Strategien, Werkzeuge

Galileo Design
324 S., 4c, 99,90 DM
ISBN 3-934358-12-8

Armin Haller, Katja Popp
▶ **Adobe InDesign 1.5**
Kreatives Layout und Grafik-Design

Galileo Design
324 S., 4c, mit CD, 89,90 DM
ISBN 3-934358-33-0

Jürgen Schöntauf, Vera Sartorius
Illustrator 9

Ein inspirierendes »Bilderbuch« mit Zeichnungen aus der Praxis der Autoren und anderer Künstler auf hohem Niveau.

Galileo Design
280 S., 4c, mit CD, 89,90 DM
ISBN 3-934358-92-6

»Vertrauen ist der Schlüssel zum Erfolg im Web.«

Vertrauen ist DER konstituierende Faktor für die erfolgreiche Gestaltung und damit auch für die Benutzbarkeit von Websites. Vertrauen im Internet wird ohne Web Usability nicht stattfinden.

Martina Manhartsberger

Sabine Musil

Martina Manhartsberger,
Sabine Musil
Web Usability
Das Prinzip des Vertrauens

Endlich gibt es jetzt ein Usability-Buch, das dem deutschen Markt gerecht wird und neueste Erkenntnisse aus der Praxis des Usability-Experten liefert. Nur bequeme, bedienbare und daher vertrauenswürdige Sites werden auch Benutzer haben und damit erfolgreich sein. Wie man das schafft, erklären die Autorinnen anhand vieler praxisorientierter Beispiele, nützlicher Tipps und konkreter Handlungsempfehlungen. Im Stile eines Leitfadens werden das Design betreffende Aspekte eines Webprojekts – wie Farben, Layout, Siteinhalte oder Ablaufgestaltung – betrachtet und der Projektablauf durchgesprochen: angefangen von der Site-Konzeption über Marketingaspekte bis hin zum Usability Testing.

Galileo Design
ca. 300 S., 4c, ca. 99,90 DM
ISBN 3-89842-187-2, 11/2001

Maria Grotenhoff, Anna Stylianakis
Website-Konzeption
Von der Idee zum Storyboard

Das Buch ist der erste deutschsprachige Titel, der alle Aspekte der inhaltlichen Konzeptentwicklung für professionelle Websites beschreibt. Das Tätigkeitsfeld der Konzeption reicht von der strategischen Positionierung eines Online-Projektes

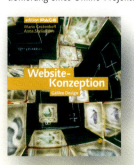

über die Ideenentwicklung bis hin zur Erstellung des Storyboards und produktionsbegleitender Qualitätssicherung. Die beiden Autorinnen beschreiben aus mehrjähriger Konzeptionserfahrung heraus, die sie u.a. bei der Pixelpark AG gesammelt haben, die konzeptionellen Schritte, Methoden und Qualitätsmaßstäbe. Formale Vorlagen, Checklisten und verschiedene Praxisbeispiele führender Agenturen runden das Buch ab.

Galileo Design
ca. 300 S., 4c, mit CD, ca. 99,90 DM
ISBN 3-89842-152-X, ab 10/2001

Carlo Blatz, Gerald Marischka
Flash 5 und ActionScript professionell
Tutorials und Workshops für fortgeschrittene Techniken

Die Flash-Gurus Carlo Blatz und Gerald Marischka von den Flashworkern haben Tutorials und Workshops zu komplexen Themen geschrieben. Das Buch verfolgt einen ganzheitlichen Ansatz: Zeitplan, Organisation von Storyboards u.ä. werden behandelt. Ein besonderer Schwerpunkt des Buchs ist die Arbeit mit ActionScript. Außerdem werden »echte« Webseiten gezeigt und erklärt, und Gastautoren präsentieren innovative und individuelle Gestaltungsmöglichkeiten von Flash.

Galileo Design
696 S., mit CD, 89,90 DM
ISBN 3-934358-80-2

WEITERE TITEL:

Florian Dengler, Holger Volland
▶ **Webdesign professionell**
Expertenstrategien und Tipps von Pixelpark, frogdesign und Echopool

Galileo Design
240 S., 4c, 89,90 DM
ISBN 3-934358-56-X

Hans P. Fritsche
▶ **Cross Media Publishing**
Konzept, Grundlagen und Praxis

Galileo Business
251 S., 79,90 DM
ISBN 3-934358-46-2

Sascha Wolter
Flash 5
Mit ActionScript und Generator

Der Bestseller für Einsteiger und Fortgeschrittene.

Galileo Design
420 S., 4c, mit CD, 89,90 DM
ISBN 3-89842-100-7

Tomas Caspers, Frank Kastenholz
Dreamweaver 4
Vom statischen zum dynamischen
Webpublishing

Erlernen Sie Arbeitstechniken, mit
denen Sie Websites unterschiedlicher Größe wirkungsvoll gestalten!
Dieses Buch zeigt, wie Sie die Funktionen und Produktivitätshilfen von
Dreamweaver 4 richtig einsetzen
und Ihre Aufgaben effizienter bewältigen. Sie lernen, die Fallstricke
der verschiedenen Browser zu umgehen und durchgängig sauberen
Code für alle Plattformen zu erstellen. Die Neuauflage zur Version 4
wurde erheblich ergänzt und inhalt-

lich vertieft, insbesondere zu folgenden Themen: Integriertes Arbeiten mit Flash 5, Fireworks 4
und Dreamweaver UltraDev 4,
Netscape 6, IE 5/5.5 und Macromedia Exchange.

Galileo Design
330 S., 4c, mit CD, 89,90 DM
ISBN 3-89842-126-0

Bernd Hoppmann
Dreamweaver UltraDev 4
Dynamische Websites mit ASP,
JSP und Cold Fusion

Das Buch für Datenbankneulinge,
denen die Welt relationaler Datenbanken eröffnet wird, und erfahre-
ne Programmierer, die mit UltraDev
Online-Shops entwickeln. Schwerpunkt: ASP-Seiten.

Galileo Design
300 S., 4c, mit CD, 89,90 DM
ISBN 3-934358-95-0

Peter Schweizer
Fireworks 4
Von der Idee zur Realisierung

Die Erstellung von Schaltflächen,
Segmenten, Animationen und Ban-
nerwerbung wird ebenso erläutert
wie die Automatisierung Ihrer Arbeit, mit deren Hilfe z. B. eine
notwendige Anpassung an Kunden-
wünsche für Sie kein Problem mehr

darstellt. Im Beispielteil des Buchs
beschreibt Peter Schweizer die Umsetzung des Gelernten anhand von
Praxisbeispielen zum Nachbauen.

Galileo Design
396 S., 4c, mit CD, 89,90 DM
ISBN 3-89842-130-9

Christian Fleischhauer,
Helmut Vonhoegen
GoLive 5

Tabellen, Frames, Formulare, Text-
formatierung, Umgang mit Bildern

– dann das Design und die Verwaltung kompletter Websites: Proto-
typing, Aufbau, Import, Veröffent-
lichung, Pflege. Weiterhin Extras
wie JavaScripts, vorgefertigte Aktionen, Multimedia mit DHTML, CSS,
XML-Unterstützung und der interaktive Editor für Quicktime-Filme.

Galileo Design
408 S., 4c, mit CD, 99,90 DM
ISBN 3-934358-27-6

WEITERE TITEL:

Oliver Zschau, Dennis Traub,
Rik Zahradka
▶ **Web Content
Management**
Websites professionell planen
und betreiben
Das Buch ist ein Briefing für
E-Business-Manager, Projekt-
leiter, Webmaster, Medienprofis
und Berater.

Galileo Business
336 S., 2. Auflage, 89,90 DM
ISBN 3-89842-157-0

Jörg Bange, Stefan Maas,
Julia Wasert
▶ **Recht im E-Business**
Internetprojekte juristisch
absichern
Ohne trockenen Fachjargon!

Galileo Business
397 S., 89,90 DM
ISBN 3-934358-96-9

Markus Stolpmann
▶ **Online-Marketingmix**
Kunden finden, Kunden binden
im E-Business
Neuauflage des Bestsellers!

Galileo Business
343 S., 2. Auflage, 69,90 DM
ISBN 3-934358-72-1

Heather Williamson
▶ **Dynamic HTML
browserübergreifend**
HTML, CSS, DOM, JavaScript
und JScript
Dieses Buch ist ein »Must-have«
für den ambitionierten Webmaster. Aktuell zu Netscape 6.

Galileo Computing
395 S., 69,90 DM
ISBN 3-934358-29-2

Christian Wenz
▶ **JavaScript**
Browserübergreifende Lösungen

Galileo Computing
541 S., 3. Auflage, mit CD, 79,90 DM
ISBN 3-89842-132-5

Dies ist nicht die letzte Seite ...

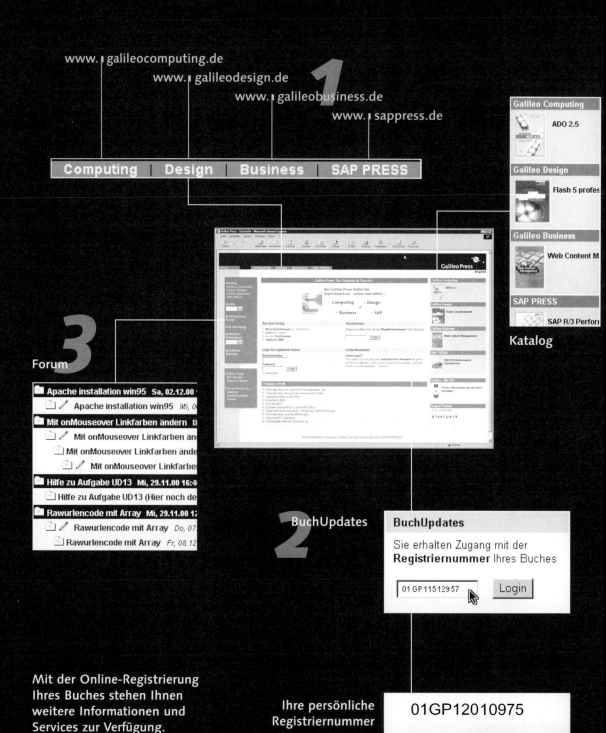

www. galileocomputing.de

www. galileodesign.de

www. galileobusiness.de

www. sappress.de

1

Computing | Design | Business | SAP PRESS

Galileo Computing
ADO 2.5

Galileo Design
Flash 5 profes

Galileo Business
Web Content M

SAP PRESS
SAP R/3 Perfor

Katalog

3

Forum

📁 Apache installation win95 Sa, 02.12.00
  📄 Apache installation win95 Mi, 0

📁 Mit onMouseover Linkfarben ändern D
  📄 Mit onMouseover Linkfarben än
    📁 Mit onMouseover Linkfarben ände
      📄 Mit onMouseover Linkfarbe

📁 Hilfe zu Aufgabe UD13 Mi, 29.11.00 16:4
  📄 Hilfe zu Aufgabe UD13 (Hier noch de

📁 Rawurlencode mit Array Mi, 29.11.00 12
  📄 Rawurlencode mit Array Do, 07.
  📄 Rawurlencode mit Array Fr, 08.12

2

BuchUpdates

BuchUpdates

Sie erhalten Zugang mit der
Registriernummer Ihres Buches

01 GP 11512957   Login

Mit der Online-Registrierung
Ihres Buches stehen Ihnen
weitere Informationen und
Services zur Verfügung.

Ihre persönliche
Registriernummer

01GP12010975